Google Gemini

Einstieg und Praxis

Wolfram Gieseke

Markt+Technik

ISBN 978-3-98810-098-6

Produktmanagement Christian Braun, Burkhardt Lühr
Lektorat, Herstellung Jutta Brunemann
Covergestaltung David Haberkamp
Coverfoto © Sergey Nivens – Adobe Stock
Satz inpunkt[w]o, Wilnsdorf (www.inpunktwo.de)
Druck Himmer GmbH Druckerei & Verlag, Augsburg
Printed in Germany

Vorwort

Herzlich willkommen

zu einer Reise an die Grenze zwischen menschlicher Kreativität und technologischer Innovation. Wir befinden uns an einem Wendepunkt, an dem die künstliche Intelligenz weit über die bloße Datenverarbeitung hinauswächst. Mit Gemini begegnen Sie einer Technologie, die darauf ausgerichtet ist, Ihre Intuition zu ergänzen, Ihre Projekte zu beschleunigen und Ihre Kreativität zu beflügeln.

Dieses Buch führt Sie Schritt für Schritt in die Welt eines KI-Assistenten ein, der nicht nur Befehle ausführen, sondern Zusammenhänge verstehen kann. Ob Sie vielschichtige Informationen analysieren, komplexe Texte verfassen, visuelle Visionen umsetzen oder Ihren Alltag effizienter organisieren möchten – Sie werden entdecken, wie intuitiv und bereichernd der Dialog mit Gemini sein kann.

Dabei geht es weniger um technische Details als vielmehr um das Potenzial, das entsteht, wenn menschliche Neugier auf fortschrittliche Algorithmen trifft. Denn bei aller Komplexität unter der Oberfläche ist Gemini für den Anwender vor allem ein intuitiv nutzbares Werkzeug, das als vielseitiger Partner den Alltag bereichert und viele neue Möglichkeiten eröffnen kann. Tauchen Sie ein in die Praxis und erleben Sie selbst, wie diese Technologie zu Ihrem persönlichen Assistenten und Ideengeber wird.

Wolfram Gieseke

PS: In meinem Blog unter www.gieseke-buch.de informiere ich über aktuelle Entwicklungen und stelle spannende neue Anwendungsmöglichkeiten vor. Er dient als ständige Aktualisierung und Ergänzung meiner Bücher. Sie können hier auch mit mir in Kontakt treten, um Ihre Fragen oder Anregungen loszuwerden.

Inhaltsverzeichnis

1. So wird Gemini mit KI zum wertvollen Helfer

Gemini ist ein hochmodernes KI-Modell aus dem Hause Google. Man kann es wie einen gut entwickelten digitalen Assistenten betrachten, der darauf trainiert wurde, die Welt der Informationen nicht nur zu erfassen, sondern auch verständlich zu erklären. Durch die Analyse gewaltiger Datenmengen hat Gemini gelernt, Zusammenhänge über fast jedes erdenkliche Thema herzustellen – von der Quantenphysik bis hin zum Rezept für einen leckeren Apfelkuchen. Dabei ist Gemini weit mehr als nur ein digitales Lexikon. Das Modell fungiert als kreativer Partner: Es schreibt Texte, hilft beim Programmieren, fasst lange Berichte zusammen oder entwickelt gemeinsam mit seinen Nutzern neue Ideen. Besonders spannend ist auch die visuelle Seite: Gemini arbeitet nicht nur mit Worten, sondern kann auf Knopfdruck Bilder generieren oder kurze Videos erstellen, um Ideen direkt sichtbar zu machen. Hier nur ein paar Beispiele, wie Sie Gemini gewinnbringend in Ihrem beruflichen oder privaten Alltag einsetzen können:

- **Texte verfassen und optimieren:** Ob eine förmliche E-Mail an eine Behörde, ein kreativer Social-Media-Beitrag oder ein persönliches Anschreiben – Gemini formuliert Texte passgenau für den gewünschten Anlass.
- **Komplexe Themen erklären:** Gemini kann schwierige Konzepte (z. B. die Funktionsweise der Photosynthese oder die Relativitätstheorie) so herunterbrechen, dass sie auch für Laien oder Kinder leicht verständlich sind.
- **Zusammenfassungen erstellen:** Das Modell analysiert lange Artikel, Dokumente oder Berichte und filtert die wichtigsten Kernpunkte heraus, um Zeit beim Lesen zu sparen.
- **Kreative Ideen:** Bei Blockaden liefert Gemini Vorschläge für Projekttitel, Werbe-Slogans, Geschenkideen oder sogar Handlungsstränge für Geschichten.
- **Programmierung und IT-Hilfe:** Gemini schreibt einsatzfähigen Code in verschiedenen Programmiersprachen, hilft bei der Fehlersuche in Skripten oder erklärt technische Fachbegriffe.
- **Sprachen lernen und übersetzen:** Neben präzisen Übersetzungen kann Gemini als Dialogpartner fungieren, um Grammatikregeln zu erklären oder Vokabeln in einem natürlichen Kontext zu üben.
- **Reise- und Freizeitplanung:** Auf Basis persönlicher Vorlieben erstellt das Modell detaillierte Reisepläne, schlägt Sehenswürdigkeiten vor oder sucht passende Wanderrouten heraus.
- **Lernunterstützung für Schüler und Studenten:** Gemini erstellt Übungsaufgaben, hilft bei der Strukturierung von Hausarbeiten oder dient als Abfragepartner zur Prüfungsvorbereitung.

- **Bild- und Videogenerierung:** Durch einfache Beschreibungen kann Gemini originelle Bilder für Präsentationen oder kurze Videosequenzen erstellen, um Ideen visuell zum Leben zu erwecken.
- **Alltagsorganisation und Rezepte:** Von der Erstellung eines wöchentlichen Ernährungsplans bis hin zur Resteverwertung – Gemini schlägt Rezepte vor, die genau zu den vorhandenen Zutaten im Kühlschrank passen.

1.1 Wie werden Computer künstlich intelligent?

Unter **k**ünstlicher **I**ntelligenz (KI) oder im Englischen **A**rtificial **I**ntelligence (AI) versteht man Anwendungen, mit denen Maschinen menschenähnliche Intelligenzleistungen erbringen können. Ursprünglich hatten Forscher dazu die Vorstellung, tatsächlich ein menschliches Gehirn in Software zu simulieren. Davon hat man sich mittlerweile weitgehend verabschiedet. Denn ein menschliches Gehirn mit seinen mehr als 80 Milliarden Neuronen können selbst die neuesten Superrechner nicht in allen Details nachbilden.

Muster in umfangreichen Trainingsdaten erkennen

Auf dem Weg dorthin hat die Wissenschaft aber viele Erkenntnisse gewonnen, die sich heute in praktische Anwendungen umsetzen lassen. Ein wesentlicher Bereich sind Algorithmen und Modelle, die es Computern ermöglichen, aus Daten zu lernen, indem sie Muster darin erkennen. Wenn ein Computer beispielsweise Bilder erkennen können soll, auf denen Autos abgebildet sind, könnte man eine möglichst umfassende Vorschrift definieren, nach welchen Strukturen und Pixelhaufen er Ausschau halten soll. Das wäre sehr aufwendig und würde am Ende doch nicht alle Konstellationen berücksichtigen.

Deshalb geht die KI einen – für dieses Beispiel stark vereinfachten – anderen Weg: Man trainiert den Computer beispielsweise mit 1.000 Bildern von Katzen und 1.000 Bildern, auf denen keine Katzen zu erkennen sind. Die Maschine abstrahiert die Bilddaten in grobe Muster ohne unnötige Details, um die Komplexität zu reduzieren. Dann registriert sie diese Muster in allen Bildern. Sind alle Bilder verarbeitet, analysiert die Software, welche Muster viele der 1.000 Bilder gemeinsam haben. Die anderen 1.000 Bilder ohne Katzen kann sie nun noch als Gegenprobe verwenden, um Muster zu entfernen, die mit Katzen offenbar nichts zu tun haben, wie etwa Elefanten oder Fische. Übrig bleiben so nur die Muster, die offenbar Katzen entsprechen. Dermaßen trainiert kann die KI nun beliebige Bilder analysieren und mit hoher Zuverlässigkeit erkennen, ob darin Muster von Katzen enthalten sind oder nicht.

Leistungsfähige Rechner und das Internet als Datenquelle

Dieses Erkennen von Mustern in großen Datenmengen ist eine der Schlüsseltechnologien der KI. Und einer der Gründe, warum KI in den letzten Jahren eine so rasante Entwicklung genommen hat. Denn die heutige Leistungsfähigkeit von Computern in Verbindung mit der unvorstellbaren Menge von im Internet verfügbaren Daten hat zu einem riesigen Evolutionsschritt geführt. Dabei sind die Grundideen von KI teils jahrzehntealt. Nur musste man sich lange Zeit mit sehr kleinen Datenmengen begnügen, weil nicht mehr verfügbar war und weil das Training viel Rechenzeit beanspruchte. Heute hingegen haben wir hochleistungsfähige Rechenzentren mit direktem Zugriff auf Daten aus dem Internet. Und dort findet sich eine sehr große Menge und Auswahl an Texten, Bildern, Musikstücken und Videos, die die KI in die Mustererkennung einbeziehen kann.

Generative KI kann selbst Inhalte erstellen

Der zweite wichtige Baustein der aktuellen leistungsfähigen KI sind Systeme, die nicht nur bestehende Daten analysieren und klassifizieren, also Erkenntnis gewinnen können. Generative KI kann selbst Inhalte erzeugen und auf diese Weise neue Texte, Bilder, Musik oder andere Medien erschaffen. Dazu verwendet sie statistische Methoden, um Inhalte auf der Grundlage von Wahrscheinlichkeiten zu produzieren.

Gemini hat beispielsweise gelernt, wie wahrscheinlich es jeweils ist, dass ein Satz wie »Heute wollen wir grillen, denn das Wetter« mit den Worten »ist so schön«, »wird stürmisch« oder »spielt verrückt« fortgesetzt wird. Es wird sich bei der Fortsetzung immer für Worte mit hoher Wahrscheinlichkeit entscheiden und Kombinationen mit geringer Wahrscheinlichkeit vermeiden. Dabei wählt es nicht immer zwanghaft die allerhöchste Wahrscheinlichkeit, sondern gibt sich mit einer ausreichend hohen zufrieden, sodass eine große Bandbreite an Varianten entstehen kann. Selbst bei gleicher Aufgabenstellung wird Gemini also nicht immer stumpf dieselbe Antwort geben, sondern abwechslungsreiche Ergebnisse produzieren.

Das macht allerdings auch eines deutlich: Generative KI-Systeme (von heute) haben kein explizites Wissen. Sie können Gemini fragen, wie Photosynthese funktioniert, und werden als Antwort eine gute Erklärung erhalten. Aber nicht, weil die KI irgendeine Ahnung von Photosynthese hat, sondern weil sie eine Menge von Wörtern aneinanderreiht, die in dieser Abfolge mit hoher Wahrscheinlichkeit die Funktionsweise von Photosynthese erklären. Streng genommen könnte man also eher von einer Imitation von Wissen sprechen. Man kann das ein wenig mit einem Chamäleon vergleichen: Wenn dieses auf einem Baumstamm liegt, nimmt es die Farbe und das Muster der Baumrinde an. Liegt es auf einem Stein, nimmt es das Aussehen der Steinoberfläche an. Es weiß nicht, was ein Baum oder ein Stein ist oder worin beide sich unterscheiden. Aber das muss es auch nicht, um beeindruckende Ergebnisse zu erzielen.

Exkurs: schwache, breite und starke KI

Im Zusammenhang mit KI werden gelegentlich Adjektive wie »schwach«, »eng«, »breit« oder »stark« verwendet. Von schwacher oder enger KI spricht man bei Anwendungen, die auf eine sehr spezifische Aufgabe spezialisiert sind. Solche Systeme haben eine eng umrissene Aufgabe wie etwa das Erkennen von Gesichtern, das Übersetzen von Text oder das Erfassen menschlicher Sprache einschließlich regelbasierter Antworten darauf (Alexa, Siri und Co.).

Von breiter KI hingegen spricht man bei Anwendungen, die nicht auf einen spezifischen Anwendungsfall beschränkt sind, sondern eine Vielzahl von Aufgaben lösen können. Zurzeit befinden wir uns auf dem Weg hin zu breiter KI. Auch die gerade entwickelten autonomen Fahrzeuge mit ihrer Vielzahl von Herausforderungen können als breite KI betrachtet werden (wenn sie denn mal richtig funktionieren). Assistenten wie Gemini können vielfältige Aufgaben lösen. Sie verstehen nicht nur Anweisungen in menschlicher Sprache, sondern generieren oder übersetzen Texte, beantworten Fragen, führen Gespräche, generieren Bilder und Videos usw. Dabei können sie den Kontext eines Chats um Informationen erweitern, also begrenzt hinzulernen.

Starke KI wird von manchen als Ziel, von anderen als Horrorvorstellung betrachtet: ein System, das über so breites Wissen und so vielfältige Fähigkeiten verfügt, dass es Informationen aus verschiedenen Bereichen integrieren, sich an beliebige Situationen anpassen, aus seinen Erfahrungen selbstständig lernen und auf diese Weise letztlich womöglich so etwas wie ein eigenes Bewusstsein entwickeln könnte. Hollywood hat solche Systeme als »Terminator« oder »HAL 9000« bereits vorausgeahnt. In der Realität sind wir davon noch entfernt. Wie weit, weiß allerdings niemand so genau.

1.2 Prompts – mit KI kommunizieren

Das zentrale Werkzeug beim Umgang mit KI-Assistenten sind Prompts. Das sind Aufforderungen, etwas Bestimmtes zu tun. Öffnen Sie die Gemini-Webseite oder -App, sehen Sie zunächst ein leeres Eingabefeld vor sich. Dort geben Sie Ihre Anweisung in ganz normaler Sprache ein. Da der Prompt Ihre Schnittstelle zur KI ist, kommt ihm eine große Bedeutung zu. Allerdings sind solche Aufforderungen an KI-Assistenten nun auch keine Geheimwissenschaft. In diesem Buch werden Sie eine Menge Prompts finden, die Sie ausprobieren und für sich selbst abändern können. Mit ein paar Regeln und Tipps kann man recht weit kommen. Die wichtigste Regel: Stellen Sie sich vor, Sie würden einem menschlichen Assistenten, der für Sie arbeitet, Anweisungen erteilen. Beschreiben Sie Gemini Ihr Anliegen also genau so, als ob Sie es einem anderen Menschen mitteilen würden.

Abgesehen davon sollten Sie immer möglichst viele Informationen bzw. genaue Vorgaben machen. Anstatt

```
Was bedeutet Barock?
```

können Sie beispielsweise schreiben:

- `Beschreibe den Barock in drei Sätzen.`
- `Liste die fünf wichtigsten Aspekte zum Barock auf.`
- `Ich schreibe morgen eine Klassenarbeit über das Thema Barock. Was für Fragen könnten in der Arbeit vorkommen?`
- Und ergänzend dazu: `Was sind gute Antworten auf diese Fragen?`

Geben Sie der KI Kontext

Ein wichtiges Gestaltungsmittel bei Prompts ist es, der KI einen bestimmten Kontext mitzugeben, in dem sie operieren soll. Es macht einen großen Unterschied, ob man beispielsweise das Funktionsprinzip eines Elektromotors einem Kindergartenkind oder einem Elektrotechnik-Studenten erklären möchte. Teilen Sie der KI also mit, wofür bzw. für wen Informationen bereitgestellt werden sollen.

KI-Assistenten können Rollen annehmen, die Sie ihnen zuweisen. Sie können also beispielsweise schreiben:

```
Stell dir vor, du bist Physiklehrer in einer fünften
Klasse und willst deinen Schülern erklären, wie ein
Elektromotor funktioniert.
```

Ebenso können KIs eine ganz bestimmte Rolle in einem fiktiven Dialog einnehmen:

```
Stell dir vor, du bist Personalchef in einem regionalen
Entsorgungsunternehmen und führst ein Bewerbungsgespräch
mit mir. Welche Fragen würdest du mir stellen?
```

Weitere Rollen, die ein KI-Assistent einnehmen könnte:

- Er kann Experte für ein bestimmtes Fachgebiet sein und aus dieser Perspektive antworten.
- Er kann bei einem Pro- und Kontra-Thema einen bestimmten Standpunkt einnehmen und diesen vertreten.
- Er kann die Perspektive einer Person aus einer ganz bestimmten Zeit einnehmen.
- Er kann in die Rolle einer ganz spezifischen Persönlichkeit schlüpfen, wie etwa William Shakespeare, Albert Einstein oder Marie Curie.

Dieses Kontext-Prinzip lässt sich auf alle Arten von Prompts übertragen. Auch bei Bildern etwa kann es einen großen Unterschied machen, wofür man das Bild verwenden möchte. Wenn Sie einem Assistenten das mitteilen, wird er entsprechend passgenaue Inhalte erzeugen. Und das kann einen wichtigen Unterschied machen, etwa:

```
Erstelle ein Bild von einem grinsenden Clown. Es soll
auf eine Einladungskarte zu einem Kindergeburtstag.
```

vs.

```
Erstelle ein Bild von einem grinsenden Clown. Es soll
die Titelseite meines neuen Horror-Romans werden.
```

Kontext ist wichtig, damit die KI das gewünschte Ergebnis erzielt

Lassen Sie sich Prompts vorschlagen

KI kann Texte erzeugen, und ein Prompt ist auch nur ein Text. Sie können sich also auch Prompts generieren lassen. Das mag im ersten Moment etwas seltsam anmuten. Aber wenn Sie nicht wissen, wie Sie eine Aufgabe angehen sollen, lassen Sie sich dafür einen Prompt erstellen:

```
Ich muss einem Bewerber leider mitteilen, dass er für eine
ausgeschriebene Stelle nicht infrage kommt. Generiere
mir einen Prompt, mit dem ich ein freundliches und
wertschätzendes Schreiben dazu erstellen kann.
```

Das Verfassen von Absagen ist ein wichtiger Teil des **Employer Brandings**. Ein wertschätzendes Schreiben sorgt dafür, dass Bewerber Ihr Unternehmen in guter Erinnerung behalten, auch wenn es dieses Mal nicht geklappt hat.

Hier ist ein präziser Prompt, den du in ein KI-Tool deiner Wahl kopieren kannst. Die Platzhalter in den Klammern kannst du einfach anpassen.

Der Prompt (zum Kopieren)

> **Rolle:** Du bist ein erfahrener HR-Manager mit einem Fokus auf empathische und wertschätzende Kommunikation.
>
> **Aufgabe:** Erstelle ein Absageschreiben für [Name des Bewerbers], der sich auf die Stelle als [Jobtitel] beworben hat.
>
> **Kontext:** > * Der Bewerber hat [nur die Unterlagen eingereicht / bereits ein Erstgespräch absolviert].
>
> - Die Entscheidung war aufgrund der vielen qualifizierten Bewerbungen sehr schwierig.
> - Wir möchten einen professionellen, aber warmen und persönlichen Ton wahren, kein Standard-Floskel-Deutsch.
>
> **Struktur des Briefes:**
>
> 1. **Dank:** Herzlicher Dank für das Vertrauen und die Zeit, die in die Bewerbung

Auf diese Weise bekommen Sie nicht nur einen passenden Prompt, sondern lernen auch gleich einiges über die Möglichkeiten bei der Prompt-Gestaltung.

Ebenso können Sie einen Text übergeben (einfach mit in den Prompt einfügen) und diesen analysieren lassen:

```
Analysiere diesen Text auf Stil, Sprache und Tonfall
und schlage mir einen Prompt vor, mit dem ich Texte
nach diesem Muster generieren kann.
```

Metaphern und Analogien für kreativere Antworten

Anschauliche Metaphern und Analogien sind wie Werkzeuge, die helfen, Ideen klarer und lebendiger darzustellen – und das funktioniert auch bei Prompts für Gemini. Sie regen die Vorstellungskraft der KI an, schaffen stärkere Verbindungen und inspirieren zu neuen Perspektiven.

- Metaphern und Analogien machen abstrakte oder komplizierte Konzepte greifbarer. Wenn Sie beispielsweise eine Geschichte über Mut erstellen möchten, könnten Sie Ihrem KI-Assistenten Folgendes mit auf den Weg geben: »Schreibe eine Geschichte über Teamarbeit, als wären die Teammitglieder Bestandteile eines Rezepts, das nur gelingt, wenn alle Zutaten perfekt aufeinander abgestimmt sind.« So wird die Antwort kreativer und bildhafter.
- Bildhafte Sprache öffnet Türen für überraschende und originelle Ansätze. Wenn Sie etwa ein innovatives Design suchen, könnten Sie schreiben: »Entwirf ein Möbelstück, inspiriert von der fließenden Form von Wasser.«

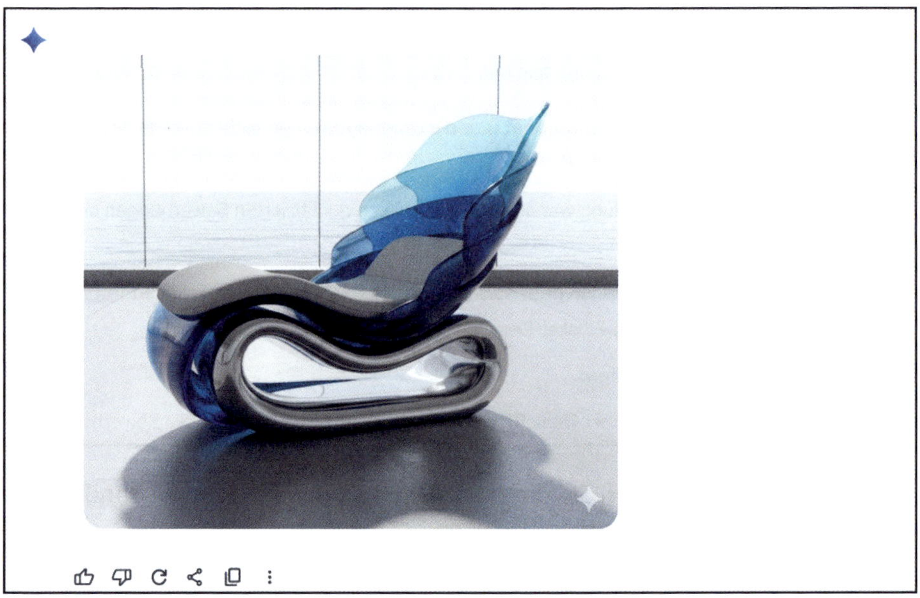

- Analogien verbinden neue Ideen mit etwas Bekanntem. Das hilft der KI, besser zu verstehen, worauf Sie hinauswollen. Statt einfach zu sagen »Erkläre Teamarbeit«, könnten Sie schreiben: »Erkläre Teamarbeit, als ob sie wie das Zusammenspiel einer Band ist – mit jedem Musiker, der ein Instrument spielt, um ein harmonisches Lied zu schaffen.«

Nachfolgend finden Sie einige kreative Beispiele für Metaphern, die Sie in KI-Prompts verwenden könnten, um spezifische Antworten oder interessante Ergebnisse zu erzielen:

Erklärung einer Idee mit einer Metapher

```
Erkläre das Konzept der Zusammenarbeit, als wäre es
eine Symphonie, bei der alle Instrumente harmonisch
zusammenspielen.
```

Eine Geschichte mit einer bildlichen Inspiration

```
Schreibe eine Kurzgeschichte über Durchhaltevermögen,
inspiriert von einem Baum, der trotz Stürmen und
Winter stets neue Blätter treibt.
```

Problemlösungen in einem metaphorischen Kontext

```
Gib Tipps zur Überwindung von Herausforderungen,
indem du sie als Knoten in einem Seil beschreibst,
die gelöst werden müssen.
```

Design-Ideen mit einem kreativen Ansatz

```
Entwirf ein modernes Gebäude, das wie eine Blume
aussieht, die sich der Sonne entgegenstreckt.
```

Technologien als lebendige Bilder

```
Erkläre, wie das Internet funktioniert, als ob es
ein riesiges neuronales Netz wäre, das wie ein
Spinnennetz Informationen miteinander verbindet.
```

Alternative Perspektiven durch Analogien

```
Analysiere die Funktionsweise eines Unternehmens, als
wäre es ein Bienenstock, in dem jede einzelne Biene
eine Rolle im Kollektiv spielt.
```

Komplexe Prozesse mit einfachen Bildern

```
Erkläre maschinelles Lernen, als ob es ein Schüler
wäre, der durch das Lösen von Rätseln immer besser wird.
```

Emotionen mit bildlicher Sprache ausdrücken

```
Beschreibe, wie sich Freude anfühlt, als wäre es ein
Fluss, der frisch und frei durch eine sonnige
Landschaft fließt.
```

Beschreibe, wie sich Freude anfühlt, als wäre es ein Fluss, der frisch und frei durch eine sonnige Landschaft fließt.

Stell dir vor, tief in deinem Inneren entspringt eine Quelle. Es ist kein gewaltsamer Ausbruch, sondern ein sanftes, beharrliches Sprudeln – klar, kühl und voller Leben. Diese Freude ist wie ein Fluss, der gerade erst seinen Weg in die Freiheit gefunden hat.

Der Ursprung: Leichtigkeit und Licht

Zuerst ist da nur ein Glitzern. Wie Sonnenstrahlen, die auf tanzendem Wasser reflektieren, fühlt sich die Freude in der Brust an – ein helles, rhythmisches Pulsieren. Der Fluss ist hier noch schmal, aber er bewegt sich mit einer unglaublichen Leichtigkeit. Er muss sich nicht anstrengen; er fließt einfach, weil es seine Natur ist.

Der Verlauf: Wärme und Weite

Während der Fluss tiefer in die sonnige Landschaft deines Bewusstseins fließt, geschieht Folgendes:

Perfekte Prompts schrittweise erarbeiten

Stellen Sie sich vor, Sie wären Künstler und würden an einem Gemälde arbeiten. Sie beginnen mit einer groben Skizze, schauen sich das Ergebnis an, überlegen, was verbessert werden könnte, und passen dann Ihre Technik oder Komposition an. So ähnlich funktioniert auch das Verbessern von Prompts Schritt für Schritt:

1. **Erste Idee skizzieren**
   Sie fangen mit einem grundlegenden Prompt an – sozusagen die erste Skizze. Dieser Prompt enthält das ursprüngliche Anliegen oder die Frage, die Sie an die KI richten.
2. **Ergebnis analysieren**
   Nachdem Sie den Prompt gesendet haben, beobachten Sie die Antwort von Gemini. Vergleichen Sie das, was Sie erhalten haben, mit dem, was Sie erwartet oder erhofft hatten. Stimmt der Inhalt? Fehlen bestimmte Details oder hat die Antwort einen anderen Fokus als erwartet?
3. **Feedback einholen**
   In diesem Schritt reflektieren Sie die erste Antwort. Notieren Sie, welche Elemente gut funktionieren und wo es Lücken, Unklarheiten oder Missverständnisse gibt. Oft ist es hilfreich, sich kritische Fragen wie »Was könnte präziser formuliert werden?« zu stellen.
4. **Prompt anpassen**
   Mit diesem gesammelten Feedback gehen Sie an den ursprünglichen Prompt und verfeinern ihn. Vielleicht stellen Sie bestimmte Fragen um, ergänzen wichtige Details, verändern die Reihenfolge oder optimieren die Sprache. Das Ziel ist, die Intention und den Kontext klarer darzustellen oder spezifischere Informationen einzufordern.
5. **Erneuern und wiederholen**
   Sie senden den verfeinerten Prompt wieder an die KI und prüfen das Ergebnis erneut. Falls das Ergebnis noch nicht ganz Ihren Erwartungen entspricht, wiederholen Sie den Prozess: Dabei sammeln Sie mehr Feedback, passen weitere Feinheiten an und testen erneut.
6. **Optimierung erreichen**
   Diese Schritte wiederholen Sie so lange, bis das Ergebnis Ihren Vorstellungen entspricht. Jede Verfeinerung bringt Sie einem besseren Verständnis der Formulierung und der spezifischen Ausdrucksweise näher, die die gewünschten Resultate hervorruft.

Mit jedem Zyklus gewinnen Sie ein besseres Gefühl dafür, wie eine Frage oder Aufgabe so formuliert wird, dass sie eindeutig und verständlich ist. So lernen Sie, präzise und zielgerichtete Anweisungen zu geben. Dabei ist es oft ein Balanceakt zwischen zu viel und zu wenig Information. Durch schrittweises Verbessern kann man herausfinden, welches Maß an Details und Kontext Ihr KI-Assistent optimal nutzen kann.

Ähnlich wie bei wissenschaftlichen Experimenten hilft dieser Ansatz, eine Hypothese zu testen, Fehler zu identifizieren und schließlich zu verifizieren, welche Angaben wirklich wichtig sind. Es ist ein ständiger Lern- und Anpassungsprozess, der dabei hilft, nicht nur bessere Ergebnisse von der KI zu erhalten, sondern auch das eigene Verständnis davon zu schärfen, wie Sprachmodelle funktionieren.

Beispiele für schrittweise Verfeinerungen

Hier sehen Sie einige Beispiele, die zeigen, wie man allgemeine Prompts verfeinern kann, um spezifischere und nützlichere Antworten von der KI zu erhalten:

Allgemeine Frage

```
Erzähl mir etwas über Abschreibungen.
```

Verbesserter Prompt:

```
Gib mir eine kurze Übersicht über Abschreibungen und wie
ein mittelständisches Unternehmen sie gewinnbringender
nutzen kann.
```

Zu viele Informationen

```
Erklär mir, wie das Internet funktioniert.
```

Verbesserter Prompt:

```
Erklär mir in maximal 150 Wörtern, wie Daten im
Internet übertragen werden.
```

Fehlender Kontext

```
Wie schreibe ich einen guten Lebenslauf?
```

Verbesserter Prompt:

```
Welche Tipps gibt es, um einen Lebenslauf für einen
Softwareentwickler zu schreiben, der sich auf eine
Einstiegsposition bewirbt?
```

Kreativität fördern

```
Schreibe eine Geschichte.
```

Verbesserter Prompt:

```
Schreibe eine kurze Geschichte über einen Detektiv in
einer futuristischen Stadt, der ein Geheimnis lösen muss.
```

Ton oder Stil spezifizieren

```
Beschreibe die Vorteile von Yoga.
```

Verbesserter Prompt:

```
Erkläre die Vorteile von Yoga in einem lockeren und
motivierenden Stil, der für Anfänger geeignet ist.
```

Eine Perspektive ergänzen

```
Warum ist Lernen wichtig?
```

Verbesserter Prompt:

```
Erkläre, warum lebenslanges Lernen wichtig ist, aus der
Perspektive eines Wissenschaftlers.
```

Präzision erhöhen

```
Was ist ein gutes Buch?
```

Verbesserter Prompt:

```
Empfiehl mir ein Buch aus dem Genre Science-Fiction,
das in den letzten fünf Jahren veröffentlicht wurde.
```

Vergleich einfordern

```
Was sind bessere Energien?
```

Verbesserter Prompt:

```
Vergleiche die Vor- und Nachteile von Solarenergie
und Windenergie.
```

Zielgruppenorientierung

```
Erzähl mir von Computern.
```

Verbesserter Prompt:

```
Erkläre grundlegende Computerfunktionen für Schüler
der 7. Klasse.
```

Arbeitskontext einbeziehen

```
Schreibe eine E-Mail.
```

Verbesserter Prompt:

```
Entwerfe eine professionelle E-Mail, in der ich mich
für ein Vorstellungsgespräch bedanke.
```

Typische Prompt-Fehler

Im Folgenden finden Sie eine Übersicht häufiger Fehler beim Erstellen von Prompts, die Ihnen helfen kann, Ihre Anfragen präziser zu formulieren:

Vage Formulierungen

Es wird oft versäumt, die Anfrage klar und detailliert zu stellen. Wenn zu allgemein formuliert wird, kann Gemini nicht genau erkennen, welche Informationen oder welchen Stil Sie wünschen.

```
Erzähl mir etwas über Bäume.
```

Dieser Prompt bleibt zu allgemein, da er weder angibt, welche Aspekte von Bäumen im Vordergrund stehen sollen (beispielsweise die Baumarten, die Entwicklung oder kulturelle Bedeutungen), noch Hinweise zu Länge oder Stil des Textes gibt.

Fehlender Kontext

Ohne ausreichende Hintergrundinformationen – beispielsweise zum gewünschten Format, Zielpublikum oder zu spezifischen Inhalten – kann Gemini Ihre Erwartungen nicht optimal erfüllen. Kontext hilft, die Aufgabe einzugrenzen.

```
Erklär mir bitte die Relativitätstheorie.
```

Ohne zusätzliche Angaben, etwa, ob die Erklärung für Laien, Schüler oder Fachleute gedacht ist, lässt sich die Anfrage nicht präzise erfüllen. Der benötigte Hintergrund fehlt, um die Antwort zielgerichtet und verständlich zu gestalten.

Zu komplexe oder verschachtelte Anweisungen

Eine zu stark überladene Anfrage mit mehreren, teils widersprüchlichen Vorgaben führt häufig dazu, dass der Fokus verfehlt oder nur ein Teil der Anforderungen erfüllt wird.

```
Erstelle einen kurzen Text von etwa 100 Wörtern über den
Klimawandel, der gleichzeitig wissenschaftliche Fakten,
humorvolle Anekdoten, poetische Beschreibungen und am
Ende eine Liste mit drei Statistiken enthält.
```

Dieser Prompt enthält zu viele unterschiedliche und teils widersprüchliche Anforderungen. Die Vielzahl an Vorgaben kann Gemini überfordern und zu einem Ergebnis führen, das keines der gewünschten Elemente konsistent abbildet. Falls man wirklich so viele verschiedenartige Elemente benötigt, wäre es sinnvoller, mehrere Prompts nacheinander zu formulieren.

Erstelle einen kurzen Text von etwa 100 Wörtern über den Klimawandel, der gleichzeitig wissenschaftliche Fakten, humorvolle Anekdoten, poetische Beschreibungen und am Ende eine Liste mit drei Statistiken enthält.

Der Klimawandel ist wie eine schlecht geplante Geburtstagsparty: Es wird immer heißer, die Eiswürfel schmelzen viel zu schnell, und niemand will am Ende die Rechnung bezahlen. Während die Atmosphäre sich mit Treibhausgasen wie CO_2 füllt und die globale Durchschnittstemperatur unaufhaltsam klettert, weint der Himmel Tränen aus schmelzenden Gletschern. Es ist eine bittersüße Poesie der Vergänglichkeit, wenn azurblaue Eisberge lautlos in den Ozean gleiten, nur um den Meeresspiegel sanft, aber bestimmt anzuheben. Mein Nachbar meint zwar, er freue sich auf Palmen im Vorgarten, vergisst dabei aber, dass seine Kellerwohnung bald ein Aquarium sein könnte. Die Wissenschaft ist sich einig: Die Natur führt Regie, und wir haben das Skript verlegt.

Zahlen zur Lage

- **1,1°C:** Die globale Oberflächentemperatur lag im letzten Jahrzehnt bereits etwa $1,1^{\circ}C$ über dem vorindustriellen Niveau.
- **420 ppm:** Die Konzentration von Kohlendioxid in der Atmosphäre hat einen historischen

Unklare Zielvorgaben

Oft bleibt unklar, ob Sie einen informativen, kreativen, sachlichen oder humorvollen Text erwarten. Das Festlegen des Stils und der Tonalität ist essenziell für ein zufriedenstellendes Ergebnis.

```
Schreibe bitte einen interessanten Text über Musik.
```

Hier ist der Begriff »interessant« sehr subjektiv. Es bleibt unklar, ob der Text sachlich, kreativ, informativ oder unterhaltend sein soll und für welches Publikum er gedacht ist.

Mangelnde Spezifikation des Formats

Wenn Sie nicht explizit angeben, ob Sie einen Fließtext, eine Liste oder ein anderes Format wünschen, interpretiert die KI den Prompt möglicherweise anders als von Ihnen beabsichtigt.

```
Nenne die Vorteile von Recycling.
```

Hier wird nicht festgelegt, ob die Antwort in Form eines zusammenhängenden Fließtextes, einer stichpunktartigen Liste oder vielleicht sogar in einem tabellarischen Format erfolgen soll. Die fehlende Formatvorgabe kann zu unterschiedlichen Interpretationen führen.

Fehlende Iteration

Viele Nutzer betrachten den Prompt als einmalige Aufgabe. Oft ist es jedoch hilfreich, das Ergebnis zu analysieren und den Prompt schrittweise zu verfeinern, um ein optimales Resultat zu erzielen.

```
Schreibe einen umfassenden Text über erneuerbare
Energien.
```

Dieser einmalige Auftrag enthält keine Hinweise darauf, dass das Ergebnis überprüft und ggf. angepasst werden kann. Entspricht das erste Resultat nicht den Erwartungen, fehlt die Möglichkeit, den Prompt schrittweise zu optimieren oder um zusätzliche Klarstellungen zu bitten (der vorhergehende Abschnitt erläutert das schrittweise Verbessern eines Prompts).

1.3 Künstliche Intelligenz und Urheberrecht

Eine naheliegende Frage bei KI-generierten Inhalten ist die nach dem Urheberrecht. Wer ist der geistige Schöpfer eines mithilfe von KI erstellten Beitrags? Der Nutzer, der den Assistenten mit bestimmten Vorgaben beauftragt hat? Oder die Entwickler und Betreiber von Gemini und Co.?

Da es hier um Urheber**recht** geht, lohnt sich der Blick ins Gesetz. § 2 Abs. 2 des deutschen Urheberrechtsgesetzes (UrhG) sagt zur Definition von urheberrechtlich geschützten Werken:

»Werke im Sinne dieses Gesetzes sind nur persönliche geistige Schöpfungen.«

Eine Person kann nur ein Mensch sein und insofern besteht ein Urheberrecht nur für Werke, die ein Mensch erstellt hat. In Österreich und der Schweiz gelten in diesem Punkt entsprechende Bestimmungen.

Ein KI-System kann also an den von ihm generierten Inhalten kein Urheberrecht innehaben, da es keine Person ist. Gleichzeitig darf davon ausgegangen werden (auch wenn es hierzu noch keine gesetzliche Regelung oder höchstrichterliche Rechtsprechung gibt), dass das Formulieren einer Aufforderung an ein KI-System, Inhalte nach bestimmten Vorgaben zu generieren, nicht ausreicht, um das Urheberrecht an den so generierten Inhalten zu erlangen. Die eigentliche Schöpfung erfolgt ja in der Maschine.

Folglich besitzt an den von KI-Systemen erstellten Inhalten niemand das Urheberrecht. Man spricht dabei auch von gemeinfreien Werken. Diese können von jedermann ohne Einschränkungen verwendet werden. Einfach gesagt: KI-generierte Inhalte können Sie prinzipiell ohne Rücksicht auf das Urheberrecht in sozialen Medien teilen, im Web oder auch in einem Buch veröffentlichen und damit auch Geld verdienen. Das Wort »prinzipiell« legt aber vielleicht schon nahe, dass die Sache ein paar Haken hat, die man beachten sollte.

KI-generierte Inhalte sind nicht automatisch urheberrechtsfrei

Im scheinbaren Gegensatz zum vorangehend Gesagten muss KI-generierter Inhalt nicht automatisch urheberrechtsfrei sein. Eine KI »lernt« aus einer Unmenge an Daten, die überwiegend aus von Menschen geschaffenen Inhalten bestehen, die urheberrechtlich geschützt sind. Das macht auch nichts, da für das Generieren bestimmter Inhalte in der Regel das Wissen aus einer Vielzahl von Quellen genutzt und vermischt wird, sodass neuer, urheberrechtsfreier Inhalt entsteht.

Es besteht aber gerade bei sehr speziellen Themen, zu denen nur wenige Informationen verfügbar sind, immer das Risiko, dass Gemini seine Inhalte zu einer bestimmten Anforderung 1:1 aus einer einzigen Quelle übernimmt und damit deren Inhalt quasi kopiert. In gewissem Umfang wäre das rechtlich sogar in Ordnung, sofern dieser Teil als Zitat gekennzeichnet und mit Quellenangabe versehen ist.

Es kann aber auch sein, dass ein KI-System selbst gar nicht »merkt«, wenn es mit seinem generierten Inhalt einen bestimmten Urheber plagiiert, und Benutzer dementsprechend auch nicht warnen kann. Wenn in generierten Inhalten urheberrechtlich geschützte Teile noch erkennbar sind (und diese nicht korrekt zitiert sind oder im Umfang über das Zitatrecht hinausgehen), gelten sie nicht mehr als gemeinfrei und dürfen nur mit Einwilligung der Urheber verwendet werden. Wer solche Inhalte veröffentlicht, muss sich diese Urheberrechtsverletzung zurechnen lassen und kann sich nicht damit rechtfertigen, das KI-System habe das verursacht.

Die Wahrscheinlichkeit, dass so etwas passiert, ist angesichts der riesigen Datenmengen an Trainingswissen heutiger KI-Systeme eher unwahrscheinlich. Aber je spezieller und exotischer ein Thema ist, desto mehr steigt das Risiko. Dies sollten Sie bedenken und insbesondere vor einer kommerziellen Nutzung von KI-generierten Inhalten gründlich prüfen. Ebenso besteht aber immer auch die Möglichkeit, die KI-generierten Inhalte nur als Ausgangsbasis für eigene Werke zu verwenden, was dieses Risiko erheblich reduziert.

Das Urheberrecht an KI-Inhalten erwerben

Weil KI-generierte Inhalte gemeinfrei sind, hat niemand das Urheberrecht daran. Auch wenn Sie einen Text nach Ihren Vorgaben von einem KI-Assistenten erstellen lassen und diesen dann beispielsweise auf Ihrer Webseite veröffentlichen, ist dieser Text immer noch gemeinfrei und Sie erwerben durch diesen Vorgang kein Urheberrecht daran. Prinzipiell könnte also jeder diesen Text von Ihrer Webseite kopieren und beliebig für eigene Zwecke verwenden. Insbesondere mit einer zukünftigen Kennzeichnungspflicht für KI-Inhalte (siehe Seite 26) lädt man so digitale Trüffelschweine förmlich ein, sich an fremden Inhalten ganz legal zu bedienen.

Abhilfe würde schaffen, wenn Sie die KI-generierten Inhalte ausreichend abändern, sodass daraus Ihr eigenes Werk entsteht. Dafür reicht es allerdings nicht aus, bei einem Text ein Wort auszutauschen oder bei einem Bild ein Element um ein paar Zentimeter zu verschieben. Die Änderungen müssen schon substanziell sein, um eine ausreichende Schöpfungshöhe zu erreichen. Leider gibt es keine exakten Kriterien, was dafür genau erforderlich ist. Die etwas schwammigen rechtlichen Definitionen erfordern beispielsweise eine persönliche geistige Schöpfung sowie eine dem Schöpfer zuzurechnende Individualität des Werkes. Im Zweifels- und Streitfall müsste aber letztlich ein Gericht entscheiden, ob diese Schöpfungshöhe erreicht ist und ein Urheberrecht besteht.

Auch aus diesem Grund empfiehlt es sich – insbesondere für die Verwendung im öffentlichen Raum – KI-generierte Inhalte nur als Inspiration bzw. Grundlage zu nutzen, auf der man dann letztlich einen eigenen Text formuliert. An dem haben Sie automatisch ein unveräußerliches Urheberrecht. Und Sie müssen ein so erschaffenes Werk selbst im Fall einer Kennzeichnungspflicht für KI-generierte Inhalte nicht als solches markieren.

Nutzungsrechte der Anbieter beachten

Ein weiterer Aspekt neben dem Urheberrecht ist das Recht zur Nutzung beispielsweise für kommerzielle Zwecke. Betreiber von KI-Systemen haben zwar kein Urheberrecht an den von ihren Systemen generierten Inhalten. Aber sie können in den Nutzungsbedingungen ausschließen, dass die erzeugten Inhalte für kommerzielle

Zwecke genutzt werden. Wenn Sie solchermaßen erzeugte Texte, Bilder oder Videos trotzdem kommerziell auswerten, kann man Ihnen zwar keinen Verstoß gegen das Urheberrecht vorwerfen. Aber auch Verstöße gegen Nutzungsbedingungen können Konsequenzen bis hin zu Schadensersatzforderungen haben.

Insbesondere wenn Sie KI-generierte Inhalte kommerziell veröffentlichen möchten, sollten Sie sich deshalb vergewissern, dass der Betreiber des jeweiligen Dienstes dies erlaubt oder zumindest nicht ausdrücklich ausschließt. Bei großen Anbietern wie Google gibt es in dieser Hinsicht bislang keine Beschränkungen. Kleinere Anbieter können die kommerzielle Nutzung aber durchaus ablehnen oder etwa nur zahlenden Kunden einräumen.

Einen naheliegenden Denkfehler sollte man in diesem Zusammenhang unbedingt vermeiden: Betreiber von KI-Systemen können durchaus erkennen, ob etwa ein Bild mit ihrem Dienst erstellt wurde. Dabei helfen digitale Wasserzeichen, die automatisiert unauffällig in Medien eingefügt werden können. Selbst wenn man von ihrem Vorhandensein weiß, kann man sie allenfalls mit erheblichem Aufwand aus einer Datei entfernen. Solche Wasserzeichen werden beispielsweise von Bilddatenbanken schon länger eingesetzt, um die Nutzung ihrer Produkte im Internet zu kontrollieren. Vermutlich setzen auch KI-Bildgeneratoren solche Wasserzeichen bereits für statistische Zwecke ein. In Zukunft könnten sie auch genutzt werden, um nicht genehmigter kommerzieller Nutzung auf die Spur zu kommen.

1.4 Kennzeichnungspflicht für KI-Inhalte

Seit August 2025 besteht in der EU eine Kennzeichnungspflicht bei der Verwendung von KI-Inhalten. Sie besagt, dass für die Öffentlichkeit bestimmte KI-generierte Texte, Bilder, Videos usw. für Konsumenten eindeutig als solche erkennbar sein sollen. Hierzu soll ein Hinweis wie »künstlich erzeugt« oder »KI-generiert« angefügt werden. Allerdings gibt es dabei wichtige Ausnahmen:

- wenn die Inhalte offensichtlich von KI stammen, etwa wenn in einem Video ein Nutzer direkt mit einem KI-Assistenten kommuniziert, oder
- wenn KI-generierte Inhalte menschlich überprüft oder redaktionell kontrolliert wurden und wenn eine natürliche oder juristische Person die redaktionelle Verantwortung übernimmt.

Eine allgemeine Kennzeichnungspflicht würde sich daraus nicht direkt ableiten lassen. Vielmehr richten sich diese Anforderungen vor allem gegen Deep Fakes und anonyme Falschinformationen im Netz. Texte müssten demzufolge grundsätzlich nicht gekennzeichnet werden, solange jemand die redaktionelle Verantwortung dafür trägt und für Falschinformationen im Zweifelsfall geradesteht.

Deep Fakes

Als Deep Fakes bezeichnet man mit Unterstützung von KI generierte Bilder, Videos oder Audioclips, bei denen Gesicht, Körper oder Stimme einer Person in einen ganz anderen Kontext gesetzt wird. Besonders berüchtigt ist dabei pornografisches Bildmaterial, in das die Gesichter anderer Personen einmontiert werden. Bei Fotos ist das nicht neu und konnte mit etwas Geschick schon seit Langem von Hand gemacht werden. KI ermöglicht aber auch das Hineinmontieren von Gesichtern in Videoclips. Dadurch erhalten die Körper handelnder Personen die Gesichter von Politikern, Schauspielern, Sportlern. Prinzipiell kann das aber jeden treffen, wenn sich beispielsweise jemand am Ex-Partner rächen will.

Aber auch in anderen Kontexten gibt es vermehrt Video- oder Audioclips, in denen beispielsweise Politikern oder anderen Prominenten Aussagen in den Mund gelegt werden, die diese nie gemacht haben. Solches Material wird gern zu politischer Propaganda oder zur Verunglimpfung von Menschen eingesetzt.

Unabhängig von einer gesetzlichen Pflicht zur Kennzeichnung kann es aber auch aus Gründen der Transparenz und Fairness durchaus sinnvoll sein, KI-generierte Inhalte zu kennzeichnen.

Dazu gibt es verschiedene mehr oder weniger aufdringliche Möglichkeiten:

- Unübersehbar und eindeutig ist ein kurzer Hinweistext am Anfang oder Ende eines Textes bzw. in Titel oder Unterschrift eines Bildes/Videos.
- Bei Bildern könnte man auch dezent das Logo des verantwortlichen KI-Systems als Wasserzeichen in einer der Ecken erkennbar machen, ohne den Gesamteindruck nennenswert zu stören.
- Hinweise zur KI-Herkunft von Medien können ebenso im begleitenden Text enthalten sein. Schulen und Hochschulen gehen inzwischen dazu über, die Nutzung von KI-Assistenten ausdrücklich zu erlauben, sofern die Quelle und der verwendete Prompt angegeben werden.
- Bei Mediendateien bieten außerdem die Metadaten eine gute Möglichkeit, einen Hinweis auf die KI-Entstehung des Werkes zu hinterlassen. Der ist für menschliche Betrachter zwar nur mit etwas Aufwand erkennbar. Dafür kann er von Anwendungen und Plattformen automatisch ausgewertet werden. Einen allgemein anerkannten Standard gibt es dafür bislang aber noch nicht.
- Bei sozialen Medien bieten sich die gängigen Schlagwörter (Hashtags) an, um auf KI-generierte Inhalte hinzuweisen, etwa *#KIgeneriert*, *#AIArt*, *#MadeByGemini* usw. Auch hier haben sich noch keine Standards etabliert, sodass man seiner Fantasie freien Lauf lassen kann.

1.5 KI und Datenschutz

Ein wichtiger Aspekt beim Umgang mit KI kann der Datenschutz sein. »Kann« deshalb, weil das sehr davon abhängt, wie Sie KI-Systeme nutzen. Solange es um die Daten geht, die von der KI erzeugt werden, spielt Datenschutz – zumindest was Sie als Anwender angeht – keine Rolle. Sie können davon ausgehen, dass die Daten in den Antworten einer KI prinzipiell öffentlich zugänglich und nicht besonders schützenswert sind.

Anders sieht es mit den Daten aus, die Sie selbst in einem Prompt eingeben oder einem KI-System auf andere Weise zur Analyse zur Verfügung stellen. Diese Daten werden nicht lokal verarbeitet, sondern zum Server hochgeladen, auf dem die KI-Anwendung läuft. Bei einfachen Prompts ohne spezifische Inhalte ist das kein Problem. Anders verhält es sich, wenn Sie persönliche Daten von sich selbst oder anderen Menschen verwenden oder beispielsweise Inhalte hochladen, die nicht für die Öffentlichkeit bestimmt sind.

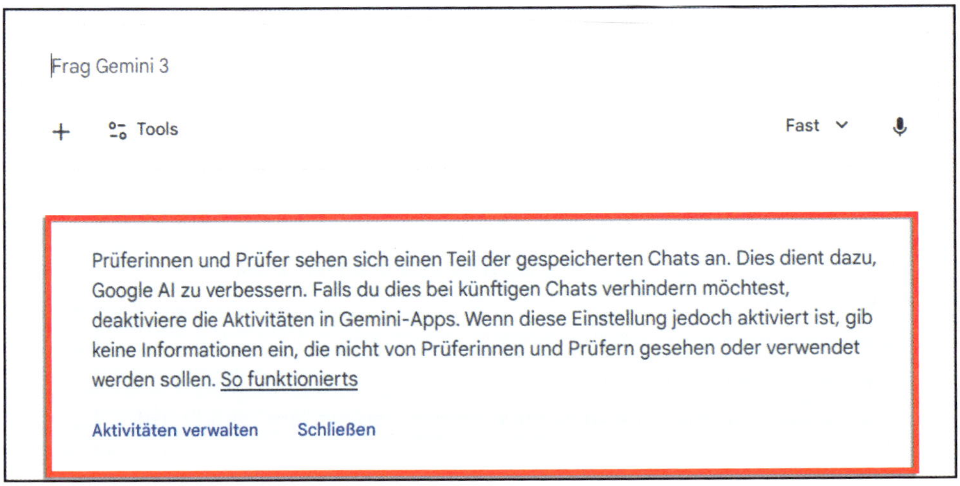

Gemini weist bei neuen Chats darauf hin, dass Eingaben gespeichert und genutzt werden

Nehmen wir mal an, Sie bekommen eine PDF-Datei mit einem Sitzungsprotokoll zugeschickt. Das Protokoll ist recht umfangreich und Sie interessieren sich nur für ganz bestimmte Themen daraus. Sie kommen auf die Idee, sich die für Sie interessanten Informationen von einem KI-Assistenten zusammenfassen zu lassen (was ohne Weiteres möglich ist, siehe Seite 128). Was passiert mit dem Inhalt?

1. Die PDF-Datei wird zum Server des KI-Systems hochgeladen.
2. Die KI analysiert den Inhalt und übersetzt ihn in Ihre interne Wissensrepräsentation. Sie »lernt« also, was im PDF steht, um Fragen dazu beantworten zu können.

3. Viele KI-Anbieter behalten sich das Recht vor, Prompts und übermittelte Informationen dauerhaft zu erfassen und das daraus gewonnene Wissen in ihre Wissensdatenbank zu überführen, damit ihr System beständig hinzulernen kann.
4. Etwas später benutzt ein Mitbewerber oder ein Journalist dieselbe KI zur Recherche über Ihre Firma.
5. Die KI erteilt auf Nachfrage Auskunft über alles, was sie über Ihre Firma weiß. Da der Inhalt des Protokolls zum Teil dieses Wissens geworden ist, können die Antworten der KI Informationen aus diesem Protokoll enthalten, die so der Öffentlichkeit zugänglich werden.

Zugegebenermaßen ein Schreckensszenario, das aber für die Problematik sensibilisieren soll, wenn man schützenswerte Dokumente einer KI zugänglich macht. Denn das Problem ist nicht nur, dass womöglich sensible Daten anderen zugänglich gemacht werden. Es kann ebenso passieren, dass man auf diese Weise gegen Datenschutzbestimmungen und interne Regelungen zum Datenschutz verstößt und sich reichlich Ärger einhandelt. Verzichten Sie also möglichst darauf bzw. verwenden Sie in solchen Fällen Anbieter, die den Datenschutz nach deutschen bzw. europäischen Normen gewährleisten.

Datenschutz bei Gemini

Gemini lässt sich nicht nutzen, ohne Kompromisse beim Datenschutz einzugehen. Wie bei allen großen KI-Anbietern findet die eigentliche Verarbeitung in riesigen Rechenzentren statt. Ihre Eingaben verlassen also zwangsläufig das lokale Gerät und gelangen in die Cloud. Google macht auch keinen Hehl daraus, dass die Eingaben der Nutzer erfasst, ausgewertet und für die Verbesserung der KI genutzt werden. Das kann sowohl durch die KI selbst als auch durch menschliche Prüfer erfolgen. Sie können aber in einem gewissen Umfang Einfluss darauf nehmen, ob und wie lange Ihre Aktivitäten von Google gespeichert werden. Außerdem können Sie bei Bedarf temporäre Chats durchführen, deren Inhalte laut Google nicht zur Verbesserung der KI genutzt werden.

72 Stunden ist das absolute Minimum

Ganz unabhängig von den gewählten Einstellungen (und selbst bei temporären Chats) speichert Google Ihre Gemini-Chats grundsätzlich für 72 Stunden. Dies soll eine Sicherheitsmaßnahme sein und außerdem ermöglichen, Beschwerden zum Verhalten von Gemini untersuchen zu können. Diese Mindestfrist muss man als Gemini-Nutzer akzeptieren. Allerdings versichert Google, sich bei maximalen Datenschutzeinstellungen auf das Speichern zu beschränken und diese Daten nicht maschinell oder durch Prüfer auszuwerten.

Das Speichern von Aktivitäten steuern

Ihre Interaktionen mit Gemini werden von Google jeweils als Aktivitäten gespeichert, die den gesamten Chat (also Ihre Prompts und die Antworten der KI) umfassen. Gespeicherte Aktivitäten finden Sie im Aktivitätsverlauf wieder, der es Ihnen erlaubt, unterbrochene Chats später jederzeit nahtlos fortzusetzen. Gleichzeitig behält sich Google aber auch vor, sämtliche gespeicherten Aktivitäten jederzeit prüfen, auswerten und für die Verbesserung der KI nutzen zu können. Sie können allerdings festlegen, wie lange Ihre Aktivitäten gespeichert werden.

1. Klicken Sie in der Weboberfläche von Gemini links auf *Aktivitäten*. In der App finden Sie diese Funktion, indem Sie oben rechts auf das Symbol Ihres Google-Kontos tippen und im so geöffneten Menü *Aktivitäten in Gemini-Apps* wählen.
2. Oberhalb des Aktivitätsverlaufs können Sie bei *Aktivitäten speichern* einstellen, ob Gemini überhaupt Aktivitäten speichern soll. Standardmäßig ist hier *An* gewählt. Mit diesem Auswahlfeld können Sie das Speichern *Deaktivieren* oder den Verlauf mit *Deaktivieren und Aktivitäten löschen* auch gleich löschen.

3. Wenn Sie das Speichern grundsätzlich zulassen, können Sie direkt darunter festlegen, wie lange Ihre Aktivitäten gespeichert bleiben sollen. Klicken Sie dazu auf die dort angezeigte Auswahl.
4. Im so geöffneten Dialog können Sie eine kürzere (*3 Monate*) oder längere (*36 Monate*) Aufbewahrungsfrist wählen oder Sie lassen *Aktivitäten nicht automatisch löschen*.
5. Klicken Sie dann unten rechts auf *Weiter*, um die Änderung der Einstellungen auszuführen.

Einige Einstellungsvarianten wie etwa das Deaktivieren des automatischen Löschens erfordern eine zusätzliche ausdrückliche Bestätigung.

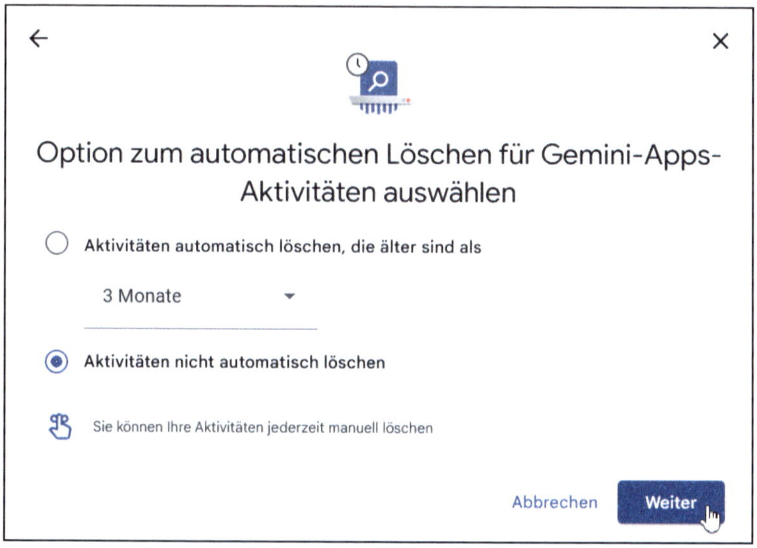

Gespeicherte Aktivitäten gezielt löschen

Im vorangehend vorgestellten Aktivitätsverlauf können Sie einzelne gespeicherte Chats auch jederzeit gezielt löschen. Was das genau bedeutet, verrät Google leider nicht. Jedenfalls werden sie dann nicht mehr im Verlauf angezeigt. Außerdem würde ich davon ausgehen, dass solche Chats ab sofort nicht mehr ausgewertet und nach spätestens 72 Stunden endgültig aus den Speichern entfernt werden.

1. Um eine Aktivität zu löschen, suchen Sie ihren Eintrag im Aktivitätsverlauf. Dieser ist chronologisch sortiert mit dem jüngsten Chat ganz oben. Zu jedem Eintrag ist eine Uhrzeit vermerkt, was das Finden einer bestimmten Aktivität erleichtern kann.
2. Klicken Sie bei dem Eintrag oben rechts auf das *X*-Symbol.

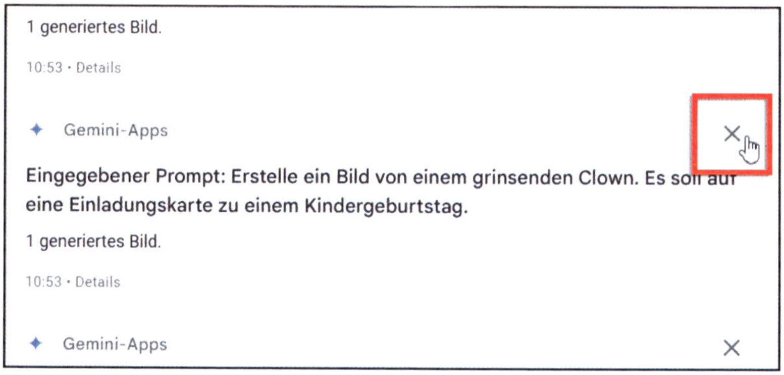

3. Bestätigen Sie im Rückfragedialog mit *Löschen*.

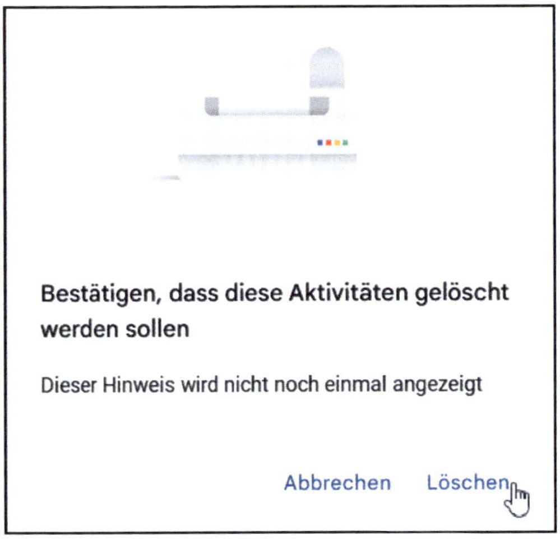

Temporäre Chats

Eine weitere Möglichkeit zur Datensparsamkeit bei Gemini sind temporäre Chats. Diese funktionieren im Prinzip genau wie sonst von diesem Assistenten gewohnt, sind in der Funktionalität also nicht eingeschränkt. Allerdings werden die Inhalte – unabhängig von der vorangehend beschriebenen Einstellung – grundsätzlich nicht zum Training der KI verwendet. Und solche Konversationen werden nach 72 Stunden automatisch endgültig gelöscht. Innerhalb dieser Frist würden sie nur dann ausgewertet, wenn ein möglicher Missbrauch des Dienstes im Raum stünde.

1. Um einen temporären Chat durchzuführen, blenden Sie am linken Rand den Navigationsbereich ein.
2. Dort finden Sie oben rechts das Symbol *Temporärer Chat*.

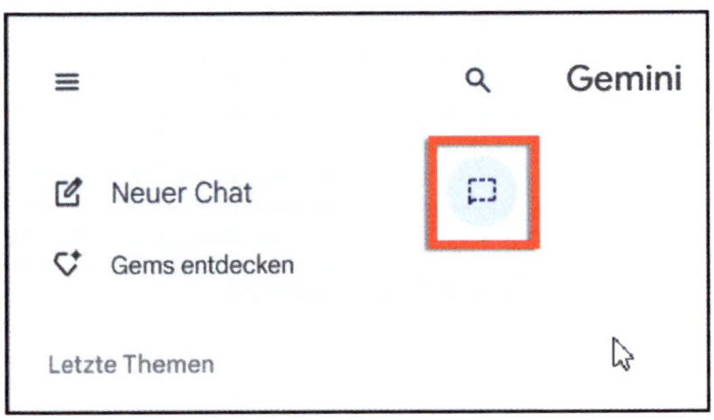

3. Mit einem Klick darauf beginnen Sie rechts im Hauptbereich eine neue Konversation mit dem Assistenten, die nun aber temporärer Art ist.

4. Dies erkennen Sie zuverlässig an dem Hinweis, der oberhalb des Eingabe-Prompts angezeigt wird.

Sie können nun wie gewohnt mit dem Assistenten kommunizieren. Allerdings werden Ihre Eingaben nicht für Trainingszwecke genutzt und auch nur temporär gespeichert. Möchten Sie wieder zu einem regulären Chat zurückkehren, klicken Sie erneut auf das Symbol im Navigationsbereich, wechseln zu einer Konversation aus Ihrem Verlauf oder beginnen einen neuen Chat.

1.6 Die Grenzen der KI

Niemand ist perfekt – auch nicht die künstliche Intelligenz (nach heutigem Stand). Auch wenn das Experimentieren mit den neuen Möglichkeiten viel Spaß macht und beeindruckende Ergebnisse hervorbringen kann, sollte man sich der Grenzen bewusst sein. Eine davon ist die Aktualität des Wissens, was eine hausgemachte Unzulänglichkeit heutiger Systeme ist, die wir in Zukunft sicher überwinden werden. Eine andere hingegen liegt in der Funktionsweise der Anwendungen begründet und wird sich womöglich nie ganz beseitigen lassen: KI-Systeme können halluzinieren, also Dinge erfinden bzw. behaupten, die es gar nicht gibt.

Die Aktualität von Wissen bei KI-Systemen

Einen Aspekt sollte man beim Recherchieren mithilfe von KI stets im Blick behalten. Viele KI-Assistenten operieren mit einer Wissensbasis, die zu einem bestimmten Zeitpunkt erstellt und abgeschlossen wurde. Man muss also von einer Art »Redaktionsschluss« ausgehen.

Informationen und Fakten, die erst nach diesem Zeitpunkt entstanden, stehen dem Modell nicht oder zumindest nur begrenzt zur Verfügung. Gemini selbst bezeichnet diesen Zeitpunkt als »Knowledge Cutoff«.

Das bedeutet nicht zwangsläufig, dass Sie von Gemini keine Informationen erhalten können, die sich auf Ereignisse nach diesem Datum beziehen. Der Assistent ist in der Lage, durch Rückgriff auf die Google-Suche auch aktuelle Daten und Entwicklungen in seine Antworten zu integrieren. Allerdings sind diese eben nicht integraler Bestandteil des Sprachmodells, sondern in Echtzeit hinzugefügte Bestandteile. Ob und in welchem Umfang solche Echtzeit-Ergänzungen stattfinden, entzieht sich der Kontrolle des Anwenders, der auch nicht immer erkennen kann, ob Gemini aktuelle Entwicklungen nach dem Cutoff in eine Antwort hat einfließen lassen.

Wie aktuell ist mein KI-Assistent?

Die Frage nach der Aktualität des Wissens ist eine, die Sie Gemini direkt stellen können:

```
Wie aktuell ist dein Wissen?
```

Der Assistent gibt bereitwillig Auskunft und verweist darauf, Trainingsdaten aus dem Sprachmodell und Echtzeitinformationen zu kombinieren, sowie laufend aktualisiert zu werden.

Wie aktuell ist dein Wissen?

Mein Wissen ist eine Kombination aus einem umfangreichen Training auf historischen Daten und der Fähigkeit, in Echtzeit auf aktuelle Informationen zuzugreifen.

Hier ist eine kurze Übersicht, wie mein Wissensstand funktioniert:

- **Trainingsdaten:** Mein grundlegendes Modell wurde mit einer riesigen Menge an Texten trainiert. Diese Daten haben einen sogenannten „Knowledge Cutoff", der meist einige Monate in der Vergangenheit liegt.
- **Echtzeit-Zugriff:** Da wir uns im Jahr **2026** befinden, kann ich für aktuelle Ereignisse, Nachrichten oder spezifische Daten (wie das heutige Wetter oder Sportergebnisse) direkt auf die Google-Suche zugreifen.
- **Laufende Aktualisierungen:** Ich werde kontinuierlich verbessert, um Trends und technologische Entwicklungen besser zu verstehen.

Das klingt erst mal gut, aber wenn in der Antwort ausdrücklich der »Knowledge Cutoff« erwähnt wird, kann man auch mal konkret danach fragen:

```
Wann war dein Knowledge Cutoff?
```

Hier zeigt sich: Der Redaktionsschluss des Sprachmodells war zum Zeitpunkt dieser Abfrage bereits über ein Jahr her. Alles Wissen über Ereignisse und Erkenntnisse seither muss also über den Echtzeitzugriff ergänzt werden.

Wann war dein Knowledge Cutoff?

Mein grundlegender Wissensstand (der sogenannte **Knowledge Cutoff**) reicht bis **Januar 2025**.

Das bedeutet:

- **Statisches Wissen:** Alles, was bis Januar 2025 passiert ist, gehört zu meinem festen Trainingswissen. Ich kenne die Fakten, Technologien und Ereignisse bis zu diesem Zeitpunkt auswendig.
- **Aktuelle Informationen:** Da wir uns heute im **Januar 2026** befinden, liegt dieser Stichtag etwa ein Jahr zurück. Für alles, was im Laufe des Jahres 2025 oder in den ersten Tagen von 2026 passiert ist, nutze ich meine integrierte **Google-Suche**.

Einen solchen Redaktionsschluss gibt es bei allen KI-Systemen mit großen Sprachmodellen, da das Training so aufwendig ist, dass es nicht alle paar Wochen oder gar Tage wiederholt werden kann. Das ist also an sich kein Qualitätskriterium oder schwerwiegendes Problem. Man muss es nur im Hinterkopf behalten, wenn man den Assistenten bei Aufgaben einsetzt, die aktuelles Wissen erfordern. Dann sollten Sie besondere Maßnahmen ergreifen, um die Aktualität der Antworten sicherzustellen.

Wenn aktuelle Informationen gefragt sind

Da sich der Echtzeitzugriff des Assistenten nicht per Option ein- oder ausschalten lässt, sollten Sie bei Bedarf auf andere Weise dafür sorgen, dass Gemini aktuelle Antworten liefert.

Teilweise ist dies schon Teil der Aufgabenstellung, etwa wenn Sie nach der zukünftigen Entwicklung des Ölpreises fragen. Hier erkennt der Assistent an der Fragestellung, dass zeitkritische Informationen gefragt sind, und fügt automatisch entsprechend aktuelle Angaben hinzu.

Wie wird sich der Ölpreis in den kommenden sechs Monaten entwickeln?

Für die kommenden sechs Monate (Januar bis Juni 2026) zeichnet sich am Ölmarkt ein eher **pessimistisches Bild** mit tendenziell steigenden Preisen ab. Die Mehrheit der Analysten und Institutionen (wie die EIA oder große Investmentbanken) rechnet mit einer Phase des Überangebots.

Hier ist die detaillierte Analyse der erwarteten Entwicklung:

Markterwartung für das 1. Halbjahr 2026

Die Prognosen für die Sorte **Brent** bewegen sich für diesen Zeitraum primär in einer Spanne zwischen **50 USD und 62 USD** pro Barrel.

Zeitraum	Prognostizierte Preisspanne (Brent)	Haupttrend
Q1 2026 (Jan–Mär)	55 – 61 USD	Seitwärts

Wenn sich die Notwendigkeit aktueller Informationen aus Ihrer Fragestellung nicht unbedingt ergibt, können Sie den Prompt um Anweisungen ergänzen, die Aktualität erzwingen, wie etwa bei den folgenden Beispielen:

- Wie haben sich die Aktienkurse der Top-5-Tech-Unternehmen in den letzten 24 Stunden entwickelt und welche aktuellen Marktanalysen erklären diese Bewegung?
- Zeige mir den aktuellen Live-Kurs von Bitcoin und fasse die drei wichtigsten Nachrichtenmeldungen der letzten 6 Stunden zusammen, die den Preis beeinflussen könnten.
- Was sind die aktuellsten Schlagzeilen zu [Thema, z. B. Klimakonferenz] von heute? Bitte gib nur Quellen an, die nicht älter als 12 Stunden sind.
- Gibt es brandneue Entscheidungen oder Pressemitteilungen der Bundesregierung aus dieser Woche bezüglich der [z. B. Rentenreform]?
- Welche neuen Funktionen wurden im heute veröffentlichten Update von [Software/App] hinzugefügt? Suche nach den offiziellen Release Notes von heute.

- `Fasse die neuesten wissenschaftlichen Veröffentlichungen zum Thema „Multimodale KI“ zusammen, die innerhalb der letzten sieben Tage auf arXiv oder in Fachmagazinen erschienen sind. Wie ist der aktuelle Spielstand im Spiel [Mannschaft A] gegen [Mannschaft B] und wer hat die Tore geschossen? Berücksichtige Live-Ticker-Daten. Welche Konzerte oder Großveranstaltungen finden heute Abend in [Stadt] statt? Prüfe aktuelle Ticket-Plattformen auf Verfügbarkeit.`
- `Gibt es für die nächsten 48 Stunden Unwetterwarnungen für die Region [PLZ/Stadt]? Bitte prüfe die aktuellen Daten des Deutschen Wetterdienstes.`
- `Was ist der aktuelle Durchschnittspreis für Heizöl in [Bundesland] heute im Vergleich zur Vorwoche? Suche nach aktuellen Vergleichsportalen.`

Brandaktuelle Informationen

Schlüsselwörter wie »heute«, »aktuell«, »in den letzten Stunden« oder »brandneu« fungieren als Signal an Gemini, die Echtzeit-Suchfunktion zu priorisieren, anstatt auf das trainierte Wissen des Sprachmodells zurückzugreifen.

Halluzinationen – auch KI ist nicht perfekt

Wenn ein KI-System eine völlig überzeugende Antwort formuliert, die nach menschlichem Ermessen objektiv falsch ist, bezeichnet man das umgangssprachlich als »KI-Halluzination«. Experten sprechen lieber von **Konfabulation**, weil der Begriff Halluzination Computer unangemessen vermenschlicht. Beispiele für solche frei erfundenen Fakten gehen immer mal wieder durch die Medien.

Wie etwa der US-amerikanische Anwalt, der sich einen Antrag ans Gericht von einem KI-Assistenten schreiben ließ. Dieser generierte einen formell und inhaltlich perfekten Antrag einschließlich Aktenzeichen von einschlägigen Präzedenzfällen.

Der – arglose – Richter fand das Schriftstück zunächst überzeugend, bis er einen Blick auf die im Antrag zitierten Urteile werfen wollte. Nur wurde er unter den eingegebenen Aktenzeichen nicht fündig, weil diese frei erfunden waren. Das KI-System hatte gelernt, dass ein Antrag bei Gericht Verweise auf Präzedenzfälle mit Aktenzeichen enthalten muss. Es hatte aber nicht gelernt, dass ein Aktenzeichen mehr als eine beliebige Folge von Ziffern und Buchstaben ist und dass dazu eben auch passende Schriftstücke existieren müssen. Stattdessen hat es sich einfach welche »ausgedacht«.

Bei Menschen beruhen Halluzinationen in der Regel auf falschen Sinneswahrnehmungen. KI-Systeme haben aber keine fehlerhaften Sinneswahrnehmungen, und Konfabulationen sind auch nicht auf Fehler in der Software zurückzuführen. Diese arbeitet korrekt, aber die Trainingsdaten können sie auf verschiedene Weise dazu verführen, Schlüsse zu ziehen, die uns Menschen fehlerhaft erscheinen (ich formuliere bewusst vorsichtig).

- Trainingsdaten können unvollständig, unzureichend oder im Extremfall falsch sein. Wenn eine KI etwa anhand vieler Beispiele lernen soll, Kunststile zu unterscheiden, die Beispielbilder aber versehentlich falsch beschriftet sind. Dann lernt das System etwas falsch, was ihm selbst aber völlig korrekt und logisch erscheint.
- Beim Training geht es darum, in großen Datenmengen Muster zu erkennen. Möglicherweise registrieren KI-Systeme gelegentlich real existierende Muster, die für uns Menschen gar nicht als solche erkennbar sind oder die wir von vornherein als irrelevant abtun würden. In diesem Fall wäre die »KI-Halluzination« eine korrekte Aussage, die wir nur nicht als solche erkennen oder akzeptieren.
- Ein wichtiger Aspekt bei der Mustererkennung sind Wahrscheinlichkeiten. KI-Systeme nehmen gar nicht in Anspruch, im Besitz der einen unumstößlichen Wahrheit zu sein. Stattdessen operieren sie mit statistischen Wahrscheinlichkeiten. Wenn Sie einem KI-System eine Frage stellen, liefert es Ihnen nicht die »richtige« Antwort, sondern baut aus seinen Datenmassen Stück für Stück eine Antwort auf. Für den nächsten Schritt wird dabei immer ein Element gewählt, das mit hoher Wahrscheinlichkeit auf die bisherige Teilkette folgt. In den allermeisten Fällen entsteht so eine sprachlich makellose Antwort, die Menschen als »die richtige« betrachten würden. Es kann durch Seiteneffekte bei den statistischen Auswertungsfunktionen aber in seltenen Fällen auch dazu kommen, dass die KI danebenliegt.

2. Gemini im praktischen Einsatz

Gemini ist sozusagen die Benutzeroberfläche von Googles KI-Dienst. Dessen Maschinenraum sind gewaltige Rechenzentren, die über den Erdball verteilt sind. Die eigentliche Arbeit wird dort geleistet und nicht auf Ihrem PC oder Smartphone. Diese Endgeräte nehmen lediglich Ihre Eingaben entgegen, leiten sie weiter, warten auf die Antwort und bereiten diese dann für Sie auf. Auf welchem Gerät und mit welcher Software diese Benutzeroberfläche realisiert wird, spielt für das Ergebnis eine ganz untergeordnete Rolle. Das hat für die Nutzer den Vorteil, dass sie Gemini auf vielen Geräten gleichwertig einsetzen können.

Die einfachste und am leichtesten zugängliche Variante ist der Webbrowser. Dafür kommen alle aktuellen Browser infrage, unabhängig von der eingesetzten Hardware. Wer möchte, kann Gemini in Windows auch als Web-App einrichten, um es konzentrierter und ohne den sonstigen Ballast eines Webbrowsers zu nutzen. Darüber hinaus gibt es spezielle Gemini-Apps für mobile Geräte mit Android oder Apples iOS. Diese Apps bieten im Vergleich zum Webbrowser erweiterte Funktionen, da sie enger mit dem jeweiligen Betriebssystem verbunden sind und so beispielsweise Zugriff auf die Zwischenablage oder Bildschirminhalte haben. Die Kernfunktionalität – also wie Sie mit dem KI-Assistenten interagieren und die Art der Antworten – ist aber bei allen Varianten identisch. In diesem Kapitel stelle ich Ihnen die verschiedenen Möglichkeiten vor und gehe auf die besonderen Vorzüge der einzelnen Varianten ein.

2.1 Gemini im Webbrowser nutzen

Eine naheliegende Möglichkeit zur Nutzung von Gemini ist ein Webbrowser. Sie erfordert keine Installation oder sonstige Vorkehrungen. Insbesondere wenn Sie sich ohne großen Aufwand erst mal mit den Möglichkeiten vertraut machen wollen, sollten Sie diesen Weg wählen. Im Folgenden verwende ich den in Deutschland, Österreich und der Schweiz beliebtesten Webbrowser Chrome, um die grundsätzliche Nutzung auf diesem Weg zu demonstrieren. Welchen Browser Sie verwenden, spielt aber keine Rolle. Alle aktuellen Browser sind in der Lage, die Weboberflächen der KI-Assistenten anzuzeigen und alle dort angebotenen Funktionen zu nutzen.

Die Weboberfläche von Gemini

Um Gemini in Ihrem Webbrowser zu öffnen, geben Sie im Adressfeld die Webadresse https://gemini.google.com ein. Lassen Sie sich dabei von dem *.com* am Ende nicht irritieren. Die Webseite erkennt automatisch Ihr Herkunftsland und passt die Sprache entsprechend an.

Gemini öffnet direkt eine Begrüßungsseite, auf der Sie sich anmelden können, sofern dies erforderlich ist. Wenn Sie im Webbrowser ohnehin mit einem Google-Konto angemeldet sind, wird dieses automatisch auch für Gemini genutzt und Sie können sofort loslegen.

Nutzen Sie eine der angezeigten *Anmelden*-Schaltflächen. Wenn Sie bereits ein Google-Konto haben, können Sie dieses für Gemini nutzen. Andernfalls legen Sie ein Google-Konto dafür an. Es ist kostenlos und ermöglicht Ihnen neben vielen anderen Google-Diensten auch das Verwenden der meisten Gemini-Funktionen in einem begrenzten Umfang. Wer mehr möchte, kann ein passendes Google-AI-Plus-Abo abschließen (siehe Seite 76).

Gemini ohne Anmeldung nutzen

Sie können Gemini auch ohne Anmeldung nutzen, etwa wenn Sie noch kein Google-Konto haben und nicht sofort eines einrichten möchten. Allerdings ist der Weg dahin etwas umständlicher, da man Google dazu »austricksen« muss. Das geht beispielsweise über den Privatsphäre-Modus im Firefox-Webbrowser, den Sie dort im Menü unter *Neues privates Fenster* finden. Wenn Sie in einer solchen Privatsphäre-Surfsitzung gemini.google.com öffnen und das Speichern von Cookies auf Nachfrage ablehnen, zeigt Gemini Ihnen den Eingabe-Prompt an, auch wenn Sie nicht angemeldet sind. Allerdings unterliegt die Nutzung von Gemini in dieser Form sowohl quantitativen als auch qualitativen Einschränkungen. Deshalb empfehle ich die Anmeldung mit einem Google-Konto, die nicht mit Kosten verbunden ist und eine viel umfänglichere Nutzung von Gemini und den damit verbundenen KI-Funktionen von Google ermöglicht.

Das wesentliche Element der Oberfläche ist der Eingabebereich, in dem Sie Ihre Aufforderung an Gemini eingeben – oder einsprechen – können. Tippen Sie Ihre Frage oder Aufforderung ein.

Drücken Sie dann ↵ oder klicken Sie auf das Pfeilsymbol rechts zum Absenden der Aufforderung.

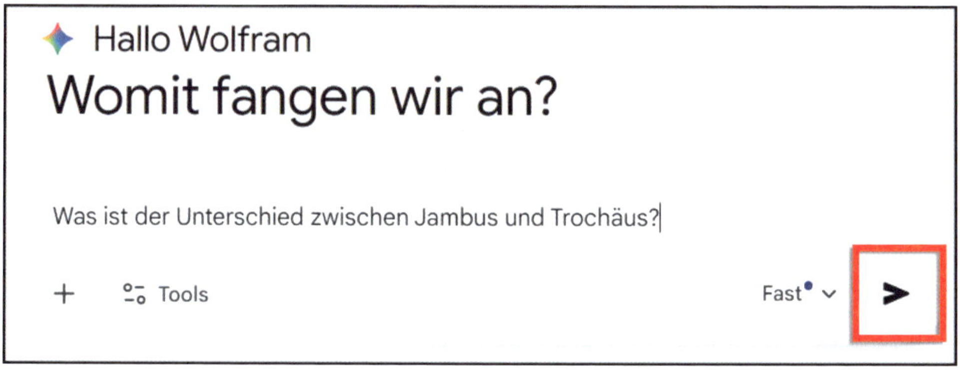

Das Webformular schickt Ihren Prompt daraufhin an die Gemini-KI, wo es nach komplizierten Regeln an eines der zahlreichen Google-Rechenzentren in aller Welt weitergereicht wird. Dort erfolgen die eigentliche Verarbeitung und das Generieren einer passenden Antwort durch einen hochspezialisierten Großrechner.

Dieses Ergebnis wird dann an Ihren Webbrowser zurückgesendet und Ihnen dort als Antwort präsentiert.

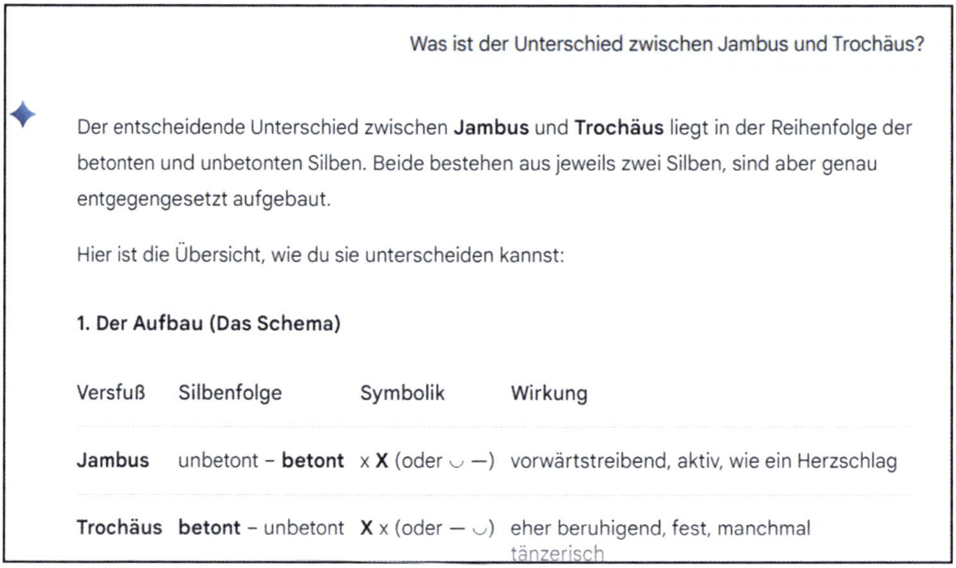

Unterhalb jeder Antwort finden Sie einige Symbole, mit denen Sie das Ergebnis bewerten oder weiterverarbeiten können.

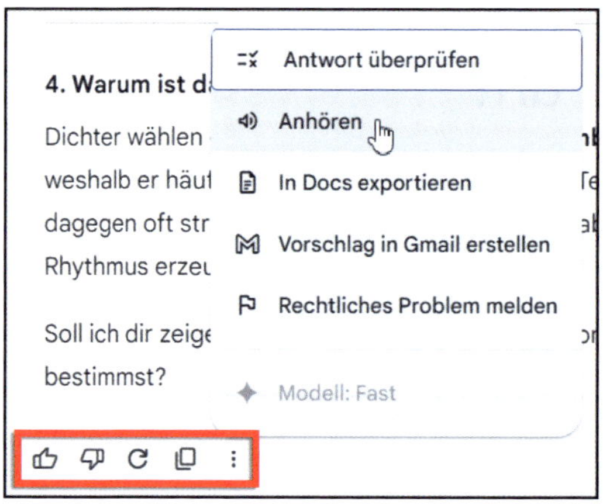

- Daumen hoch bedeutet ein Lob für Gemini für eine passende Antwort. Man muss das nicht ständig machen. Aber das Feedback ermöglicht es der KI, sich besser auf Ihre Anforderungen einzustellen. Insofern kann es nicht schaden, zumindest besonders hilfreiche Antworten auf diese Weise zu würdigen.
- Daumen runter ist das genaue Gegenteil. Wenn eine Antwort von Gemini völlig danebenliegt, sollten Sie das ruhig hiermit kundtun. Auch diese Art von Rückmeldung hilft dabei, die Antworten des KI-Assistenten mittel- und langfristig zu verbessern.

- Das Symbol des rotierenden Pfeils steht für das Wiederholen Ihrer Anfrage. Wenn Sie mit einer Antwort nicht direkt zufrieden sind, können Sie hiermit einen neuen Versuch starten. Die KI antwortet nicht jedes Mal stumpf mit demselben Text. Zudem wird Gemini beim Verwenden dieser Funktion gezielt einen etwas anderen Ansatz wählen, um Ihre Erwartungen vielleicht besser zu erfüllen.
- Besonders wichtig ist das Kopieren-Symbol rechts. Hiermit übertragen Sie den Inhalt der Antwort mit einem Mausklick in die Zwischenablage. Von dort aus können Sie den Text in beliebige Anwendungen einfügen, um ihn dort weiterzuverarbeiten. Alternativ können Sie auch nur Teile der Antwort mit der Maus im Webbrowser markieren und mit [Strg]+[C] in die Zwischenablage übernehmen, um sie von dort aus weiterzuverwenden.

Antworten produktiv nutzen

Mit dem ⋮-Symbol öffnen Sie ein Menü mit weiteren Möglichkeiten, die in der Regel nicht ganz so häufig benötigt werden:

- *Antwort überprüfen:* Hiermit überprüft Gemini eine zuvor generierte Antwort selbst noch einmal. Dabei wird nicht nur die faktische Korrektheit sichergestellt, sondern es werden auch Relevanz, Logik sowie die Formulierung des Textes nochmals bewertet und ggf. angepasst. Anschließend können Sie mit den Pfeilsymbolen unten rechts zwischen der ursprünglichen und der überprüften Variante hin- und herwechseln. Änderungen in der optimierten Antwort sind farblich hervorgehoben.
- *Anhören:* Mit dieser Option können Sie sich die Antwort »vorlesen« lassen. Der Assistent generiert dazu innerhalb des Webbrowsers eine synthetische Sprachausgabe des Textes mit einer angenehmen, nahezu menschlich klingenden Stimme. Gegebenenfalls müssen Sie dem Zugriff der Webseite auf die Audiohardware Ihres Gerätes vorher zustimmen.
- *In Docs exportieren:* Wenn Sie Google Docs nutzen, können Sie mit dieser Funktion in Ihrem Cloud-Speicher ein neues Textdokument erstellen, in das die Antwort als Inhalt eingefügt wird.
- *Vorschlag in Gmail erstellen:* Analog zum vorherigen Menüpunkt erstellen Sie hiermit eine neue E-Mail in Ihrem Gmail-Konto. Die Antwort wird als Inhalt der Nachricht eingefügt und eine passende Betreffzeile generiert. Sie brauchen nur noch das Empfängerfeld auszufüllen und können die E-Mail dann direkt absenden.
- *Rechtliches Problem melden:* Sollte eine Antwort problematisch sein, können Sie das mit diesem Menüpunkt an die Entwickler melden. Hierunter versteht Google insbesondere Probleme mit dem Urheberrecht, Datenschutz oder auch lokalen bzw. nationalen Gesetzen und Gerichtsentscheidungen, die im Sprachmodell vielleicht nicht immer (schon) ausreichend berücksichtigt sind.

Unterschiede bei anderen Webbrowsern

Die Beschreibung der Gemini-Weboberfläche basiert auf der Verwendung von Googles Webbrowser Chrome. Wenn Sie diesen oder einen anderen Chromium-basierten Browser wie etwa Microsoft Edge verwenden, sollte die Oberfläche bei Ihnen genauso oder sehr ähnlich aussehen. Unterschiede kann es bei anderen Webbrowsern wie etwa Firefox geben. Google unterscheidet diese und zeigt dort eine etwas abweichende Oberfläche an. Abgesehen davon lässt sich Gemini aber mit jedem Browser vollwertig nutzen.

Chats teilen oder anpinnen

Sobald Sie in einem neuen Chat einen Prompt absenden, erstellt Gemini automatisch darauf basierend eine Bezeichnung für diesen Chat. Sie wird links im Navigationsbereich verwendet, aber auch ganz oben über der Konversation – mit einem Ausklapppfeil versehen – angezeigt. Mit diesem Pfeil öffnen Sie ein Menü, das Ihnen weitere Funktionen für den Chat bereitstellt.

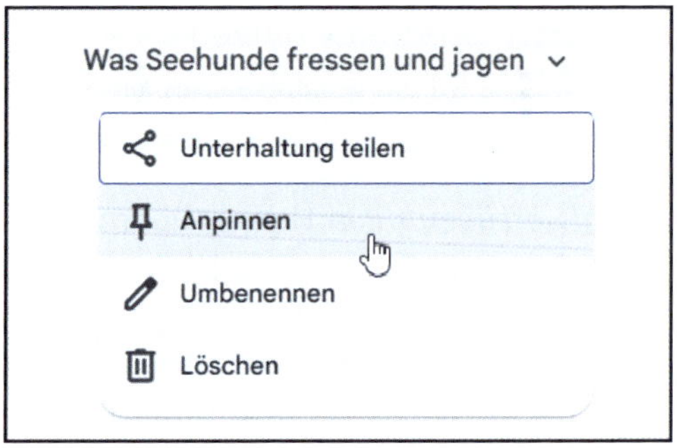

- *Unterhaltung teilen:* Hiermit können Sie einen Gemini-Chat an andere Personen weitergeben oder beispielsweise in sozialen Medien veröffentlichen. Der so entstehende Link führt andere zu Ihrer vollständigen Konversation mit dem Assistenten, also zu Ihren Prompts und den Antworten darauf.

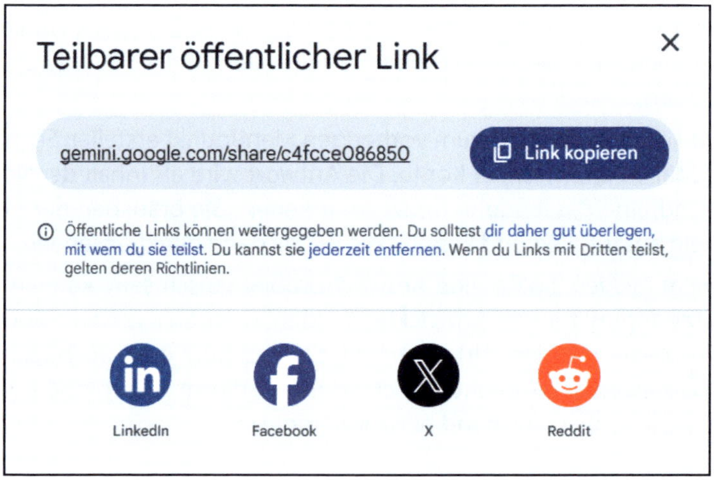

Empfänger ohne Google-Konto können den Chat nur einsehen und Inhalte ggf. daraus kopieren. Nutzer mit Google-Anmeldung können den Chat ihrem eigenen Konto hinzufügen und die Konversation dann nahtlos fortsetzen.

- *Anpinnen:* Chats, die besonders wichtig sind oder zu denen Sie bald bzw. immer wieder zurückkehren möchten, können Sie im Navigationsbereich am linken Rand anheften. Sie werden dann dort ganz oben angezeigt und mit einem Stecknadel-Symbol gekennzeichnet.

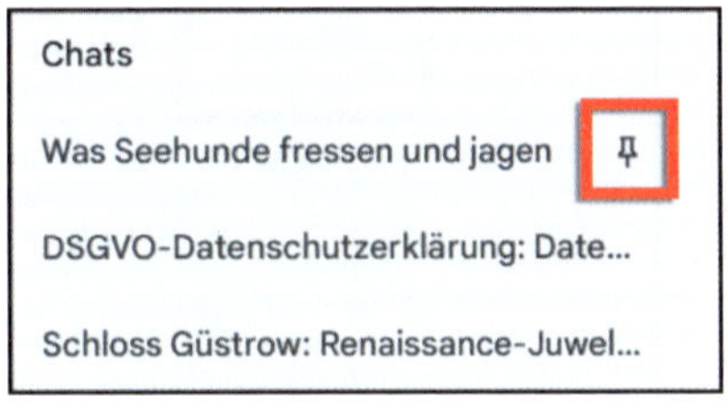

- *Umbenennen:* Sollten Sie mit der automatisch durch Gemini generierten Bezeichnung eines Chats nicht zufrieden sein, können Sie diese ändern. Beachten Sie dabei, dass der Name nicht zu lang sein sollte, wenn er im Navigationsbereich am linken Rand noch gut erkennbar bleiben soll.
- *Löschen:* Wenn Sie einen Chat und die Ergebnisse daraus nicht mehr benötigen, können Sie ihn hier dauerhaft entfernen. Er wird dann auch aus dem Verlauf gelöscht und Gemini nutzt die Inhalte nicht mehr für Trainingszwecke. Allerdings wird er ggf. erst bis zu 72 Stunden später endgültig aus dem Speicher der KI entfernt (siehe Seite 29).

Den passenden Denkmodus wählen

Gemini kennt verschiedene Komplexitätsstufen, die darüber entscheiden, wie intensiv der Assistent über eine Aufgabenstellung nachdenkt. Das beeinflusst zum einen die Geschwindigkeit, mit der die Antwort erfolgt. Zum anderen kann es Auswirkungen auf die Qualität des Ergebnisses haben. Je mehr Zeit Gemini sich für eine Antwort lässt, desto intensiver kann die Aufgabe analysiert und die Antwort aufbereitet sowie überprüft werden. Welchen Modus Gemini jeweils wählt, können Sie unten rechts im Eingabefeld wählen:

- *Fast:* Standardmäßig ist dieser Modus ausgewählt. Er sorgt für schnelle Antworten, die oftmals schon ausreichend sind. Gerade wenn es um Recherche- und Erklärungsaufgaben geht, sind die schnellen Ergebnisse meist völlig ausreichend. Wenn Gemini komplexe Aufgaben lösen soll, etwa druckreife Texte zu sehr speziellen Themen zu liefern, kann es allerdings sinnvoll sein, einen leistungsfähigeren Modus zu wählen.
- *Thinking-Modus:* Damit Gemini gründlicher nachdenkt, wählen Sie diesen Denkmodus. Antworten benötigen dann länger, sind aber auch gründlicher bearbeitet und sollten von besserer Qualität sein. Intern verwendet auch dieser Denkmodus noch mal verschiedene Stufen von *Minimal* bis *Hoch*, die allerdings abhängig von der Aufgabe dynamisch gewählt werden, ohne dass Anwender einen unmittelbaren Einfluss darauf haben (siehe Infobox).

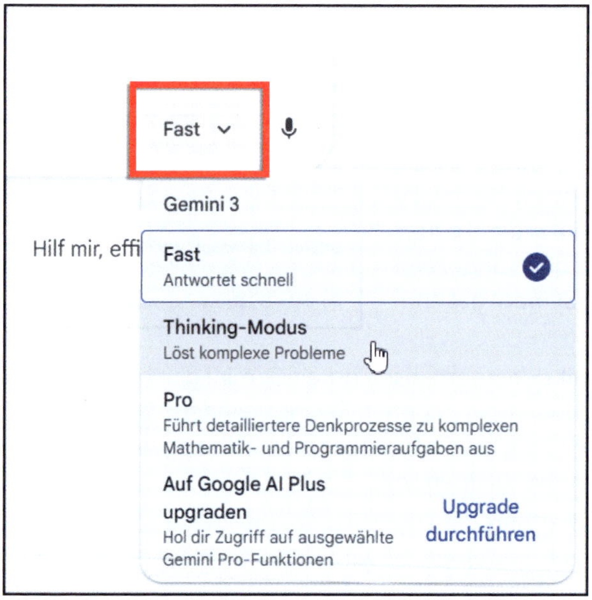

- *Pro:* Für besonders anspruchsvolle Aufgaben kann der Pro-Modus gewählt werden. Damit sind komplexe Anforderungen wie etwa das Analysieren umfangreicher PDF-Dateien, wissenschaftliches Arbeiten oder kreatives Texten oder Design gemeint. Auch wenn Sie Gemini mit längeren, komplexen Anweisungen füttern, werden Sie mit diesem Modell auf Anhieb die besten Ergebnisse erzielen. Für Benutzer ohne Abo steht der Modus jedoch nur in begrenztem Umfang zur Verfügung.

Thinking- und Pro-Modus für Nutzer ohne Abo

Google arbeitet nicht mit festen Limits, sondern passt die Verfügbarkeit dynamisch an die Auslastung der Server an. Wer kein Google-AI-Abo abgeschlossen hat, kann den Fast-Modus praktisch unbegrenzt nutzen. Thinking- und Pro-Modus teilen sich ein gemeinsames Limit, das in der Praxis 5–20 Anfragen pro Tag ermöglicht. Ist das Tagesbudget erschöpft, schaltet Gemini automatisch auf den Fast-Modus zurück. Gratis-Nutzer können deshalb am besten standardmäßig den Fast-Modus nutzen und nur bei Bedarf zu einem der komplexeren Modi wechseln.

Einen neuen, leeren Chat beginnen

In bestimmten Situationen kann es sinnvoll sein, einen neuen Dialog mit dem KI-Assistenten zu beginnen. Zum einen möchte man manchmal zwischendurch ein neues Thema starten, ohne das alte ganz aus den Augen zu verlieren. Dann können Sie einen neuen, frischen Chat nutzen und später zum vorherigen zurückkehren. Außerdem sollten Sie beachten, dass Ihre Prompts und die Antworten des Assistenten in den Kontext des Chats integriert werden und spätere Antworten beeinflussen können. Wenn Sie den Assistenten etwa aufgefordert haben, eine bestimmte Rolle einzunehmen, kann das seine Reaktion auf weitere Eingaben verändern. Daher kann es sinnvoll sein, einen neuen, leeren Chat zu beginnen, der garantiert frei von solchen Einflüssen ist.

Einen neuen Chat können Sie bei Gemini jederzeit starten, indem Sie eine der folgenden Methoden anwenden:

- Klicken Sie im Webformular oben auf das *Gemini*-Logo.
- Klicken Sie links im Navigationsbereich auf das Symbol für einen neuen Chat. Wenn der Navigationsbereich ausgeklappt ist, wird rechts daneben zusätzlich die passende Beschriftung angezeigt.

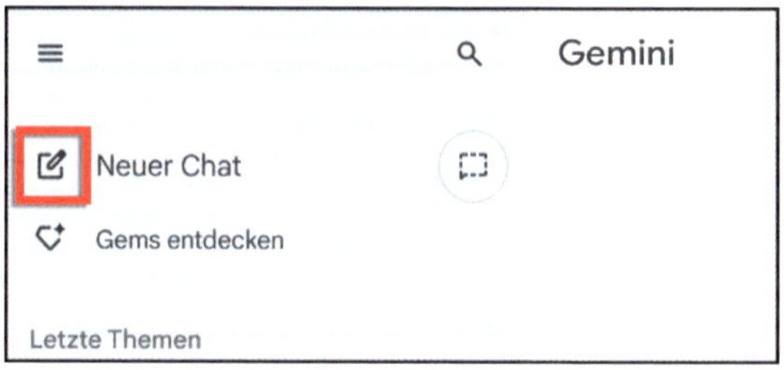

- Alternativ können Sie die Tastenkombination Strg+⇧+O verwenden, sofern diese nicht bereits durch Windows oder eine andere Anwendung belegt ist.

Gemini zeigt dann ein neues, leeres Chat-Formular an. Die bisherige Konversation geht dabei nicht verloren. Über den Verlauf können Sie sie jederzeit wieder aufnehmen und fortsetzen (siehe im Folgenden).

Zu früheren Chats zurückkehren

Wenn Sie mit Ihrem Google-Konto angemeldet sind und den Aktivitätsverlauf nicht ausdrücklich deaktiviert haben (siehe Seite 30), können Sie frühere Konversationen mit Gemini jederzeit erneut abrufen und nahtlos fortsetzen. Der Assistent merkt sich im Verlauf nicht nur Ihre Eingaben und seine Antworten darauf. Auch der Kontext des Chats wie eingegebene Daten oder hochgeladene Dokumente bleiben erhalten und werden berücksichtigt, wenn Sie weitere Prompts formulieren.

1. Der Verlauf findet sich im Navigationsbereich am linken Seitenrand. Sollte dieser eingeklappt sein, klappen Sie ihn zunächst auf, indem Sie auf das ≡-Symbol oben links klicken.

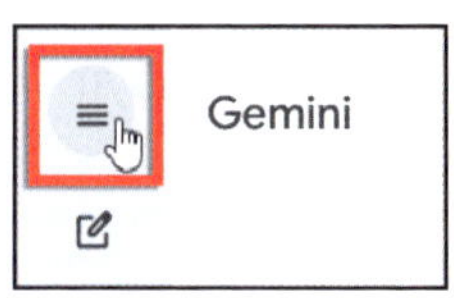

2. Im Navigationsbereich finden Sie oben und unten einige Funktionen und Einstellungen. Der meiste Platz dazwischen wird für eine Liste mit zurückliegenden Chats genutzt. Die Titel der einzelnen Einträge sind von Gemini generiert und entsprechen einer Zusammenfassung des ersten Prompts in dieser Konversation, damit sie in der schmalen Leiste gut lesbar sind.
3. Um zu einem dieser Chats zurückzukehren, brauchen Sie den betreffenden Eintrag nur anzuklicken. Gemini stellt dann rechts die Konversation wieder her, so wie Sie sie verlassen hatten.

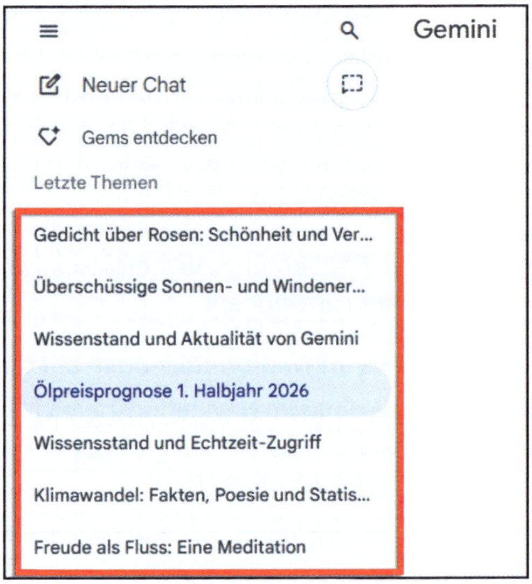

Mit Gemini per Mikrofon plaudern

Sie können Gemini nicht nur per Tastatur nutzen. Wenn Ihr PC über ein eingebautes oder angeschlossenes Mikrofon verfügt, können Sie auch per Spracheingabe mit dem Assistenten sprechen. Dieser antwortet dann ebenfalls mit gesprochener Sprache. So kann sich ein munterer Plausch entfalten, da Sie sich ähnlich wie bei einem menschlichen Gesprächspartner auch immer auf das bereits von Ihnen oder dem Assistenten Gesagte beziehen können.

Voraussetzung: Mikrofon richtig eingestellt

Damit das Gespräch mit dem KI-Assistenten klappt, benötigen Sie ein Mikrofon. Sofern Ihr PC genau einen Mikrofoneingang hat, sollte das kein Problem sein, da dieser standardmäßig verwendet wird. Andernfalls können Sie in den Windows-Einstellungen unter *System/Sound* im Abschnitt *Eingabe* bei *Mikrofon* auswählen, welches das Standardgerät sein soll.

1. Um Ihren Plausch mit dem Assistenten zu beginnen, klicken Sie unten rechts im Eingabebereich auf das Mikrofon-Symbol.

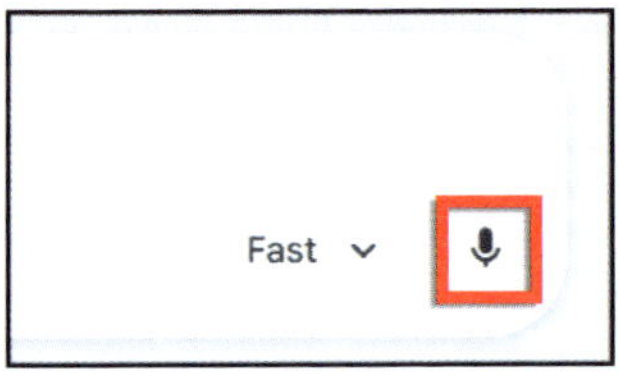

2. Wenn Sie das erstmals tun, meldet Ihr Webbrowser einen Zugriff auf das Mikrofon und bittet Sie, Ihre Erlaubnis zu erteilen. Im Beispiel sehen Sie die Reaktion von Chrome, bei anderen Webbrowsern ist die Vorgehensweise ähnlich, aber der Dialog sieht etwas anders aus.
3. Achten Sie zunächst darauf, dass der Browser das richtige Mikrofon verwendet (falls mehr als ein Eingang verfügbar ist).
4. Darunter legen Sie fest, ob und wie lange Sie Gemini das Verwenden des Mikrofons gestatten:

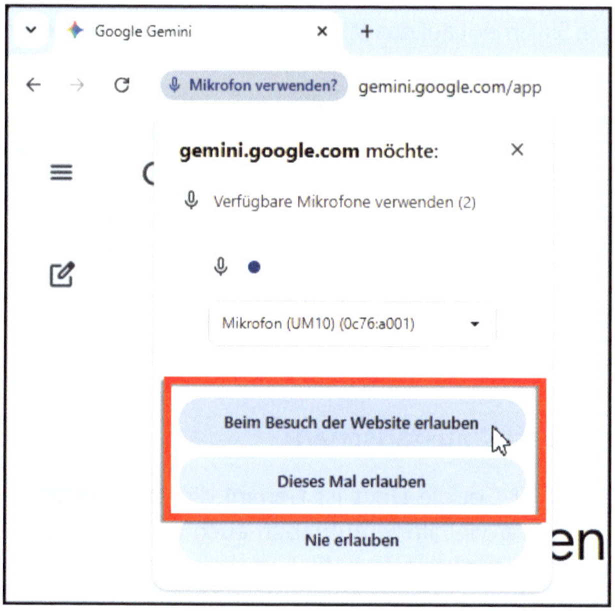

- *Beim Besuch der Website erlauben:* Hiermit gestatten Sie der Gemini-Website den Zugriff auf Ihr Mikrofon jetzt und auch bei zukünftigen Besuchen. Wenn Sie wieder mit Gemini sprechen möchten, erfolgt also keine Rückfrage mehr.
- *Dieses Mal erlauben:* Damit erlauben Sie genau diesen einen Zugriff. Wenn Sie dieselbe Funktion später erneut nutzen, wird der Webbrowser wieder genauso nachfragen.
- *Nie erlauben:* Hiermit verweigern Sie der Gemini-Website den Zugriff auf das Mikrofon jetzt und auch für die Zukunft. Dies kann nur in den Chrome-Einstellungen rückgängig gemacht werden. Wenn Sie den Zugriff nur ausnahmsweise verweigern möchten, etwa weil Sie versehentlich auf das Mikrofon geklickt haben, verwenden Sie dafür das *X* oben rechts im Dialog.

5. Haben Sie dem Webbrowser und damit Gemini den Zugriff auf das Mikrofon erlaubt, können Sie anschließend auch schon drauflosreden. Besondere Regeln sind dabei nicht zu beachten. Reden Sei einfach, »wie Ihnen der Schnabel gewachsen ist«. Satzzeichen etwa müssen nicht mitgesprochen werden. Sie sollten allenfalls darauf achten, einigermaßen deutlich und nicht zu schnell zu sprechen. Kurze Pausen zwischen Sätzen helfen dem Assistenten beim Verständnis.
6. Während Sie sprechen, baut sich im Eingabefeld der gesprochene Text auf. Dabei kann er anfangs noch etwas unvollkommen aussehen. Aber die Spracherkennung prüft ihn in Echtzeit und korrigiert ihn ggf. nachträglich zur plausibelsten Version.
7. Wenn Sie fertig sind, klicken Sie erneut auf das Mikrofon-Symbol. Alternativ erkennt Gemini nach einigen Sekunden Schweigen automatisch das Ende der Spracheingabe. Der formulierte Prompt bleibt im Eingabebereich stehen. Sie können ihn dort noch bearbeiten oder direkt absenden.

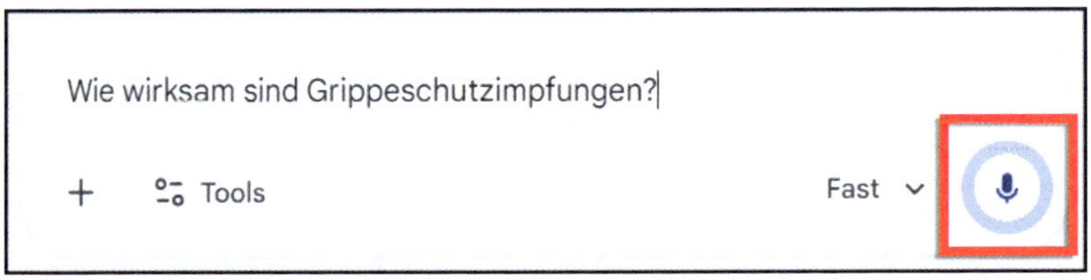

Inhalte mit der Zwischenablage austauschen

In manche Dienste wie Gmail oder Google Docs ist Gemini direkt integriert. Aber grundsätzlich können Sie Gemini für vielfältige Aufgaben auch in anderen Anwendungen nutzen. Die Übergabe der Daten kann über die Zwischenablage erfolgen. Das ist zwar ein wenig umständlicher als eine direkte Integration. Aber wenn Sie dies nur gelegentlich benötigen, dürfte es annehmbar sein.

Wenn es etwa um Texte in einer Anwendung wie Word geht, können Sie diese jederzeit mit Strg+C und Strg+V von Word in das Eingabeformular von Gemini übertragen und umgekehrt. Um also beispielsweise eine Zusammenfassung eines längeren Textes zu erhalten, gehen Sie so vor:

1. Markieren Sie in Word das gesamte Dokument mit Strg+A.
2. Übertragen Sie den markierten Text mit Strg+C in die Zwischenablage.
3. Wechseln Sie dann zum KI-Assistenten im Webbrowser oder in der Desktop-App.
4. Fügen Sie den Text dort mit Strg+V aus der Zwischenablage ein.

5. Sie können am Ende des Textes Ihre Anweisung ergänzen, etwa:

```
Fasse mir diesen Text in vier Sätzen zusammen!
```

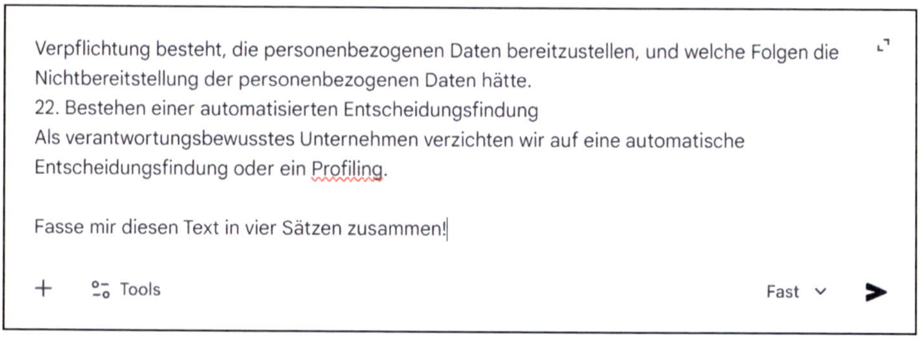

6. Alternativ senden Sie zunächst nur den Text ab, damit der Inhalt Teil des Kontextes für Ihren Chat mit dem Assistenten wird. Anschließend können Sie dann beliebige Fragen zum Text stellen oder eben auch Zusammenfassungen, Umformulierungen oder Übersetzungen anfordern.
7. Um die Ergebnisse von Gemini in eine andere Anwendung zu übernehmen, markieren Sie den fraglichen Text im Webbrowser bzw. in der App und kopieren ihn mit Strg+C in die Zwischenablage. Wollen Sie eine komplette Antwort weiterverwenden, können Sie dafür auch das Kopieren-Symbol unterhalb des Textes nutzen.

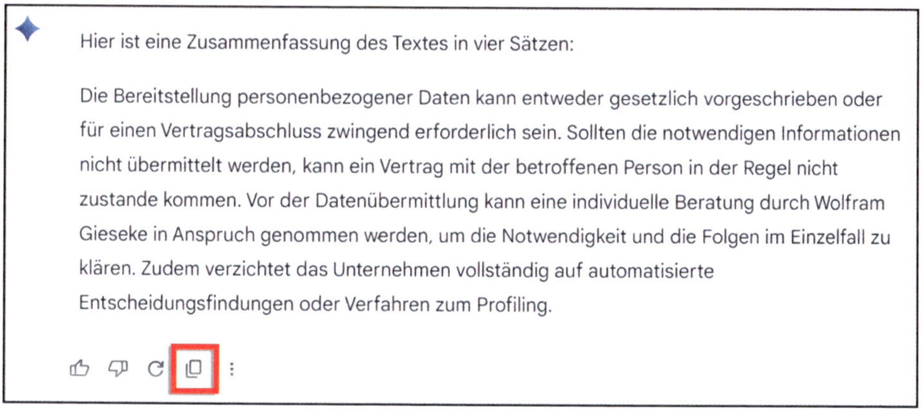

8. Wechseln Sie dann zurück zur anderen Anwendung, platzieren Sie die Einfügemarke an der gewünschten Position und drücken Sie Strg+V, um den Inhalt einzufügen. Sollte Gemini den Text mit einer unerwünschten Formatierung versehen haben, können Sie ihn mit Strg+⇧+V als reinen Text ohne Formatierung einfügen.

Inhalte in den Chat einfügen

Sie brauchen sich bei der Interaktion mit dem KI-Assistenten nicht auf kurze Aufforderungen zu beschränken, sondern können auch Bilder, Dokumente, Videos oder Programmcode zum Inhalt Ihres Chats machen, die Gemini dann erfassen, analysieren und verarbeiten kann.

1. Klicken Sie im Eingabefeld unten links auf das Plussymbol, um eine Datei hochzuladen.
2. Klicken Sie im so geöffneten Menü auf *Dateien hochladen*, um eine Datei von Ihrem PC hochzuladen. Anschließend können Sie mit einem Dateiauswahldialog zur gewünschten Datei navigieren. Alternativ können Sie auch ein Dokument direkt aus Ihrem Google Drive oder Ihren Cloud-Fotos auswählen.

Dateien direkt auf den Eingabe-Prompt ziehen

Wenn Ihnen der Umgang mit der Maus gut vertraut ist, können Sie Dateien auch direkt aus einem Ordner auf das Eingabefeld von Gemini ziehen und dort »loslassen«. Auf diese Weise werden Dateien ebenfalls hochgeladen und in den Chat integriert.

3. Wurde die Datei erfolgreich hochgeladen, sehen Sie eine kleine Bildvorschau im Eingabefeld. Tippen Sie hier nun Ihre Anfrage ein, beispielsweise:

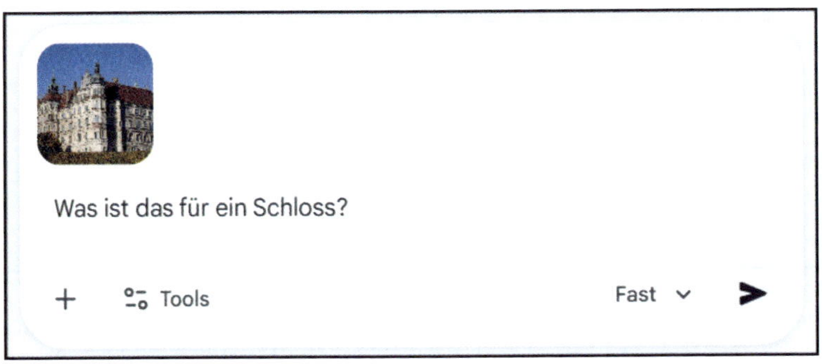

4. Klicken Sie zum Absenden auf das Pfeilsymbol unten rechts oder drücken Sie ↵.

5. Gemini analysiert nun den Inhalt des Bildes und bemüht sich, Ihre Frage zu beantworten.

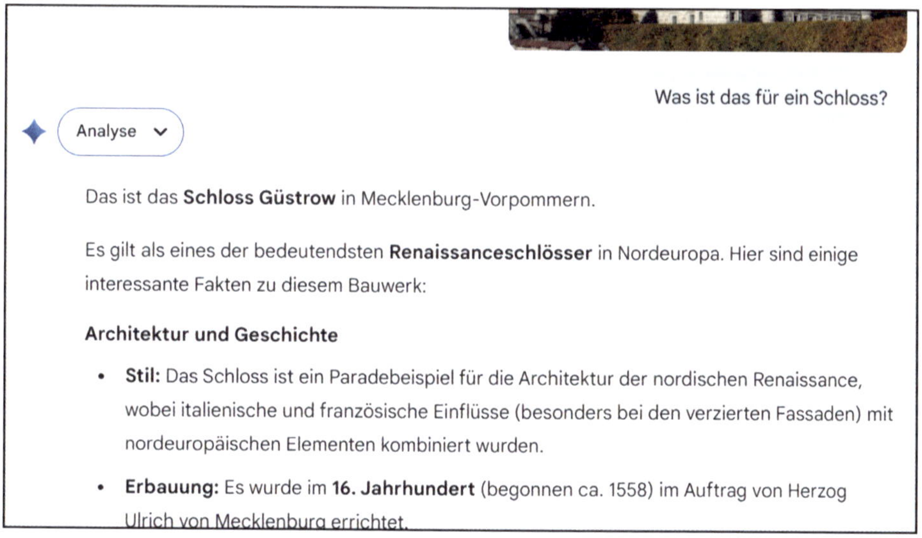

Welche Formate unterstützt Gemini?

Gemini unterstützt eine ganze Reihe von Formaten in verschiedenen Bereichen. Unterstützung bedeutet dabei, dass Sie Dateien in diesem Format über die Hochladen-Funktion an den Assistenten übergeben können, sodass der Inhalt Teil des Dialogs werden kann. Gemini kann anschließend den Inhalt analysieren und Fragen dazu beantworten oder auch veränderte Versionen des Inhalts erstellen (beispielsweise einen Text in eine andere Sprache übersetzen).

- Bilder
  JPEG, PNG, WEBP, HEIC, HEIF
- Text
  TXT, RTF, MD, CSV, TSV, JSON
- Dokumente
  PDF, DOC, DOCX
- Tabellen
  XLS, XLSX, CSV
- Präsentationen
  PPT, PPTX
- Audio
  MP3, WAV, AAC, FLAC, OPUS, M4A

- Video
  MP4, MOV, MPEG, WEBM, WMV, 3GPP, AVI
- Code
  Gemini beherrscht praktisch alle gängigen Programmiersprachen und kann Dateien mit dem entsprechenden Programmcode erkennen und verarbeiten.
- Archiv
  ZIP (darf bis zu zehn Dateien enthalten, allerdings keine Audio- oder Videodateien)

Die Liste erhebt keinen Anspruch auf Vollständigkeit. Wenn Sie Daten in einem weiteren Format vorliegen haben, probieren Sie einfach aus, ob Gemini den Inhalt erkennen und verarbeiten kann. Als einfachen Test laden Sie eine entsprechende Datei hoch und bitten um eine kurze Zusammenfassung.

Begrenzungen bei Menge und Umfang

Um Ressourcen zu schonen und die Antwortzeiten in einem akzeptablen Rahmen zu halten, hat Google beim Hochladen von Dateien in Chats gewisse Limits festgelegt. Diese unterliegen dem technischen Fortschritt und können in Zukunft durchaus großzügiger gestaltet sein.

Dateityp	Größe	Anzahl pro Prompt	Hinweise
Dokumente	100 MB	bis zu zehn Dateien	max. 1.000 Seiten pro Datei
Bilder	100 MB	bis zu zehn Dateien	hochauflösende Bilder werden unterstützt
Video	2 GB	bis zu zehn Dateien	max. 5 Minuten Länge (ohne Abo)
Audio	100 MB	eine Datei	max. 10 Minuten Länge (ohne Abo)
Code	100 MB	ein Ordner	bis zu 5.000 Dateien in einem Repository

NotebookLM

Wenn Sie für eine bestimmte Aufgabenstellung eine ganze Reihe von Dokumenten mit der KI teilen möchten, könnte NotebookLM interessant werden. Diese Funktion ermöglicht es, aus Dokumenten eine individuelle Wissensbasis zu erstellen, aus deren Informationen Gemini Fragen beantwortet und Aufgaben ausführt. Mehr dazu finden Sie auf Seite 142.

Dauerhafte Anweisungen für die KI

Gemini bietet Ihnen die Möglichkeit, einige grundlegende Vorgaben zu machen, die bei allen Chats automatisch berücksichtigt werden. Dadurch können Sie die Art, wie der Assistent Ihre Fragen und Aufforderungen beantwortet, grundsätzlich beeinflussen.

Beispielsweise, indem Sie Gemini Informationen über sich selbst und Ihre Tätigkeit mitteilen und/oder indem Sie die KI wissen lassen, wie Sie Antworten bevorzugen. So sorgen Sie dafür, dass die Antworten von vornherein besser Ihren Anforderungen entsprechen, und ersparen es sich, bestimmte Vorgaben immer wieder in Ihre Prompts aufnehmen zu müssen. Im Folgenden ein paar Beispiele zur Veranschaulichung.

Wie Gemini antworten sollte

Effizient

```
Antworte immer so kurz wie möglich. Lass
Höflichkeitsfloskeln am Anfang und Ende weg.
Komm direkt zum Punkt.
```

Erklärend

```
Erkläre komplexe Themen immer so, dass ein 10-jähriges
Kind sie verstehen könnte. Nutze Metaphern aus dem
Alltag.
```

Kritisch

```
Hinterfrage meine Ideen konstruktiv. Wenn ich einen Plan
vorschlage, nenne mir drei potenzielle Schwachstellen.
```

Akademisch

```
Schreibe in einem sachlichen, wissenschaftlichen Stil.
Nutze Fachterminologie und vermeide umgangssprachliche
Ausdrücke.
```

Was Gemini wissen sollte

Programmierer

```
Ich arbeite hauptsächlich mit Python und React. Wenn
du Code schreibst, nutze moderne Best Practices und
kommentiere nur komplexe Stellen.
```

Lehrer

```
Ich unterrichte Mathematik in einer 8. Klasse. Erstelle
Aufgabenbeispiele immer mit Bezug zu lebensnahen Themen
wie Sport oder Gaming.
```

Marketing-Experte

```
Ich schreibe Texte für einen umweltbewussten Outdoor-Blog.
Der Ton sollte inspirierend, locker und duzend („Du“)
sein.
```

Wie die Antwort aussehen sollte

Strukturiert

```
Nutze für längere Antworten immer Aufzählungspunkte und
Zwischenüberschriften in Fettdruck.
```

Code-Fokus

```
Wenn ich nach Code frage, gib mir zuerst den fertigen
Code-Block und erkläre danach in einer kurzen Liste,
was die wichtigsten Zeilen machen.
```

Sprachenlerner

```
Ich lerne Spanisch. Wenn ich dich etwas auf Spanisch
frage, antworte mir auf Spanisch, aber füge am Ende eine
Vokabelliste mit den 5 schwierigsten Wörtern und deren
deutscher Übersetzung hinzu.
```

Tabus und Vorlieben

Keine Warnhinweise

```
Ich kenne die Risiken von [Thema]. Bitte verzichte auf
Standard-Warnhinweise oder Disclaimer am Ende deiner
Antworten (sofern rechtlich möglich).
```

Sprachwahl

```
Antworte mir immer auf Deutsch, auch wenn ich dir
englische Texte oder Quellen zum Analysieren hochlade.
```

Anrede

```
Sprich mich immer mit meinem Vornamen an und nutze das
„Du“.
```

Dauerhafte Anweisungen einrichten

Wenn Sie dauerhafte Anweisungen solcher Art für Gemini nutzen möchten, hinterlegen Sie diese in den Einstellungen des Assistenten:

1. Klicken Sie im Navigationsbereich am linken Rand unten auf das Einstellungen-Symbol.
2. Wählen Sie im so geöffneten Menü *Anweisungen für Gemini*.

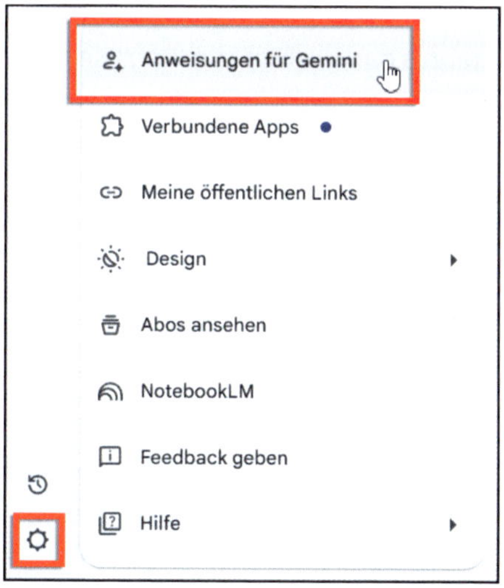

3. In dem nachfolgenden Dialog können Sie mit *Hinzufügen* Anweisungen hinterlegen.
4. Tippen Sie diese dazu in das Eingabefeld ein und klicken Sie anschließend unten auf *Senden*.

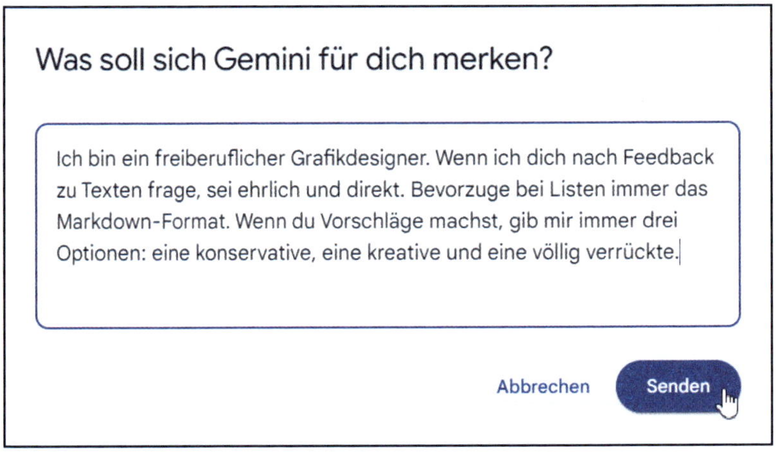

5. Ihre Anweisung wird in den Einstellungen als Eintrag angezeigt. Hier können Sie den Inhalt später über das ⋮-Symbol auch bearbeiten oder die Anweisung löschen.

Sie können auf diese Weise mehrere Anweisungen hinterlegen. Deshalb müssen Sie auch nicht unbedingt wie im abgebildeten Beispiel alle Vorgaben in eine Anweisung packen, sondern können beispielsweise eine Anweisung zu Ihrem beruflichen Hintergrund machen, eine zum gewünschten Umfang und Niveau von Antworten, eine zu Vorlieben und Tabus usw. Ebenso können Sie Anweisungen für besondere Situationen hinterlegen, etwa wenn Prompts zu einem speziellen Thema oder in einer bestimmten Sprache verarbeitet werden sollen. Sie sollten nur darauf achten, dass die Anweisungen nicht widersprüchlich sind, da das Ergebnis dann schwer vorherzusehen ist.

Dauerhafte Anweisungen übergehen

Wenn Sie in Einzelfällen von hinterlegten Anweisungen abweichen möchten, können Sie das über die Formulierung des Prompts erreichen. Wenn die Vorgaben eines Prompts dauerhaften Anweisungen widersprechen, wird Gemini im Zweifelsfall die aktuell im Prompt formulierte Aufforderung ausführen.

Wenn Sie beispielsweise eine solche Anweisung hinterlegt haben:

```
Fasse dich immer so kurz wie möglich.
```

Und nun formulieren Sie einen Prompt wie diesen:

```
Schreibe mir einen 2.000 Wörter langen, detaillierten
Bericht.
```

Dann wird Gemini den ausführlichen Bericht schreiben, weil die im aktuellen Prompt formulierten Anweisungen Vorrang haben.

2.2 Gemini als Web-App in Windows

Während es für Android und iOS eigenständige Gemini-Apps gibt, ist eine solche für Windows bislang nicht erhältlich und es sind auch keine Planungen dafür bekannt. Wer Gemini häufig auf dem Desktop nutzt und sich vom ganzen Drumherum des Webbrowsers gestört fühlt, kann allerdings eine Web-App für Gemini installieren. Dabei wird die Webversion von Gemini in einem speziellen Browser-Fenster angezeigt, das nur den eigentlichen Inhalt der Webseite darstellt und alle anderen Browser-Funktionen weglässt. Einmal eingerichtet, kann man die App wie andere Anwendungen im Startmenü öffnen, an die Taskleiste anheften usw.

Gemini als Web-App installieren

Web-Apps sind eine Funktion von Chromium-basierten Webbrowsern wie Google Chrome oder Microsoft Edge. Damit können Sie praktisch jede Webseite als eigene Web-App einrichten, die dann exklusiv in einem speziellen Browser-Fenster ausgeführt wird. Die folgende Anleitung beschreibt die Vorgehensweise am Beispiel des Chrome-Webbrowsers.

1. Starten Sie Chrome und öffnen Sie darin die Gemini-Website gemini.google.com.
2. Wenn die Seite mit dem Eingabefeld vollständig angezeigt wird, klicken Sie im Browser oben rechts auf das ⋮-Symbol.
3. Wählen Sie im so geöffneten Menü den Eintrag *Streamen, speichern und teilen/ Seite als App installieren*.
4. Daraufhin wird der Name der zu erstellenden Web-App angezeigt, den Sie nun noch bearbeiten können. Vielleicht soll sie beispielsweise nur »Gemini« anstelle von »Google Gemini« heißen?
5. Bestätigen Sie das Einrichten der Web-App mit *Installieren*.

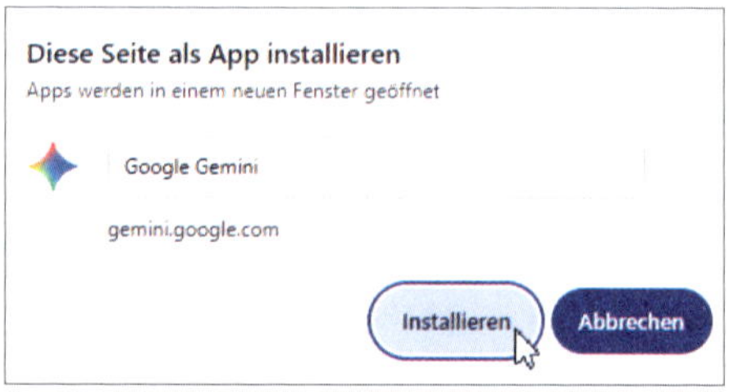

6. Nun werkelt Windows einige Sekunden vor sich hin, startet dann die neu eingerichtete Web-App und zeigt darin die Gemini-Oberfläche auf dem Bildschirm an.

Da eine Web-App genau den Inhalt der Webseite anzeigt, auf der sie basiert, werden Sie keine Unterschiede zu den zuvor beschriebenen Funktionen der Weboberfläche von Gemini finden. Allerdings sind Browser-Elemente wie Symbolleiste, Fußzeile, Seitenbereich usw. abwesend, sodass der gesamte verfügbare Platz der Webseite zugutekommt. Lediglich in der Titelzeile des Fensters sind einige Symbole versteckt, mit denen Sie etwa eine Seite zurückgehen, die Darstellung aktualisieren oder die Anzeige der Webseite vergrößern können. Mit den Symbolen rechts können Sie Browser-Erweiterungen aufrufen sowie ein kleines Menü mit einigen grundlegenden Funktionen wie Drucken und Suchen öffnen. Von hier aus können Sie die Seite auch jederzeit wieder in Chrome öffnen, falls Sie doch einmal wieder ein vollwertiges Browser-Fenster benötigen.

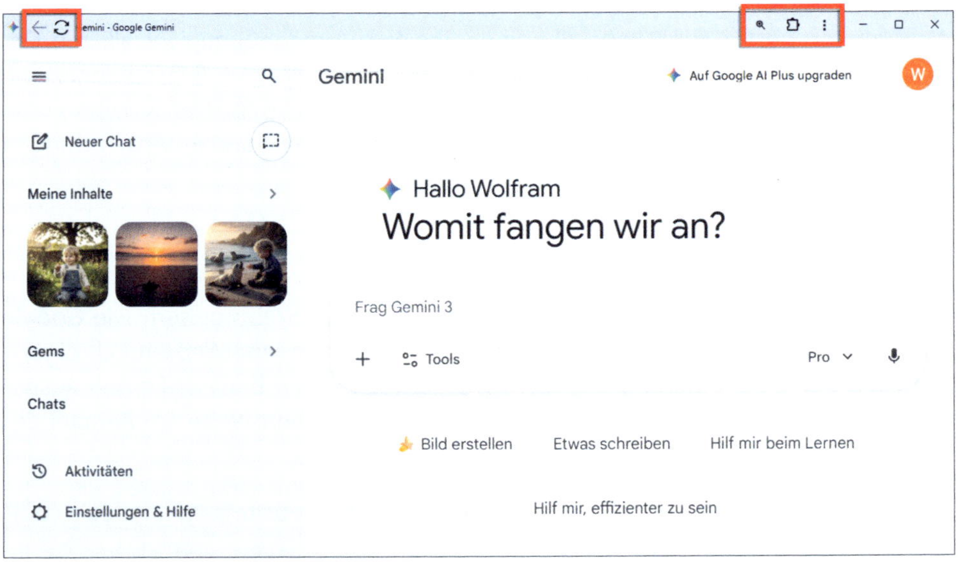

Die Gemini-Web-App nutzen

Ist die Web-App installiert, können Sie sie wie jede beliebige Windows-Anwendung starten und nutzen. So finden Sie sie beispielsweise im Startmenü, indem Sie die ⊞-Taste drücken und dann die ersten Zeichen des gewählten Namens (standardmäßig »Google Gemini«) eintippen.

Spätestens nach den ersten drei Zeichen des Namens sollte die App ganz oben im Startmenü angezeigt werden.

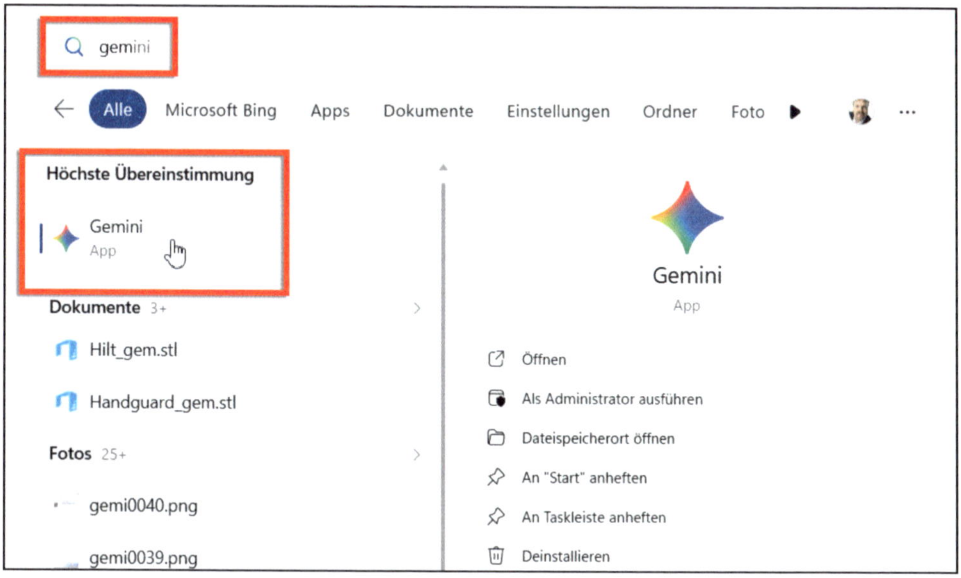

Um noch schneller auf die Web-App zuzugreifen, können Sie sie an die Taskleiste anheften:

1. Öffnen Sie die Web-App zunächst wie vorangehend beschrieben.
2. Während das Fenster der App auf dem Desktop angezeigt wird, sehen Sie dafür in der Taskleiste zugleich ein Symbol mit dem Gemini-Logo.
3. Klicken Sie mit der rechten Maustaste auf dieses Symbol und wählen Sie im so geöffneten Kontextmenü *An Taskleiste anheften*.

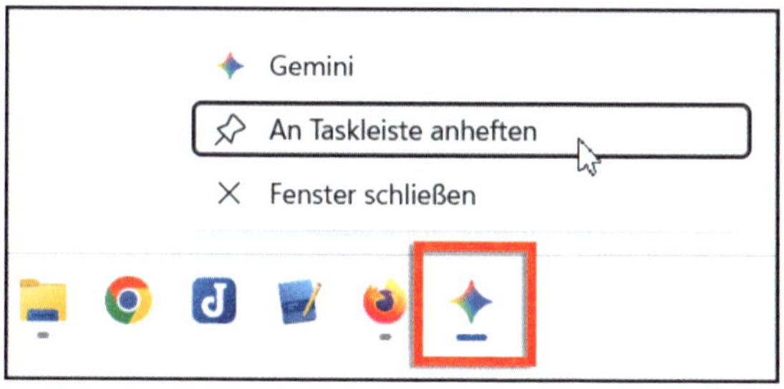

4. Wenn Sie anschließend die Web-App schließen, bleibt das Symbol in der Taskleiste weiterhin vorhanden. Ein erneuter Klick darauf öffnet die App jederzeit wieder neu.

Wollen Sie das angeheftete Symbol später wieder aus der Taskleiste verbannen, klicken Sie erneut mit der rechten Maustaste darauf und wählen im Kontextmenü diesmal *Von Taskleiste lösen*.

Die Web-App deinstallieren

Sollten Sie die Gemini-Web-App nicht mehr benötigen, können Sie sie jederzeit deinstallieren. Das geht genauso wie bei jeder anderen Anwendung über die Windows-Einstellungen unter *Apps/Installierte Apps*. Oder Sie verwenden den Weg über die Web-App selbst.

1. Öffnen Sie die App noch ein letztes Mal.
2. Klicken Sie rechts in der Titelzeile auf das ⋮-Symbol, um das Menü zu öffnen.
3. Wählen Sie darin die Funktion *Google Gemini deinstallieren* (ggf. steht hier eine abweichende Bezeichnung der App, wenn Sie diese beim Installieren umbenannt haben).
4. Bestätigen Sie die Rückfrage mit einem Klick auf *Deinstallieren*. Wenn Sie sicher sind, dass Sie die App auch später nicht wieder verwenden werden, können Sie mit der Option *Daten dieser App aus Chrome entfernen* alle dazugehörenden Daten ebenfalls löschen lassen.

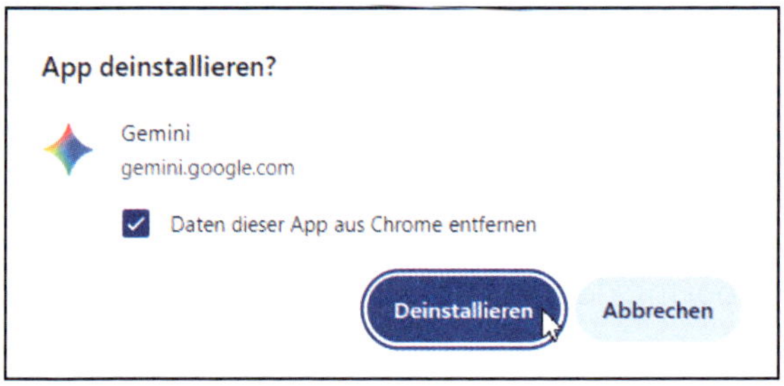

2.3 Gemini auf Smartphone und Tablet

Eine weitere praktische Möglichkeit für die Nutzung von Gemini unterwegs oder auf dem Sofa sind Apps für iOS- und Android-Geräte. Aber auch als Office-Assistent kann das Smartphone eine gute Hilfe sein. So lassen sich beispielsweise damit gut schnelle Recherchen durchführen, während am PC-Monitor das bearbeitete Dokument offen bleibt. Oder aber Sie können unterwegs schon mal Themen vorbereiten und sich Entwürfe generieren lassen, die Sie dann später am Arbeitsplatz umsetzen. Wenn Mobilgerät und PC mit demselben Google-Konto verknüpft sind, finden Sie die zuvor unterwegs erstellten Entwürfe auch am PC vor und können sie dort direkt beispielsweise in Ihre Office-Anwendung übernehmen.

Sie können die Gemini-App jederzeit über den Google Play Store oder Apples App Store auf Ihrem Mobilgerät installieren. Voraussetzung für die Nutzung ist ein Google-

Konto. Bei Android-Geräten ist dieses in den meisten Fällen ohnehin bereits vorhanden und mit dem Gerät verknüpft. Andernfalls werden Sie beim ersten Start der App aufgefordert, sich mit einem Google-Konto anzumelden. Weiterhin müssen Sie beim ersten Start einmalig die Nutzungsbedingungen akzeptieren. Tippen Sie dazu auf *Gemini verwenden*.

Anschließend begrüßt Sie der Assistent namentlich (mit dem Vornamen, der für das verbundene Google-Konto angegeben ist) und Sie können direkt loslegen.

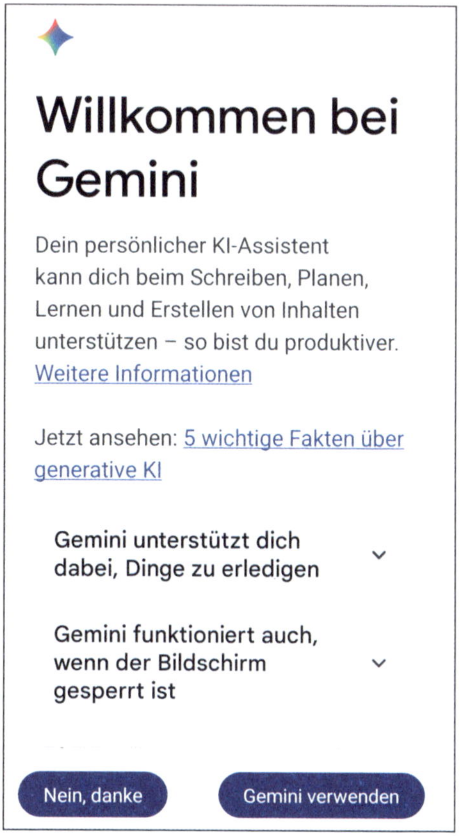

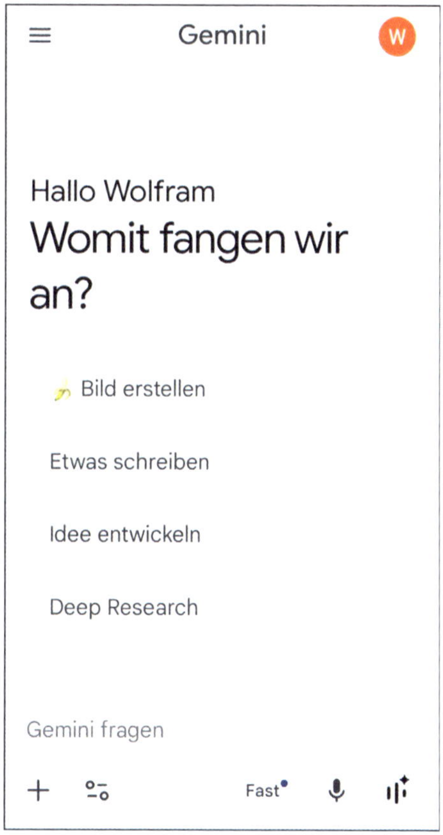

Die Oberfläche der mobilen App

Wenn Sie Gemini bereits als Webversion kennengelernt haben, wird Ihnen auch die Oberfläche der mobilen App schnell vertraut erscheinen. Zentrales Element ist auch hier das Eingabefeld. Sie können es aktivieren, indem Sie hineintippen.

Der Eingabebereich rutscht dann nach oben und macht Platz für die automatisch eingeblendete virtuelle Tastatur Ihres Smartphones.

Damit können Sie Ihre Aufforderungen an den KI-Assistenten eintippen. Selbstverständlich stehen Ihnen auch andere Eingabemöglichkeiten Ihres Gerätes wie etwa die Spracheingabe zur Verfügung. Weitere Elemente:

- Mit dem Plussymbol links neben dem Eingabefeld öffnen Sie unten ein kleines Menü, mit dem Sie Bilder und Dateien in den Chat einfügen können. Welche Arten von Bildern und Dateien Gemini verarbeiten kann, lesen Sie auf Seite 53.

- Das Einstellungen-Symbol öffnet ein Menü mit verschiedenen Gemini-Funktionen wie Bilderstellung, Deep Research oder Canvas.

- Rechts können Sie genau wie bei der Weboberfläche den gewünschten Arbeitsmodus der KI wählen (siehe Seite 45).

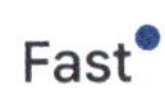

- Mit dem Mikrofon-Symbol rechts neben dem Eingabebereich sprechen Sie Ihren Prompt ein, statt ihn zu tippen.

- Mit dem Symbol ganz rechts aktivieren Sie den Live-Chat. Damit können Sie in einen Sprachdialog mit Gemini treten, in den Sie mit der Kamera Ihres Gerätes auch Fotos und Videos einfügen können (siehe Seite 52).

Spracheingabe vs. Live-Chat

Bei der **Spracheingabe** verwenden Sie Ihre Stimme anstatt der virtuellen Tastatur, um längere Prompts komfortabel eingeben zu können. Die Antwort wird wie bei Tasteneingaben auch als Text in den Chat geschrieben. Beim **Live-Chat** hingegen können Sie sich mit Gemini regelrecht unterhalten. Die Antwort der KI erfolgt ebenfalls als gesprochene Sprache, auf die Sie wiederum antworten bzw. nachfragen können, sodass ein Dialog entstehen kann (mehr dazu auf Seite 70).

- Mit dem ☰-Symbol oben links blenden Sie wie bei der Webversion am linken Rand den Navigationsbereich ein, in dem Sie auf Ihren Verlauf zugreifen sowie neue reguläre und temporäre Chats beginnen können.
- Weitere Optionen für Gemini und die Google-AI-Funktionen finden Sie, wenn Sie oben rechts auf das Symbol Ihres Google-Kontos tippen. Hier können Sie unter anderem Ihre Aktivitäten (siehe Seite 30) sowie ggf. Ihr Google-AI-Plus-Abo verwalten. Weiter unten im Menü finden Sie *Einstellungen*, mit denen Sie das Verhalten der App in einigen Bereichen steuern können (mehr dazu auf den folgenden Seiten).

Die Antworten von Gemini nutzen

Sie können den Inhalt von Gemini-Antworten auch auf dem Smartphone nutzen und weiterverarbeiten, beispielsweise teilen oder per Zwischenablage in andere Apps übernehmen. Dazu finden Sie unterhalb jeder Antwort die Symbolleiste, die Sie ggf. schon von der Webversion kennen (siehe Seite 39). Im ⋮-Menü finden Sie zusätzlich die Funktion *Text auswählen*. Damit erhalten Sie nur den reinen Text der Antwort ohne irgendwelche Formatierungen in einem separaten Fenster, wo Sie ihn unter anderem markieren und in die Zwischenablage des Gerätes kopieren können, um ihn dann in eine andere App einzufügen.

Foto-Prompts mit der eingebauten Kamera

Eine Besonderheit, die nur die mobile App ermöglicht, ist das Verwenden von Fotoaufnahmen in einem Prompt. Dadurch können Sie Bilder von Objekten, Produkten oder auch Texten direkt an Gemini weiterleiten und vom KI-Assistenten verarbeiten lassen.

1. Tippen Sie hierzu auf das Plussymbol ganz links im Eingabebereich und wählen Sie im Menü *Kamera*.

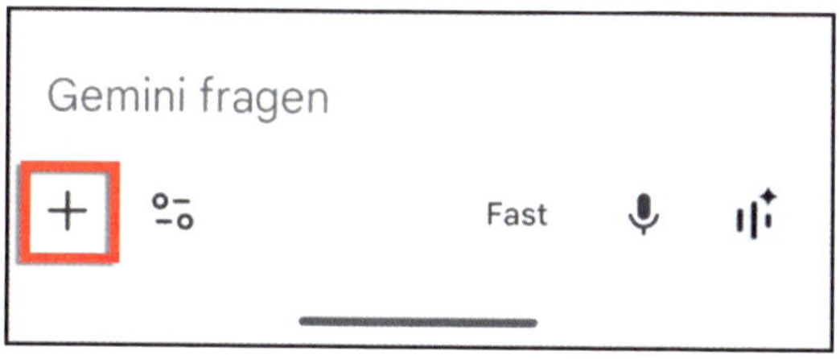

2. Wenn Sie diese Funktion zum ersten Mal verwenden, bittet die App Sie um die Erlaubnis, auf die Kamera Ihres Smartphones zugreifen zu dürfen. Wenn Sie *Bei Nutzung der App* wählen, wird der Zugriff gewährt und Sie bleiben in Zukunft von weiteren Rückfragen verschont.
3. Nun öffnet sich automatisch die Kamera-App Ihres Mobilgerätes und Sie können wie sonst auch ein Foto erstellen.

4. Haben Sie die Aufnahme angefertigt, wird das erstellte Bild zunächst in einem zusätzlichen Dialog angezeigt. Hier können Sie das Foto überprüfen und ggf. zur Kamera zurückkehren, falls Sie nicht zufrieden sind.
5. Mit dem Symbol oben rechts können Sie bei Bedarf in den Schneidemodus wechseln und das Bild auf den Bereich der Aufnahme beschränken, der für Sie besonders interessant ist. Das ist immer dann praktisch, wenn Gemini sich bei einer größeren Aufnahme beispielsweise auf ein spezielles Detail, ein einzelnes Gesicht oder einen bestimmten Bereich konzentrieren soll.
6. Sind Sie mit der Aufnahme und ggf. Ihrer Hervorhebung zufrieden, tippen Sie unten rechts auf *Anhängen*, um das Foto an Gemini zu übergeben.
7. Dort wird es wie beim Hochladen einer Datei zunächst als Vorschau in den Eingabebereich eingefügt. Sie können es ohne weitere Aufforderung direkt absenden und abwarten, was Gemini damit anfängt. Wenn Sie etwas identifizieren oder allgemeine Informationen dazu haben möchten, reicht das meist schon aus.

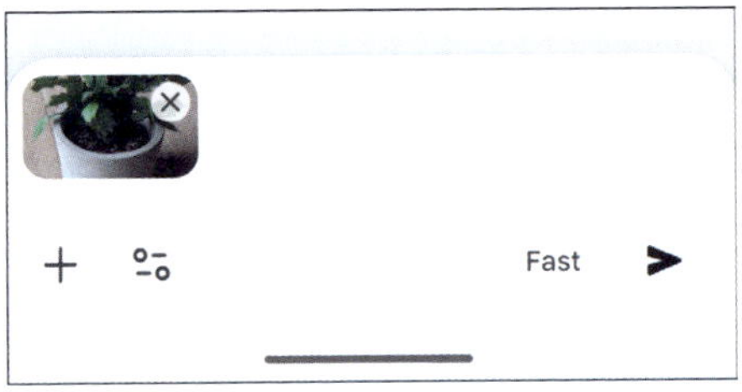

8. Sie können das Bild aber auch mit einer konkreten Frage oder Aufforderung ergänzen und dann beides gemeinsam absenden.

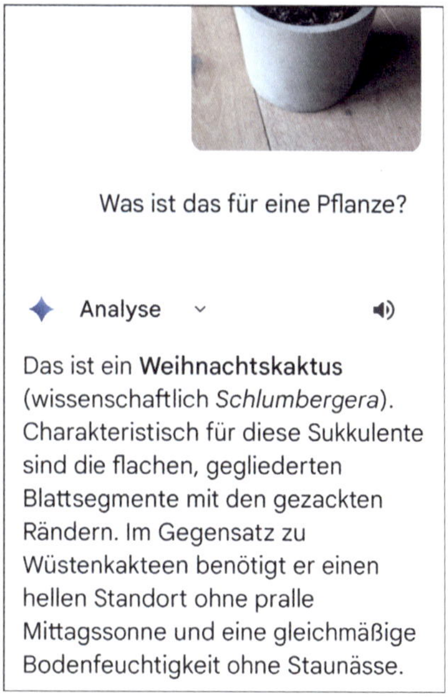

Fotos aus der Galerie übernehmen

Anstelle eines frischen Schnappschusses können Sie auch ein bereits vorhandenes Bild aus der Galerie Ihres Mobilgerätes in den Chat einfügen. Tippen Sie dazu ebenfalls auf das Plussymbol und wählen Sie dann im Menü *Galerie*. Anschließend können Sie in der Fotosammlung nach dem gewünschten Bild suchen und dieses durch Antippen auswählen. Wollen Sie mehrere Bilder einfügen, wählen Sie diese alle aus. Mit einem Tipp auf *Fertig* fügen Sie sie dann in den Gemini-Chat ein. Auf diese Weise können Sie bis zu zehn Bilder in den Chat einbauen. Benötigen Sie weitere Abbildungen, können Sie den Vorgang im selben Chat mehrfach wiederholen.

Text mit der Fotofunktion übersetzen

Eine praktische Anwendungsmöglichkeit dieser Fotofunktion, die sich vielleicht nicht auf Anhieb erschließt, ist das Übersetzen von Texten. Denn Gemini kann Schrift in Bildern erkennen und extrahieren und auch Texte in viele Sprachen übersetzen. Diese Fähigkeiten lassen sich kombinieren, sodass Sie beispielsweise auf Reisen Hinweisschilder, Wegweiser, Informationstafeln usw. fotografieren und sich dann von Gemini übersetzen lassen können. Die Vorgehensweise ist dabei genauso wie vorangehend beschrieben. Versuchen Sie nur, eine möglichst gute Aufnahme vom Text zu erstellen (gute Beleuchtung, ruhige Hand), damit die Texterkennung optimal arbeiten kann.

Haben Sie das Foto in den Eingabebereich eingefügt, ergänzen Sie es mit einer Anweisung wie

```
Übersetze mir den Text
```

Damit ist sichergestellt, dass Gemini Ihnen eine wörtliche Übersetzung des Textes liefert.

Standortbasierte Prompts

Wenn Sie der Gemini-App den Zugriff auf die Standortdaten Ihres Smartphones erlaubt haben, können Sie jederzeit auch standortbezogene Prompts nutzen. Der KI-Assistent erkennt anhand Ihrer Aufforderung automatisch, dass Sie Informationen in Bezug auf Ihren aktuellen Standort benötigen, und liefert Ihnen eine entsprechende Antwort.

```
Zeige mir den schnellsten Weg zum nächsten Krankenhaus!
```

Gemini macht sich bei solchen spezifischen Anfragen die enge Verknüpfung mit anderen Google-Diensten zunutze und »übergibt« die Aufgabe in diesem Beispiel an Google Maps. Nach wenigen Sekunden startet deshalb die Google-Maps-App und zeigt Ihnen nicht nur den Weg zum nächsten Krankenhaus, sondern gibt Ihnen auf Wunsch (mit *Starten*) konkrete Navigationsanweisungen.

Auch bei weniger dramatischen lokalen Anfragen kann Gemini Ihnen behilflich sein. Wenn Sie beispielsweise nach Restaurants mit bestimmten Kriterien in Ihrer Nähe suchen, bezieht der Assistent Ihre aktuellen Standortdaten automatisch mit ein und weiß daher auch ohne ausdrücklich Angabe, wo gesucht werden soll.

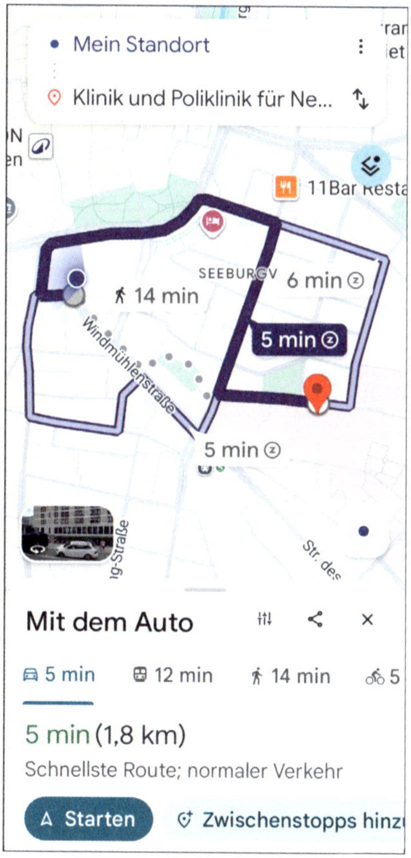

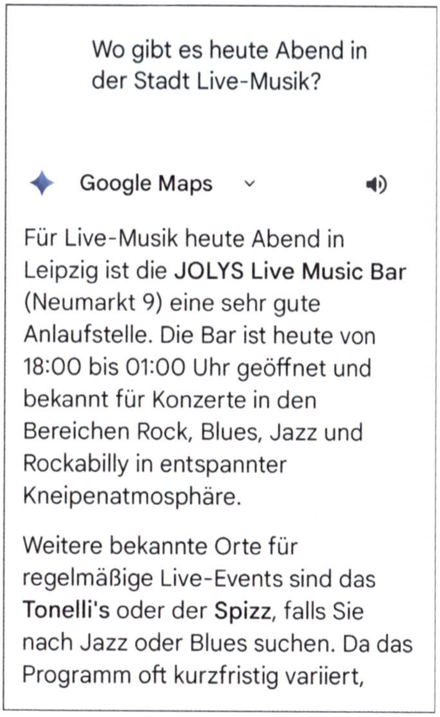

Weitere Ideen für standortbezogene Prompts

Hier sind einige kreative Ideen für Prompts, die Sie in der mobilen Gemini-App nutzen können, um Standortinformationen zu verwenden:

- `Wo befindet sich die nächste Apotheke?`
- `Was sind die besten Sehenswürdigkeiten in meiner Nähe?`
- `Zeig mir die nächsten Tankstellen.`
- `Finde nahegelegene Parks oder Grünanlagen.`
- `Wo ist das nächste Einkaufszentrum?`
- `Gibt es interessante Museen in der Nähe?`

- Wie weit ist es bis zum nächsten Bahnhof?
- Welche Restaurants bieten hier in der Nähe veganes Essen an?
- Zeig mir die aktuellen Verkehrsmeldungen für meine Umgebung.
- Gibt es einen Wochenmarkt in meiner Nähe?
- Finde die nächstgelegenen Cafés mit gutem WLAN.
- Zeig mir die aktuellen Wetterbedingungen hier.
- Gibt es Wanderwege in der Nähe?
- Wo kann ich in meiner Umgebung Elektroautos aufladen?
- Zeig mir die nächsten Buchhandlungen.
- Welche Aktivitäten gibt es für Kinder in der Nähe?
- Finde Sporthallen oder Fitnessstudios in meiner Umgebung.
- Zeig mir kulturelle Veranstaltungen, die in der Nähe stattfinden.
- Gibt es historische Stätten in der Nähe, die ich besuchen kann?
- Wo sind die besten Aussichtspunkte in der Umgebung?

Mit Gemini im Live-Chat plaudern

Neben der Spracheingabe finden Sie bei Gemini ein Symbol für den Live-Chat. Auch dabei können Sie mit dem Assistenten sprechen, aber die Funktion geht über eine reine Spracheingabe weit hinaus.

Im Live-Chat antwortet Gemini Ihnen ebenfalls mit gesprochener Sprache. Und Sie können auf die Antworten wiederum unkompliziert per Spracheingabe reagieren usw. So kann sich ein munterer Plausch entfalten, indem Sie ähnlich wie mit einem menschlichen Gesprächspartner ein Thema entwickeln und sich dabei auch immer auf das bereits von Ihnen oder dem Assistenten Gesagte beziehen können.

Zusätzlich können Sie die Kamera Ihres Mobilgerätes einbeziehen, um Bilder oder Videos von Ihrer Umgebung aufzunehmen und in den Chat einzufügen.

1. Um Ihren Plausch mit dem Assistenten zu beginnen, klicken Sie unten rechts im Eingabebereich auf das Live-Chat-Symbol.

2. Wenn Sie diese Funktion erstmalig nutzen, sehen Sie einige Hinweise zur Funktionsweise und auch zu Datenschutzbelangen beim Live-Chat. Bestätigen Sie diese unten rechts mit *Ok*, um die Funktion nutzen zu können.

3. Sie hören dann eine kurze Begrüßung durch Gemini (ggf. die Lautstärke von Kopfhörer oder Boxen anpassen).
4. Gemini hört Ihnen im Live-Chat standardmäßig zu. Sie können also einfach drauflosreden. Besondere Regeln sind dabei nicht zu beachten. Reden Sie einfach, »wie Ihnen der Schnabel gewachsen ist«. Satzzeichen etwa müssen nicht mitgesprochen werden. Sie sollten allenfalls darauf achten, einigermaßen deutlich und nicht zu schnell zu sprechen. Kurze Pausen zwischen Sätzen helfen dem Assistenten beim Verständnis.
5. Sobald Sie eine Pause von mehreren Sekunden machen, interpretiert Gemini dies als Aufforderung, das bislang Gesagte zu verarbeiten und darauf zu antworten.
6. Die Antwort erfolgt ebenfalls in gesprochener Sprache, die über die Lautsprecher Ihres Gerätes (oder ggf. Kopfhörer o. Ä.) ausgegeben wird. Möchten Sie den Dialog zusätzlich als Text auf dem Bildschirm sehen, tippen Sie auf das Text-Symbol oben rechts.

7. Mit dem *X*-Symbol unten rechts beenden Sie den Live-Chat jederzeit.

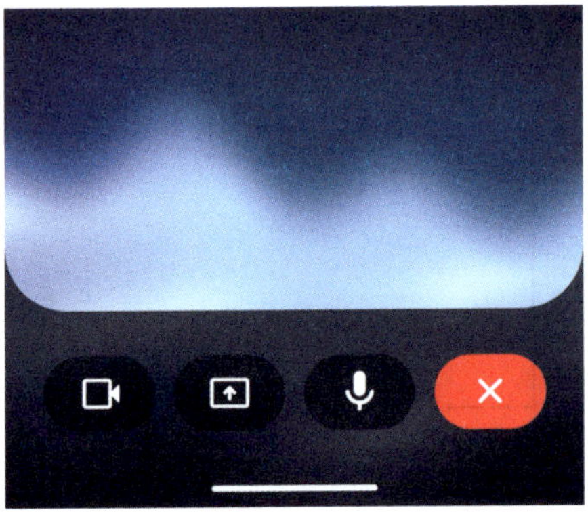

Während des Live-Chats werden am unteren Rand verschiedene Symbole angezeigt:

- Mit dem Kamera-Symbol aktivieren Sie die Kamera Ihres Mobilgerätes und integrieren deren Perspektive in den Chat. So können Sie ohne viele Worte Ihre Umgebung, ein bestimmtes Objekt oder einen Text zum Gegenstand des Chats machen.
- Mit dem Symbol rechts daneben teilen Sie den Bildschirm Ihres Gerätes mit Gemini. Sie können dann beispielsweise Ihr Smartphone weiternutzen und Gemini etwa Fragen zu einer Person oder einem Gegenstand stellen, die auf dem Bildschirm zu sehen sind.
- Mit dem Mikrofon-Symbol machen Sie den Assistenten vorübergehend taub, etwa wenn Sie sich mit jemand anderem unterhalten möchten und dieses Gespräch nicht Teil des Chats werden soll.
- Mit dem *X*-Symbol beenden Sie den Live-Chat.

Eine andere Stimme für Live-Gespräche wählen

Sollte Ihnen die Stimme, die Gemini standardmäßig für den Live-Chat verwendet, nicht zusagen, können Sie aus einer Reihe von Stimmen auswählen, die Ihnen möglicherweise besser gefallen.

1. Öffnen Sie dazu einen neuen herkömmlichen Chat, sodass das Symbol Ihres Google-Kontos oben rechts angezeigt wird.
2. Tippen Sie darauf und wählen Sie im so geöffneten Menü den Eintrag *Einstellungen*.
3. In den Einstellungen tippen Sie auf *Stimme von Gemini*.
4. Danach können Sie mit den Pfeilsymbolen oder durch Wischen in die entsprechenden Richtungen die verschiedenen Stimmen ausprobieren. Jede lässt eine kurze Kostprobe hören.
5. Haben Sie sich entschieden, tippen Sie darunter auf *Auswählen*. Gemini verwendet dieses Stimmprofil ab sofort für alle Sprachausgaben.

Ihre Umgebung in den Live-Chat einbeziehen

Während eines Live-Chats können Sie die Kamera Ihres Mobilgerätes auf ein Objekt in Ihrer Umgebung richten. Gemini analysiert das Kamerabild und erkennt darin – soweit möglich – Orte, Objekte, Personen oder auch Text. Sie können im Live-Chat Fragen dazu stellen und so das, was von der Kamera abgebildet wird, zum Gegenstand der Konversation machen.

1. Um diese Funktion zu nutzen, können Sie während eines Live-Chats jederzeit das Kamera-Symbol unten links antippen. Das Mikrofon für Ihre Spracheingaben bleibt dabei trotzdem offen.

2. Das Bild Ihrer Kamera wird nun optisch in den Live-Chat integriert. Richten Sie diese so aus, dass das gewünschte Objekt oder Motiv auf dem Bildschirm zu sehen ist. Halten Sie die Kamera möglichst still und sprechen Sie Ihre Frage oder Aufforderung dazu.
3. Gemini analysiert dann den Bildinhalt und versucht, das Dargestellte zu erkennen und Ihnen im Zusammenhang mit Ihrer Frage eine hilfreiche Antwort zu liefern.

Verschiedene Ansichten kombinieren

Sie können die Kamera während einer Konversation langsam bewegen, um ein Objekt aus verschiedenen Blickwinkeln zu zeigen. Je besser Gemini die Details (wie Seriennummern, Blattstrukturen oder Anschlüsse) erkennt, desto präziser ist die Antwort. Sie können auch mehrere Ansichten kombinieren, etwa indem Sie zunächst einen Stecker an einem Anschlusskabel zeigen und dann zum Gehäuse eines Gerätes mit verschiedenen Anschlüssen schwenken und Gemini dabei fragen:

`Ich halte dieses Kabel in der Hand. Kannst du mir sagen, wie dieser Stecker heißt und in welchen Anschluss am Gerät er gehört?`

Tipps für Prompts in Verbindung mit der Live-Kamera-Funktion

- `Ich sehe hier diese blinkende LED an meinem Router. Was bedeutet dieser spezifische Rhythmus und wie kann ich das Problem beheben?`
- `Schau dir mal die Blätter dieser Pflanze an. Sind diese braunen Flecken ein Zeichen für zu viel Wasser oder Schädlinge?`

- Ich habe diese drei Zutaten hier auf dem Tisch. Was könnte ich daraus Schnelles zum Abendessen kochen?
- Was ist das für ein Baustil bei diesem Gebäude vor mir, und was sind die typischen Merkmale, die du hier siehst?
- Kannst du mir dieses Etikett übersetzen und mir sagen, ob darin Inhaltsstoffe enthalten sind, die für Allergiker problematisch sein könnten?
- Ich möchte diese Wand streichen. Welche Komplementärfarben würden gut zu diesem Sofa passen, das du gerade im Bild siehst?
- Wie nennt man diesen Einrichtungsstil und wo finde ich ähnliche Deko-Elemente, die dazu passen?
- Anhand der Farbe und Struktur dieser Avocado: Ist sie heute schon reif zum Essen oder soll ich noch warten?
- Ich bin auf einem Flohmarkt. Siehst du diese Kamera? Worauf sollte ich beim Gehäuse oder der Linse achten, um zu prüfen, ob sie noch funktionsfähig ist?

Den aktuellen Bildschirm in den Live-Chat einbeziehen

Bei einer Variante des Live-Kamera-Chats fügen Sie anstelle des Kamerabildes den aktuellen Bildschirminhalt Ihres Mobilgerätes in die Konversation ein. Auch nutzt Gemini seine Bilderkennung, um Personen, Orte oder Objekte zu erkennen oder Texte und andere Daten zu erfassen.

Im direkten Austausch beantwortet der Assistent Ihnen dazu Fragen oder liefert weitere Informationen oder Analysen.

1. Tippen Sie während eines Live-Chats auf das Symbol, das einen Bildschirm mit einem Pfeil darstellt.

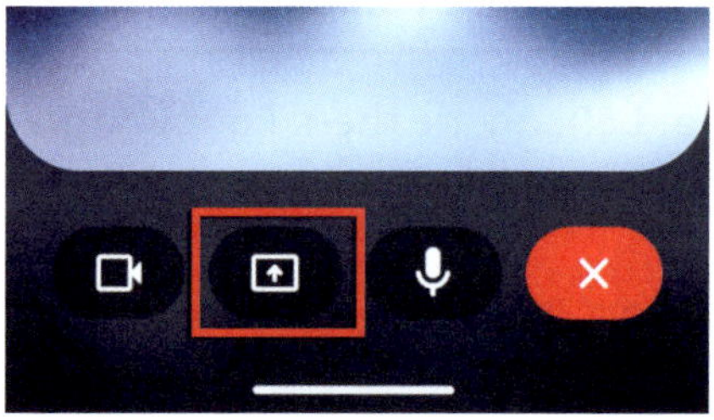

2. Bestätigen Sie die Rückfrage *Bildschirm mit Google teilen* mit einem Tipp auf *Bildschirm teilen*.
3. Die Gemini-App verschwindet nun vom Bildschirm, läuft aber im Hintergrund weiter. Die Verbindung per Sprache bleibt über ein virtuelles Telefonat erhalten, von dem Sie eine Benachrichtigung am oberen Bildschirmrand sehen.
4. Sie können Ihr Smartphone oder Tablet nun wie gewohnt nutzen, Apps starten, im Web surfen usw. Wann immer Sie eine Frage haben, die sich auf etwas auf dem Bildschirm Abgebildetes bezieht, sprechen Sie über die Telefonverbindung im Hintergrund mit dem Live-Chat. Gemini analysiert laufend den Bildschirminhalt und beantwortet Ihre Anfrage ebenfalls per Sprache über die Telefonverbindung.
5. Um die Telefonverbindung mit dem Live-Chat zu beenden, wischen Sie die Benachrichtigungen auf den Bildschirm. Hier finden Sie eine für das laufende Telefonat und tippen auf *Auflegen*.

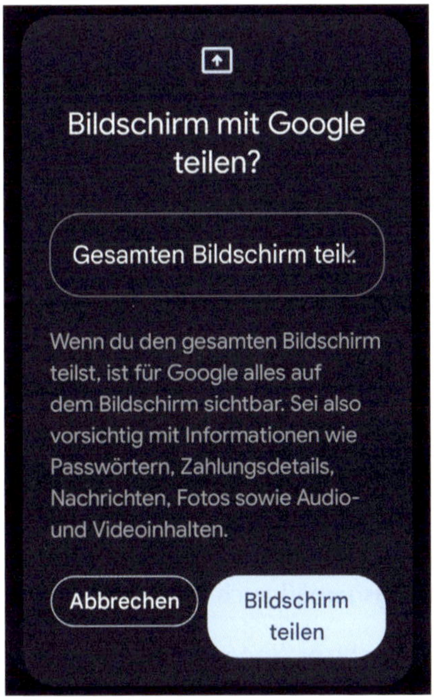

Datenschutz im Live-Chat

Die Funktionen für das Teilen von Kamera und Bildschirm im Live-Chat können eine praktische Hilfe sein, werfen aber aus Datenschutzsicht einige Probleme auf. Während Sie bei der Kamera noch ganz gut beeinflussen können, worauf Sie diese richten, ist das beim Bildschirmteilen nicht immer so einfach. Schnell können beispielsweise private Nachrichten, sensible Informationen wie Zugangsdaten oder private Bilder auf dem Bildschirm sichtbar werden. Prinzipiell können diese vom Assistenten analysiert und in der KI-Cloud gespeichert werden.

Vermeiden Sie in diesem Modus deshalb alle Apps mit sensiblen Inhalten wie Banking-Apps, Passwort-Manager oder private Galerien und achten Sie darauf, dass keine unnötigen Browser-Tabs im Hintergrund offen sind. Vermeiden Sie das Eintippen von Passwörtern oder pausieren Sie den Live-Chat ggf. vorübergehend.

Sie können auch den Nicht-stören-Modus des Smartphones einschalten, damit nicht unerwartet private Nachrichten oder E-Mails eingeblendet werden, während Gemini zuschaut. Für maximale Sicherheit können Sie in den Gemini-Einstellungen Ihren Aktivitätsverlauf deaktivieren oder auf den kürzesten Zeitraum einstellen (siehe Seite 30).

2.4 Gemini im Google-AI-Abo

Der weitaus größte Teil der in diesem Buch beschriebenen Funktionen und Möglichkeiten steht allen Benutzern offen, die sich mit einem – kostenlosen – Google-Konto bei Gemini angemeldet haben. Für Vielnutzer und professionelle Anwender bietet Google verschiedene Abo-Modelle an, die zusätzliche Vorteile mit sich bringen. Ich möchte dabei gar nicht auf alle Details eingehen, da sich solche Bedingungen erfahrungsgemäß auch immer wieder ändern.

Unter https://one.google.com/intl/de_de/about/google-ai-plans finden Sie einen aktuellen Überblick.

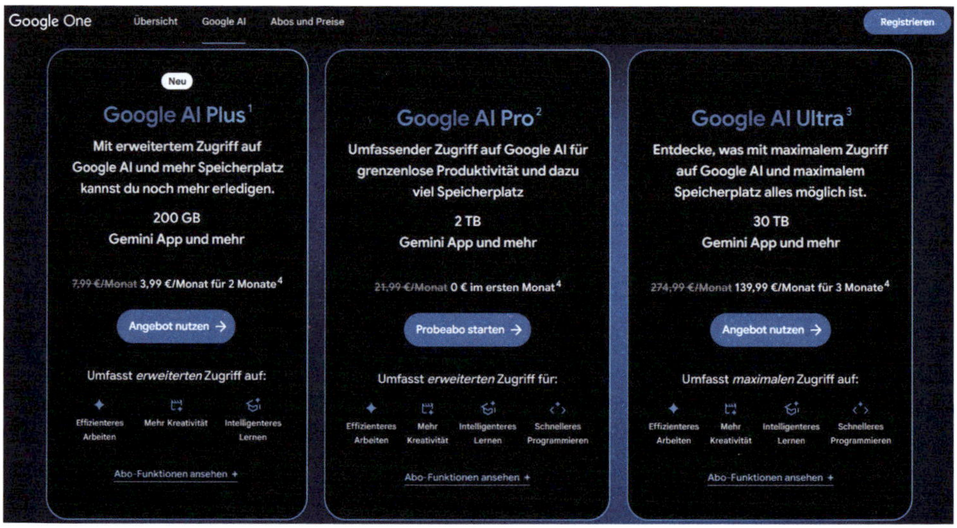

Grundlegend gibt es für zahlende Kunden verschiedene Arten von Vorteilen:

- **Schnellere Antworten:** KI-Berechnungen benötigen viel Rechenzeit und Energie in den leistungsfähigen Rechenzentren von Google. Deshalb werden Anfragen priorisiert, und Aufträge von zahlenden Kunden erhalten in der Regel eine höhere Priorität. Dementsprechend bekommen diese Anwender ihre Antworten schneller. Bei einigen wenigen Anfragen pro Tag dürfte der Unterschied verschmerzbar sein. Wer Gemini hingegen als ständiges Werkzeug nutzt, legt vielleicht mehr Wert auf schnellere Reaktionen.

- **Weniger Begrenzungen:** Viele aufwendigere Funktionen wie etwa die Bild- und Videogenerierung, Analysen oder Antworten im Thinking-Modus (siehe Seite 45) sind durch Tageslimits begrenzt. Zahlende Nutzer bekommen hierbei großzügigere Limits und können solche Funktionen deutlich häufiger pro Tag nutzen.
- **Mehr Funktionen:** Manche Funktionen stehen grundsätzlich nur zahlenden Kunden zur Verfügung. Das gilt beispielsweise für das Generieren von Videos. Weitere Funktionen sind vom gewählten Abo-Modell abhängig. So können beispielsweise Anwender mit dem günstigsten Abo Gemini in *Gmail*, *Meet* und *Kalender* nutzen, nicht aber in *Docs*, *Sheets* und *Präsentationen*. Letzteres ist Kunden ab der mittleren Abo-Stufe vorbehalten.

Kostenloses Probe-Abo

Falls Sie sich für ein Google-AI-Abo interessieren, sollten Sie bei den aktuellen Preisstufen auf Angebote achten. Oft bietet Google für mindestens ein Abo-Modell einen kostenlosen Probemonat an. Hier muss man nur rechtzeitig vor Ablauf kündigen, damit auch später keine Kosten anfallen. Bei anderen Modellen können Sie teilweise von vergünstigten Testmonaten profitieren. Auch hier kann man üblicherweise rechtzeitig kündigen, bevor es dann teurer wird. Um ein bestehendes Abo zu kündigen, öffnen Sie in Gemini in der linken Seitenleiste *Einstellungen & Hilfe* und klicken im Menü dann auf *Abo verwalten*. In den so geöffneten Abo-Einstellungen können Sie direkt Ihr *Abo kündigen*.

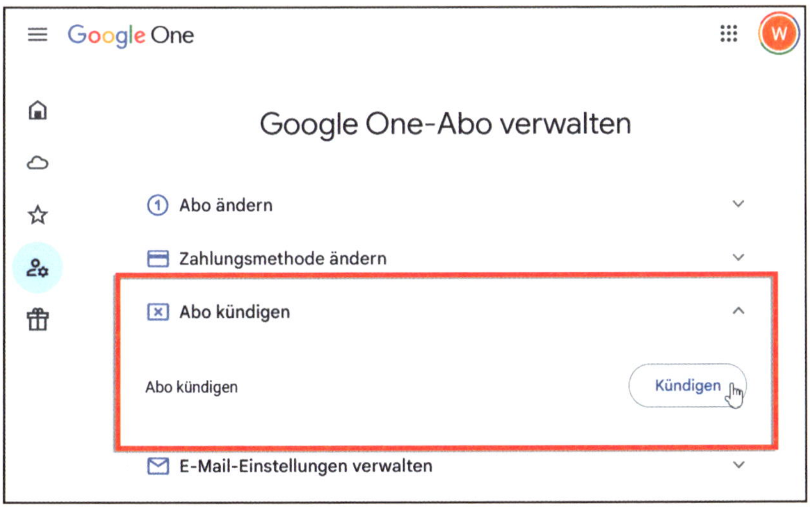

3. Recherchieren, informieren und Anregungen sammeln

Das Verwenden von Suchmaschinen gehört für viele Menschen schon lange zum Alltag. Egal, welche Arten von Informationen man gerade benötigt: Mit einer Suchanfrage bei Google und Co. erhält man unmittelbar Links zu Webseiten, auf denen die gesuchten Angaben mit sehr hoher Wahrscheinlichkeit direkt zu finden sind. Welche Vorteile könnte es also bieten, anstelle der vertrauten Suchmaschine einen KI-Assistenten wie Gemini zu befragen?

Wenn Sie eine Suchmaschine bemühen, erhalten Sie – abhängig von der Art der gestellten Suchanfrage – eventuell eine kurze Antwort auf eine Frage. Vor allem aber bekommen Sie eine Liste von Webadressen, die Angaben zu den gesuchten Informationen enthalten. Diese Liste ist zwar in der Regel sehr relevant und treffgenau. Aber Sie müssen diese Treffer eben selbst »abarbeiten«, also anklicken, die Webseiten betrachten und die gesuchten Informationen lokalisieren. Eine Suchmaschine unterstützt Sie also »nur« dabei, Antworten zu einer Frage zu finden.

Ein KI-Assistent hingegen bemüht sich stets, Ihnen direkt eine Antwort auf Ihre Frage zu geben. Er nimmt es Ihnen also ab, die Treffer einer Suchmaschine zu sichten, die relevanten Webseiten zu identifizieren und die gesuchte Information daraus zu extrahieren. Hinzukommt, dass Sie ein Problem oder eine Aufgabenstellung ausführlicher schildern können. Während Sie bei einer Suchmaschine nur ein oder wenige Suchbegriffe angeben oder vielleicht einen Fragesatz formulieren, können Sie einem KI-Assistenten beschreiben, wofür Sie eine Information benötigen oder welche speziellen Aspekte eines Themas Sie genau interessieren. Das Sprachverständnis der KI ermöglicht es, alle diese Kriterien in die Recherche einfließen zu lassen und Ihnen ein Ergebnis zu liefern, das auf Anhieb möglichst konkret und relevant für Ihre Recherche ist.

3.1 Gezieltes Recherchieren mit KI-Hilfe

Das folgende Beispiel illustriert, wie verschieden eine Recherche bei einer klassischen Suchmaschine oder bei einem KI-Assistenten ablaufen kann: Nehmen wir als Situation an, dass Sie plötzlich mit Ohrenschmerzen aufwachen. (**Wichtiger Hinweis:** Bei körperlichen Beschwerden ist es nicht empfehlenswert, sich ausschließlich auf die virtuelle »Ferndiagnose« einer KI zu verlassen. Insbesondere wenn die Beschwerden andauern oder stärker werden, sollten Sie nicht auf eine persönliche ärztliche Untersuchung und Diagnose verzichten.)

Bei der normalen Google-Suchmaschine würden Sie dazu eine Suchanfrage wie etwa »Schmerzen im linken Ohr« verwenden. Die Antwort darauf ist eine kurze Zusammenfassung, die Google – auch schon auf KI-Methoden basierend – generiert. Darunter folgen Vorschläge für vertiefende Fragen mit jeweils einer kurzen Antwort und einem weiterführenden Link. Schließlich kommt eine lange Liste von Suchtreffern bei Wikipedia und anderen einschlägigen Seiten zu diesem Thema. Diese können Sie erkunden und sich die benötigten Informationen zusammenlesen.

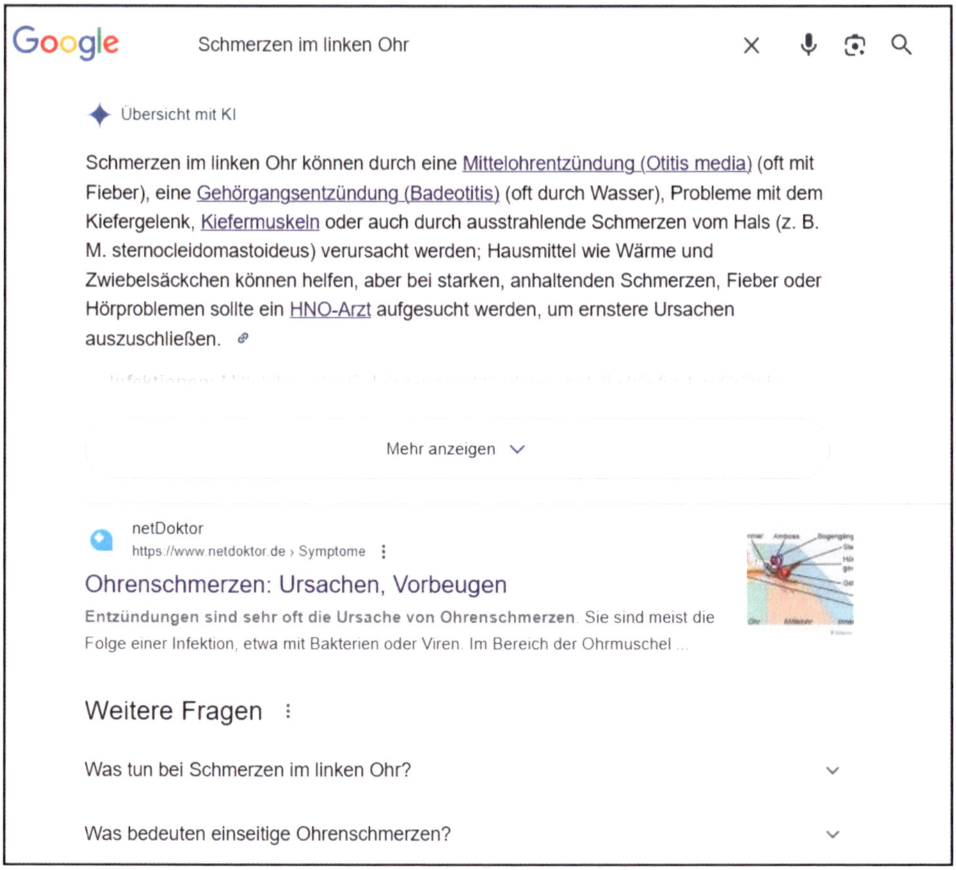

Bei Gemini ist die Herangehensweise etwas anders: Dem Assistenten können und sollten Sie Ihre Situation schildern, um Gemini eine angemessene Antwort zu ermöglichen.

```
Mein linkes Ohr tut weh!
```

Die Antwort darauf erscheint sofort etwas einfühlsamer als die technokratische Darstellung in den Google-Suchergebnissen. Sie erhalten einen kurzen Überblick zu möglichen Ursachen und vor allem auch konkrete Handlungsempfehlungen – sowohl zum sinnvollen Umgang als auch zur kurzfristigen Linderung der Beschwerden.

> Mein linkes Ohr tut weh.
>
> Ohrenschmerzen können vielfältige Ursachen haben, die von einer unbedenklichen Reizung bis hin zu behandlungsbedürftigen Infektionen reichen. Häufig stecken eine **Mittelohrentzündung**, eine Entzündung des **Gehörgangs** (oft nach dem Schwimmen) oder ein einfacher **Pfropf aus Ohrenschmalz** dahinter. Auch ausstrahlende Schmerzen vom Kiefer oder Rachenraum sind möglich.
>
> **Wichtiger Hinweis:** Da ich eine KI bin, ersetzen meine Informationen keinen ärztlichen Rat. Du solltest zeitnah eine Hausarztpraxis oder eine HNO-Praxis aufsuchen, insbesondere wenn Begleitsymptome wie Fieber, Hörminderung, Ausfluss aus dem Ohr oder Schwindel auftreten.
>
> Als erste lindernde Maßnahme kannst du das Ohr **trocken warm halten** (z. B. mit einem Kirschkernkissen), jedoch solltest du ohne ärztliche Rücksprache keine Tropfen oder Gegenstände in den Gehörgang einführen.

Dass es sinnvoll ist, die eigene Situation so konkret wie möglich zu schildern, können Sie leicht testen, indem Sie die ursprüngliche Anfrage leicht verändern:

```
Mein linkes Ohr tut höllisch weh!
```

Der KI-Assistent erkennt die gesteigerte Dringlichkeit und passt seine Antwort entsprechend an. Er hält sich nun nicht mehr mit dem Aufzählen möglicher Ursachen auf, sondern empfiehlt eindringlich, schnellstmöglich einen Arzt aufzusuchen und bis dahin nichts zu unternehmen, was die Probleme verschlimmern könnte. Als konkrete Hilfestellung bietet er an, die nächstgelegene offene Notfallpraxis in Ihrer Umgebung für Sie zu ermitteln.

> Wenn der Schmerz „höllisch" ist, deutet dies auf eine starke Entzündung oder einen hohen Druck im Ohr hin, was schnellstmöglich ärztlich abgeklärt werden muss. Bitte suche umgehend eine **HNO-Praxis** oder, falls diese geschlossen hat, den **ärztlichen Notdienst (116 117)** oder eine Notaufnahme auf. Starke Ohrenschmerzen können auf eine akute eitrige Mittelohrentzündung oder eine schwere Gehörgangsentzündung hinweisen, die oft eine medikamentöse Behandlung (z. B. Antibiotika oder abschwellende Mittel) erfordern.

Verzichte bis zur Untersuchung unbedingt darauf, eigenmächtig Ohrentropfen zu verwenden, da diese bei einem eventuell beschädigten Trommelfell Schaden anrichten können. Du kannst versuchen, den Schmerz durch **aufrechtes Sitzen** (verringert den Druck im Kopf) und **trockene Wärme** (z. B. ein angewärmtes Tuch) leicht zu lindern.

Soll ich dir helfen, die nächstgelegene geöffnete Notfallpraxis in deiner Region zu finden?

Sie können die Antwort von Gemini aber auch als Ausgangspunkt für weitere Fragen nehmen, indem Sie sich einen Begriff oder Aspekt herausgreifen und genauer nachfragen:

```
Was sind die Symptome einer Ohrenentzündung?
```

Je nachdem, welcher Teil des Ohrs betroffen ist, unterscheiden sich die Symptome einer Ohrenentzündung deutlich:

1. Mittelohrentzündung (*Otitis media*)

Dies ist die häufigste Form, oft ausgelöst durch eine Erkältung.

- **Schmerz:** Plötzliche, stechende oder pulsierende Schmerzen.
- **Hören:** Druckgefühl im Ohr und vermindertes Hörvermögen (wie „unter Wasser").
- **Allgemeinbefinden:** Oft hohes Fieber, Abgeschlagenheit und Kopfschmerzen.
- **Besonderheit:** Wenn das Trommelfell durch den Druck reißt, fließt Sekret aus dem Ohr und der Schmerz lässt schlagartig nach.

2. Gehörgangsentzündung (*Otitis externa*)

Wird oft durch Bakterien oder Pilze (z. B. nach dem Schwimmen) verursacht.

Auch wenn Sie die Empfehlungen der KI mal nicht ernst nehmen, dürfen Sie trotzdem jederzeit nachfragen. Der Assistent wird zwar ggf. darauf hinweisen, wenn bestimmte Dinge nicht empfehlenswert erscheinen.

Aber er wird Ihnen trotzdem die gewünschten Informationen liefern:

```
Wie kann ich eine Ohrenentzündung mit Hausmitteln
selbst behandeln?
```

> Hausmittel können bei leichten Schmerzen oder zur Überbrückung bis zum Arztbesuch lindernd wirken, ersetzen aber bei starken Schmerzen keine medizinische Behandlung.
>
> **Bewährte Hausmittel**
>
> - **Zwiebelsäckchen:** Die enthaltenen Schwefelverbindungen wirken antibakteriell und entzündungshemmend. Hacke eine Zwiebel fein, erwärme sie kurz (z. B. über Wasserdampf oder auf der Heizung) und schlage sie in ein Stofftaschentuch ein. Lege das Säckchen für **20 bis 30 Minuten** auf das schmerzende Ohr und fixiere es mit einer Mütze oder einem Stirnband.
> - **Trockene Wärme:** Ein warmes **Kirschkernkissen** oder eine Rotlichtlampe (mit ausreichend Abstand!) fördert die Durchblutung und kann den Schmerz lindern.
> - **Nasenspray:** Abschwellendes Nasenspray hilft, die Verbindung zwischen Nasenrachenraum und Ohr (Eustachische Röhre) zu belüften, was den Druck im Mittelohr

Wohlgemerkt: Alle diese Informationen hätten Sie auf den Webseiten, die Google Ihnen zu dem Thema anbietet, auch gefunden. Denn genau diese Quellen verwenden auch KI-Systeme wie Gemini. Aber hier müssen Sie eben nicht mühsam danach suchen, sondern bekommen sie direkt auf den Bildschirm geliefert. Und durch Schildern der konkreten Situation oder Umstände erhalten Sie – ggf. in einem kurzen Dialog – passgenaue Informationen und Empfehlungen für Ihre individuellen Bedürfnisse.

Was ist die richtige Reihenfolge?

Ein weiteres gutes Beispiel, wie man das Wissen von KI-Assistenten anzapfen und so viel schneller an die gewünschten Informationen kommen kann, ist die Reihenfolge von Büchern, Filmen oder Musikalben. Gerade wenn man mit dem Werk eines Künstlers noch nicht vertraut ist, sich aber gerade damit befassen möchte, kann der Überblick erst mal schwierig sein. Mit Suchmaschinen können Sie nach entsprechenden Listen und Empfehlungen suchen. Aber Gemini weiß auch darüber Bescheid und kann dazu aus dem Stand kompetent Auskunft geben.

```
In welcher Reihenfolge sollte man die Bücher von
Agatha Christie lesen?
```

> Für das Werk von Agatha Christie gibt es keine strikte chronologische Reihenfolge, da die meisten Romane in sich abgeschlossen sind. Dennoch empfiehlt sich eine strukturierte Herangehensweise, um Spoiler zu vermeiden und die Entwicklung der Ermittler zu verfolgen:

- **Hercule Poirot:** Beginnen Sie zwingend mit **„Das fehlende Glied in der Kette"** (sein erster Auftritt). Danach können Sie die Fälle weitgehend frei wählen, sollten aber Klassiker wie **„Mord im Orient-Express"** und **„Tod auf dem Nil"** früh einplanen. Lesen Sie **„Vorhang"** unbedingt als allerletzten Poirot-Roman, da er die Serie final abschließt.
- **Miss Marple:** Starten Sie mit **„Mord im Pfarrhaus"**. Auch hier sind die Folgebände flexibel tauschbar, wobei die chronologische Erscheinungsweise hilft, die Figur in ihrer Dorfgemeinschaft altern zu sehen.
- **Andere Klassiker:** Werke wie **„Und dann gab's keines mehr"** (völlig eigenständig) oder die **„Tommy und Tuppence"**-Reihe (hier ist die chronologische Abfolge wichtig, da das Paar in Echtzeit altert) können Sie jederzeit einschieben.

Selbst bei einer so produktiven Autorin wie Agatha Christie kann der Assistent zuverlässig informieren, wobei dieses Beispiel zu einer konkreten Nachfrage einlädt:

```
In welcher Reihenfolge sollte man die Miss-Marple-
Krimis lesen?
```

Bei den Miss Marple-Krimis ist die **Reihenfolge der Veröffentlichung** am sinnvollsten, da die Figur und ihr Umfeld in St. Mary Mead über die Jahrzehnte hinweg dezent altern.

1. **Mord im Pfarrhaus** (1930) – Der erste Roman und notwendige Einführung der Figur.
2. **Der Dienstagabend-Klub** (1932) – Eine Sammlung von Kurzgeschichten, die ihren Charakter festigen.
3. **Die Tote in der Bibliothek** (1942)
4. **Die Schattenhand** (1943)
5. **Ein Mord wird angekündigt** (1950)
6. **Fata Morgana** (1952)
7. **Das Geheimnis der Goldmine** (1953)
8. **16 Uhr 50 ab Paddington** (1957)

Manchmal sucht man aber auch nicht gleich nach der richtigen Reihenfolge aller Teile, sondern überhaupt erst mal nur nach einem guten Einstieg. Auch hier kann ein KI-Assistent wertvolle Tipps geben und Vorschläge machen.

```
Welches Buch eignet sich besonders als Einstieg in
die Welt von Miss Marple?
```

> ✦ Als idealer Einstieg in die Welt von Miss Marple gelten besonders zwei Bücher, je nachdem, was Sie bevorzugen:
>
> - **„Mord im Pfarrhaus" (The Murder at the Vicarage):** Dies ist der erste Roman mit Miss Marple. Er eignet sich perfekt, um die Dorfgemeinschaft von St. Mary Mead und die Anfänge der Ermittlerin kennenzulernen. Beachten Sie jedoch, dass Miss Marple hier noch etwas scharfzüngiger und weniger „flauschig" wirkt als in den späteren Bänden.
> - **„Ein Mord wird angekündigt" (A Murder is Announced):** Viele Fans und Kritiker halten dies für den besten Miss-Marple-Krimi überhaupt. Er zeigt die Figur auf dem Höhepunkt ihrer kombinatorischen Fähigkeiten und bietet ein klassisches „Whodunit"-Szenario, das den typischen Charme der Reihe perfekt einfängt.
>
> Wenn Sie lieber mit kurzen Geschichten beginnen möchten, ist der Erzählband **„Der Dienstagabend-Klub"** eine exzellente Wahl. Hier löst Miss Marple Fälle allein durch Logik und Parallelen zu Dorfereignissen, während sie mit Freunden zusammensitzt.

Es gibt vermutlich kaum einen Bereich, in dem die Reihenfolge so umstritten ist wie im Universum der Star-Wars-Filme. Aber auch hier kann Gemini helfen, indem er mögliche Varianten aufzählt und gegenüberstellt.

```
Welches ist die beste Reihenfolge für die Star-Wars-Filme?
```

> ✦ Die ideale Reihenfolge für Star-Wars-Neulinge ist die **Reihenfolge der Veröffentlichung**, da sie die großen erzählerischen Wendungen schützt und mit der Original-Trilogie (**Episoden IV, V und VI**) das wichtigste Fundament legt. Erst danach folgen die Prequels (**Episoden I, II und III**), die die Vorgeschichte beleuchten, und schließlich die Sequel-Trilogie (**Episoden VII, VIII und IX**). Wer hingegen die Geschichte rein chronologisch nach der zeitlichen Abfolge innerhalb des Universums erleben möchte, beginnt bei Episode I und arbeitet sich bis Episode IX vor, wobei die Spin-offs wie *Rogue One* sinnvoll zwischen den Episoden III und IV platziert werden können. Eine beliebte Alternative für Fortgeschrittene ist die sogenannte **Machete Order** (IV, V, II, III, VI), die die Prequels als langen Rückblick nutzt, um die Spannung um die zentrale Vater-Sohn-Thematik zu maximieren.
>
> Soll ich dir die korrekte Platzierung der Serien wie *The Mandalorian* in einer dieser Reihenfolgen zeigen?

Dieses Beispiel zeigt sehr schön eine typische Eigenschaft von KI-Systemen wie Gemini: Sie bemühen sich stets um Ausgewogenheit und Neutralität. Sie stellen eher verschiedene Möglichkeiten gegenüber und wägen die Vor- und Nachteile der Alternativen ab, anstatt dem Nutzer eine konkrete Entscheidung aufzudrängen. In der Regel ist das auch gut und richtig so. Falls Sie doch eine klare Entscheidung von Gemini haben möchten, müssen Sie die Aufforderung dazu nur eindeutig genug formulieren:

```
Wenn du dich für eine Reihenfolge entscheiden müsstest,
welche würdest du wählen?
```

Wenn ich mich für eine einzige Variante entscheiden müsste, würde ich die **Reihenfolge der Veröffentlichung** (Release Order) wählen. Dieser Ansatz ist deshalb überlegen, weil die gesamte Erzählstruktur der Saga darauf ausgelegt ist: Zentrale Enthüllungen und emotionale Höhepunkte in der Original-Trilogie (Episoden IV–VI) verlieren massiv an Wirkung, wenn man durch die Prequels bereits alle Hintergründe kennt. Zudem ist der technische Sprung von den modernen Prequels zurück zu den charmanten, aber deutlich älteren Effekten der 70er Jahre bei der chronologischen Reihenfolge oft visuell irritierend, während die Veröffentlichungsreihenfolge eine natürliche Evolution der Filmkunst bietet.

3.2 Rezepte für jeden Anlass

Wer in der Küche gern Neues ausprobiert und stets auf der Suche nach interessanten Rezepten ist, für den ist das Internet eine große Bereicherung. Hier gibt es große Rezeptsammlungen und Online-Gemeinschaften, die sich ausschließlich diesem Thema widmen. Sie bieten teilweise auch schon spezielle Sucheigenschaften, um etwa zu vorhandenen Zutaten ein möglichst passendes Rezept zu liefern. KI-Systeme haben auf all dieses Wissen ebenfalls Zugriff und stellen Ihnen noch leichtere und flexiblere Möglichkeiten zur Verfügung, für jede Situation das passende Rezept zu finden.

Das Schöne daran ist, dass man keine Webadressen kennen und sich nirgends anmelden muss und sich auch nicht durch komplexe Suchformulare zu klicken braucht. Stattdessen können Sie Gemini mitteilen, was Sie genau möchten:

```
Ich benötige ein Rezept für einen klassischen
Frankfurter Kranz.
```

So einfache Vorgaben stellen Gemini nicht vor Herausforderungen und Sie erhalten direkt eine ausführliche Zutatenliste gefolgt von der genauen Anleitung.

Ein Frankfurter Kranz ist der Inbegriff der deutschen Kaffeetafel – herrlich nostalgisch, cremig und durch den Krokant wunderbar knusprig. Der Kern des Ganzen ist eine luftige Buttercreme und ein feiner Rührteig (Sandmasse).

Hier ist ein Rezept für einen klassischen Kranz (Backform ca. 24–26 cm Ø).

1. Der Teig (Sandmasse)

- **250 g** weiche Butter
- **200 g** Zucker
- **1 Pck.** Vanillezucker
- **1 Prise** Salz
- **4** Eier (Größe M)
- **300 g** Mehl
- **50 g** Speisestärke (macht den Kuchen feiner)
- **1 Pck.** Backpulver

Vielleicht haben Sie auch nur eine ganz bestimmte Zutat, die Sie verarbeiten möchten. Dann können Sie sich Vorschläge machen lassen, was Sie damit anstellen könnten und welche weiteren Zutaten dafür ggf. erforderlich sind.

```
Ich habe eine große Schüssel Erdbeeren gepflückt. Sonst
habe ich keine speziellen Zutaten im Haus. Was kann ich
damit Leckeres machen? Mach mir ein paar Vorschläge und
schreibe jeweils dazu, was ich außer den Erdbeeren noch
benötigen würde.
```

Da du keine speziellen Vorräte im Haus hast, konzentrieren sich diese Vorschläge auf absolute Grundnahrungsmittel wie Zucker, Mehl, Eier oder Milch:

- **Erdbeer-Sorbet oder Granita:** Du pürierst die Erdbeeren mit etwas **Zucker** und einem Spritzer **Zitronensaft** (falls vorhanden) und frierst die Masse unter gelegentlichem Rühren ein.
- **Klassische Erdbeeren mit Milch/Sahne:** Die Früchte werden geschnitten, leicht mit **Zucker** gezuckert, damit sie Saft ziehen, und mit **Milch** oder **Sahne** aufgefüllt.
- **Erdbeer-Pfannkuchen:** Du bereitest einen einfachen Teig aus **Mehl, Eiern, Milch** und einer Prise **Salz** zu und gibst die kleingeschnittenen Erdbeeren entweder direkt in den Teig oder als frische Beilage dazu.

- **Schnelles Erdbeer-Kompott:** Die Erdbeeren werden mit etwas **Zucker** und einem Schluck **Wasser** kurz aufgekocht, bis sie weich sind; das schmeckt pur oder zu Milchreis/Grießbrei.
- **Erdbeer-Omelett:** Ein süßes Omelett aus **Eiern, etwas Zucker** und einem Schluck **Mineralwasser** oder Milch ausbacken und mit den frischen Erdbeeren füllen.

Möchtest du zu einem dieser Vorschläge ein konkretes Mengenverhältnis wissen?

Wenn Sie sich für eine der Varianten entscheiden, können Sie sich das genaue Rezept dafür selbstverständlich nachliefern lassen:

```
Wie ist das Rezept für Erdbeer-Omelett?
```

Ein wichtiges Thema bei Rezepten sind leider auch Allergien, Unverträglichkeiten oder einfach spezielle Vorlieben oder Abneigungen. Alles das kann Gemini auf Wunsch berücksichtigen und Ihnen passende Varianten präsentieren:

```
Ich muss einen Salat für eine Grillparty machen. Mehrere
Gäste sind Vegetarier oder Veganer. Eine Person verträgt
kein Gluten. Mach mir bitte ein paar Vorschläge für
leckere Salate.
```

Falls nicht das Richtige dabei ist oder falls Sie mit der Art der Vorschläge nicht zufrieden sind, können Sie jederzeit nachjustieren, etwa mit:

```
Mach mir bitte ein paar klassischere Vorschläge!
```

oder

```
Mach mir bitte ein paar innovativere Vorschläge!
```

Verständlich – bei einer Grillparty sind die Klassiker oft am beliebtesten, weil sie Kindheitserinnerungen wecken und zu fast allem passen. Die Herausforderung bei den Klassikern ist meistens die Mayonnaise (oft mit Ei, also nicht vegan) oder die Nudeln (Gluten).

Hier sind drei klassische Konzepte, so angepasst, dass sie **vegan, glutenfrei und trotzdem „wie früher"** schmecken:

1. Klassischer Kartoffelsalat (Essig-Öl-Basis)

Der süddeutsche Klassiker ist von Natur aus fast perfekt. Da er ohne Mayonnaise auskommt, ist er bei Hitze zudem sicherer.

- **Basis:** Festkochende Kartoffeln.
- **Zutaten:** Fein gewürfelte Zwiebeln, saure Gurken und frischer Schnittlauch.
- **Dressing:** Kräftige Gemüsebrühe (heiß über die Kartoffeln geben!), Senf, Apfelessig, Rapsöl, Salz und viel Pfeffer.
- **Warum er funktioniert:** Er ist bodenständig, jeder liebt ihn und er ist zu 100 % vegan und glutenfrei.
- **Tipp:** Die Zwiebeln kurz in der heißen Brühe mitdünsten, dann sind sie bekömmlicher und der Salat hält länger.

Sagt Ihnen einer der Vorschläge zu, liefert Gemini Ihnen auf Wunsch jederzeit ein konkretes Rezept, etwa:

```
Stell mir ein Rezept für den veganen, glutenfreien
Nudelsalat zusammen.
```

oder

```
Gib mir ein Rezept für den Griechischen Salat, aber
lass die Nüsse weg.
```

Manchmal sind aber auch andere Rahmenbedingungen entscheidend, beispielsweise die Zeit, wenn man plötzlich auf die Schnelle noch etwas hinbekommen muss:

```
Meine Schwiegermutter hat sich überraschend in zwei
Stunden zum Besuch angemeldet. Was für einen Kuchen
kann ich bis dahin noch backen?
```

Das ist der Klassiker unter den "Back-Notfällen"! In zwei Stunden ist ein aufwendiger Hefeteig oder eine Torte mit Kühlzeit nicht machbar, aber ein saftiger Rührkuchen oder ein schneller Obstboden funktionieren wunderbar.

Hier sind drei bewährte Optionen, die garantiert rechtzeitig fertig werden:

1. Der Klassiker: Versunkener Apfelkuchen (Rührteig)

Dieser Kuchen ist unkompliziert, sieht toll aus und die meisten haben Äpfel zu Hause.

- **Vorbereitung:** 15 Min. | **Backzeit:** ca. 40–45 Min.
- **Warum:** Er schmeckt auch noch lauwarm hervorragend, falls die Zeit zum kompletten Auskühlen nicht ganz reicht. Mit Puderzucker bestäubt wirkt er sofort edel.

2. Der Schnellste: "Becherkuchen" (Joghurt-Kuchen)

Hier brauchst du keine Waage, sondern nutzt einen leeren Joghurtbecher (ca. 150g–250g) als Maßeinheit.

Aber auch auf Fachfragen und zu konkreten Problemen kann die KI jederzeit kompetente Auskunft geben:

- `Wie legt man einen Sauerbraten richtig ein?`
- `Ich möchte eine Lasagne kochen. Wie kann ich für einen Gast mit Laktoseintoleranz die Milch in der Béchamelsauce ersetzen?`
- `Beim Marmeladekochen gerät mir die Marmelade oft zu flüssig. Was kann ich besser machen?`
- `Wie heißt noch mal dieses italienische Gericht mit Kalbsfleisch und Thunfisch?`

Weitere Prompts zu Essen und Kochen

- `Was kann ich mit den Zutaten in meinem Kühlschrank zaubern?`
- `Vorschläge für schnelle und gesunde Abendessen unter 30 Minuten.`
- `Interessante Variationen von Klassikern wie Spaghetti Bolognese oder Hühnersuppe.`
- `Wie kann ich mein Basisrezept für Pfannkuchen aufpeppen?`
- `Ideen für vegetarische Gerichte, die auch Fleischliebhaber begeistern.`
- `Tipps für ein romantisches Abendessen zu Hause.`

- Wie kann ich eine nahrhafte Mahlzeit aus preiswerten Zutaten zubereiten?
- Vorschläge für Mahlzeiten, die sich gut zum Vorkochen eignen.
- Kreative Frühstücksideen, die über das gewöhnliche Müsli hinausgehen.
- Einfache und leckere Desserts ohne Backen.
- Vegetarische BBQ-Rezepte für den Sommer.
- Kinderfreundliche Rezepte, die Spaß machen und gesund sind.
- Ideen für das nächste Familienfest oder eine Party.
- Tipps und Tricks für das perfekte Grillen.
- Rezepte für wärmende Eintöpfe und Suppen im Winter.
- Wie kann ich übrig gebliebenes Brot in schmackhafte Gerichte verwandeln?
- Vegetarische und vegane Rezepte, die auch proteinreich sind.
- Ungewöhnliche Geschmackskombinationen, die man ausprobieren sollte.
- Wie kann ich internationale Gerichte einfach zu Hause nachkochen?

3.3 Mit Gemini zum perfekten Urlaub

Wer eine Reise unternimmt, will etwas erleben. Schon lange kann man Reisen aller Art online buchen, sich vorab über die besten Unterkünfte und Restaurants informieren und lohnenswerte Ziele recherchieren.

Mit Gemini können Sie Ihre Reiseplanung und -vorbereitung noch einen Schritt weiter treiben. Denn das umfängliche Wissen des Assistenten ermöglicht es, auch auf ganz spezielle Bedürfnisse einzugehen und ganz individuell passende Reiseziele zu finden oder Empfehlungen auszusprechen. Darüber hinaus ist Gemini mit Google Maps verknüpft und kann so Informationen aus diesem umfassenden Karten- und Navigationsdienst in seine Antwort integrieren.

So können Sie sich beispielsweise Sehenswürdigkeiten empfehlen lassen, die zu Ihrem Zeitplan passen, nahe an Ihrem Standort sind und sich für kurze Stippvisiten eignen. Dabei ist es hilfreich, Gemini die Umstände genau zu beschreiben, sodass Sie möglichst zutreffende Antworten erhalten:

```
Ich bin nächste Woche drei Tage beruflich in Marseille.
Mein Hotel ist im Stadtzentrum. Zwischendurch werde ich in
Pausen immer wieder Gelegenheit zu kurzen Besichtigungen
haben. Ich habe kein Auto und möchte keine öffentlichen
Verkehrsmittel nutzen. Welche Sehenswürdigkeiten in
Laufweite kannst du mir empfehlen?
```

Google Maps

Für kurze Besichtigungen zu Fuß vom Stadtzentrum aus empfehle ich Ihnen folgende Sehenswürdigkeiten, die alle nah beieinander liegen:

- **Vieux Port (Alter Hafen):** Das pulsierende Herz der Stadt. Ideal für eine kurze Pause, um das Treiben der Fischerboote zu beobachten oder unter dem riesigen Spiegeldach (L'Ombrière) von Norman Foster hindurchzugehen.
- **Le Panier:** Das älteste Viertel Marseilles liegt direkt nördlich des Hafens. Es besticht durch schmale, bunte Gassen, Street Art und kleine Kunsthandwerksläden – perfekt für einen 30-minütigen Spaziergang.
- **MuCEM & Fort Saint-Jean:** Das moderne Museum der Zivilisationen ist über eine spektakuläre Fußgängerbrücke mit der alten Festung verbunden. Auch ohne Museumsbesuch ist der Außenbereich und der Blick auf das Meer frei zugänglich und sehr lohnenswert.
- **Cathédrale de la Major:** Eine monumentale Kathedrale im neobyzantinischen Stil, die nur wenige Gehminuten vom MuCEM entfernt direkt am Ufer thront.

Auch wenn Sie sich für ganz bestimmte Dinge oder Sehenswürdigkeiten interessieren, können Sie die KI nutzen, um sich optimal auf eine Reise vorzubereiten:

```
Im Juli bin ich eine Woche in Barcelona. Ich interessiere
mich sehr für Architektur. Stelle mir eine Liste mit
interessanten Objekten in der Stadt und der näheren Umgebung
zusammen. Sortiere sie anhand der architektonischen
Bedeutung mit den wichtigsten Objekten ganz oben.
```

✦ Hier ist eine nach architektonischer Bedeutung sortierte Liste markanter Objekte in Barcelona und Umgebung für deine Reise im Juli:

UNESCO-Weltkulturerbe & Modernisme (Die wichtigsten Highlights)

- **Sagrada Família:** Das unangefochtene Wahrzeichen von Antoni Gaudí. Die Basilika vereint gotische und kurvilineare Jugendstilformen mit einer einzigartigen statischen Struktur aus verzweigten Säulen.
- **Casa Batlló:** Berühmt für seine organische Fassade, die an Knochen und Masken erinnert, und das schuppige Dach, das den Rücken eines Drachen darstellt.
- **Casa Milà (La Pedrera):** Bekannt für die wellenförmige Steinfassade und die spektakuläre Dachlandschaft mit skulpturalen Schornsteinen.
- **Park Güell:** Eine Gartenstadt-Anlage mit den ikonischen Mosaik-Bänken, die Gaudís naturalistische Phase perfekt widerspiegelt.

Mit KI das richtige Ziel finden

Auch bei der Auswahl eines Ziels für Ihre nächste Reise können Sie sich von Gemini unter die Arme greifen lassen. Vielleicht sind Sie schon sicher, in welches Land es gehen soll, aber Sie kennen es nicht gut genug, um sich für eine bestimmte Gegend zu entscheiden? Schildern Sie dem Assistenten Ihre Vorstellungen, Wünsche oder Rahmenbedingungen möglichst genau.

```
Ich möchte Schweden kennenlernen. Dabei interessiere
ich mich besonders für Natur, Wandern und Angeln. Die
Anreise sollte möglichst direkt per Flugzeug möglich sein.
Welche drei Regionen oder Orte kannst du mir als Ziel
empfehlen?
```

✦ Hier sind drei empfehlenswerte Regionen für Natur, Wandern und Angeln mit guter Fluganbindung:

- **Lappland (Kiruna/Abisko):** Spektakuläre Fjäll-Landschaft, Start des *Kungsleden*-Wanderwegs und erstklassige Reviere für Saibling und Äsche.
  - *Anreise:* Flug nach **Kiruna (KRN)**.
- **Jämtland (Åre/Östersund):** Alpine Bergwelt und dichte Wälder, ideal zum Fliegenfischen auf Forellen und für Wanderungen im *Vålådalen*.
  - *Anreise:* Flug nach **Östersund (OSD)**.

- **Hohe Küste (Höga Kusten):** Einzigartige Steilküste (UNESCO-Erbe) mit dem *Skuleskogen Nationalpark* und Möglichkeiten zum Küsten- sowie Seenfischen.
  - *Anreise:* Flug nach **Örnsköldsvik (OER)** oder **Sundsvall (SDL)**.

Soll ich dir zu einer dieser Regionen Details zu den besten Angelplätzen heraussuchen?

Und selbstverständlich können Sie auch nachfragen und eventuelle Unklarheiten in Bezug auf Ihre Reise gleich abklären, beispielsweise:

- Benötige ich für das Angeln in Schweden einen Angelschein oder irgendeine andere Form von Berechtigung oder Lizenz?
- Sind für Schweden irgendwelche Impfungen erforderlich oder empfehlenswert?
- Welche Währung wird in Schweden verwendet?
- Wie ist der Wechselkurs zum Euro?
- Welche Papiere benötige ich für die Einreise nach Schweden?
- Was für ein Wetter herrscht in Lappland in Schweden im Juli und was für Kleidung sollte ich mitnehmen?

Im Juli bietet Lappland milde Tage und die faszinierende Mitternachtssonne. Das Wetter ist jedoch wechselhaft, sodass du auf verschiedene Bedingungen vorbereitet sein solltest.

Wetter im Juli

- **Temperaturen:** Meist liegen die Werte tagsüber zwischen **12 °C und 20 °C**. An sonnigen Tagen können sie auf über 25 °C steigen, während es bei Regen oder in höheren Lagen auf unter 10 °C abkühlen kann.
- **Besonderheiten:** Es ist rund um die Uhr hell (Mitternachtssonne). Der Juli ist statistisch einer der sonnigsten, aber auch niederschlagsreichsten Monate, oft in Form kurzer, kräftiger Schauer.
- **Mücken:** Der Juli ist die Hauptsaison für Mücken, besonders in Wald- und Sumpfnähe.

Kleidungsempfehlung (Zwiebelprinzip)

Da das Wetter schnell umschlagen kann, ist das Schichten von Kleidung essenziell:

- **Basisschicht:** Atmungsaktive Funktionsunterwäsche oder dünne Shirts aus **Merinowolle** (leitet Feuchtigkeit ab und trocknet schnell).
- **Isolationsschicht:** Ein leichter **Fleece- oder Wollpullover** für kühle Abende und Pausen

Individuelle Reiserouten zusammenstellen lassen

Auch für das Planen einer bestimmten Strecke oder Reise ist KI ein nützliches Werkzeug. Damit ist nicht die Navigationshilfe gemeint, denn dafür gibt es Apps wie Google Maps, die das besser können. Aber eine Reiseroute anhand bestimmter Kriterien können Sie sich auf diese Weise ganz schnell zusammenstellen lassen.

```
Ich möchte Schottland von Süden nach Norden bereisen.
Stelle mir eine detaillierte Reiseroute zusammen, bei der
ich mit einem Mietwagen in einer Woche die wesentlichen
Sehenswürdigkeiten besuchen und auch die lokale Kultur
kennenlernen kann.
```

Diese Route führt Sie von Edinburgh durch das Herz der Highlands bis an die Nordküste. Sie kombiniert historische Schauplätze, dramatische Natur und authentische Begegnungen mit der schottischen Kultur.

Tag 1 & 2: Edinburgh – Die historische Seele

Starten Sie in der Hauptstadt. Erkunden Sie die **Royal Mile** und das **Edinburgh Castle**, das auf einem erloschenen Vulkan thront. Für einen authentischen Einblick in die Kultur empfiehlt sich ein Abend in einem Pub mit Live-Folk-Musik (z. B. im Viertel Grassmarket). Übernachten Sie hier zwei Nächte, um auch den **Arthur's Seat** für einen Panoramablick zu besteigen.

Tag 3: Über Stirling in die „Mini-Highlands"

Übernehmen Sie Ihren Mietwagen und fahren Sie nach Westen. Erster Halt ist **Stirling Castle**, eine der historisch bedeutendsten Burgen des Landes. Weiter geht es zum **Loch Lomond & The Trossachs Nationalpark**. Besuchen Sie das malerische Dorf Luss und übernachten Sie am Ufer des Sees oder im nahen Inveraray, um das gleichnamige Schloss zu besichtigen.

Hierbei kann man auch gut sehen, dass die konkrete Formulierung einer Anfrage eine wesentliche Bedeutung hat. Bitten Sie einfach nur um »eine Reiseroute«, erhalten Sie eine locker strukturierte Liste, die eher Empfehlungscharakter hat. Fordern Sie stattdessen »eine detaillierte Reiseroute« an, bekommen Sie tatsächlich eine ganz konkrete Liste mit einzelnen Zielen für jeden Tag, die Sie so im Prinzip direkt abfahren könnten. Auch dabei bleibt aber stets Platz für Sonderwünsche und Ihre individuellen Vorstellungen. Wer beispielsweise mit einem Wohnmobil unterwegs ist, kann sich gleich passende Campingplätze empfehlen lassen:

```
Empfiehl mir für jede Übernachtung einen passenden
Campingplatz.
```

(Wobei ich diese Empfehlungen in Bezug auf die Aktualität (siehe Seite 33) vor Antritt der Reise unbedingt noch mal überprüfen würde!)

Soll ein ganz bestimmter Ort Teil der Tour werden, können Sie dies auch Teil der Anweisung werden lassen:

```
Plane einen Tagesausflug zu einer der Inseln vor der Küste
mit ein.
Ich möchte dabei mindestens eine Nacht die Kneipenszene
in Edinburgh erkunden.
```

Das tiefe Wissen von KI-Systemen erlaubt es aber auch, Strecken anhand ganz anderer Kriterien zusammenzustellen, die mit klassischen Reiserouten erst mal nichts zu tun haben. Wenn Sie sich für ein Thema interessieren, zu dem es an verschiedenen Orten Wichtiges und Interessantes zu sehen gibt, können Sie sich eine passende Strecke oder Route planen lassen.

```
Plane mir eine Reise zu den Orten, an denen Goethe
wichtige Stationen seines Lebens verbracht hat.
```

✦ Diese Route verbindet Goethes wichtigste Lebensstationen in kompakter Abfolge:

Die Reise beginnt in **Frankfurt am Main** bei seinem Geburtshaus (Großer Hirschgraben), dem Ort seiner Jugend und des *Urfaust*. Danach folgt **Leipzig**, wo er in Auerbachs Keller Inspiration für sein Hauptwerk fand, und **Wetzlar**, der Schauplatz seiner *Werther*-Jahre. Den Schwerpunkt bildet **Weimar** mit seinem Wohnhaus am Frauenplan, dem Gartenhaus an der Ilm und der Fürstengruft als seiner letzten Ruhestätte. Den Abschluss bildet das nahegelegene **Jena**, das Zentrum seiner engen Zusammenarbeit mit Schiller und seiner naturwissenschaftlichen Forschung.

Soll ich Ihnen die optimale Fahrtroute zwischen diesen Städten berechnen?

Dabei muss es nicht immer gleich eine weite Reise über mehrere Tage werden. Auch für einen Spaziergang kann Ihnen ein KI-Assistent wertvolle Tipps geben, damit Sie als Ortsunkundiger nichts Sehenswertes verpassen.

```
Plane mir einen Spaziergang durch Weimar zu den Orten mit
Bezug zu Goethes Leben dort. Gib mir die Wegstrecke an
und wie viel Zeit ich einplanen sollte.
```

Google Maps

Dieser Spaziergang führt Sie auf ca. **2,3 Kilometern** zu den wichtigsten Wirkungsstätten Goethes in Weimar. Planen Sie für die reine Gehzeit etwa **35 Minuten** ein; inklusive Besichtigungen sollten Sie einen **halben bis vollen Tag** vorsehen.

1. **Start: Goethes Wohnhaus (Frauenplan 1):** Sein langjähriges Hauptwohnsitz und heutiges Nationalmuseum.
2. **Herzogin Anna Amalia Bibliothek (Platz der Demokratie):** Goethe leitete diese Bibliothek 35 Jahre lang; besonders sehenswert ist der Rokoko-Saal.
3. **Goethes Gartenhaus (Park an der Ilm):** Sein erster eigener Wohnsitz in Weimar und lebenslanger Rückzugsort inmitten des Parks.
4. **Ziel: Fürstengruft (Historischer Friedhof):** Die gemeinsame Ruhestätte von Goethe und Schiller.

Die Verknüpfung von Gemini mit anderen Diensten aus demselben Konzern wie etwa Google Maps trägt an dieser Stelle Früchte, denn neben der Textbeschreibung bekommen Sie ggf. auch gleich eine Karte mit der eingezeichneten Route. Wenn Sie die Anfrage auf einem Smartphone stellen, können Sie mit dem Link darunter auch gleich die Google-Maps-App öffnen und sich davon navigieren lassen.

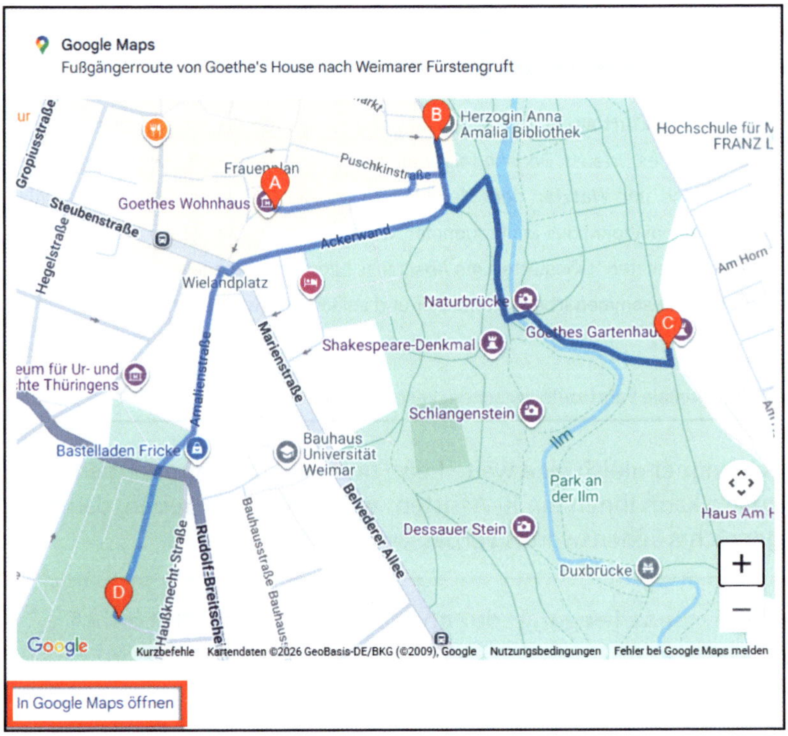

Weitere Prompts zu Urlaub und Reisen

- Wie finde ich die besten Reiseangebote für ein Budget von [Summe] Euro?
- Welche Reiseziele sind dieses Jahr besonders angesagt?
- Wie plane ich eine reibungslose Reiseroute für [Anzahl] Tage?
- Welche Aktivitäten sind an meinem Reiseziel ein Muss?
- Wie finde ich die besten Restaurants und kulinarischen Erlebnisse?
- Wie wähle ich die beste Unterkunft für meine Bedürfnisse?
- Welche Transportmöglichkeiten gibt es an meinem Reiseziel?
- Wie kann ich nachhaltiger reisen?
- Welche Sehenswürdigkeiten und kulturellen Highlights sollte ich nicht verpassen?
- Wie packe ich effizient für meine Reise?
- Welche Reiseversicherungen sind wirklich notwendig?
- Wie kann ich Geld sparen, während ich reise?
- Welche lokalen Veranstaltungen und Festivals sollte ich besuchen?
- Wie bereite ich mich auf unterschiedliche Wetterbedingungen vor?
- Welche Reisedokumente und Visa benötige ich?
- Wie vermeide ich typische Touristenfallen?
- Welche Apps und Websites helfen mir bei der Reiseplanung?
- Wie finde ich die besten Strände/Berge/Städte für meinen Urlaub?
- Welche gesundheitlichen Vorkehrungen sollte ich treffen?
- Wie plane ich eine Reise mit Kindern/Haustieren?

3.4 Gemini als cleverer Einkaufshelfer

Ein weiterer Bereich, bei dem viele Menschen sich das Internet zunutze machen, ist das Informieren über Produkte, um das beste Angebot zu finden. Informationen findet man meist reichlich. Allerdings kann es mühsam werden, sich durch zahlreiche Tests, Vergleiche und Kundenrezensionen zu klicken und letztlich die genauen Produkteigenschaften zu recherchieren. Da Gemini alle diese Informationen in seinem Datenbestand verarbeitet hat, kann der Assistent schnellere Antworten liefern. Dabei hilft es, die eigenen Vorstellungen und Ansprüche möglichst genau zu schildern.

Aktualität beachten!

Bei Informationen zu Produkten spielt die Aktualität eine wichtige Rolle. Beachten Sie daher, wie aktuell der Datenbestand Ihres KI-Systems ist (siehe Seite 33).

```
Ich brauche eine neue Waschmaschine. Wir sind zwei
Erwachsene und zwei Kinder. Die Maschine sollte sparsam
und möglichst leise sein. Außerdem lege ich Wert auf ein
Antiknitter-Programm. Welche Modelle kannst du aktuell
empfehlen?
```

Für eine vierköpfige Familie sind folgende 8–9 kg Modelle (Energieklasse A) ideal:

- **Siemens iQ700 WG56B2A41:** Sehr leise, nutzt **smartFinish** (Dampfglätten) zur massiven Knitterreduktion.
- **Bosch Serie 8 WGB244071:** Aktueller Testsieger mit **Iron Assist**, das Falten per Wasserdampf um bis zu 50 % reduziert.
- **Miele WWE 360 WPS:** Hochwertig und langlebig mit der Funktion **Vorbügeln**, die Textilien direkt in der Trommel glättet.

Möchten Sie zu einem dieser Geräte einen Preisvergleich oder Details zur Programmdauer?

Sollten Ihnen die Vorschläge noch nicht zusagen, bitten Sie den Assistenten um weitere Vorschläge.

```
■ Hast du noch weitere Vorschläge?
■ Gibt es günstigere Alternativen?
```

Hier sind preiswerte Alternativen (ca. 350–550 €) mit Energieklasse A und Dampf-Funktion:

- **Bauknecht W Active 8A:** Starkes Preis-Leistungs-Verhältnis mit zuschaltbarer Dampf-Glättfunktion.
- **LG Serie 7 (z. B. F4WV708):** Sehr leiser Direktantrieb und effektive **Steam-Technologie** gegen Falten.
- **Samsung WW5000C:** Bietet ein spezielles **Hygiene-Dampfprogramm**, das Textilien glättet und reinigt.
- **Haier I-Pro Serie 5/7:** Sehr geräuscharm (ca. 69 dB) mit integrierter Dampf-Auffrischfunktion.

Soll ich für eines dieser Modelle die aktuellen technischen Daten oder Maße heraussuchen?

Um sich zwischen konkreten Modellen entscheiden zu können, kann Ihnen das KI-System die technischen Daten von infrage kommenden Geräten als Tabelle zum direkten Vergleich aufbereiten:

```
Vergleiche bitte alle technischen Daten der Modelle
von Siemens und Miele in einer Tabelle!
```

Hier ist der direkte Vergleich der technischen Daten für die vierköpfige Familie:

Merkmal	Siemens iQ700 (WG56B2A41)	Miele WWE 360 WPS
Kapazität	**10 kg** (ideal für große Lasten)	8 kg
Energieklasse	**A** (sehr effizient)	**A**
Schleudern	**1600 U/min** (trockener)	1400 U/min
Lautstärke	72 dB (Schleudern)	**68 dB** (sehr leise)
Antiknitter	**smartFinish** (Dampf)	**Vorbügeln** (Dampf/Hitze)
Dosierung	**i-Dos** (Vollautomatik)	CapDosing (Kapselsystem)
Verbrauch	35 kWh / 48 L (pro 100 Zyklen)	47 kWh / 47 L (pro 100 Zyklen)

Auch bei grundsätzlicheren Fragen können Sie sich von Gemini beraten lassen. Vielleicht haben Sie sich auch schon mal die Gretchenfrage »Android oder iPhone?« gestellt? Machen Sie doch einfach die Probe:

`Ich möchte ein neues Smartphone kaufen. Bislang hatte ich ein Samsung Galaxy S23. Damit war ich ganz zufrieden. Aber viele meiner Freunde und Kollegen haben ein iPhone. Hilf mir, mich zwischen einem Samsung und einem iPhone zu entscheiden!`

Hier ist der direkte Kernvergleich, um dir die Entscheidung zu erleichtern:

Wechsel zum iPhone (z. B. iPhone 17 / 16)

- **Sozialer Faktor:** Du bist Teil der iMessage-Gruppe, nutzt AirDrop für Fotos mit Freunden und teilst Standorte oder Mediatheken nahtlos.
- **Wiederverkauf:** Das Gerät bleibt wertstabil; ideal, wenn du alle 2 Jahre upgradest.
- **Video-König:** Wenn du viele Videos für Social Media machst, ist das iPhone ungeschlagen.

Bleiben bei Samsung (z. B. Galaxy S25 / S24)

- **Bessere Hardware:** Für den gleichen Preis bekommst du ein 120-Hz-Display (flüssigeres Scrollen) und ein echtes Teleobjektiv für Zoom-Fotos – beides fehlt dem Standard-iPhone oft.
- **Keine Umgewöhnung:** Du behältst deine gewohnte Bedienung, deine App-Anordnung und die volle Freiheit bei der Gestaltung deines Startbildschirms.
- **Multitasking:** Nur Samsung bietet echtes Arbeiten mit zwei Apps gleichzeitig (Split-Screen).

Wenn ein KI-Assistent anfängt, Listen zu erstellen, sollte man nie davon ausgehen, dass diese umfassend und vollständig sind. KI-Systeme wollen die Benutzer nicht mit Texten und Fakten »erschlagen« und beschränken sich deshalb meist auf das Wesentliche bzw. das, was sie dafür halten. Es kann sich also durchaus lohnen, nachzufragen, etwa:

- `Kannst du mir die Unterschiede zwischen Samsung Galaxy und iPhone bitte noch etwas ausführlicher darstellen?`
- `Gibt es noch weitere Unterschiede?` (ruhig auch mehrfach nachfragen)

- Zähle alle Unterschiede zwischen Samsung Galaxy und iPhone auf, die du kennst.
- Zähle alle Unterschiede zwischen Samsung Galaxy und iPhone auf, die du kennst. Mache eine ausführliche Gegenüberstellung.

Sie brauchen dabei keine Bedenken zu haben, dass Gemini immer unwichtigere Unterschiede herausarbeitet oder gar hinzuerfindet. Es könnte allerdings sein, dass der Assistent sich bei beharrlichen Nachfragen irgendwann zu wiederholen beginnt oder in irrelevanten Details verliert. An der Stelle wäre es dann sinnvoller, einzelne Punkte ggf. durch Nachfragen zu vertiefen, wenn Sie Ihnen besonders wichtig oder vielleicht noch unklar sind, beispielsweise:

```
Erkläre mir die Unterschiede bei der Display-Technologie
von Samsung Galaxy S25 und dem aktuellen iPhone. Setze
dabei voraus, dass ich keinerlei Ahnung von den üblichen
Fachbegriffen habe.
```

Weitere hilfreiche Prompts zur Produktrecherche

- Könntest du die besten Angebote für [Produkt] finden?
- Welche Onlineshops bieten [Produkt] am günstigsten an?
- Wie sind die Preisunterschiede für [Produkt] bei verschiedenen Anbietern?
- Gibt es Rabatte oder Sonderaktionen für [Produkt]?
- Was sind die durchschnittlichen Kosten für [Produkt] im Jahr 2026?
- Kannst du Rezensionen und Bewertungen für [Produkt] zusammenfassen?
- Was sind die wichtigsten Funktionen von [Produkt] und wie variieren sie preislich?
- Welche Alternativen gibt es zu [Produkt] und wie stehen diese preislich im Vergleich?
- Wie haben sich die Preise für [Produkt] in den letzten Jahren entwickelt?

- Gibt es eine Preisprognose für [Produkt] in den kommenden Monaten?
- Wie unterscheiden sich die Preise für [Produkt] je nach Region?
- Welche Anbieter bieten die beste Garantie oder den besten Service für [Produkt] an?
- Gibt es [Produkt] in verschiedenen Ausführungen und wie variieren diese preislich?
- Welche Zahlungsmethoden werden für [Produkt] angeboten und gibt es Preisunterschiede?
- Gibt es Kombi-Angebote oder Bundles mit [Produkt]?
- Wie schneiden gebrauchte oder generalüberholte Versionen von [Produkt] preislich ab?
- Gibt es Preisunterschiede zwischen stationären Geschäften und Onlineshops für [Produkt]?
- Wie vergleicht sich der Preis von [Produkt] mit ähnlichen Produkten von Wettbewerbern?
- Welche Tipps gibt es, um beim Kauf von [Produkt] Geld zu sparen?
- Wie viel kostet [Produkt] aktuell bei den größten Einzelhändlern?

3.5 Mit Gemini erfolgreich lernen

Künstliche Intelligenz kennt und weiß (fast) alles und kann dieses Wissen auch jederzeit in anschauliche Erklärungen verpacken. Da liegt es nahe, ihre Hilfe gerade auch da in Anspruch zu nehmen, wo es um Wissensvermittlung geht: beim Lernen für Schule, Studium oder auch bei der Weiterbildung im Beruf. Und nicht nur für die Lernenden selbst kann ein KI-Assistent hilfreich sein. Gerade wenn man als Eltern dem Nachwuchs bei den Hausaufgaben oder beim Lernen für einen Test helfen soll oder möchte, steht man schnell vor dem Problem, dass die eigene Schulzeit schon länger her ist und man das Wissen von damals nicht mehr sofort präsent hat. Die KI kann für eine schnelle Auffrischung sorgen.

Nehmen wir an, dass Ihr Kind in der Schule gerade Photosynthese lernt. Sie möchten bei den Hausaufgaben oder auch beim Vorbereiten auf eine Klausur helfen. Fragen

Sie Gemini nicht einfach nach dem Thema, sondern schildern Sie die Situation, damit Sie eine möglichst auf Ihre Situation angepasste Antwort erhalten.

```
Mein Kind lernt in der Schule gerade Photosynthese. Erzähl
mir in einfachen Worten, was ich darüber wissen muss,
um bei den Hausaufgaben helfen zu können!
```

Das ist ein super Thema! Photosynthese klingt erst einmal kompliziert, ist aber eigentlich ein faszinierender „Zaubertrick" der Natur. Im Grunde sind Pflanzen kleine Fabriken, die aus Licht Essen machen.

Hier ist das Wichtigste für die Hausaufgabenhilfe, einfach zusammengefasst:

1. Die Grundidee: Was passiert da eigentlich?

Pflanzen können etwas, das wir Menschen nicht können: Sie stellen ihre eigene Nahrung her. Sie essen keinen Burger, sondern nutzen **Sonnenlicht**, um aus Wasser und Luft Zucker (Energie) zu bauen.

2. Die „Zutatenliste"

Damit die Pflanze arbeiten kann, braucht sie drei Dinge:

1. **Sonnenlicht:** Das ist die Energiequelle (wie der Strom für den Mixer).
2. **Wasser (H_2O):** Das holen sich die Pflanzen mit den Wurzeln aus dem Boden.
3. **Kohlendioxid (CO_2):** Das ist ein Gas aus der Luft, das wir Menschen ausatmen. Die Pflanze nimmt es durch winzige Öffnungen in den Blättern auf.

In diesem Beispiel liefert Gemini einen kompakten Überblick über das Thema, der sowohl eine grundlegende Definition bietet als auch komplexere Informationen wie Bezeichnungen der beteiligten Stoffe und Berechnungsformeln. Auch die grundlegende Bedeutung der Photosynthese wird erläutert, zudem werden Tipps gegeben, wie man das Thema gut vermitteln kann.

Die KI kann das vermittelte Wissen flexibel an Ihre Bedürfnisse anpassen. Mit der folgenden Anfrage machen Sie beispielsweise klar, dass es Ihnen nicht um Basis-Schulwissen geht, sondern um fortgeschrittene Informationen auf dem Niveau eines Prüfungsfachs.

```
Mein Sohn hat am Gymnasium Biologie als Prüfungsfach. Bei
der nächsten Klausur geht es um das Thema Photosynthese.
Was muss ich darüber wissen, um ihm helfen zu können?
```

Wenn Sie diese Anfrage absenden, werden Sie feststellen, dass sich die Antwort von Gemini unterscheidet und nun weitergehende Informationen enthält.

> Das ist ein tolles Vorhaben! Die Photosynthese ist eines der zentralen Themen der Oberstufen-Biologie. Es geht dabei nicht nur darum, dass Pflanzen "Licht in Zucker verwandeln", sondern um die genauen biochemischen Abläufe.
>
> Hier ist ein kompakter Überblick über die wichtigsten Konzepte, damit du gezielt mit ihm üben kannst:
>
> ---
>
> **1. Die Summenformel (Das Fundament)**
>
> Dein Sohn sollte die chemische Gleichung auswendig beherrschen. Sie beschreibt, was hineingeht und was herauskommt:
>
> $$6CO_2 + 12H_2O + Lichtenergie \rightarrow C_6H_{12}O_6 + 6O_2 + 6H_2O$$
>
> - **Edukte:** Kohlenstoffdioxid und Wasser.
> - **Produkte:** Glucose (Traubenzucker) und Sauerstoff (als "Abfallprodukt").
>
> ---
>
> **2. Der Ort des Geschehens: Die Chloroplasten**
>
> In der Klausur wird oft nach dem Aufbau der Chloroplasten gefragt. Wichtige Begriffe sind:

So hilft die KI beim Lernen

Wenn beispielsweise eine Klassenarbeit oder Klausur ansteht, geht es dabei in der Regel um ein oder zwei ganz konkrete Themenbereiche, die zuvor im Unterricht behandelt wurden. Beim Vorbereiten kann es dabei hilfreich sein, sich erst mal einen Überblick zu verschaffen, was eigentlich alles zu einem bestimmten Thema gehört. Jüngere Schüler bekommen dazu von den Lehrkräften gern mal einen »Lernzettel«, an dem sie sich orientieren können. Ältere Schüler oder Studenten können das nicht erwarten. Aber hier kann der KI-Assistent einspringen und einen solchen generieren.

```
Ich besuche die 9. Klasse und schreibe morgen eine Arbeit
im Fach Geschichte zum Thema »Französische Revolution«.
Auf welche Themen sollte ich mich vorbereiten? Erstelle
mir einen Lernzettel dafür.
```

So erhalten Sie eine praktische Übersicht über ein Thema mit konkreten Hinweisen, welche Fakten, Namen, Fachbegriffe und Zusammenhänge Sie kennen und erläutern können sollten. Und selbstverständlich können Sie den Assistenten zu jedem dieser Themen näher befragen, um ggf. vorhandene Wissenslücken zu schließen.

> Viel Erfolg bei deiner Geschichtsarbeit morgen! Für die 9. Klasse sind meistens die Ursachen, der Verlauf in drei Phasen und die langfristigen Folgen entscheidend.
>
> Ich habe dir einen Lernzettel erstellt, den du dir auch als Notiz speichern kannst.
>
> **Lernzettel: Die Französische Revolution (1789–1799)**
>
> **1. Ursachen (Warum kam es zur Revolution?)**
>
> - **Gesellschaft:** Die Ständegesellschaft (1. Klerus, 2. Adel, 3. Dritter Stand). Der 3. Stand (98 % der Bevölkerung) trug alle Steuerlasten, hatte aber keine politische Macht.
> - **Wirtschaft:** Staatsbankrott durch Kriege und den luxuriösen Lebensstil von König Ludwig XVI. Zudem gab es Missernten und Hungersnöte.
> - **Ideen:** Die **Aufklärung** (Forderung nach Vernunft, Freiheit und Gewaltenteilung statt Gottesgnadentum).
>
> **2. Der Verlauf (Die drei Phasen)**
>
> - **1. Phase (1789–1791): Beginn & Konstitutionelle Monarchie**
>   - **Generalstände:** Streit um das Wahlverfahren.
>   - **Ballhausschwur:** Der 3. Stand erklärt sich zur Nationalversammlung.

Auf Prüfungssituationen konkret vorbereiten

Um sich auf eine Klausur oder Prüfung optimal vorzubereiten, müssen Sie sich nicht darauf beschränken, sich mit KI-Hilfe Wissen anzueignen. Sie können mit deren Hilfe auch prüfen, ob Sie auf ein bestimmtes Thema gut vorbereitet sind:

```
Mein Kind lernt in der Schule gerade über die Photosynthese
und schreibt dazu eine Klassenarbeit. Was für Fragen
oder Aufgaben könnten drankommen?
```

So lassen Sie sich von Gemini eine Liste von Fragen bzw. Aufgaben generieren und probieren aus, ob und wie sicher Sie diese beantworten könnten.

> Hier ist eine strukturierte Liste mit potenziellen Fragen für die Klassenarbeit, unterteilt in verschiedene Anforderungsbereiche. Damit kann dein Kind gezielt testen, wo noch Wissenslücken sind.
>
> **I. Basiswissen (Reproduktion)**
>
> 1. **Die Formel:** Schreibe die Wortgleichung der Photosynthese auf. (Zusatz für Fortgeschrittene: Schreibe die chemische Summenformel auf).

2. **Ort der Photosynthese:** In welchen Zellorganellen findet die Photosynthese statt und wie heißt der Farbstoff, der dort enthalten ist?
3. **Energieform:** In welche Energieform wird die Lichtenergie bei der Photosynthese umgewandelt?
4. **Speicherung:** In welcher Form speichert die Pflanze die produzierte Glucose kurzfristig im Blatt?

II. Struktur und Funktion (Analyse)

5. **Blattquerschnitt:** Skizziere den Querschnitt eines Laubblattes und beschrifte die

Wenn Sie feststellen, dass Sie bei einer der Fragen hängen oder unsicher sind, können Sie Ihre Nase noch mal in ein Buch stecken. Oder aber Sie fragen den KI-Assistenten, was die richtige Antwort wäre:

```
Was wäre eine gute Antwort auf Frage Nr. 3?
```

Das ist eine ganz wichtige Verständnisfrage! Lehrer stellen sie gerne, um zu prüfen, ob das Kind verstanden hat, dass die Photosynthese ein **Energieumwandlungsprozess** ist.

Hier ist eine Antwort, die in einer Klassenarbeit die volle Punktzahl bringen würde:

Die Antwort

> „Bei der Photosynthese wird **Lichtenergie** (strahlende Energie der Sonne) in **chemische Energie** umgewandelt. Diese chemische Energie wird in Form von **Glucose** (Traubenzucker) gespeichert."

Warum ist das wichtig? (Hintergrund für dein Kind)

Um die Antwort noch besser zu begründen oder bei einer Zusatzfrage zu glänzen, kann man sich Folgendes merken:

- **Lichtenergie:** Ist für die Pflanze "flüchtig". Sie kann sie nicht festhalten oder für später

Weitere Beispiel-Prompts für Schule und Studium

```
■ Was sind die Hauptursachen und Auswirkungen des Klimawandels?
■ Beschreibe den Aufbau einer Pflanzennervenzelle.
■ Erkläre den Unterschied zwischen Osmose und Diffusion.
```

- Welche Rolle spielt die Französische Revolution in der modernen Geschichte?
- Wie funktioniert die Relativitätstheorie?
- Vergleiche und kontrastiere die politischen Systeme von Deutschland und den USA.
- Wie beeinflusste die industrielle Revolution das Leben der Menschen im 19. Jahrhundert?
- Erkläre die Funktion der verschiedenen Teile eines Autos.
- Welche Theorien gibt es über die Entstehung des Universums?
- Erörtere die sozialen und ökonomischen Auswirkungen des Ersten Weltkriegs.
- Erkläre die Bedeutung der Photosynthese für das Leben auf der Erde.
- Was sind die wichtigsten Merkmale des Barockstils in der Kunst?
- Wie funktioniert das menschliche Immunsystem?
- Welche Faktoren beeinflussen die Wirtschaftsentwicklung eines Landes?
- Beschreibe die Prozesse der Plattentektonik und ihre Auswirkungen.
- Erkläre die Unterschiede zwischen Mitochondrien und Chloroplasten.
- Welche sozialen und politischen Veränderungen führte die Frauenbewegung im 20. Jahrhundert herbei?
- Vergleiche und kontrastiere die Werke von Shakespeare und Goethe.
- Welche Rolle spielen Enzyme im menschlichen Körper?
- Erkläre die Grundlagen der Quantenmechanik.

3.6 Gemini als Finanzberater

Auch wenn Sie sich mit Finanzierungsfragen und Anlagestrategien herumschlagen, können Sie sich von Gemini unterstützen lassen. Zum einen sind KI-Systeme gute Rechner, die alle erforderlichen Formeln kennen und anwenden können, um auch komplexe Berechnungen in Sekunden zu erledigen. Das macht es leichter, verschiedene Varianten zu vergleichen und optimale Entscheidungen zu treffen. Zum anderen ist KI ein hervorragendes Recherchemittel, wobei man allerdings darauf achten sollte, dass fundiertes Grundlagenwissen auch immer mit jeweils aktuellsten Informationen kombiniert wird.

Komplexe Rechnungen erledigt der Assistent

Eine praktische Hilfe kann Ihnen Gemini bei allen möglichen Berechnungen in Finanzfragen sein. Der KI-Assistent ist mit Begriffen wie Anlage, Darlehen, Raten, Zinsen, Tilgung und Rendite vertraut. Und er kennt die dazugehörenden Formeln. Anstatt selbst zu rechnen, können Sie Gemini komplexere Aufgaben getrost überlassen.

Vor Vertragsschluss nachrechnen

In Kapitel 1 ist unter anderem beschrieben, warum KI manchmal falschliegen kann. Das gilt auch für Finanzielles. KI-Assistenten kennen die korrekten Formeln und können sie grundsätzlich auch anwenden. Allerdings ist man nie vor Missverständnissen und Fehlinterpretationen gefeit. Ich würde KI-Systeme deshalb zum Informieren und »Durchspielen« von Möglichkeiten absolut empfehlen. Bevor Sie allerdings irgendetwas unterschreiben, rechnen Sie noch mal mit einem Programm oder einem Onlinerechner nach bzw. kontrollieren Sie ggf. anhand der Vertragsdaten für ein Finanzprodukt, ob dieses am Ende auch mit den KI-Berechnungen übereinstimmt. KI-Assistenten neigen zu großzügigem Runden von Zahlen, was bei kleineren Beträgen und kurzen Laufzeiten die Ergebnisse verfälschen kann.

Die Berechnung von Zinsen »von Hand« kann mühsam sein, insbesondere wenn es um längere Zeiträume geht und dabei auch die Zinseszinsen berücksichtigt werden sollen. Aber auch dafür gibt es eine Formel, die ein kompetenter KI-Assistent wie Gemini natürlich kennt und anwenden kann:

```
Ich möchte 5.000 Euro anlegen mit einem Zinssatz von
3,5 Prozent. Wie viel Geld bekomme ich nach zehn Jahren
zurück inklusive Zins und Zinseszins?
```

Gemini wird Ihnen als Antwort ausführlich die für die Berechnung angewendeten Formeln vorstellen. Das macht die Antwort etwas unübersichtlich, ist aber wichtig, denn nur so erhalten Sie eine präzise Antwort. Sie können den Assistenten zwar auffordern, die Formeln wegzulassen und Ihnen nur den Betrag mitzuteilen. Aber dann verzichtet er tatsächlich ganz auf Formeln und schätzt den Betrag nur, was man bei Finanzfragen nicht unbedingt möchte.

Wenn du 5.000 Euro für zehn Jahre zu einem Zinssatz von 3,5 % anlegst, profitierst du deutlich vom **Zinseszinseffekt**, da die Zinsen jedes Jahr mitverzinst werden.

Hier ist die Berechnung und die Aufschlüsselung für dein Vorhaben:

Das Ergebnis

Nach 10 Jahren ist dein Kapital auf **7.052,99 Euro** angewachsen.

- **Dein Startkapital:** 5.000,00 €
- **Zinsertrag gesamt:** 2.052,99 €
- **Endbetrag:** 7.052,99 €

Die Berechnung (Formel)

Um den Endwert inklusive Zinseszins zu berechnen, nutzt man die klassische Zinseszinsformel:

$$K_n = K_0 \cdot (1 + p)^n$$

Dabei steht:

- K_n für das Endkapital
- K_0 für das Anfangskapital (5.000 €)

Noch komplexer kann es bei Darlehen bzw. Krediten werden. Da geht es bei den Raten um Zinsen und Tilgung, und kleine Änderungen können über lange Laufzeiten erhebliche Auswirkungen haben. Und auch hier kann Gemini Ihnen helfen, das alles richtig abzuschätzen.

```
Ich möchte ein Darlehen über 100.000 Euro aufnehmen.
Der Zinssatz beträgt 4,5 %. Meine monatliche Rückzahlung
beträgt 600 Euro. Wie lange brauche ich, um das Darlehen
vollständig zu tilgen?
```

Auch hier präsentiert Gemini Ihnen neben dem Ergebnis die Formeln und den Rechenweg, mit denen er dazu gekommen ist.

Gedankengang anzeigen

Das ist eine wichtige Kalkulation für deine Finanzplanung. Bei einem Zinssatz von **4,5 % p.a.** und einer monatlichen Rate von **600 €** sieht die Rechnung für dein 100.000-Euro-Darlehen wie folgt aus:

Die Zusammenfassung

Um das Darlehen vollständig zu tilgen, benötigst du **ca. 263 Monate**. Das entspricht einer Laufzeit von **21 Jahren und 11 Monaten**.

Die Details der Berechnung

Hier ist die mathematische Grundlage für die Tilgungsdauer (n in Monaten):

$$n = \frac{\ln\left(\frac{A}{A-P\cdot i}\right)}{\ln(1+i)}$$

Da die einmal gemachten Angaben und auch die von der KI gelieferten Antworten im Kontext dieses Chats berücksichtigt werden, können Sie sich jederzeit darauf beziehen und nachfragen.

```
Wie viel Zinsen habe ich dann am Ende bezahlt?
```

Gedankengang anzeigen

Am Ende der Laufzeit von ca. **262 Monaten** (21 Jahre und 10 Monate) hättest du insgesamt einen beachtlichen Betrag an Zinsen gezahlt.

Die Gesamtkosten im Überblick

Hier ist die exakte Aufschlüsselung deiner Zahlungen:

- **Darlehenssumme (Netto):** 100.000,00 €
- **Gesamte Zinskosten: 57.344,06 €**
- **Gesamtrückzahlung: 157.344,06 €**

Das bedeutet, dass du für jeden geliehenen Euro zusätzlich etwa **57 Cent** an die Bank zahlst.

Diese Antwort demonstriert anschaulich mögliche Ungenauigkeiten, mit denen man bei KI-Assistenten rechnen muss. Im Schritt zuvor wurde die Laufzeit mit »ca. 263 Monate« angegeben. Bei der Nachfrage verwendet Gemini dann plötzlich eine Laufzeit von »ca. 262 Monaten«. Das ist zwar nur eine kleine Abweichung, aber bei komplexeren Berechnungen über längere Laufzeiten kann es durchaus zu relevanten Abweichungen kommen.

Unter Berücksichtigung solcher Ungenauigkeiten können Sie trotzdem weiter nachfragen und beispielsweise verschiedene Varianten durchspielen, um sich die Auswirkungen schnell berechnen zu lassen.

```
Und wenn ich monatlich 800 Euro abbezahle?
```

Gedankengang anzeigen

Wenn du die Rate von 600 € auf **800 €** erhöhst, hat das einen enormen Effekt. Du verkürzt die Laufzeit nicht nur ein bisschen, sondern streichst fast **8 Jahre** von deinem Schulden-Kalender.

Hier sind die neuen Zahlen für dich:

Die Zusammenfassung bei 800 € Rate

- **Laufzeit:** ca. **169 Monate** (statt 263 Monate).
- **Zeitraum: 14 Jahre und 1 Monat** (statt knapp 22 Jahre).
- **Gesamte Zinskosten:** ca. **35.124 €** (statt ca. 57.344 €).

Der Assistent berechnet für die beiden zuvor gestellten Fragen neue Werte anhand der veränderten Rate und zeigt diese an. In der abschließenden Zusammenfassung vergleicht er beide Varianten und beziffert konkret das Einsparpotenzial.

Recherche und Entscheidungshilfe bei Investments

Gemini verfügt über ein breites Wissen, das auch Märkte, Börsen und Finanzprodukte umfasst. Dieses kombiniert er mit einer Vielzahl von einschlägigen Onlinequellen und kann so auch aktuelle Antworten liefern.

Wichtig dafür ist, dass Ihre Anfrage immer einen konkreten Zeitbezug wie »aktuell«, »demnächst«, »in den kommenden sechs Monaten« oder ähnlich enthält. So stellen Sie sicher, dass die Anfrage nicht nur aus der – ggf. nicht mehr ganz aktuellen – Wissensbasis beantwortet wird, sondern Echtzeitinformationen hinzugezogen werden (siehe hierzu auch Seite 33).

```
Wie wird sich der Ölpreis in den kommenden sechs Monaten
entwickeln?
```

Gedankengang anzeigen

Die Prognosen für den Ölpreis in den kommenden sechs Monaten (bis Juli 2026) zeichnen ein Bild, das von einem Tauziehen zwischen einem **massiven globalen Überangebot** und **geopolitischen Unsicherheiten** geprägt ist.

Derzeit (Stand Januar 2026) bewegen sich die Preise für die Nordseesorte **Brent** um die **64 USD** und für die US-Sorte **WTI** bei etwa **60 USD**.

Hier ist die detaillierte Analyse der Marktentwicklungen für das erste Halbjahr 2026:

1. Der dominierende Trend: Das Überangebot

Die meisten großen Institutionen (IEA, EIA) und Investmentbanken (Goldman Sachs, JPMorgan) gehen für das erste Halbjahr 2026 von einem **Abwärtstrend** aus. Der Hauptgrund ist eine „Ölschwemme" auf dem Weltmarkt.

Weitere Prompts zu Finanzmarktinvestitionen

- `Analysiere die Vor- und Nachteile von Investitionen in Aktien versus Anleihen.`
- `Welche Branchen haben aktuell das größte Wachstumspotenzial?`
- `Welche langfristigen Trends beeinflussen den Immobilienmarkt?`
- `Erstelle eine Liste der Top-Technologieunternehmen nach Marktkapitalisierung.`
- `Wie diversifiziere ich ein Anlageportfolio effektiv?`
- `Vergleiche die Risiken und Renditen von ETFs und Indexfonds.`
- `Welche Unternehmen zahlen derzeit die höchsten Dividenden?`
- `Gib eine Übersicht über nachhaltige Investments und ihre Vorteile.`
- `Welche Schritte sollte ich unternehmen, bevor ich in Kryptowährungen investiere?`

- Welche Märkte werden durch KI und Robotik stark beeinflusst?
- Wie analysiere ich Quartalsberichte eines Unternehmens richtig?
- Gib Beispiele für alternative Anlageklassen, wie Kunst oder Wein, und deren Risiken.
- Welche wirtschaftlichen Indikatoren sollte ich verfolgen, bevor ich investiere?
- Erstelle eine Liste von Finanz-Apps, die bei der Portfolioverwaltung helfen können.
- Was sind die besten Strategien, um mit volatilen Märkten umzugehen?
- Vergleiche die Steuerimplikationen von Investitionen in verschiedenen Ländern.
- Wie beeinflussen Zinsänderungen die Performance von Staatsanleihen?
- Welche ETFs sind auf bestimmte Themen wie erneuerbare Energien ausgerichtet?
- Welche Rolle spielt ESG (Umwelt, Soziales und Unternehmensführung) bei modernen Investitionen?
- Wie beginne ich mit dem Investieren, wenn ich ein begrenztes Budget habe?

3.7 Gründliche Recherche mit Deep Research

Wenn es um besonders schwierige und/oder komplexe Fragestellungen geht, können Sie mit der Gemini-Funktion *Deep Research* besonders tief und umfassend in ein Thema einsteigen. Dabei antwortet die KI nicht einfach nur spontan aufgrund ihres vorhandenen Wissens oder einer schnellen Suche.

Stattdessen geht sie methodisch vor: Sie erstellt einen Plan, durchsucht gezielt unterschiedlichste Quellen und prüft diese gegeneinander. Anstatt nur die oberste Schicht an Informationen abzugreifen, verfolgt sie Querverweise und füllt Wissenslücken eigenständig auf, um Ihnen eine möglichst gute und relevante Antwort zu geben.

1. Um *Deep Research* zu nutzen, klicken Sie im Eingabefeld auf *Tools* und wählen im so geöffneten Menü den gleichnamigen Menüpunkt.

2. In dem so veränderten Prompt können Sie nun Ihre Frage bzw. Problembeschreibung oder Aufgabe eingeben (aber noch nicht absenden!).

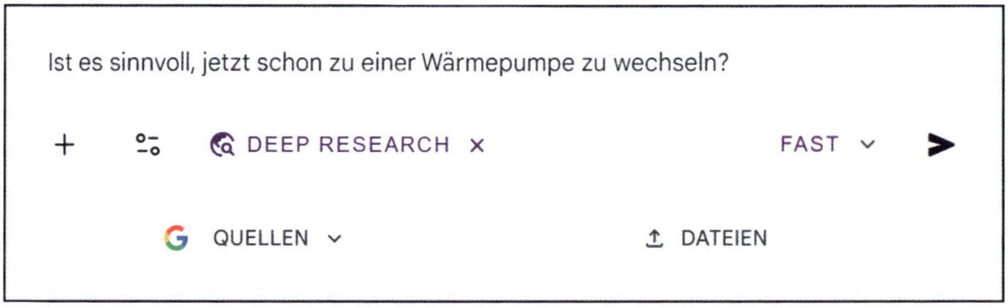

3. Am unteren Rand des Eingabebereichs finden Sie im Deep-Research-Modus zwei zusätzliche Schaltflächen:
   - *Quellen:* Hier ist standardmäßig die Google-Suche aktiviert. Zusätzlich können Sie ggf. noch Informationen aus Ihrem Gmail-Konto, Ihrem Google Drive oder Ihren Chats einfließen lassen. Das ist aber nur sinnvoll, wenn sich dort relevante Informationen für die Fragestellung finden lassen.
   - *Dateien:* Hiermit können Sie Dateien hochladen, die spezifische Informationen zur Aufgabe enthalten. Für dieses Beispiel stelle ich Gemini eine Heizkosten-Jahresabrechnung und ein Angebot für den Einbau einer Wärmepumpe zur Verfügung.

4. Wenn Sie Gemini ggf. vorliegende Informationen bereitgestellt haben (worauf Sie aber auch komplett verzichten können), senden Sie den Prompt wie gewohnt ab.

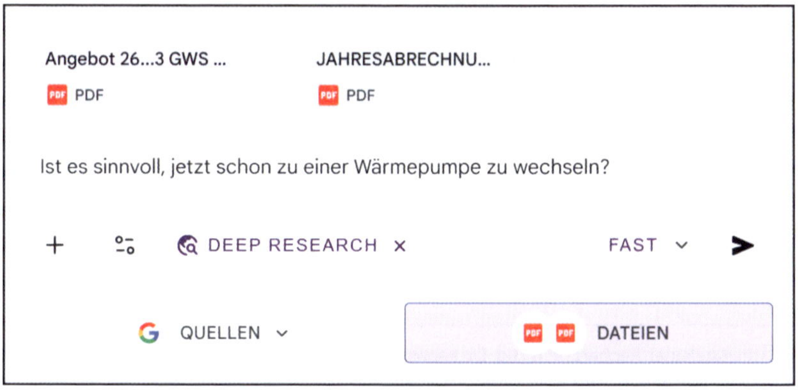

5. Die Deep-Research-Funktion ermittelt im ersten Schritt zunächst, welche weiteren Informationen beschafft und ausgewertet werden müssen und welche Schritte erforderlich sind, um zu einer guten Antwort zu kommen. Dieses Vorgehen präsentiert Gemini Ihnen in einem Rechercheplan.
6. Falls Sie daran etwas ändern und beispielsweise weitere Quellen vorschlagen möchten, klicken Sie darunter auf *Plan bearbeiten* und formulieren Ihre Wünsche anschließend im Dialog mit Gemini.
7. Sind Sie mit dem Plan zufrieden, klicken Sie auf *Recherche starten*.

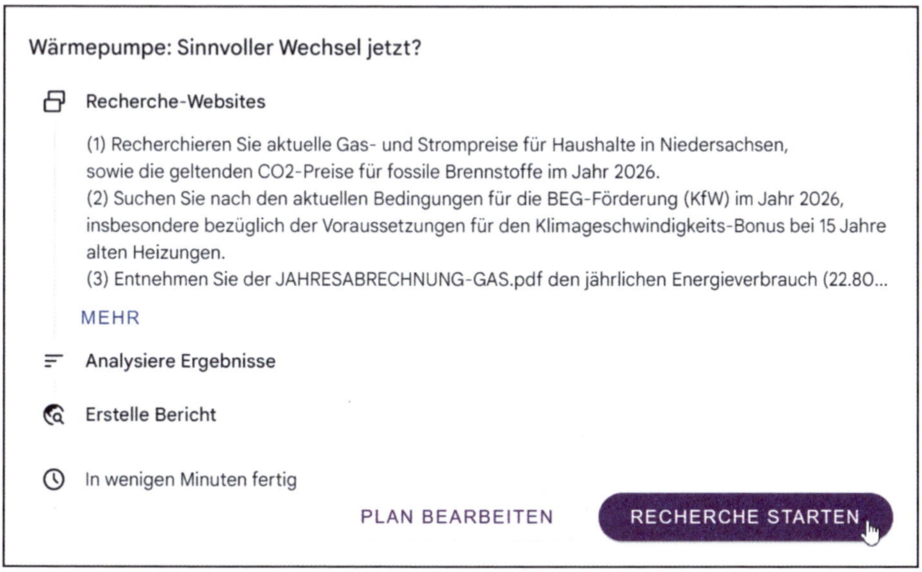

8. Gemini beginnt nun mit der Recherche. Aufgrund der Komplexität kann die Antwort einige Minuten auf sich warten lassen (wobei zahlende Kunden mit Google-AI-Pro-Abo bevorzugt bedient werden). Sie können den Chat allerdings in der Zwischenzeit verlassen, andere Dinge erledigen und später über den Verlauf im Navigationsbereich am linken Rand zurückkehren.
9. Nach Abschluss der Recherche präsentiert Ihnen Gemini die Ergebnisse seiner Analysen. Dabei handelt es sich in der Regel um eine umfangreiche Darstellung, da der Assistent nicht das Ergebnis als solches, sondern auch den Weg dorthin und die zugrunde liegenden Daten und Annahmen ausführlich wiedergibt. Er schließt aber üblicherweise mit einem Fazit und/oder Handlungsempfehlungen (abhängig von der konkreten Aufgabe).

> Ich bin mit deiner Recherche fertig. Du kannst mir gerne Folgefragen stellen oder Änderungen anfordern.
>
> **Wärmepumpe: Sinnvoller Wechsel jetzt?**
> 29. Jan., 18:50
>
> Öffnen

10. Zugleich wird der erstellte Bericht in den Kontext des Chats eingefügt. Sie können nun also im Prompt wie gewohnt Fragen dazu stellen, sich eine kompaktere Zusammenfassung der wesentlichen Punkte geben lassen oder aber einzelne Aspekte weiter vertiefen.

> Wie lautet in wenigen einfachen Sätzen zusammengefasst deine Handlungsempfehlung?
>
> Ein Wechsel zur Wärmepumpe ist für Ihr Objekt **strategisch und wirtschaftlich sehr empfehlenswert**.
>
> Hier sind die wichtigsten Gründe kurz zusammengefasst:
>
> - **Förderung sichern:** Sie erhalten aktuell hohe staatliche Zuschüsse von mindestens 35 % bis zu 70 % der Kosten. Da das Förderbudget für 2026 bereits gekürzt wurde und im Mai eine Gesetzesreform ansteht, sollten Sie sich die jetzigen Konditionen frühzeitig sichern.
> - **Betriebskosten senken:** Während die CO2-Abgabe den Gaspreis ab 2026 auf ca. 1,4 ct/kWh verteuert, profitieren Sie bei der Wärmepumpe von stark reduzierten Netzentgelten und günstigen Spezialtarifen ab etwa 21 ct/kWh.
> - **Risiko minimieren:** Mit dem Wechsel entgehen Sie dem Risiko einer "Heizungshavarie" im Winter. Bei einem Defekt der alten Anlage unter Zeitdruck entfallen oft attraktive

4. Informationen mit KI auswerten und analysieren

Insbesondere wenn Informationen in Textform vorliegen und es darum geht, diese zu erfassen und zu verstehen, kann Gemini eine große Hilfe sein. Der Assistent kann einen Text, den Sie ihm als Prompt oder durch Hochladen eines Dokuments übergeben, analysieren und den Inhalt dem Kontext der Konversation hinzufügen. Er »weiß« dann also, was im Text steht. Daher können Sie anschließend beliebige Fragen zum Inhalt stellen oder Gemini veranlassen, den Text in eine andere Form zu überführen, etwa in Form von Zusammenfassungen, daraus abgeleiteten Listen oder Übersetzungen in andere Sprachen.

Einfügen oder hochladen?

Grundsätzlich können Sie Texte zum Analysieren in einen Gemini-Eingabe-Prompt einfügen und so zum Gegenstand des Dialogs machen. Allerdings ist die Anzahl an Zeichen in einem Prompt begrenzt, was die Länge eines solchen Textes beschränkt. Dieses Limit ist nicht fest, sondern hängt von der Komplexität der Sprache ab. Gemini selbst spricht von 32.000 Token per Prompt, was in etwa 25.000 Wörtern oder 50 bis 60 DIN-A4-Seiten entspricht.

Wenn das nicht reicht, sollten Sie den Text als Datei hochladen. Falls er nicht in einem der unterstützten Dokumentformate vorliegt, können Sie nur den Inhalt beispielsweise als TXT-Datei speichern und diese hochladen. Auf Seite 53 ist beschrieben, welche Dateiformate Gemini kennt und wie Sie Dokumente hochladen können.

4.1 Worum geht es?

Wenn Sie sich mit einem Text beschäftigen wollen oder müssen, stellt sich zunächst oft die ganz grundlegende Frage: Worum geht es darin eigentlich? Und tatsächlich können Sie Gemini genau diese Frage stellen.

1. Fügen Sie also den fraglichen Text in den Eingabebereich ein und übermitteln Sie ihn so an Gemini.

2. Einmal abgesendet, ist der Inhalt dann Teil der Konversation. Meist wird Gemini darauf schon mit einer kurzen Zusammenfassung des übermittelten Textes antworten.

> ✦ Hallo Wolfram
>
> **Womit fangen wir an?**
>
> Rufnummern anzupassen. Sie wirkt sich nicht global aus, sondern muss
> jeweils für jeden eingerichtete eigene Rufnummer vorgenommen werden.
> Wenn Sie das Problem auf diese Weise beheben konnten,
> schreiben Sie gerne einen kurzen Kommentar unter den Artikel, in dem Sie
> Ihren Provider und die erfolgreiche Einstellung angeben. Das erspart
> anderen Anwendern vielleicht das mühsame Ausprobieren der verschiedenen
> Varianten.
>
> + Tools Fast

> Wenn die Fernsteuerung Ihres Anrufbeantworters oder von Dialogsystemen (DTMF) über die FRITZ!Box scheitert, liegt dies meist an einer fehlerhaften Übertragung der Tastentöne bei der IP-Telefonie. Um dies zu beheben, navigieren Sie in der FRITZ!Box-Oberfläche zu **Telefonie > Eigene Rufnummern**, klicken Sie bei der betroffenen Nummer auf das **Bearbeiten-Symbol** (Stift) und suchen Sie unter **Weitere Einstellungen zur Rufnummer** das Feld für die **DTMF-Übertragung**. Ändern Sie dort die Einstellung von "Automatisch" testweise auf **"Inband"**, **"RFC 2833"** oder **"INFO-Methoden"**, speichern Sie und prüfen Sie die Funktion durch einen Testanruf. Diese Anpassung muss für jede Rufnummer einzeln vorgenommen werden.
> Soll ich Ihnen kurz erklären, welcher dieser Modi für welchen Provider (z. B. Telekom oder Vodafone) meist der richtige ist?

3. Unabhängig von der Reaktion des Assistenten auf den Text können Sie nun beispielsweise die Frage stellen:

```
Worum geht es in dem Text?
```

4. Nach kurzer Analysezeit antwortet Gemini mit einer kompakten Darstellung des Inhalts, der Ihnen einen schnellen Überblick über den Text ermöglichen sollte.

> Der Text ist eine Problemlösungshilfe für FRITZ!Box-Nutzer, deren Tasteneingaben (DTMF) bei Telefonaten – etwa zur Fernabfrage des Anrufbeantworters oder in Service-Hotlines – nicht erkannt werden. Er erklärt, dass Kompressionseffekte bei der IP-Telefonie die Signale verfälschen können, und bietet eine Schritt-für-Schritt-Anleitung, wie man den Übertragungsmodus in den Rufnummern-Einstellungen der FRITZ!Box manuell anpasst, um die Funktionalität wiederherzustellen.
> Möchten Sie, dass ich Ihnen die konkreten Menüpfade für ein bestimmtes FRITZ!OS zusammenfasse?

Den richtigen Denkmodus wählen

Wie auf Seite 45 beschrieben wird, nutzt Gemini standardmäßig den Fast-Modus für schnelle Antworten. Bei Texten, die Sie über die Zwischenablage in einen Prompt einfügen, sollte dieser in der Regel auch ausreichen. Wenn Sie aber sehr umfangreiche Texte zu komplexen Themen zu Gemini hochladen, kann es sinnvoll sein, zum Thinking-Modus oder Pro-Modus zu wechseln. Insbesondere bei Aufgaben, deren Bearbeitung den Text in seiner Gesamtheit einbezieht – wie etwa Zusammenfassungen oder grundlegende Bewertungen und Analysen –, wird Gemini sich dann zwar länger Zeit lassen, aber tendenziell kompetentere Antworten geben.

Weitere Prompts für den schnellen Überblick

- `Was ist die zentrale Aussage des Textes?`
- `Welche Schlüsselwörter oder -begriffe tauchen häufig auf?`
- `Welche Absicht verfolgt der Autor mit dem Text?`
- `Welche Zielgruppe spricht der Text an?`
- `Welche Argumente oder Beweise werden präsentiert?`
- `Gibt es auffällige Daten oder Fakten im Text?`
- `Welche Fragen beantwortet der Text?`
- `Gibt es offensichtliche Schlussfolgerungen oder Empfehlungen?`
- `Welche Themen oder Konzepte werden am häufigsten behandelt?`
- `Gibt es persönliche Meinungen oder neutrale Fakten?`
- `Sind wichtige Zitate oder Passagen hervorhebenswert?`
- `Was könnte der Kontext oder Hintergrund des Textes sein?`
- `Gibt es Widersprüche oder offene Fragen im Text?`
- `Was könnte die Kernaussage in einem Satz zusammengefasst sein?`
- `Welche Überschrift könnte den Text prägnant zusammenfassen?`
- `Welche Auswirkungen oder Relevanz hat der Text für ein bestimmtes Thema?`

4.2 Fragen an Texte stellen

Wenn Sie einen Text bzw. ein Dokument an Gemini übermittelt haben, wird der Inhalt Teil vom Wissen des Assistenten (zumindest temporär innerhalb dieses Dialogs). Das bedeutet, dass Gemini den Inhalt nicht nur zusammenfassen oder anderweitig darstellen kann, sondern auch Fragen dazu beantworten kann. Insbesondere bei umfangreicheren Texten brauchen Sie also bestimmte Informationen nicht mehr mühsam herauszusuchen. Stattdessen fragen Sie den KI-Assistenten, was genau Sie wissen möchten.

```
Wie kann ich das Gerät aufladen?
```

Das tellimed Carino Notrufarmband wird über ein magnetisches Ladekabel aufgeladen.

Wenn Sie die Rückseite des Geräts vor sich sehen und das SIM-Fach oben liegt, wird das Ladekabel von der rechten Seite aus angelegt. Der Akku hat eine Laufzeit von etwa 1 bis 5 Tagen. Es wird empfohlen, das Gerät jede Nacht am Nachttisch zu laden, damit es tagsüber voll einsatzbereit ist. Eine vollständige Aufladung dauert circa 2 Stunden.

Sehr spezifische Fragen stellen

Dass Gemini den Inhalt eines Dokuments bis ins letzte Detail kennt, ermöglicht eine viel effizientere Informationsbeschaffung bzw. ganz andere Herangehensweisen. Bezogen auf das vorangehend verwendete Beispiel einer Bedienungsanleitung können Sie den Assistenten etwa nach einem ganz konkreten Problem oder Verhalten befragen. Sofern die Bedienungsanleitung zum Kontext des Dialogs gehört und die Information darin enthalten ist, wird Gemini Ihnen innerhalb von Sekunden die gewünschte Information beschaffen.

```
Was bedeutet es, wenn die LED rot blinkt?
```

Wenn die LED am tellimed Carino etwa alle 2 Sekunden rot blinkt, bedeutet dies, dass die Batterieladung weniger als 15 % beträgt. In diesem Fall erhalten Ihre hinterlegten SOS-Kontakte zusätzlich eine Warnung per SMS mit dem Inhalt „battery low“, sofern die Rufnummern SMS-fähig sind.

Möchten Sie erfahren, wie Sie das Gerät am besten aufladen, um diese Warnung zu vermeiden?

4.3 Texte zusammenfassen lassen

Wenn Sie einen Text bzw. ein Dokument an Gemini übermitteln, wird der Assistent standardmäßig mit einer Zusammenfassung davon antworten. Das ist praktisch, um sich bei längeren Briefen, Berichten, Artikeln, Protokollen, Gutachten usw. schnell einen Überblick zu verschaffen. Sollte der KI-Assistent einen Text anders kommentieren, können Sie jederzeit ausdrücklich eine Zusammenfassung anfordern:

> Fasse den Text für mich zusammen!

Hiermit werden Sie immer eine Standard-Zusammenfassung bekommen, die Gemini nach eigenem Gutdünken und abhängig von Struktur und Umfang des Ausgangstextes zusammenstellt.

Analyse

In dieser wissenschaftlichen Hausarbeit wird untersucht, wie Moral in Heinrich von Kleists Novelle *Michael Kohlhaas* durch das Zusammenspiel von Inhalt und Erzähltechnik dargestellt wird.

Die wesentlichen Aspekte der Arbeit sind:

- **Analytischer Ansatz**: Moral tritt im Text oft erst durch die Abgrenzung von amoralischem Verhalten hervor. Der Erzähler nutzt Techniken wie Adjektive, Personenbeschreibungen sowie Mimik und Gestik, um das Verhalten der Figuren subtil zu bewerten.
- **Theoretische Grundlagen**: Die Untersuchung stützt sich auf drei Ebenen:
  - **Philosophie**: Rechtsphilosophische Ansätze der Aufklärung (z. B. Kant, Rousseau, Fichte) zum Widerstandsrecht und zum Verhältnis zwischen Individuum und Staat.
  - **Recht**: Das mittelalterliche Fehderecht im Vergleich zur aufkommenden staatlichen

Es gibt aber vielfältige Möglichkeiten, Gemini den Inhalt zusammenfassen zu lassen. So können Sie den Umfang der Zusammenfassung über eine klare Vorgabe der Satzanzahl steuern:

> Fasse den Text in zwei Sätzen zusammen!

Falls Ihnen die Zusammenfassung zu kompakt ist und Sie eher eine auf das Wesentliche reduzierte Version des Textes lesen möchten, kann Gemini auch das mit dem richtigen Prompt liefern:

```
Wie könnte man den Text kürzer zusammenfassen, ohne
den Inhalt zu verlieren?
```

Analyse

In dieser Bachelorarbeit wird untersucht, wie Kleist in seiner Novelle *Michael Kohlhaas* Moral durch das Zusammenspiel von Inhalt und Erzähltechnik darstellt. Die Analyse zeigt, dass sich Moral im Text primär durch die Abgrenzung von amoralischem Verhalten der Figuren – etwa der korrupten Obrigkeit oder Kohlhaas' grenzüberschreitender Selbstjustiz – sowie durch Bezüge zu zeitgenössischen philosophischen, juristischen und religiösen Wertesystemen konstituiert. Letztlich fungiert die Erzähltechnik, insbesondere durch die Darstellung körperlicher Reaktionen wie Scham oder Betroffenheit, als subtiles Mittel zur moralischen Bewertung der Protagonisten.

Sie brauchen sich auch nicht auf Zusammenfassungen des Textes zu beschränken. Gemini kennt den Inhalt und ist in der Lage, eigene Bewertungen des Inhalts vorzunehmen. Insofern können Sie auch gezieltere Aufforderungen formulieren, etwa:

- `Welche Hauptbotschaft enthält der Text?`
- `Welche Argumente oder Schlüsselideen werden im Text betont?`
- `Gib eine Zusammenfassung, die nur die wichtigsten Fakten enthält.`
- `Fasse den Text zusammen, als würdest du es jemandem mündlich erklären.`
- `Fasse den Text für ein Publikum mit keinerlei Vorwissen zusammen.`
- `Erstelle eine „Für-und-Wider“-Zusammenfassung.`

Analyse

Basierend auf der vorliegenden Analyse lässt sich das Handeln der Hauptfiguren in Bezug auf Moral und Recht wie folgt gegenüberstellen:

Michael Kohlhaas

- **Für sein Handeln (Moralisch/Legitim):**
  - **Rechtschaffener Beginn**: Sein anfänglicher Versuch, das Unrecht auf offiziellem Rechtsweg zu klären, wird als äußerst korrekt, akribisch und gesetzeskonform beschrieben.

- **Natürliches Rechtsgefühl**: Sein Handeln entspringt einem tiefen, philosophisch begründeten Gefühl für Gerechtigkeit („Goldwaage").
- **Widerstandsrecht**: In der zeitgenössischen Philosophie (z. B. bei Jakob) existiert ein begrenztes Recht zur Selbsthilfe bei völligem Versagen des Staates.

- **Wider sein Handeln (Amoralisch/Illegitim):**
  - **Selbstjustiz und Rache**: Mit dem Übergang zur „Mordbrennerei" verlässt er den legalen Boden und missachtet das staatliche Gewaltmonopol.
  - **Religiöse Verstöße**: Er verletzt zentrale christliche Gebote wie das Verbot zu morden und zu stehlen sowie die Pflicht zur Feindesliebe.

Schlüsselthemen identifizieren

Gerade bei längeren Texten kann es hilfreich sein, die wesentlichen Themen zu erkennen und zu erfahren, welche Aussagen oder Einschätzungen der Text dazu enthält. Hier können Sie sich zunutze machen, dass Sie Gemini beliebige Fragen zu einem übermittelten Text stellen können.

- Was sind die Hauptthemen dieses Textes?
- Kannst du die zentralen Ideen zusammenfassen?
- Wie würde eine kurze Zusammenfassung der Hauptthemen aussehen?
- Welche Argumente oder Schlüsselideen werden im Text betont?
- Welche Beispiele oder Beweise werden verwendet, um die Hauptthemen zu stützen?
- Welche zentralen Aussagen unterstützen die Hauptthemen?
- Welche Schlüsselfragen ergeben sich aus den behandelten Themen?
- Wie priorisiert der Autor die Schlüsselthemen?
- Wie hängen die Schlüsselthemen miteinander zusammen?
- Gibt es Schlüsselthemen, die kontrovers oder umstritten sind?

Analyse

In der Analyse werden mehrere Schlüsselthemen identifiziert, die aufgrund widersprüchlicher Rechts- und Wertesysteme als kontrovers oder umstritten gelten:

- **Das Widerstandsrecht des Einzelnen**: Die zentralste Kontroverse liegt in der Frage, ob ein Bürger das Recht zur Selbstjustiz hat, wenn der Staat versagt. Während Philosophen wie Kant dies strikt ablehnen, räumen andere wie Ludwig Heinrich von Jakob ein Recht zur Selbsthilfe ein, sofern der Staat die bürgerlichen Rechte nicht mehr schützt.
- **Kohlhaas als "rechtschaffen" und "entsetzlich"**: Schon der erste Satz der Novelle ist umstritten, da er Kohlhaas gleichzeitig als einen der rechtschaffensten und entsetzlichsten Menschen beschreibt. Diese Ambivalenz zieht sich durch den gesamten Text, da seine moralischen Beweggründe (Gerechtigkeitssinn) in direktem Widerspruch zu seinen amoralischen Taten (Mordbrennerei) stehen.
- **Recht vs. Moral im Urteil**: Es besteht ein Spannungsfeld zwischen juristischer Notwendigkeit und christlicher Ethik. Während Kohlhaas' Hinrichtung rechtlich legitim und

Ausgehend davon können Sie dann einzelne Aspekte vertiefen und Gemini beispielsweise darlegen lassen, wie der Text eine bestimmte Idee präsentiert:

- Welche Argumente werden zur Unterstützung der Hauptthemen verwendet?
- Welche Aussagen trifft der Text zum Thema [XYZ]?
- Welche Position vertritt der Autor zu diesem Thema?
- Welche alternativen Standpunkte gibt es zu diesem Thema?
- Wie wird dieses Thema in der Wissenschaft/Öffentlichkeit überwiegend bewertet?

Welche Position vertritt der Autor zu diesem Thema?

Analyse

In ihrer Bachelorarbeit vertritt die Autorin die Position, dass sich Moral in Kleists *Michael Kohlhaas* vor allem durch die **Abgrenzung zum amoralischen Verhalten** der Protagonisten konstituiert. Sie geht davon aus, dass der Text moralische Werte nicht primär durch direktes Lob positiver Handlungen vermittelt, sondern durch die Darstellung von Taten mit negativen Folgen, die den Leser zur Verurteilung anregen sollen.

Den Inhalt hinterfragen

Gemini kann den Inhalt eines Textes nicht nur in verschiedenen Formen wiedergeben, sondern auch (kritisch) hinterfragen. Der Assistent kennt nicht nur den Inhalt des übermittelten Textes, sondern kann ihn auch mit dem Rest seines Wissens in Beziehung setzen.

Dadurch kann er die Korrektheit und Glaubwürdigkeit eines Textes beurteilen, fehlende Informationen ergänzen, Widersprüche und Logikfehler aufdecken oder auch abweichende Interpretationen oder alternative Erklärungen liefern.

```
Bewerte die Glaubwürdigkeit der Angaben im Dokument.
```

Analyse

Die Glaubwürdigkeit der Angaben im Dokument kann auf Basis der formalen Kriterien, der methodischen Vorgehensweise und der verwendeten Quellen wie folgt bewertet werden:

- **Akademischer Kontext**: Es handelt sich um eine wissenschaftliche Bachelorarbeit, die 2011 an der Universität Hamburg eingereicht wurde. Das Dokument folgt dem Standard wissenschaftlichen Arbeitens, einschließlich eines strukturierten Inhaltsverzeichnisses und eines umfassenden Literaturverzeichnisses.
- **Methodik und Transparenz**: Die Autorin legt ihre Untersuchungsschritte offen und grenzt das Thema methodisch ein. Sie räumt explizit ein, dass die Arbeit aufgrund der Komplexität des Werkes keinen Anspruch auf Vollständigkeit erheben kann, was für eine realistische und seriöse wissenschaftliche Selbstreflexion spricht.
- **Quellenbasis**: Die Arbeit stützt sich auf eine breite Basis an Primär- und Sekundärliteratur. Neben dem Originaltext von Kleist werden renommierte Herausgeber

Auch die Suche nach Schwächen oder Widersprüchen in einem Text kann aufschlussreich sein und Ansatzpunkte zu einer kritischen Auseinandersetzung damit liefern. Hierbei sollte aber beachtet werden, dass Gemini grundsätzlich konstruktiv und positiv formuliert.

Auch die Frage nach Schwächen wird deshalb niemals zu einer vernichtenden Kritik an einem Text führen (selbst wenn diese womöglich angemessen wäre).

```
Gibt es Widersprüche oder Schwächen in den Argumenten
des Autors?
```

Analyse

In der vorliegenden Bachelorarbeit lassen sich methodische Grenzen und inhaltliche Spannungsfelder identifizieren, die jedoch teilweise explizit von der Autorin als Teil der literarischen Komplexität des Werkes benannt werden:

- **Eingeschränkte Vollständigkeit:** Die Autorin räumt ein, dass sie aufgrund der „großen Komplexität" der Novelle keinen Anspruch auf Vollständigkeit erheben kann und nicht alle relevanten Textstellen berücksichtigen konnte.
- **Unzuverlässigkeit des Erzählers:** Die Argumentation stützt sich stark auf Erzählerkommentare und erzähltechnische Mittel. Breuer weist jedoch selbst darauf hin, dass man nicht von einem durchweg zuverlässigen Erzähler ausgehen kann und dessen Bewertungen teilweise im Kontrast zum tatsächlichen Handeln der Figuren stehen.

Das breite Allgemeinwissen des KI-Assistenten kann man sich zunutze machen, indem man ihn bittet, die Informationen aus einem Text in Beziehung zu seinem sonstigen Wissen über das Thema zu setzen. So können Sie beispielsweise einen Vergleich des Textes mit anderen Standpunkten anfordern, ohne dabei konkrete Vergleichsobjekte anbieten zu müssen.

In der Regel wird Gemini von sich aus entsprechende Informationen kennen und zurate ziehen:

```
Vergleiche den Text mit ähnlichen Dokumenten zu
demselben Thema.
```

Analyse

In Übereinstimmung mit der etablierten Forschung analysiert Breuer die Novelle als komplexes Spannungsfeld zwischen der Rechtsphilosophie der Aufklärung, dem historischen Fehderecht und christlichen Werten. Während viele Studien die Ambivalenz des Protagonisten betonen, setzt Breuer einen besonderen Akzent auf die These, dass sich Moral im Text primär *ex negativo* durch die Abgrenzung von amoralischem Verhalten konstituiert. Methodisch hebt sie sich durch eine detaillierte Untersuchung der Erzähltechnik ab, bei der sie Mimik und Gestik als subtile Instrumente zur moralischen Bewertung der Figuren identifiziert.

Vielleicht haben Sie ein Dokument nicht vollständig selbst gelesen, sondern sich auf die Zusammenfassung und Analyse von Gemini verlassen. Oder Sie bewegen sich in einem Themenbereich, bei dem Sie selbst (noch) nicht ganz trittsicher sind und deshalb die Vollständigkeit bzw. mögliche fehlende Aspekte nicht ganz beurteilen können? Dann kann der Assistent Ihnen dabei helfen, genau diese Fragen zu beurteilen.

- Was fehlt in dem Text?
- Gibt es Informationen oder alternative Ansätze, die der Autor verschweigt?

Oder einfach:

- Welche Fragen bleiben nach der Lektüre des Textes offen?

Analyse

In der Bachelorarbeit von Breuer bleiben aufgrund der methodischen Eingrenzung und der literarischen Komplexität des Werkes insbesondere folgende Aspekte offen:

- **Vollständigkeit der Textanalyse**: Die Autorin räumt explizit ein, dass aufgrund der „großen Komplexität des Werkes" nicht alle für die Fragestellung relevanten Textstellen berücksichtigt werden konnten.
- **Definition des „moralischen Gefühls"**: Zwar wird das Rechtsgefühl von Kohlhaas als philosophisch begründet (z. B. nach Garve) dargestellt, die Arbeit lässt jedoch offen, inwieweit dieses individuelle Gefühl eine allgemeingültige moralische Instanz sein kann.
- **Rechtliche Eindeutigkeit**: Da in der Zeit der Handlung eine „Rechtsunsicherheit" herrschte und Begriffe wie die „bösliche Fehde" unklar definiert waren, bleibt die abschließende juristische Bewertung von Kohlhaas' Handeln nach damaligen Maßstäben teilweise uneindeutig.

Durch solche Fragen stoßen Sie unter Umständen auf Aspekte, die im Text selbst nicht erwähnt werden, die aber wichtige Ergänzungen sind. Diese können Sie aufgreifen und sich dank der Recherchemöglichkeiten von Gemini schnell damit vertraut machen. So erhalten Sie ggf. ein ausgewogenes, informiertes Bild vom Thema und können den Stellenwert des zugrunde liegenden Textes kompetent einschätzen.

4.4 Dokumente mit KI-Hilfe analysieren

Elektronische Dokumente spielen in Zeiten zunehmend digitaler Arbeitsabläufe und mit dem Ziel des papierlosen Büros eine immer wichtigere Rolle. Dementsprechend bekommt man sowohl im Berufsleben als auch privat immer häufiger Informationen etwa als PDF-Dateien zugesendet. Das spart Papier, Versandkosten und erleichtert das digitale Archivieren. Auch sonst bieten PDFs praktische Vorteile wie die Volltextsuche und elektronische Lesezeichen, wenn man sich denn auf diese Art der Lektüre einlassen möchte.

Da PDFs komplett elektronisch erfassbar und durchsuchbar sind, eignen sie sich auch bestens für das Erfassen und Analysieren durch Gemini. Getreu dem Motto »Warum selbst lesen, wenn man lesen lassen kann?« können Sie sich so die Zeit sparen, umfangreiche Texte selbst zu studieren. Stattdessen lassen Sie das vom KI-Assistenten erledigen, der Ihnen anschließend eine Zusammenfassung der wesentlichen Inhalte liefert oder auch gezielte Fragen zu einzelnen Aspekten beantworten kann.

Besonders interessant wird es, wenn dabei noch eine Fremdsprache ins Spiel kommt. Denn Gemini kann ohne Weiteres beispielsweise ein englischsprachiges Dokument analysieren und Ihnen dann eine Zusammenfassung auf Deutsch liefern bzw. Ihre deutschsprachigen Fragen dazu auch auf Deutsch beantworten. So lassen sich etwa in international aufgestellten Unternehmen Sprachbarrieren schnell überwinden.

Gemini kann nicht nur PDF-Dateien analysieren, sondern beherrscht weitere Formate wie etwa gängige Office-Dokumente, TXT, RTF, HTML und noch einiges mehr. Auf Seite 52 lesen Sie, wie Sie Dateien in einen Chat einfügen und deren Inhalt so zum Teil des Dialogs machen, auf den Sie sich dann beziehen können.

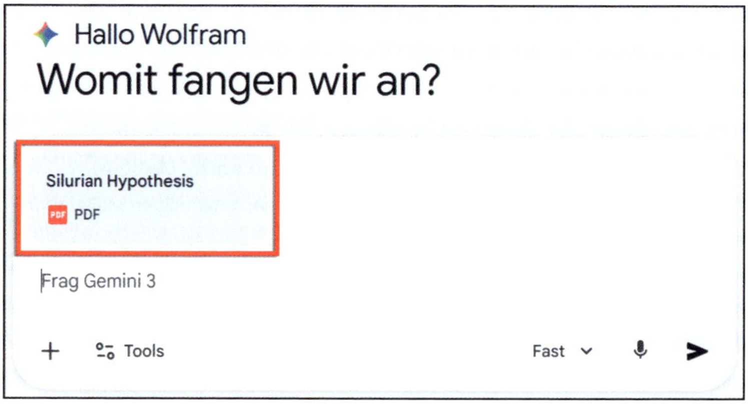

1. Nachdem das Hochladen abgeschlossen wurde, benötigt Gemini abhängig vom Umfang des Dokuments einige Sekunden für die Analyse.

2. Anschließend antwortet der Assistent mit einer kurzen Zusammenfassung des Inhalts und Vorschlägen zu möglichen Fragen.

> Analyse
>
> Die Silurian-Hypothese untersucht als Gedankenexperiment, ob eine hypothetische industrielle Zivilisation in der fernen Erdgeschichte durch geochemische Spuren wie Isotopen-Anomalien oder synthetische Stoffe heute noch nachweisbar wäre. Die Autoren kommen zu dem Schluss, dass der menschliche Fußabdruck zwar deutlich ist, aber viele seiner Merkmale natürlichen klimatischen Ereignissen der Vergangenheit so stark ähneln, dass ein eindeutiger Beweis für eine frühere Technologie schwer zu erbringen wäre.

3. Wichtig dabei: Bei fremdsprachigen Dokumenten kann es sein, dass der Assistent darauf zunächst mit einer Zusammenfassung in der Sprache des Dokuments antwortet. Daran sind Sie aber nicht gebunden. Sie können Fragen immer in Ihrer eigenen Sprache stellen. Die Antwort erfolgt stets in der Sprache der Frage (es sei denn, Sie fordern ausdrücklich eine Übersetzung an). Um eine kompakte Zusammenfassung des Inhalts auf Deutsch zu bekommen, können Sie also beispielsweise eingeben:

```
Fasse den Text zusammen!
```

> Analyse
>
> Die von Gavin Schmidt und Adam Frank formulierte **Silurian-Hypothese** geht der Frage nach, ob eine industrielle Zivilisation, die Millionen Jahre vor der Menschheit existiert hätte, heute noch im geologischen Befund nachweisbar wäre. Da physische Artefakte und Fossilien über solche Zeiträume aufgrund der Unvollständigkeit des geologischen Berichts extrem selten erhalten bleiben, konzentriert sich die Untersuchung auf physikalisch-chemische Indikatoren.
>
> Die Autoren analysieren den "geologischen Fingerabdruck" des heutigen Anthropozäns und identifizieren potenzielle langlebige Marker:
>
> - **Isotopen-Anomalien:** Die massive Verbrennung fossiler Brennstoffe verändert messbar die Verhältnisse von Kohlenstoff- und Stickstoffisotopen.
> - **Synthetische Stoffe:** Kunststoffe (Plastik), persistente organische Schadstoffe (POPs) und künstliche Steroide könnten über Jahrmillionen in Sedimenten überdauern.

4. Möchten Sie es genauer wissen, reicht es, Ihre Anweisung entsprechend zu modifizieren. Für eine ausführlichere Zusammenfassung verwenden Sie beispielsweise:

```
Fasse den Text ausführlich zusammen!
```

Damit erhalten Sie in der Regel eine mehrere Absätze umfassende Wiedergabe der wesentlichen Inhalte, die ihrerseits mit einer prägnanten Zusammenfassung abgeschlossen wird.

5. Ebenso können Sie konkrete Fragen zu einzelnen Begriffen stellen, die Sie ausführlicher erläutert haben möchten, etwa:

```
Was genau ist die Silurianische Hypothese?
```

6. Auch wenn die Zusammenfassungen bzw. Antworten Begriffe oder Konzepte erwähnen, mit denen Sie nicht direkt etwas anfangen können, fragen Sie direkt nach und lassen sich diese erklären.

```
Welche geologischen Spuren hinterlassen
Zivilisationen?
```

Analyse

Industrielle Zivilisationen hinterlassen laut der Silurian-Hypothese vielfältige physikalisch-chemische Spuren, die zusammenfassend als „geologischer Fingerabdruck" bezeichnet werden. Da direkte Beweise wie Artefakte oder Fossilien über Jahrmillionen hinweg extrem selten erhalten bleiben, konzentriert sich die Suche auf folgende Indikatoren:

- **Isotopen-Anomalien:** Die großflächige Nutzung fossiler Brennstoffe führt zu einer signifikanten Veränderung der Kohlenstoff-Isotopenverhältnisse (Suess-Effekt), während Düngemittel und industrielle Fixierung den Stickstoffkreislauf messbar beeinflussen.
- **Synthetische Stoffe:** Künstlich hergestellte Verbindungen wie Kunststoffe (Plastik), persistente organische Schadstoffe (POPs) und FCKW können in Sedimenten überdauern, wobei ihre Chiraliät (Händigkeit) sie von natürlichen biologischen Stoffen unterscheidet.
- **Transurane:** Radioaktive Isotope wie Plutonium-244 oder Curium-247, die durch nukleare

Anstatt ein Dokument von vorne bis hinten durchlesen zu müssen, können Sie sich so – ausgehend von einer detaillierten Zusammenfassung – durch den Inhalt »durchfragen«. So ziehen Sie in einem Bruchteil der Zeit genau die Informationen und in dem Umfang heraus, wie Sie das benötigen. Die im vorhergehenden Abschnitt vorgestellten Beispiele für das Zusammenfassen, Analysieren und kritische Betrachten von Texten können Sie selbstverständlich ganz genauso auf hochgeladene Textdokumente anwenden.

Auf konkrete Bestandteile beziehen

Gemini kann eine hochgeladene Datei nicht nur als Ganzes betrachten. Da der Assistent den Inhalt genau analysiert hat, können Sie Ihre Fragen auch auf ganz bestimmte Bestandteile eines Dokuments fokussieren. Wenn Sie etwa mehr über eine Formel wissen möchten, die auf einer bestimmten Seite verwendet wird, können Sie direkt danach fragen.

```
Was bedeutet die Formel auf Seite 3?
```

ANALYSE

Auf Seite 3 des Dokuments wird die **Drake-Gleichung** thematisiert, ein bekannter Rahmen zur Schätzung der Anzahl aktiver, kommunikativer außerirdischer Zivilisationen (N) in der Milchstraße.

Die dort aufgeführte Formel lautet:

$$N = R^* \cdot f_p \cdot n_e \cdot f_l \cdot f_i \cdot f_c \cdot L$$

(Hinweis: Im Text wird sie zusammenfassend als "NRfpne fe fife L" dargestellt)

Die einzelnen Terme bedeuten:

- R^*: Die durchschnittliche Rate der Sternentstehung in unserer Galaxie.
- f_p: Der Anteil der Sterne mit Planetensystemen.
- n_e: Die durchschnittliche Anzahl der Planeten pro Stern, die potenziell Leben unterstützen können.

Abbildungen in Dokumenten analysieren

Gerade wissenschaftliche Texte beinhalten oftmals Diagramme oder schematische Darstellungen. Gemini kann Bilder auch innerhalb von Dokumenten erkennen und deren Inhalt analysieren. Auch hierfür reicht es, dem Assistenten klarzumachen, auf welche Abbildung Sie sich beziehen. Der Unterschied zur direkten Analyse einzelner Bilddateien ist, dass Gemini dabei das Bild im Kontext des Dokuments auswertet. Dementsprechend beschränkt sich die Erklärung auch nicht nur formal auf die Bildelemente, sondern bettet die Abbildung in den Gesamtkontext des behandelten Themas ein.

```
Erkläre mir die dritte Abbildung auf Seite 28.
```

ANALYSE

Die dritte Abbildung auf Seite 28 (bezeichnet als **Figure 1c**) illustriert das **Oceanic Anoxic Event 1a (OAE-1a)**, das vor etwa 120 Millionen Jahren in der Kreidezeit stattfand.

Die Grafik zeigt Profile von stabilen Kohlenstoffisotopen und Temperaturen (oder entsprechenden Proxys) für diesen Zeitraum:

- **Kohlenstoffisotope ($\delta^{13}C$):** Zu Beginn des Ereignisses ist eine signifikante negative Exkursion (ein plötzlicher Abfall) der $\delta^{13}C$-Werte zu sehen. Dies deutet auf eine massive Freisetzung von leichtem, biologischem Kohlenstoff in das System hin, ähnlich wie es heute durch fossile Brennstoffe geschieht.
- **Erholung:** Auf den initialen Abfall folgt eine positive Erholung der Werte während des Ereignisses, da die verstärkte Ablagerung von organischem Kohlenstoff die ursprüngliche Freisetzung kompensierte.
- **Datenquellen:** Die Daten für diese Abbildung stammen aus Bohrkernen (La Bédoule und Cau) der Paläotethys.

Wer nach Details fragt, bekommt detaillierte Antworten. Das gilt auch hier und führt abhängig vom Thema teilweise zu sehr spezifischen Erklärungen. Wenn das genau das ist, was Sie möchten – umso besser. Ansonsten gibt es insbesondere bei ausführlichen und komplexen Erklärungen oftmals am Ende noch eine kompakte Zusammenfassung. Oder Sie modifizieren Ihre Aufforderungen entsprechend so, dass Sie eine möglichst verständliche und kompakte Antwort erhalten:

- `Erkläre mir die dritte Abbildung auf Seite 4 in einfachen Worten.`
- `Erkläre mir die dritte Abbildung auf Seite 4 in zwei Sätzen.`

Erkläre mir die dritte Abbildung auf Seite 28 in zwei Sätzen.

Abbildung 1c zeigt geochemische Daten zum Oceanic Anoxic Event 1a vor 120 Millionen Jahren, bei dem ein abrupter Abfall der Kohlenstoffisotope ($\delta^{13}C$) und ein Temperaturanstieg dokumentiert sind. Diese Kurven dienen als Vergleich, um zu verdeutlichen, dass natürliche Klimaturbulenzen der fernen Vergangenheit ähnliche Signaturen hinterlassen können wie die heutige industrielle Aktivität.

Nach bestimmten Begriffen suchen

Wenn Sie beispielsweise in einer PDF-Datei nach einem bestimmten Schlüsselwort suchen möchten, geht das am besten im Webbrowser oder mit einem speziellen PDF-Viewer. Aber wenn Gemini ein Dokument ohnehin analysiert hat, weiß er auch, ob und an welcher Stelle bestimmte Begriffe erwähnt werden.

Wenn Sie danach fragen, teilt Gemini dieses Wissen mit Ihnen:

```
Kannst du in dieser PDF-Datei nach dem Begriff
„Dinosaurier“ suchen und mir die relevanten Absätze
anzeigen?
```

ANALYSE

In der PDF-Datei wird der Begriff „Dinosaurier" im Zusammenhang mit der Unvollständigkeit des geologischen Berichts erwähnt. Die Autoren nutzen die Seltenheit von Dinosaurier-Fossilien als Beispiel dafür, wie unwahrscheinlich es ist, direkte Beweise für eine kurzlebige Spezies wie den Menschen in ferner Zukunft zu finden.

Hier ist der relevante Abschnitt von Seite 5:

> „Die Wahrscheinlichkeit, dass Lebewesen fossilieren, ist immer extrem gering [...]. Als Beispiel gibt es für alle **Dinosaurier**, die jemals gelebt haben, nur wenige tausend nahezu vollständige Exemplare, oder anders ausgedrückt: nur eine Handvoll einzelner Tiere über tausende von Taxa pro 100.000 Jahre. Angesichts der Entdeckungsrate neuer Taxa dieses Alters ist klar, dass eine so kurzlebige Spezies wie der *Homo Sapiens* (bisher) im vorhandenen Fossilbericht überhaupt nicht vertreten sein könnte."

Weitere Möglichkeiten bei Dokumenten

Art und Umfang der Zusammenfassung lassen sich durch die geschickte Formulierung der Aufforderung steuern:

- Möchten Sie es ganz kompakt haben, versuchen Sie es beispielsweise mit:
  `Fasse den Text in einem Satz zusammen!`
- Da Gemini vielsprachig ist, kann er Ihnen seine Antworten auch in einer beliebigen Sprache liefern:
  `Fasse den Text auf Spanisch zusammen!`

- Auch wenn Sie eine Rückmeldung des Assistenten besonders gelungen finden, können Sie sich diese nachträglich in einer anderen Sprache ausgeben lassen:
  `Übersetze die letzte Antwort auf Italienisch!`
- Auch wenn Sie einen Text für andere zusammenfassen wollen, kann Gemini Ihnen dabei helfen, passend zur Zielgruppe zu formulieren. Damit der Assistent beispielsweise möglichst einfach formuliert und auf Fachbegriffe und Fremdwörter verzichtet, fordern Sie ihn auf:
  `Fasse den Text in einfacher Sprache zusammen!`
- Ebenso können Sie den Assistenten in gewollt lockerer, junger Sprache formulieren lassen, wobei man vielleicht überprüfen sollte, dass er nicht über das Ziel hinausschießt:
  `Fasse den Text in lockerer Jugendsprache zusammen!`

> ✦ In dem Text geht es um die „Silurian-Hypothese", ein krasses Gedankenexperiment von zwei Wissenschaftlern. Sie checken ab, ob wir heute überhaupt raffen würden, wenn vor Millionen von Jahren schon mal eine krasse Industrie-Zivilisation (wie die von Echsenmenschen oder so) auf der Erde am Start gewesen wäre.
>
> Das Problem: Nach so langer Zeit ist fast alles weggeschreddert, Städte werden zu Staub und Fossilien von einer Spezies, die nur kurz am Start war, sind mega selten. Statt nach Ruinen suchen sie deshalb nach chemischen „Fingerabdrücken" im Boden, wie Plastik-Resten, radioaktivem Müll oder krassen CO2-Ausschlägen in den Gesteinsschichten. Der Plot Twist ist aber, dass Mutter Natur manchmal ähnliche Spuren hinterlässt (z. B. durch Vulkane), weshalb man eine frühere Tech-Zivilisation kaum sicher beweisen könnte – wir könnten also komplett ahnungslos sein, ob wir wirklich die Ersten hier sind.

Mit Gemini Webseiten analysieren

Auch den Inhalt von Webseiten können Sie ähnlich wie Dokumente mithilfe von Gemini analysieren und auswerten. Dazu brauchen Sie die Seiten nicht herunterzuladen oder als PDF zu exportieren. Es reicht, wenn Sie die Webadresse ins Prompt-Eingabefeld einfügen und als Aufforderung absenden. Weitere Anweisungen dazu können, aber müssen Sie zunächst nicht machen.

Gemini wird den Inhalt der Webseite abrufen und zum Teil des Dialogs machen. Als Rückmeldung erhalten Sie beispielsweise eine kurze Zusammenfassung des Inhalts. Manchmal ist diese auf Englisch, wenn der Assistent die Sprache nicht eindeutig zuordnen kann. Lassen Sie sich davon nicht irritieren, sondern formulieren Sie Ihre Fragen und Wünsche einfach auf Deutsch.

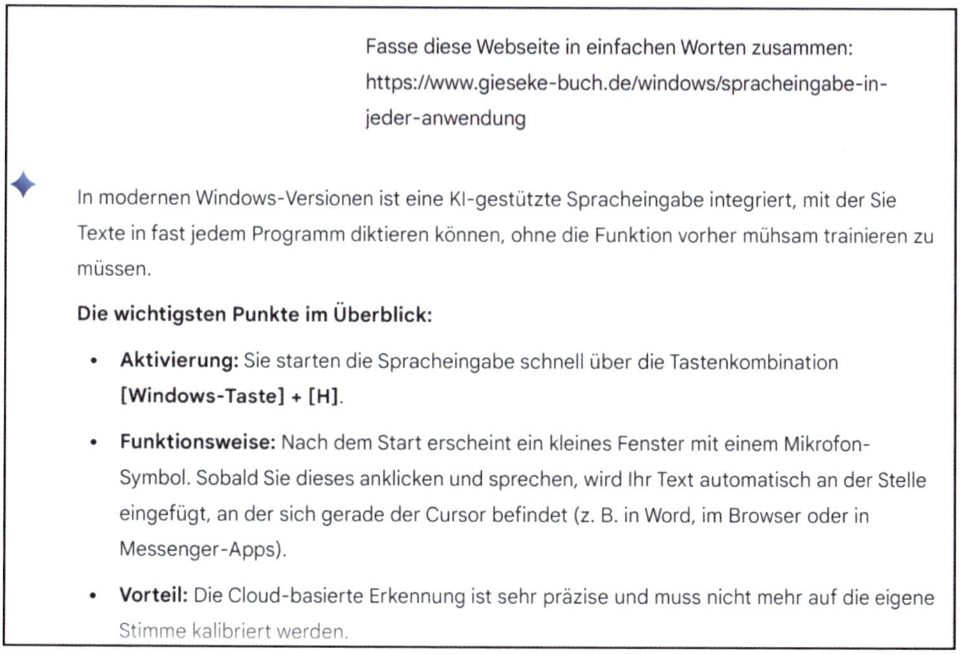

Texte miteinander vergleichen

Gemini kann nicht nur einen Text oder ein Dokument in den Kontext eines Dialogs einfügen, sondern auch mehrere. Das erlaubt es, Informationen aus verschiedenen Quellen zu kombinieren. Wenn es um sehr umfangreiche Dokumente geht, bei deren Größe die Upload-Funktion von Gemini streikt, können Sie das Problem auch umgehen, indem Sie das Dokument in mehrere kleine Dateien aufteilen. Vor allem aber gibt der Bezug auf mehrere Quellen Ihnen die Möglichkeit, verschiedene Dokumente zu vergleichen und die Unterschiede herauszuarbeiten.

1. Nutzen Sie die beschriebene Funktion zum Hochladen, um zwei (oder mehr) Dokumente in den Chat einzufügen. Sie können im Auswahldialog mehrere Dateien auswählen, wenn Sie dabei die Strg-Taste gedrückt halten.

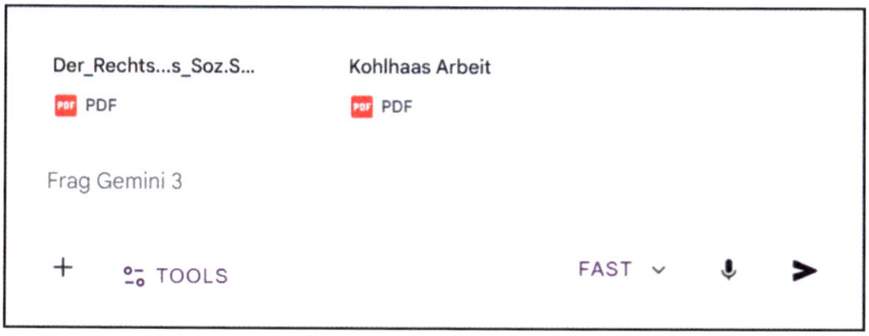

2. Senden Sie den Prompt ab, um die Verarbeitung der Dokumente zu starten. Warten Sie, bis Gemini die Inhalte analysiert hat. Der Assistent wird darauf mit einer kurzen Zusammenfassung der Texte antworten.

> ANALYSE
>
> In Heinrich von Kleists Novelle *Michael Kohlhaas* wird der Kampf um Gerechtigkeit als ein tiefgreifender Konflikt zwischen bürgerlichen Rechtsansprüchen und feudalen Machtstrukturen dargestellt. Die bereitgestellten Dokumente analysieren diesen Rechtsfall sowohl aus fachdidaktischer Sicht für den Schulunterricht als auch aus einer soziologischen Perspektive.

3. Anschließend können Sie den Dialog mit Gemini aufnehmen, zu dessen Kontext nun der Inhalt beider Texte gehört, auf die Sie sich auch beziehen können.

`Vergleiche die beiden Dokumente miteinander.`

> ANALYSE
>
> Der Vergleich der beiden Dokumente zeigt zwei grundlegend unterschiedliche Herangehensweisen an Heinrich von Kleists Novelle *Michael Kohlhaas*: eine **soziologisch-wissenschaftliche** und eine **didaktisch-schulpraktische** Perspektive.
>
> **1. Zielsetzung und Zielgruppe**
>
> - **Wissenschaftliche Abhandlung:** Das Dokument „Der Rechtsfall als Fall des Rechts" (Michael Kauppert, 2005) ist ein soziologischer Fachartikel. Er richtet sich an ein akademisches Fachpublikum und untersucht die Literatur als „Vorschule historischer Soziologie".
> - **Didaktische Aufgabensammlung:** Das Dokument „Kohlhaas Arbeit.pdf" (Paul Bartneck, 2015) ist eine Lehramts-Prüfungsarbeit. Es richtet sich an Lehrkräfte bzw. Schüler und enthält konkrete Aufgaben für den Deutschunterricht zum Thema „Ein Konflikt entsteht".
>
> **2. Inhaltliche Schwerpunkte**
>
> - **Soziologische Analyse:** Kauppert analysiert den Rechtsstreit als Konflikt zwischen

Selbstverständlich brauchen Sie sich nicht auf einen allgemeinen Vergleich zu beschränken, sondern können konkrete Vorgaben machen, etwa wenn Sie sich auf bestimmte Aspekte fokussieren möchten:

`Stelle die Sprache der beiden Texte gegenüber.`

Der sprachliche Vergleich der beiden Texte verdeutlicht deren unterschiedliche Funktionen:

- **Wissenschaftliche Abhandlung (Kauppert):** Der Text nutzt eine **hochgradig abstrakte Fachsprache** der Soziologie und Systemtheorie. Er ist durch komplexe Satzstrukturen (Hypotaxen) und terminologische Präzision geprägt (z. B. „funktionale Differenzierung", „stratifizierte Gesellschaft"). Die Sprache dient hier der theoretischen Analyse und Distanzierung.
- **Didaktische Arbeit (Bartneck):** Die Sprache ist **instruktiv und pragmatisch**. In den Aufgabenteilen dominieren klare Handlungsanweisungen (Imperative wie „Untersucht", „Sammelt"), die auf Verständlichkeit für Schüler zielen. In der theoretischen Begründung nutzt der Autor eine fachdidaktische Terminologie („handlungs- und produktionsorientiert"), die auf die Vermittlung des Stoffes ausgerichtet ist.

Zusammenfassend steht die **deskriptiv-theoretische Analyse** im soziologischen Text einer **normativ-anleitenden Vermittlungssprache** im didaktischen Dokument gegenüber.

Auch auf die Form des Vergleichs können Sie Einfluss nehmen. So kann etwa eine Aufzählung wesentlicher Unterschiede in Form einer Liste oftmals einen schnelleren Vergleich ermöglichen:

```
Erstelle eine kompakte Liste mit den fünf wichtigsten
Unterschieden.
```

Hier sind die fünf wesentlichsten Unterschiede zwischen der soziologischen Abhandlung (Kauppert) und der didaktischen Aufgabensammlung (Bartneck):

1. **Zweck des Textes:** Kauppert verfolgt eine **wissenschaftliche Analyse** gesellschaftlicher Strukturen (Recht vs. Macht), während Bartneck eine **praktische Anleitung** für den Schulunterricht zur Texterschließung bietet.
2. **Zielgruppe:** Der eine Text richtet sich an ein **akademisches Fachpublikum** (Soziologen, Literaturwissenschaftler), der andere an **Lehrkräfte und Schüler** der Sekundarstufe.
3. **Sprachstil:** Kauppert nutzt eine **abstrakte, systemtheoretische Fachsprache** (z. B. „stratifizierte Gesellschaft"), während Bartneck eine **instruktive, handlungsorientierte Sprache** mit klaren Arbeitsanweisungen (Imperativen) verwendet.
4. **Methodik:** Die soziologische Arbeit setzt auf **theoretische Herleitung** und historische Einordnung; die didaktische Arbeit auf **schülerzentrierte Methoden** wie Standbilder, Rollenbiografien und moderne Transfergeschichten.

5. **Fokus der Interpretation:** Bei Kauppert steht Kohlhaas als **Symbol für den Wandel des Rechtssystems** im Vordergrund; bei Bartneck liegt der Schwerpunkt auf der **Figurencharakteristik** und der Analyse der Erzählweise.

Auch Tabellen eignen sich gut für Gegenüberstellungen.

```
Stelle die wesentlichen Unterschiede in einer Tabelle gegenüber.
```

Hier sind die wesentlichen Unterschiede zwischen dem soziologischen Fachartikel von Kauppert und der didaktischen Aufgabensammlung von Bartneck in tabellarischer Form:

Merkmal	Soziologische Abhandlung (Kauppert)	Didaktische Arbeit (Bartneck)
Kontext	Akademische Fachzeitschrift (*sozialer sinn*)	Staatsexamensarbeit (Lehramt Deutsch)
Primäres Ziel	Theoretische Analyse gesellschaftlicher Strukturen und Rechtskonflikte	Praktische Vermittlung und Erschließung des Textes im Unterricht
Zielgruppe	Wissenschaftliches Fachpublikum	Lehrkräfte und Schüler der Sekundarstufe
Sprachstil	Abstrakt, systemtheoretisch, komplex (Hypotaxen)	Instruktiv, pragmatisch, handlungsorientiert (Imperative)
Methodik	Diskursive Herleitung und historische Einordnung	Aufgabenbasierte Analyse, Standbilder, kreatives Schreiben
Kernfokus	Das Versagen des Rechts in einer ständischen Gesellschaft	Figurencharakteristik, Erzähltechnik und Transfer in die Lebenswelt

IN GOOGLE SHEETS EXPORTIEREN

Tabellen von Gemini weiternutzen

Wann immer Sie Gemini eine Tabelle erstellen lassen, finden Sie darunter einen Link, um sie in die Tabellenkalkulation Google Sheets in Ihrem Google Drive zu exportieren. Hilfreich ist ebenso das Kopieren-Symbol rechts daneben. Dieses überträgt die Tabelle als formatierten Text in die Zwischenablage. Dieser lässt sich auch in andere Anwendungen wie etwa Microsoft Excel einfügen, wobei die grundlegende Struktur der Tabelle erhalten bleibt.

Neben Gegenüberstellungen können Sie Gemini auch konkrete Fragen zu beiden Dokumenten stellen und den Assistenten gleichzeitig um Empfehlungen bitten:

```
Welches Dokument hat die überzeugenderen Argumente?
```

> Das hängt von der Fragestellung ab: Kauppert überzeugt durch eine tiefgründige soziologische Analyse der systemischen Rechtsbrüche, während Bartneck durch ein funktionales didaktisches Konzept zur praktischen Texterschließung besticht. Während das eine Dokument die strukturelle Logik des Konflikts wissenschaftlich herleitet, punktet das andere durch die methodische Aufbereitung für die Vermittlung im Unterricht.

Wie so häufig tun sich KI-Assistenten schwer, wenn sie eine Entscheidung treffen sollen. Stattdessen wägen sie eher das Für und Wider ab. Um Gemini zu einer Entscheidung zu zwingen, muss die Frage nur spezifisch genug gestellt werden, etwa so:

```
Welcher Text ist für Oberstufenschüler eher geeignet?
```

> Für Oberstufenschüler ist das Dokument von Bartneck (Didaktik) eher geeignet. Es bietet eine strukturierte, handlungsorientierte Heranführung an den Text und konzentriert sich auf die prüfungsrelevanten Kernaspekte wie Figurenanalyse und Erzähltechnik.

4.5 Texte in andere Sprachen übertragen

Eine weitere praktische Fähigkeit von Gemini ist das Übersetzen von Texten in andere Sprachen. Das können Sie nutzen, wenn Sie selbst Texte schreiben und diese für Kollegen oder Bekannte in anderen Ländern bereitstellen möchten. Sie können die Funktion ebenso nutzen, wenn Sie selbst auf einen Text in einer fremden Sprache stoßen und diesen gern verstehen möchten.

Aktuelle KI-Übersetzer haben dabei nicht mehr viel gemein mit der maschinellen Übersetzung aus früheren Jahren, die häufig zu unfreiwillig komischen Ergebnissen etwa bei der Übersetzung von Aufbauanweisungen oder Bedienungsanleitungen führte. Computer haben früher versucht, Texte Wort für Wort von einer Sprache in eine andere zu überführen. Das stößt zwangsläufig an Grenzen, wenn sich ein Wort nicht genau in ein anderes übersetzen lässt bzw. wenn es für ein Wort mehrere Bedeutungen gibt, die zu verschiedenen Übersetzungen führen würden. Dementsprechend waren die Ergebnisse oftmals holprig und unbefriedigend.

Moderne KI-Systeme verfolgen hingegen einen ganz anderen Ansatz. Ihre Sprachmodelle erlauben es ihnen, den Sinn von Texten zu erfassen und in ihre interne Wissensdarstellung zu überführen. Umgekehrt können sie aus ihrem internen Wissen Texte generieren. Etwas vereinfacht gesagt überführt die KI beim Übersetzen also zunächst die Bedeutung eines Textes in einer Sprache A in ihre interne Repräsentation und generiert dann aus dieser Repräsentation einen Text in einer Sprache B. Die Übersetzung hangelt sich also nicht mehr an den Buchstaben und Wörtern eines Textes entlang, sondern erfasst den Sinn eines Textes und gibt ihn in einer anderen Sprache wieder. Das macht die KI-Übersetzer so universell, denn sie können Informationen beliebig zwischen allen Sprachen, für die sie über ein Sprachmodell verfügen, hin und her transferieren.

Gemini als Übersetzer

Gemini hat ein umfassendes Sprachmodell nicht nur der deutschen Sprache, sondern von vielen anderen Sprachen. Aufgrund des vorangehend beschriebenen Übersetzungsprozesses kann er Texte in allen diesen Sprachen in Deutsch wiedergeben und umgekehrt.

1. Bei der Aufforderung reicht es, die gewünschte Zielsprache anzugeben. Gemini erkennt die Ausgangssprache automatisch. Geben Sie als Prompt beispielsweise ein:

```
Übersetze diesen Text ins Deutsche:
```

2. Fügen Sie dann den zu übersetzenden fremdsprachigen Text in das Eingabefeld ein.

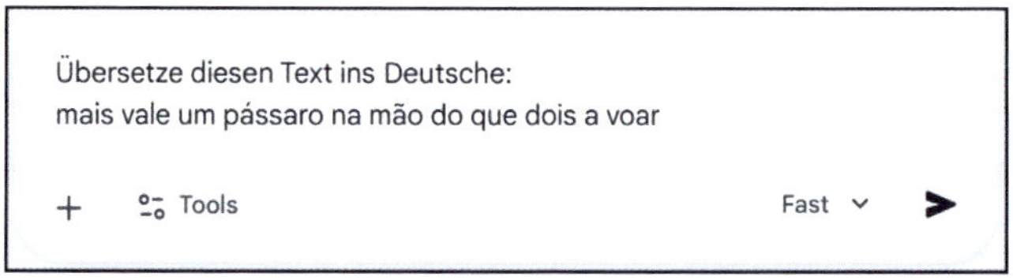

3. Nach kurzer Wartezeit liefert Gemini Ihnen die passende Übersetzung, ggf. mit weiteren Hinweisen zum Thema.

> Dieser portugiesische Satz entspricht eins zu eins der deutschen Redewendung **„Lieber den Spatz in der Hand als die Taube auf dem Dach."** Er bedeutet, dass es klüger ist, sich mit einem sicheren, wenn auch kleineren Gewinn zufrieden zu geben, anstatt diesen für die vage Aussicht auf etwas Größeres zu riskieren, das man am Ende vielleicht gar nicht bekommt.
>
> Möchten Sie, dass ich Ihnen weitere ähnliche Sprichwörter aus dem Portugiesischen übersetze?

In gleicher Weise können Sie den umgekehrten Weg gehen und deutschsprachige Texte in eine nahezu beliebige andere Sprache übersetzen lassen:

1. Schreiben Sie auch hierzu eine entsprechende Aufforderung in den Eingabebereich, beispielsweise:

```
Übersetze diesen Text ins Portugiesische:
```

2. Fügen Sie nun den zu übersetzenden Text mit ein und senden Sie den Prompt ab.

> Übersetze diesen Text ins Portugiesische:
>
> Hallo,
>
> wir möchten bitte in Ihrem Hotel ein Doppelzimmer für die Zeit vom 11. bis zum 16. April buchen.
>
> Bitte bestätigen Sie uns die Reservierung per E-Mail an diese Adresse.
>
> Freundliche Grüße
>
> \+ Tools Fast

3. Als Reaktion erhalten Sie nach kurzer Zeit den Text in der gewünschten Sprache.
4. Markieren Sie den übersetzten Text in der Antwort mit der Maus, klicken Sie mit der rechten Maustaste auf die Auswahl und wählen Sie im Kontextmenü *Kopieren*.

> Olá, aqui está a tradução:
>
> Olá, Gostaríamos de reservar um quarto duplo no seu hotel para o período de 11 a 16 de abril.
>
> Por favor, confirme a reserva por e-mail para este endereço.
>
> Atenciosamente
>
> Deseja que eu adapte o texto para um tom mais formal ou que adicione um pedido sobre o café da manhã?

Längere Texte und Dokumente übersetzen

Beim Übersetzen per Eingabebereich könnten Sie bei längeren Texten an die Begrenzung durch die maximale Anzahl von Zeichen stoßen. Liegen diese Texte in einem Dokumentformat vor, das Gemini beherrscht (siehe Seite 53), können Sie das Dokument direkt zum Assistenten hochladen und dann um eine Übersetzung bitten. Haben Sie einen fremdsprachigen Text in einem anderen Format vorliegen, kopieren Sie ihn beispielsweise in eine TXT-Datei und laden diese zu Gemini hoch, um den Inhalt übersetzen zu lassen.

Fremdsprachige Texte analysieren

Sie können Texte nicht nur in andere Sprachen übersetzen lassen, sondern sie in jeder Hinsicht wie bereits deutschsprachige Texte behandeln. Denn Gemini ist es aufgrund seiner Sprachmodelle egal, in welcher Sprache ein Text vorliegt. Er wird dazu Fragen beantworten, Zusammenfassungen erstellen oder auch Umwandlungen vornehmen. Dabei ist entscheidend, in welcher Sprache Sie Ihren Prompt verfassen. Wenn Sie in deutscher Sprache eine Zusammenfassung anfordern, werden Sie eine deutschsprachige Zusammenfassung erhalten, auch wenn der zugrunde liegende Text in englischer, polnischer oder japanischer Sprache verfasst ist.

Insofern können Sie die in diesem Kapitel vorgestellten Möglichkeiten zum Analysieren und Erfassen von Texten auch bei fremdsprachigen Quellen genauso nutzen. Dass der Ausgangstext dazu übersetzt werden muss bzw. Sie die Antwort in Ihrer Sprache haben möchten, brauchen Sie nicht extra anzugeben.

- `Worum geht es in dem Text?`
- `Fasse den Beitrag in vier Sätzen zusammen.`
- `Erstelle eine Liste mit den wesentlichen Aussagen des Textes.`
- `Enthält die Nachricht irgendwelche Handlungsanweisungen?`

4.6 NotebookLM als individueller KI-Assistent

Mit NotebookLM stellt Gemini Ihnen ein Werkzeug zur Verfügung, mit dem Sie eigene, hochspezialisierte Agenten erschaffen können. Dazu laden Sie alle Informationen hoch, die zu einem bestimmten Thema oder Projekt verfügbar sind. Wenn Sie sich beispielsweise auf eine Prüfung vorbereiten wollen, könnten Sie dafür alle Lernmaterialien sowie ggf. ergänzende Informationen verwenden. Dadurch entsteht ein virtuelles Notizbuch, auf das Gemini zurückgreifen kann.

Zu dieser Datenbasis können Sie sich wie gewohnt Fragen stellen oder Erklärungen, Zusammenfassungen und Definitionen generieren lassen. Sie können sich aber auch etwa zur Prüfungsvorbereitung Fragen und Aufgaben stellen lassen, Audio-Zusammenfassungen zum Hören generieren oder beim Schreiben etwa einer Hausarbeit jederzeit schnell die passenden Zitate heraussuchen.

Bei allen Anfragen in einem solchen Notizbuch verwendet Gemini primär die dort hinterlegten Informationen als Quellen für seine Antworten. Nur wenn Fragen diesen

Rahmen sprengen, greift der Assistent auf sein weitergehendes Weltwissen zurück. So ist sichergestellt, dass es auch bei sehr speziellen Aufgabenstellungen nicht zu Halluzinationen (siehe Seite 37) kommt und Gemini stets genau den gewünschten Wissensstand widerspiegelt.

Was darf ins virtuelle Notizbuch?

Voraussetzung für ein virtuelles Notizbuch ist, dass Ihnen das benötigte Material in digitaler Form zur Verfügung steht, die Gemini verarbeiten kann. Das sind insbesondere PDF- und Textdateien. Auch Google Docs sowie Google Präsentationen können Sie direkt aus einem Google Drive importieren. Informationen von Webseiten können über deren URL eingebunden werden. Ebenso kann Text direkt als Notiz eingefügt werden. Jede Quelle darf bis zu 500.000 Wörter umfassen, und ein Notizbuch kann bis zu 50 Quellen enthalten – da kann also schon einiges an Wissen zusammengetragen werden.

Ein virtuelles Notizbuch erstellen

Bevor Sie mit einem virtuellen Notizbuch arbeiten können, müssen Sie dieses zunächst anlegen und mit Informationen füttern:

1. Klicken Sie in der Navigationsleiste von Gemini am linken Rand auf das Einstellungen-Symbol und wählen Sie im so geöffneten Menü den Punkt *NotebookLM*.

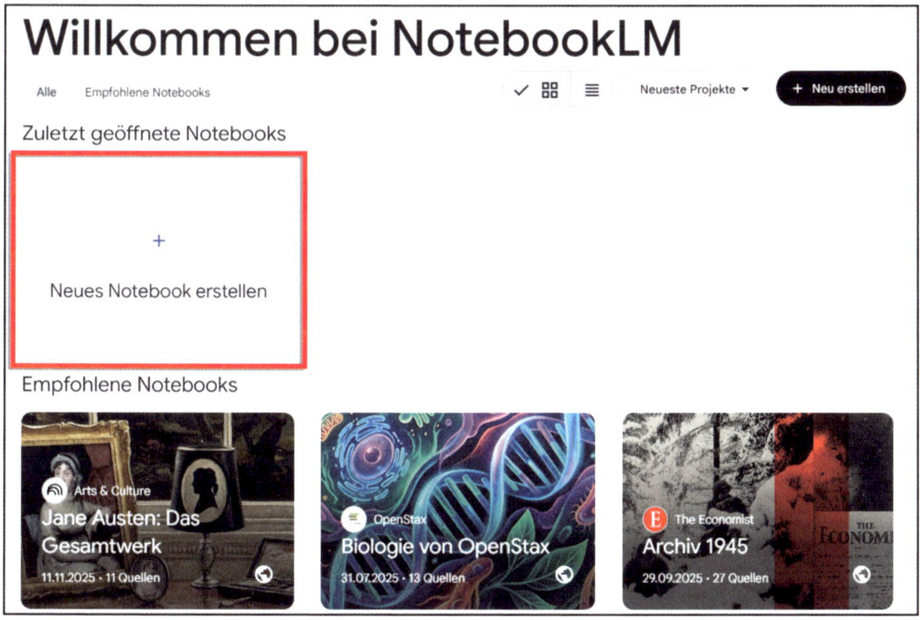

2. So gelangen Sie zu Ihrer NotebookLM-Übersichtsseite. Hier finden Sie einige vorgefertigte Notizbücher zu verschiedenen Themen. Diese eignen sich gut, um sich mit den Funktionen und Möglichkeiten vertraut zu machen.
3. Um ein eigenes Notizbuch anzulegen, klicken Sie auf *Neues Notebook erstellen*.
4. Gemini zeigt daraufhin einen Dialog an, mit dem Sie vorhandene Dokumente direkt in das neue Notizbuch einfügen können (weitere können später jederzeit ergänzt werden). Nutzen Sie die verschiedenen Möglichkeiten, um Dateien hochzuladen, Weblinks anzugeben oder auch Text direkt einzufügen. Im einfachsten Fall ziehen Sie Dateien von Ihrem PC mit der Maus direkt auf das untere Feld und lassen sie dort fallen.

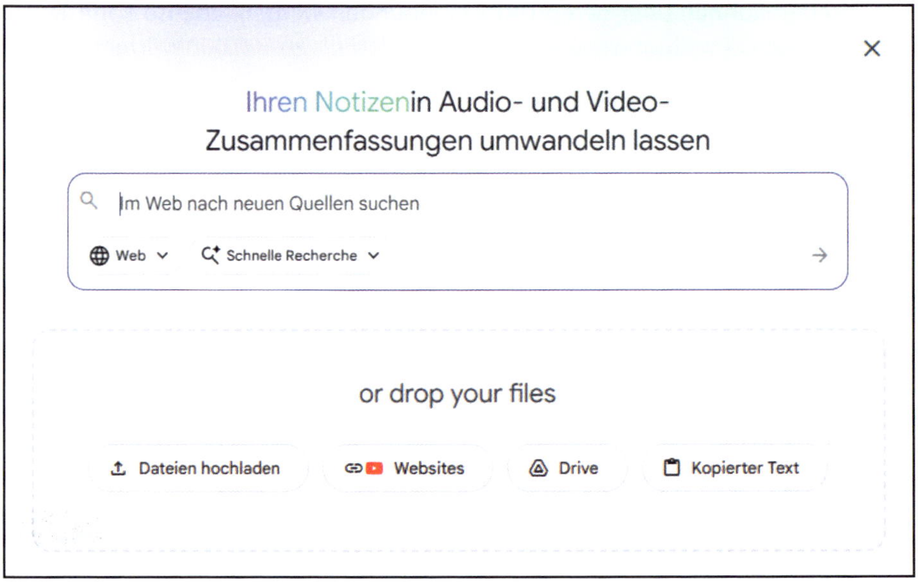

5. Sowie Sie Dokumente eingefügt haben, gelangen Sie in die eigentliche Notizbuchansicht. Hier finden Sie am linken Rand die importierten Ressourcen. Anfangs sind sie mit einem kreiselnden Statussymbol versehen. Das bedeutet, dass die Analyse durch Gemini noch läuft. Je nach Umfang der Dateien kann das etwas dauern.
6. Wenn die Analyse abgeschlossen ist, finden Sie im mittleren Hauptbereich eine kurze Übersicht über die erfassten Informationsquellen. Darunter befindet sich der Prompt-Bereich, in dem Sie Ihre Anfragen formulieren können.
7. Auf der rechten Seite finden Sie den Studio-Bereich. Hier können Sie multimediale Elemente wie Audio-Zusammenfassungen, Videoübersichten, Mindmaps oder Infografiken erstellen lassen, die auf den importierten Quellen basieren.

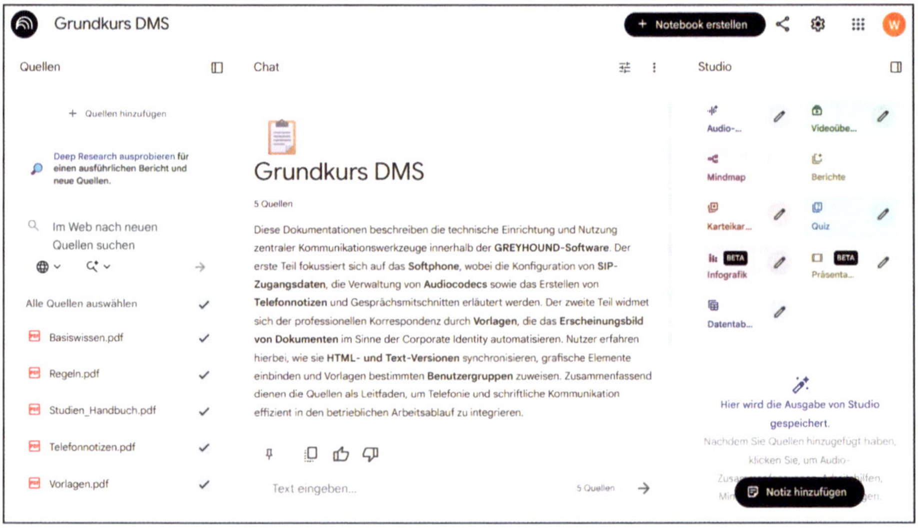

8. Oben links sehen Sie den Namensvorschlag für das Notizbuch, den Gemini anhand der eingefügten Dokumente automatisch generiert hat. Sie können ihn jederzeit ändern, indem Sie darauf klicken und eine Bezeichnung Ihrer Wahl eintippen.

Ein Speichern oder Schließen des Notizbuchs ist nicht erforderlich. Es wird automatisch Ihrer persönlichen Notizbuchsammlung hinzugefügt, Änderungen darin werden jederzeit automatisch gespeichert.

Nachträglich weitere Dokumente hinzufügen

Sie können einem bestehenden Notizbuch jederzeit weitere Informationen hinzufügen. Eine Möglichkeit ist, diese wie gewohnt direkt in den Prompt einzufügen. Sinnvoller ist es aber, diese in Form von Dateien zu importieren.

Dazu finden Sie in der Quellenleiste am linken Rand oben die Schaltfläche *Quellen hinzufügen*, mit der Sie den gleichen Dialog wie beim Anlegen eines neuen Notizbuchs erneut auf den Bildschirm holen. Im Recherche-Bereich darunter können Sie das Web oder Ihr Google Drive nach weiteren Quellen durchsuchen und diese ebenfalls importieren.

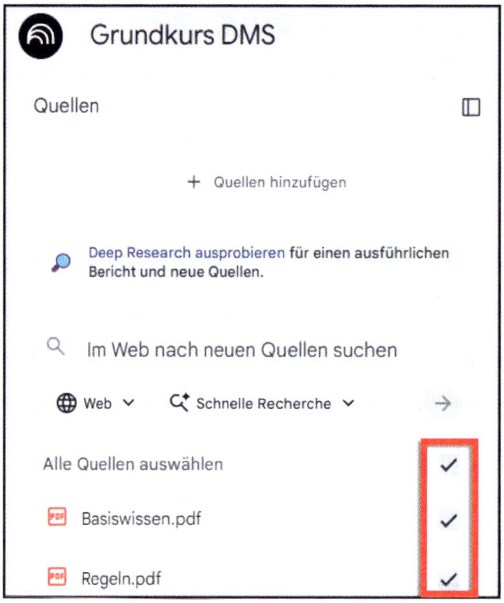

Es gibt einen Vorteil beim Importieren von Inhalten als individuelle Quellen (im Unterschied zum impliziten Einfügen über den Prompt). Die Quellen werden am linken Rand nicht nur aufgelistet, sondern sind alle mit einem Häkchen versehen. Dadurch können Sie jederzeit einzelne Quellen de- und reaktivieren. Wissen aus Quellen ohne Häkchen wird bei den Anfragen jeweils nicht berücksichtigt. So lässt sich das verfügbare Wissen »konfigurieren«, etwa wenn Informationen widersprüchlich sein können, es verschiedene Spezialfälle geben kann oder wenn Sie einen ganz bestimmten Wissensstand simulieren möchten.

Mit dem virtuellen Notizbuch arbeiten

Ist das Notizbuch mit allen gewünschten Unterlagen versehen, können Sie es jederzeit wieder öffnen (es wird unter *NotebookLM* in der Übersicht der Notizbücher angezeigt). Mit dem Prompt im mittleren Bereich unten können Sie beliebige Anfragen an Gemini stellen, die dann mit dem Wissen aus diesen Quellen – soweit möglich – beantwortet werden. Welche Fragen und Aufgaben Sie formulieren, hängt selbstverständlich vor allem vom Inhalt der Quellen und Ihren Absichten damit ab. Nehmen wir als Beispiel an, Sie haben Anleitungen, Spezifikationen, FAQ und Schulungsmaterial zu einer bestimmten Software hochgeladen, mit der Sie sich vertraut machen möchten. Hier einige Prompts, die dabei hilfreich sein könnten.

Um sich effizient in eine neue Software einzuarbeiten, sollten Ihre Prompts den Fokus auf die Kernlogik, die Benutzeroberfläche und konkrete Anwendungsfälle legen.

Hier folgt eine Auswahl an kompakten Beispiel-Prompts:

- Was ist das primäre Ziel dieser Software und welche 5 Kernfunktionen muss ich beherrschen, um 80 % der täglichen Aufgaben zu erledigen?
- Erstelle ein Glossar der 10 wichtigsten fachspezifischen Begriffe, die in diesen Unterlagen verwendet werden, und erkläre sie kurz.
- Ich möchte [spezifische Aufgabe, z. B. einen Monatsbericht erstellen]. Beschreibe mir Schritt für Schritt die optimale Vorgehensweise basierend auf den Unterlagen.
- Wo finde ich die wichtigsten Einstellungen und wie ist die Menüstruktur grundsätzlich aufgebaut?
- Was sind die häufigsten Anwenderfehler bei der Nutzung dieser Software und wie vermeide ich sie?
- Gibt es Tastenkombinationen oder Shortcuts, die den Umgang mit dieser Software signifikant beschleunigen?
- Erstelle mir 5 Multiple-Choice-Fragen zu den Fortgeschrittenen-Funktionen der Software, um mein Verständnis zu prüfen.

NotebookLM kann Ihnen auch dabei helfen, sich interaktiv auf Prüfungen oder Klausuren vorzubereiten:

- Erstelle eine Probeklausur mit 10 Fragen (Mix aus Multiple Choice und offenen Fragen), die die wichtigsten Konzepte der Unterlagen abdecken. Gib mir die Lösungen erst auf Anfrage.
- Formuliere drei komplexe Fallbeispiele, bei denen ich das Wissen aus den Schulungsunterlagen anwenden muss, um ein Problem zu lösen.
- Fasse die drei schwierigsten oder am wenigsten selbsterklärenden Konzepte aus den Dokumenten zusammen und erkläre sie so einfach wie möglich.
- Frage mich nacheinander die wichtigsten Fachbegriffe ab. Warte nach jedem Begriff auf meine Antwort, bevor du mir die korrekte Definition und ein Feedback gibst.

- Erstelle eine strukturierte Zusammenfassung der Abhängigkeiten: Welche Funktionen bauen aufeinander auf und welche Voraussetzungen müssen für komplexe Workflows erfüllt sein?
- Beschreibe ein Szenario, in dem bei der Softwarenutzung ein Fehler auftritt. Ich muss anhand der Unterlagen erklären, woran es liegt und wie man es behebt.

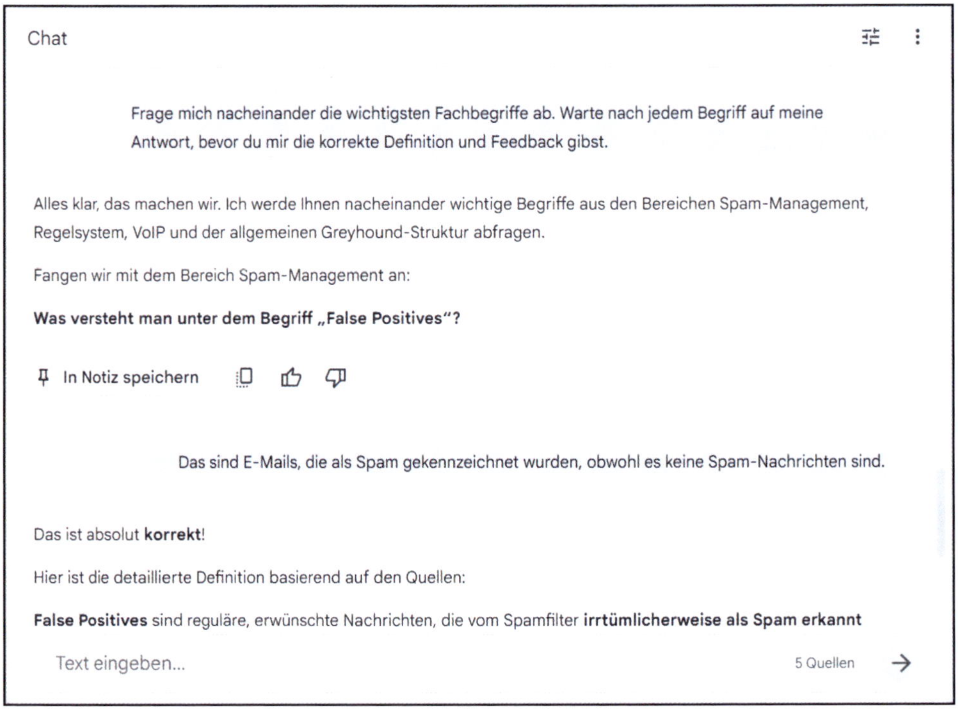

Und noch ein anderes Beispiel, um die Vielfalt der Möglichkeiten zu veranschaulichen: Sie haben eine Idee für ein Start-up-Unternehmen. Alle Unterlagen wie Beschreibung der Geschäftsidee, Businessplan, erste Designentwürfe usw. haben Sie in ein NotebookLM hochgeladen.

Die folgenden Beispiele demonstrieren, wie NotebookLM Sie bei der weiteren Entwicklung Ihrer Idee unterstützen könnte:

- Analysiere meinen Businessplan kritisch: Wo liegen die größten logischen Lücken, welche Annahmen sind zu optimistisch und welche Risiken habe ich bisher übersehen?
- Erstelle basierend auf der Geschäftsidee und den Designs ein kurzes Skript für einen 2-Minuten-Pitch, der besonders die Alleinstellungsmerkmale (USPs) hervorhebt.
- Wer ist laut meinen Unterlagen die exakte Kernzielgruppe? Entwirf drei verschiedene Marketing-Botschaften, die deren spezifische Probleme ansprechen.
- Betrachte meine Mock-ups und Designentwürfe: Welche Funktionen sind essenziell für ein Minimum Viable Product (MVP) und was kann auf eine spätere Version verschoben werden?
- Simuliere ein Gespräch mit einem kritischen Investor. Stelle mir fünf schwierige Fragen zu meinem Geschäftsmodell und schlage basierend auf dem Businessplan die passenden Antworten vor.
- Erstelle aus den vorliegenden Informationen einen Meilenstein-Plan für die nächsten sechs Monate bis zum Markteintritt.

Inhalte verbinden, auswerten und aufbereiten

In der *Studio*-Leiste am rechten Rand stellt NotebookLM Ihnen eine Reihe von Möglichkeiten bereit, Informationen aus Ihrem Notizbuch multimedial aufzubereiten:

- *Audio-Zusammenfassung* erstellt eine Podcast-ähnliche Diskussion zwischen zwei KI-Moderatoren, die locker und verständlich über die Inhalte der Quellen sprechen. Über einen Prompt können Sie den Inhalt beeinflussen, indem Sie spezifische Anweisungen geben oder Fragen stellen.
- Die *Videoübersicht* wandelt Ihre Dokumente in automatisierte Präsentationen mit Sprecherkommentar um, wobei die KI selbstständig passende Folien, Diagramme und Zitate aus den Quellen generiert. Sie können dabei gezielt festlegen, ob das Video eher erklärenden Charakter (z. B. für Einsteiger) oder einen professionellen Business-Stil für Entscheidungsträger haben soll.

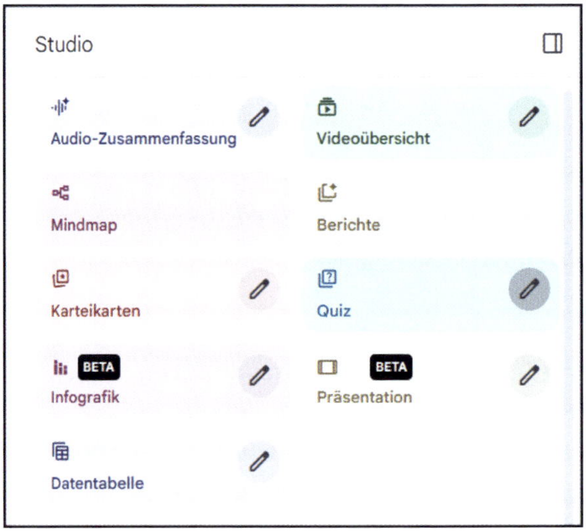

- Eine *Mindmap* visualisiert die Zusammenhänge innerhalb des Quellenmaterials in Form einer dynamischen grafischen Übersicht, die auch komplexe Strukturen auf einen Blick erfassbar macht. Die Darstellung lässt sich interaktiv erweitern, sodass Sie beliebig tief in spezifische Unterthemen eintauchen können, während die KI die logischen Verknüpfungen zwischen verschiedenen Quellen aufzeigt.
- Unter *Berichte* finden Sie ein Paket aus verschiedenen Textformaten, die Gemini aus den Informationen in Ihren Quellen generieren kann. Neben verschiedenen vorgefertigten Formaten wie Überblick, Lernplan, Tutorial oder Glossar können Sie auch Berichte ganz nach Ihren eigenen Vorstellungen konfigurieren, die Sie in einem Prompt formulieren.
- *Karteikarten* und *Quiz* eignen sich besonders als Lernhilfen, wenn Sie sich (oder andere) mit einem Thema vertraut machen oder beispielsweise auf eine Prüfung oder Präsentation vorbereiten wollen. Umfang und Schwierigkeitsgrad können Sie in den Einstellungen wählen. Ebenso können Sie mit einem Prompt Ihre eigenen Vorstellungen einfließen lassen.
- Die *Infografik* visualisiert komplexe Datenreihen, Prozessabläufe oder Vergleiche aus den Quellen in einer grafisch ansprechenden Übersicht. Dabei wählt Gemini automatisch das passende Layout – etwa eine Zeitleiste für historische Daten oder ein Flussdiagramm für Anleitungen – und erstellt ein exportierbares Design, das die wichtigsten Fakten optisch hervorhebt.
- Mit *Präsentation* können Sie aus den gesammelten Notizen und Dokumenten auf Knopfdruck Präsentationsfolien erstellen, die einer logischen Struktur folgen. Gemini generiert dabei nicht nur die Texte für die Folien und die dazugehörigen Sprechernotizen, sondern schlägt auch passende Visualisierungen vor, die auf den Inhalten der Quellen basieren, um einen professionellen Vortrag vorzubereiten.

- Durch *Datentabelle* können Sie unstrukturierte Informationen aus verschiedenen Quellen in übersichtliche Tabellen überführen. Sie können der KI dabei freie Hand lassen, wie die Tabellen gestaltet sein sollen. Ebenso können Sie auch vorgeben, welche Spalten (z. B. »Preis«, »Datum«, »Verantwortlichkeit«) erstellt werden sollen, und Gemini extrahiert die passenden Daten direkt aus den Quellen des Notizbuchs.

Geduld bei den Studio-Funktionen

Wenn Sie die Studio-Funktionen ohne Google-AI-Pro-Abo (siehe Seite 77) ausprobieren, brauchen Sie etwas Geduld. Die Berechnungen dafür sind recht aufwendig und werden teilweise an externe Dienste ausgelagert. Benutzer ohne kostenpflichtiges Abo bekommen dabei eine geringe Priorität und müssen sich hinten anstellen. Es kann durchaus einige Stunden dauern, bis die gewünschten Multimedia-Elemente fertiggestellt sind. Sie können NotebookLM so lange aber getrost verlassen und sich mit anderen Dingen beschäftigen. Die Bearbeitung läuft im Hintergrund weiter und wenn Sie etwa am nächsten Morgen zurückkehren, finden Sie die fertigen Medien unten rechts im Studio-Bereich vor.

Jede dieser Studio-Funktionen im Detail vorzustellen, würde den Rahmen dieses Kapitels sprengen. Grundsätzlich können Sie alle Funktionen mit einem einfachen Mausklick nutzen, wenn Sie Gemini zutrauen, Inhalte, Format und Tonalität automatisch richtig zu treffen. Alternativ finden Sie bei den meisten Funktionen ein Bearbeiten-Symbol, mit dem Sie die Einstellungen dafür öffnen. Hier können Sie verschiedene grundlegende Auswahlen treffen. Außerdem finden Sie in diesen Einstellungen meist ein Prompt-Eingabefeld, in dem Sie Ihre Vorstellungen in gewohnter Weise beschreiben können. Exemplarisch zeige ich das im Folgenden an der *Audio-Zusammenfassung*.

Einen Podcast zu Ihrem Thema generieren

Die Studio-Funktion *Audio-Zusammenfassung* ermöglicht es Ihnen, eine Podcast-artige Aufzeichnung zu generieren, in der die Informationen aus Ihren Quellen analysiert werden. Dies kann beispielsweise in Form einer Unterhaltung zwischen zwei virtuellen Moderatoren erfolgen. Gemini kann aber auch einen Erzähler einen erklärenden Text zu einem bestimmten Thema sprechen lassen. Auf diese Weise können Sie selbst ein individuelles Hörbuch erstellen, mit dem Sie sich beispielsweise auf einer längeren Reise mit wichtigen Themen vertraut machen. Oder Sie lassen einen kurzen Vortrag generieren, der Ihnen auf dem Weg zu einem Termin noch mal die wesentlichen Aspekte dafür in Erinnerung bringt. Ebenso können Sie auch Podcasts oder Vorträge für andere Hörer generieren lassen, denen Sie bestimmte Dinge nahebringen möchten.

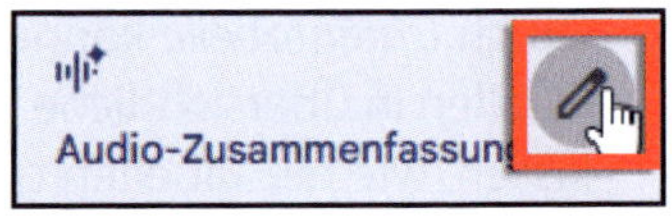

1. Um eine *Audio-Zusammenfassung* individuell zu gestalten, klicken Sie in der gleichnamigen Schaltfläche rechts auf das Bearbeiten-Symbol.
2. Im so geöffneten Dialog können Sie oben zunächst wählen, welches Format die Aufzeichnung haben soll. *Detaillierte Analyse* und *Diskussion* führen beide zu einem Dialog zweier Gesprächspartner. Allerdings erarbeiten bei der Analyse beide gemeinsam das Thema, während die Diskussion eher ein Streitgespräch ist, in dem Pro und Contra vertreten werden.
3. Soll das generierte Gespräch in einer anderen Sprache generiert werden, können Sie dies bei *Sprache auswählen* festlegen.
4. Bei einigen Formaten können Sie neben der Standardlänge mit *Kurz* auch ein kompakteres Format wählen.
5. Ganz unten finden Sie ein Eingabefeld, in dem Sie einen Prompt frei formulieren können. Dieser wird vor dem Generieren der Aufzeichnung ausgewertet und bestimmt das Ergebnis maßgeblich. Sie können hier thematische Vorgaben machen, die Funktion auf bestimmte Quellen beschränken, aber auch stilistische Anweisungen hinterlegen oder eine bestimmte Zielgruppe definieren. Sie können aber auch ganz auf einen Prompt verzichten und Gemini einfach machen lassen.
6. Klicken Sie schließlich unten rechts auf *Erstellen*, um die Produktion zu starten.

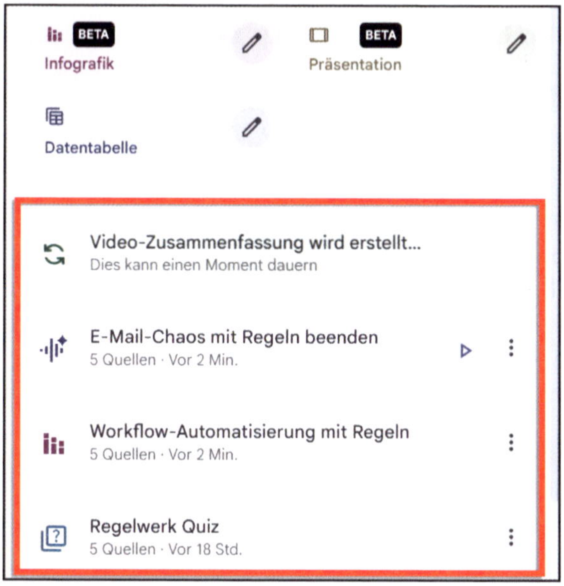

Das Ergebnis wird in der Regel nicht sofort verfügbar sein. Stattdessen finden Sie im Studio-Bereich unterhalb der Funktionen einen Eintrag, der vorläufig mit einem animierten Fortschrittssymbol versehen ist. Das bedeutet, dass der Auftrag bearbeitet wird. Sie können sich in der Zwischenzeit anderen Dingen zuwenden, während die Generierung im Hintergrund weiterläuft. Ist der Vorgang abgeschlossen, verschwindet das Fortschrittssymbol automatisch. Bei Elementen wie Audio und Video wird außerdem ein Wiedergabe-Symbol angezeigt.

Damit können Sie die Medien abspielen lassen. Der entsprechende Dialog wird ganz unten im Studio-Bereich angezeigt. Hier können Sie nicht nur die Wiedergabe steuern. Mit dem ⋮-Symbol öffnen Sie ein Menü, in dem Sie Medien *Herunterladen* oder *Teilen* können.

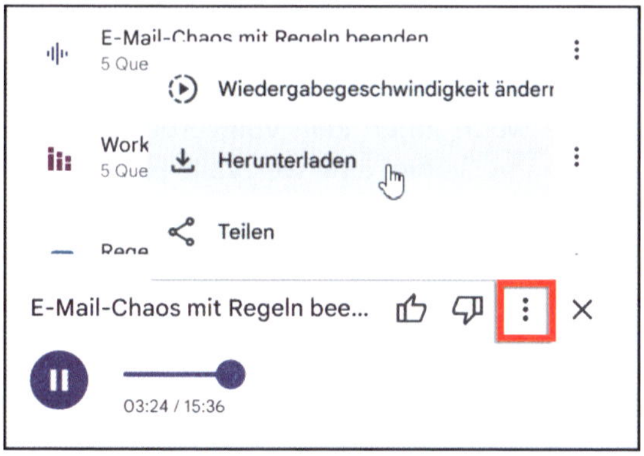

5. Eigene Dokumente bewerten und optimieren lassen

Einer der wesentlichen Fortschritte, die zum stetig wachsenden Erfolg von KI beigetragen haben, ist das Sprachverständnis. Heutige KI-Systeme beherrschen menschliche Sprache(n) sowohl formal als auch – weitestgehend – inhaltlich. Sie können sowohl Wissen aus Text extrahieren als auch ihr Wissen in Texte verpacken, die uns in der Regel als völlig natürliche Sprache erscheinen. Dabei beherrschen sie mittlerweile auch Nuancen wie etwa stilistische Mittel und Varianten bei der Formulierung und deren Bedeutung. Texte zu erstellen, ist für einen KI-Assistenten wie Gemini deshalb eine leichte Übung.

Aber auch wer die Arbeit nicht komplett einer Maschine überlassen, sondern selbst formulieren möchte, kann von den Fähigkeiten moderner KI profitieren. Gemini kann Sie bei dem Prozess begleiten, Fehler korrigieren, alternative Formulierungen vorschlagen und – wenn gewünscht – den Text einer stilistischen Prüfung unterziehen. So entstehen nicht nur formal korrekte, sondern auch besser lesbare Texte. Ebenso können Sie aber auch einen vorhandenen Text umformulieren, damit er besser einer bestimmten Zielgruppe entspricht.

Weitere Aufgaben, die Sie an eine KI delegieren können, sind das schnelle Erstellen von Zusammenfassungen, das Generieren geeigneter Schlüsselwörter für Suchmaschinen und soziale Medien oder das Übersetzen Ihres Textes in andere Sprachen.

5.1 Gemini als Schreibgehilfe

Gerade wenn Ihnen kein vollwertiges Textverarbeitungsprogramm zur Verfügung steht, kann Gemini eine wertvolle Hilfe sein. Wenn der KI-Assistent etwa parallel im Webbrowser oder als Web-App läuft, können Sie ihn jederzeit hervorholen, um zu recherchieren, aber auch, um sich beim Schreiben helfen zu lassen.

Rechtschreibung und Grammatik korrigieren

Gemini basiert auf einem umfassenden Sprachmodell, das die Regeln nahezu jeder Sprache fast perfekt beherrscht. Normalerweise kann man davon ausgehen, dass vom KI-Assistenten erzeugte Texte sprachlich einwandfrei sind (ich habe bislang nur wenige Ausnahmen erlebt).

Gemini kann aber auch Ihre Texte überprüfen und Fehler darin finden oder auch automatisch korrigieren.

1. Um Ihren Text von Gemini korrigieren zu lassen, geben Sie einen Prompt ein wie etwa:

```
Überprüfe Rechtschreibung und Grammatik bei diesem Text:
```

Überprüfe Rechtschreibung und Grammatik bei diesem Text:

+ TOOLS FAST

2. Fügen Sie im Anschluss daran Ihren Text in den Eingabebereich ein und senden Sie die Aufforderung an den Assistenten ab.

Überprüfe Rechtschreibung und Grammatik bei diesem Text:
Android: Bildschirmtastatur wird beim Entsperren nicht angezeigt
Das Smartphone lässt sich nicht entsperren, weil es bei der Passworteingabe keine Zeichen mehr annimmt? Das kann passieren, wenn die virtuelle Tastatur nicht mehr ordnungsgemäß funktioniert. Ein solches Problem hat mich ordentlich ins Schwitzen gebracht, bevor ich auf eine Lösung kam, die vielleicht auch anderen bei Gelegenheit helfen kann.

+ TOOLS FAST

3. Als Antwort erhalten Sie nach kurzer Wartezeit eine Auflistung der Textstellen, an denen Gemini Fehler erkannt hat, mit Hinweisen zur Berichtigung.

Dein Text ist inhaltlich klar strukturiert und gut verständlich. Hier sind die wenigen notwendigen Korrekturen sowie ein Vorschlag zur Optimierung:

Korrekturen

- **Rechtschreibung:** Im Satz „Da ist ein kleiner Zwischenstecker…" muss es **„Das ist ein kleiner Zwischenstecker…"** heißen.
- **Grammatik/Zeitform:** Im letzten Absatz schreibst du: „Zwischen zwei solchen Meldungen **gelange** es mir…". Hier muss das Präteritum **„gelang"** stehen.
- **Zeichensetzung:** Bei „…GBoard neu-installieren" ist der Bindestrich optional, im Standard-Deutschen wird **„neu installieren"** (getrennt und ohne Bindestrich) jedoch bevorzugt.

4. Sie können die Korrekturen manuell im Ausgangstext vornehmen. Gemini bietet Ihnen auch an, eine korrigierte Fassung des vollständigen Textes zu generieren, die Sie dann kopieren und übernehmen können. Antworten Sie dazu mit `Ja` bzw. `Generiere mir eine korrigierte Fassung`.

> Ja
>
> Hier ist der vollständig korrigierte Text:
>
> **Android: Bildschirmtastatur wird beim Entsperren nicht angezeigt**
>
> Das Smartphone lässt sich nicht entsperren, weil es bei der Passworteingabe keine Zeichen mehr annimmt? Das kann passieren, wenn die virtuelle Tastatur nicht mehr ordnungsgemäß funktioniert. Ein solches Problem hat mich ordentlich ins Schwitzen gebracht, bevor ich auf eine Lösung kam, die vielleicht auch anderen bei Gelegenheit helfen kann.

Fremdsprachige Texte korrigieren

Da Gemini zahlreiche Sprachen spricht, können Sie die Rechtschreib- und Grammatikprüfung auch in Texten in einer anderen Sprache verwenden. Der KI-Assistent erkennt automatisch, welche Sprache ein bereitgestellter Text verwendet, und korrigiert ihn auch in dieser Sprache. Wer in einer Sprache (noch) nicht ganz sicher ist, kann auf diese Weise etwa eine E-Mail vor dem Versenden korrigieren lassen. So sind Sie sicher, dass der verschickte Text sprachlich einwandfrei und gut lesbar ist. Zur Sicherheit können Sie sich auch gleich noch eine deutschsprachige Übersetzung geben lassen, um sich zu überzeugen, dass der Inhalt wirklich genau passt.

Weitere Prompts für die systematische Fehlersuche

Standardprüfung

```
Analysiere den folgenden Text auf Rechtschreib- und
Grammatikfehler und schlage Korrekturen vor.
```

Detaillierte Analyse

```
Identifiziere und erkläre Rechtschreib- und
Grammatikfehler im Text. Bitte schlage verbesserte
Formulierungen vor.
```

Grammatikfokus

```
Überprüfe den Text auf grammatikalische Fehler wie
falsche Zeiten, Satzbaufehler oder falsche Artikel.
```

Rechtschreibfokus

```
Suche im Text gezielt nach Rechtschreibfehlern und
korrigiere diese.
```

Satzstruktur überprüfen

```
Überprüfe den Text auf korrekten Satzbau und gib
Verbesserungsvorschläge, wenn Sätze unklar oder
schlecht formuliert sind.
```

Ton und Stil beachten

```
Analysiere den Text auf Rechtschreibung und Grammatik
und mach Vorschläge zur Verbesserung von Ton und
Lesefluss.
```

Zielgruppenprüfung

```
Überprüfe den Text auf Grammatik und Rechtschreibung und
passe ihn sprachlich an eine [gewünschte Zielgruppe,
z. B. Schüler, Experten] an.
```

Kurz und knackig

```
Prüfe den Text auf Fehler und mache ihn prägnanter.
```

Gemini als Thesaurus

Da Gemini sich richtig gut mit Sprache auskennt, kann man ihn auch jederzeit zu semantischen Themen befragen. Eine Textverarbeitungsanwendung wie Word hat einen Thesaurus integriert, der Ihnen bei Bedarf alternative Formulierungen oder Umschreibungen liefert, um etwa unschöne Wiederholungen zu vermeiden oder genau den passenden Ausdruck zu finden.

Das kann Gemini auch, wenn Sie Prompts verwenden wie beispielsweise:

- Nenne mir andere Ausdrücke für „gezwungen sein"
- Ich suche ein anderes Wort für Spaß

Nenne mir andere Ausdrücke für „gezwungen sein"

Hier sind prägnante Alternativen für den Ausdruck „gezwungen sein", unterteilt nach ihrer Nuance:

- **Formell/Amtlich:** verpflichtet sein, sich genötigt sehen, der Notwendigkeit unterliegen.
- **Direkt/Bestimmend:** keine andere Wahl haben, alternativlos sein, feststecken, müssen.
- **Bildhaft:** mit dem Rücken zur Wand stehen, in der Klemme stecken, in Zugzwang sein.
- **Passiv:** fremdbestimmt handeln, unter Druck stehen, einer Weisung folgen.

Möchtest du, dass ich eines dieser Beispiele in einen Beispielsatz einbaue?

Alternative Formulierungen finden

Eine andere Möglichkeit, wie Sie sich die Sprachkünste von Gemini zunutze machen können, ist das Vorschlagen von alternativen Formulierungen. Es kommt ja immer mal wieder vor, dass man mit einem einzelnen Satz oder einem ganzen Absatz nicht zufrieden ist. Gleichzeitig hat man vielleicht nicht sofort die zündende Idee, wie sich dieser Abschnitt besser formulieren ließe. Ein Vorschlag vom digitalen Helfer kann dafür die Lösung sein oder zumindest den entscheidenden Denkanstoß liefern.

Fügen Sie den fraglichen Abschnitt dazu in den Chat mit Gemini ein. Ergänzen Sie dann beispielsweise die Aufforderung:

Schlage mir eine alternative Formulierung vor.

Daraufhin wird Gemini mit einer umformulierten Version des Textes antworten. Je nach Vorgabe wird es sich dabei um eine eher moderate Variation handeln, die die grundlegende Satzstruktur beibehält und eher nur einzelne Wörter oder Phrasen austauscht.

> Das Smartphone lässt sich nicht entsperren, weil es bei der Passworteingabe keine Zeichen mehr annimmt? Das kann passieren, wenn die virtuelle Tastatur nicht mehr ordnungsgemäß funktioniert. Ein solches Problem hat mich ordentlich ins Schwitzen gebracht, bevor ich...
>
> Hier ist eine kompakte Alternative, die direkt auf den Punkt kommt:
>
> „Wenn das Smartphone bei der Passworteingabe keine Zeichen mehr annimmt, liegt das oft an einer fehlerhaften virtuellen Tastatur. Da mich dieses Problem selbst vor eine Herausforderung gestellt hat, möchte ich hier eine Lösung teilen, die in einer solchen Situation hilft."

Wenn Sie mehr Auswahl oder Inspiration haben möchten, können Sie anstelle nur eines alternativen Vorschlags gleich mehrere anfordern. Gemini wird sich bemühen, Alternativen zu präsentieren, die sich merklich voneinander unterscheiden.

Dadurch entsteht bei den Vorschlägen automatisch eine gewisse Bandbreite, beispielsweise:

```
Mach mir drei Vorschläge für alternative
Formulierungen.
```

> Hier sind drei kompakte Alternativen für verschiedene Tonalitäten:
>
> - **Sachlich & Direkt:** „Reagiert das Smartphone bei der Passworteingabe nicht mehr, ist oft die virtuelle Tastatur abgestürzt. Da mich dieses Problem selbst Nerven gekostet hat, teile ich hier eine Lösung, die Abhilfe schafft."
> - **Hilfsbereit & Persönlich:** „Keine Zeichenannahme beim Entsperren? Meist steckt ein Softwarefehler der Tastatur dahinter. Nach meiner eigenen mühsamen Suche habe ich eine Lösung gefunden, die ich euch nicht vorenthalten möchte."
> - **Kurz & Prägnant:** „Wenn die Tastatur beim Entsperren streikt, liegt meist ein Systemfehler vor. Hier ist ein unkomplizierter Lösungsweg für alle, die vor demselben Problem stehen wie ich vor Kurzem."

Sie können ebenso Vorgaben für alternative Formulierungen machen, etwa dass der Abschnitt in einem speziellen Stil oder für eine bestimmte Zielgruppe umformuliert werden soll (siehe auch den nachfolgenden Abschnitt), etwa so:

- Formuliere den Text in einfache Sprache um.
- Formuliere den Text in formellere Sprache um.
- Formuliere den Text für ein akademisches Publikum um.
- Formuliere den Text für Laien verständlich um.

In einem akademischen Kontext lässt sich das beschriebene Szenario wie folgt formalisieren:

Systemimmanente Blockaden des Authentifizierungsprozesses durch Fehlfunktionen der Eingabeschnittstelle

Ein Versagen der biometrischen oder alphanumerischen Entsperrung eines Mobilgeräts kann auf eine Dysfunktion der virtuellen Tastatursoftware zurückgeführt werden. In diesem Zustand verweigert das System die Annahme von Eingabewerten, was den Zugriff auf die Benutzeroberfläche unterbindet. Da dieser Fehler eine kritische Barriere in der Mensch-Maschine-Interaktion darstellt, ist die Identifizierung effektiver Workarounds – wie die Nutzung externer Peripheriegeräte oder spezifischer Boot-Routinen – von hoher Relevanz für die Aufrechterhaltung der Geräteverfügbarkeit.

5.2 Texte von der KI gegenlesen lassen

KI-Assistenten wie Gemini gelingt es, die klassische Idee der Textkorrektur auf ein neues Niveau zu heben, indem sie neben der reinen Kontrolle von Rechtschreibung und Grammatik auch den Sprachstil sowie die Lesbarkeit von Texten prüfen und in Grenzen sogar inhaltliche Fehler aufdecken können. Besonders gut funktioniert das, wenn, wie in Kapitel 8 beschrieben, Gemini direkt in Gmail oder Google Docs integriert ist. Aber auch, wenn Sie andere Anwendungen nutzen, Texte in einem einfachen Editor erstellen oder etwa E-Mails schreiben, können Sie Gemini jederzeit zur Überprüfung und Optimierung Ihrer Texte nutzen.

Ganze Texte mit Gemini austauschen

Das Eingabefeld von Gemini eignet sich nicht gerade gut als Editor zur Textbearbeitung. Das ist aber auch nicht nötig, denn Sie können jederzeit in einer beliebigen Anwendung erstellten Text an den Assistenten übertragen. Das ist über die Zwischenablage mit den richtigen Tastenkürzeln schnell erledigt, wie auf Seite 50 beschrieben. Befindet sich der kopierte Text in der Eingabeaufforderung des KI-Assistenten, senden Sie ihn als Prompt ab. Der Inhalt wird damit Teil dieser Konversation mit Gemini, und Sie können sich im Folgenden immer wieder darauf beziehen. Ebenso können Sie am Ende des eingefügten Textes direkt eine Anweisung anfügen, etwa:

```
Wie bewertest du Verständlichkeit und Lesbarkeit
dieses Textes?
```

> Der Text ist **gut verständlich und flüssig lesbar**. Er verfolgt eine klare Struktur, die den Leser vom Problem (zwangsweise Feature-Updates) zur konkreten Lösung (Zielversion festlegen) führt.
>
> Hier eine detaillierte Bewertung der Aspekte:
>
> - **Struktur & Logik:** Der Aufbau ist logisch. Die Einleitung schafft Relevanz (Probleme mit VR-Brillen/Hardware), gefolgt von einem wichtigen Warnhinweis (Rollback-Frist) und den Schritt-für-Schritt-Anleitungen für verschiedene Windows-Versionen.
> - **Sprachstil:** Der Ton ist informativ und praxisnah. Formulierungen wie „unförmiger Briefbeschwerer" lockern den technischen Inhalt auf, ohne die Seriosität zu verlieren.
> - **Anleitungsqualität:** Die Anweisungen für den Gruppenrichtlinien-Editor und die Registry sind präzise und verwenden die korrekten Pfadnamen, was die Umsetzung für den Nutzer sicher macht.
> - **Zielgruppenansprache:** Der Text holt sowohl Laien (Erklärung, warum Updates wichtig sind) als auch fortgeschrittene Nutzer (Registry-Eingriffe) ab. Besonders positiv ist die

Wenn Sie Gemini Text optimieren oder umwandeln lassen oder anderweitig die Antworten des Assistenten weiternutzen möchten, können Sie wiederum die Zwischenablage nutzen, um Antworten oder Teile davon in Ihre Anwendung zu übertragen:

- Hierzu finden Sie unterhalb jeder Antwort ein Kopieren-Symbol.

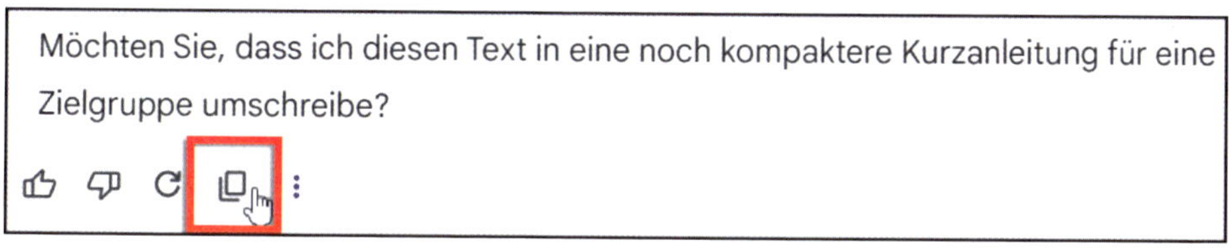

- Einzelne Bestandteile wie etwa Code-Listings sind teilweise oben rechts mit einer eigenen Kopieren-Schaltfläche versehen, mit der Sie nur diesen Teil der Antwort in die Zwischenablage übernehmen.

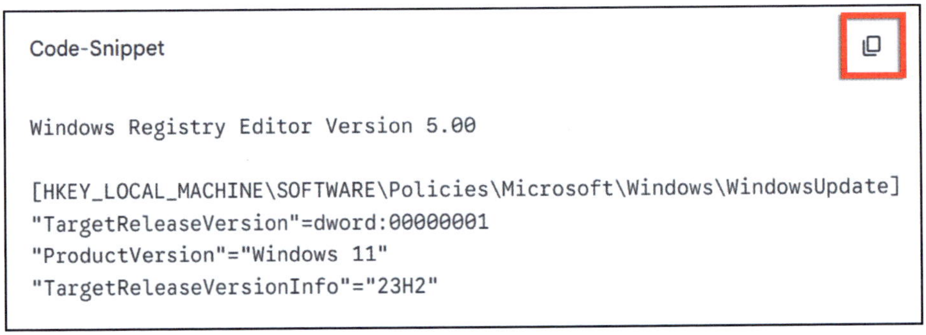

- Außerdem können Sie jederzeit einen beliebigen Teil einer Gemini-Antwort markieren. Wenn Sie dann mit der rechten Maustaste auf die Auswahl klicken, öffnen Sie ein Kontextmenü mit einem *Kopieren*-Befehl. Dieser überträgt nur den markierten Inhalt in die Zwischenablage.

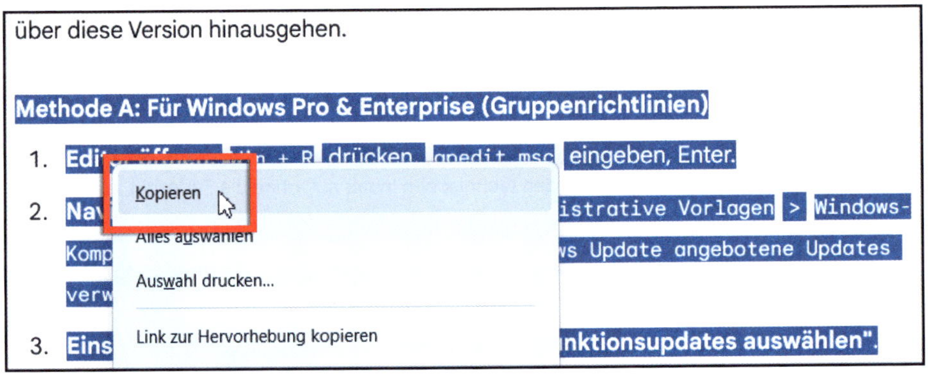

Texte analysieren und bewerten lassen

Wenn Sie einen Text an Gemini übermittelt haben, kennt der Assistent den Inhalt und kann sich innerhalb dieses Chats darauf beziehen. Das gilt ebenso für Sie, sodass Sie beliebige Fragen und Aufforderungen mit Bezug zu diesem Text formulieren können.

Nutzen Sie den digitalen Helfer dabei genauso wie einen menschlichen Freund, Kollegen oder Mitarbeiter (nur unermüdlich und mit endloser Geduld) und fragen Sie beispielsweise ganz grundsätzlich:

```
Wie gefällt dir der Text?
```

Die Antwort darauf kann – abhängig von Art und Inhalt des Textes – sehr unterschiedlich ausfallen. Generell lässt sich sagen, dass Gemini Texte sachlich, konstruktiv und grundsätzlich wohlwollend bewertet. Mit einem »Verriss« brauchen Sie also nie zu rechnen, und Kritik versteckt sich eher dezent in Verbesserungsvorschlägen.

> Der Text ist **ausgezeichnet strukturiert** und inhaltlich **sehr präzise**. Er verzichtet auf unnötiges Beiwerk und konzentriert sich direkt auf den Nutzen für den Anwender.
>
> Besonders hervorzuheben sind:
>
> - **Problemanalyse:** Der Hinweis auf die Inkompatibilität von Mixed-Reality-Hardware (HP Reverb G2) unter 24H2 dient als konkretes, greifbares Warnbeispiel.
> - **Praxisnutzen:** Die klare Trennung zwischen Gruppenrichtlinien (Pro) und Registry (Home) stellt sicher, dass jeder Nutzertyp eine passende Lösung findet.
> - **Sicherheitsanker:** Die Erwähnung des Rollback-Zeitfensters bietet dem Leser eine sofortige Exit-Strategie, falls es bereits zu spät ist.
>
> Der Text erfüllt genau das, was Sie auch für meine Antworten bevorzugen: Er ist kompakt, zielorientiert und vermeidet Redundanz.

Wenn Ihnen eine allgemeine Einschätzung noch nicht weiterhilft, können Sie jederzeit genauer nachfragen. Etwa so:

- `Was gefällt dir besonders gut?`
- `Was gefällt dir daran nicht?`
- `Wie könnte ich den Text verbessern?`

> Was gefällt dir daran nicht?
>
> Wenn ich den Text kritisch hinterfrage, fallen mir drei kleine Punkte auf, die man optimieren könnte:
>
> - **Fehlender Hinweis auf Backups:** Bei Eingriffen in die Registry oder dem Blockieren von Updates ist ein kurzer Hinweis auf eine vorherige Systemsicherung (Backup) eigentlich Pflicht, falls etwas schiefgeht.
> - **Vage Zeitangabe beim Rollback:** Der Text erwähnt, man müsse „schnell handeln", nennt aber nicht die konkrete Frist. Windows löscht die Wiederherstellungsdaten standardmäßig bereits nach **10 Tagen**. Diese Information wäre für betroffene Nutzer entscheidend.
> - **Fehlende "Rückwärts-Logik":** Es wird nicht explizit erwähnt, dass man diese Einstellungen aktiv wieder entfernen muss, wenn Microsoft die Probleme (z. B. Treiber-Bugs) Monate später behoben hat und man dann doch sicher auf 24H2 wechseln möchte.

Ebenso können Sie gezielt Fragen nach ganz bestimmten Aspekten oder Eigenschaften des Textes stellen:

- Gibt es Absätze oder Sätze, die verwirrend oder unklar sind?
- Gibt es Wiederholungen im Text? Wie könnten diese vermieden werden?
- Gibt es Widersprüche oder logische Fehler im Text?
- Gibt es unnötige Fachbegriffe oder Jargon, die den Text schwer verständlich machen?
- Welche Fragen bleiben nach dem Lesen des Textes offen?
- Welche Informationen fehlen oder könnten ergänzt werden, um den Text zu verbessern?

Nach dem Lesen bleiben vor allem drei technische und strategische Fragen offen, die für die langfristige Systemstabilität entscheidend sind:

- **Was passiert mit Sicherheitsupdates?** Der Text klärt nicht eindeutig, ob durch die Fixierung der Feature-Version auch monatliche Sicherheits-Patches (Cumulative Updates) für die Version 23H2 gestoppt werden oder ob diese weiterhin wie gewohnt einlaufen.
- **Wann endet der Support für die Zielversion?** Jede Windows-Version hat ein „End of Servicing"-Datum. Es fehlt der Hinweis, dass man die Sperre spätestens dann aufheben muss, wenn die gewählte Zielversion (z. B. 23H2) keine Sicherheitsupdates mehr von Microsoft erhält.
- **Wie verhält sich das System bei manuellen Anstößen?** Es bleibt unklar, ob ein manueller Klick auf „Nach Updates suchen" die gesetzte Richtlinie ignoriert oder ob die Sperre auch den manuellen Download des Installationsassistenten von der Microsoft-Webseite blockiert.

Weitere Prompts zur Textanalyse und -bewertung

- Ist der Text klar und verständlich, oder gibt es unklare Stellen?
- Welche Informationen scheinen im Text zu fehlen oder nicht angesprochen zu werden?

- Wie wird die Zielgruppe angesprochen? Ist die Ansprache angemessen und überzeugend?
- Ist der Ton des Textes angemessen für das Thema und die Zielgruppe?
- Wie werden Übergänge zwischen Absätzen gestaltet? Sind sie flüssig und logisch?
- Welche Emotionen werden beim Leser geweckt und wie werden sie erzeugt?
- Gibt es besondere Stärken im Text, die hervorgehoben werden sollten?
- Wie könnte der Text durch eine stärkere Argumentation verbessert werden?
- Sind die Quellenangaben (falls vorhanden) korrekt und zuverlässig?

5.3 Den Stil von Texten anpassen

Gemini kann den Stil, in dem ein Text geschrieben ist, mühelos anpassen. Hierbei kommt wieder das Sprachmodell zum Tragen, das einen vorgegebenen Inhalt nicht nur wortwörtlich, sondern auch dem Sinn nach erfasst. Dementsprechend kann der Assistent den Inhalt eines vorgegebenen Textes in eigenen Worten wiedergeben. Und wie er diese Worte wählt, können Sie beeinflussen. Genauso wie Sie Gemini veranlassen können, einen Text in eine andere Sprache zu übersetzen, können Sie auch eine Version in derselben Sprache anfordern, aber eben in einem bestimmten Stil.

Um einen Text in einem bestimmten Stil umzuformulieren, fügen Sie den vollständigen Text in den Eingabebereich ein. Längere Texte können auch als Dokument in den Chat eingebaut werden. Ergänzen Sie dann einen Prompt dazu:

- Formuliere diesen Text/das Dokument in einem poetischen Stil um.
- Formuliere den Text/das Dokument so, dass er einladend und motivierend klingt.
- Lass diesen Text/dieses Dokument formeller klingen.

Welche Stilarten beherrscht Gemini?

Die kurze Antwort auf diese Frage lautet: alle. Sofern Sie nicht gerade mutwillig eine eigene Stilart erfinden. Mit seinem Sprachverständnis versteht der KI-Helfer bei allen gängigen Beschreibungen, was damit wohl gemeint sein soll, und kann vorgegebene Texte meist auch sinnvoll in Varianten überführen, die diesen Vorstellungen entsprechen. Im Folgenden sind einige hilfreiche Stilrichtungen benannt, die Sie beispielsweise nutzen können, um einen Text für einen bestimmten Verwendungszweck anzupassen:

- **Formell:** Höflich und professionell, ideal für geschäftliche Kommunikation oder offizielle Dokumente.
- **Informell:** Locker und entspannt, passend für E-Mails an Freunde oder in der Alltagskommunikation.
- **Kreativ:** Mit einer künstlerischen Note, perfekt für Geschichten, Gedichte oder kreative Projekte.
- **Technisch:** Präzise und sachlich, ideal für technische Dokumentationen oder wissenschaftliche Arbeiten.
- **Humorvoll:** Witzig und unterhaltsam, um den Text aufzupeppen und die Leser zum Schmunzeln zu bringen.
- **Überzeugend:** Mit überzeugenden Argumenten und klarer Rhetorik, ideal für Reden, Präsentationen oder Marketingtexte.
- **Graffiti:** Extrem kurz, prägnant und auf den Kern konzentriert.

Zu Anschauungszwecken habe ich Gemini für die folgende Tabelle mit einem bekannten Zitat von Oscar Wilde gefüttert und es in die verschiedenen Stile umwandeln lassen: *»Am Ende wird alles gut sein. Und wenn es nicht gut ist, dann ist es nicht das Ende.«*

Schreibstil/Ton	Von Gemini erzeugte Textvariante
Formell	Letztlich wird sich ein zufriedenstellendes Ergebnis einstellen; sollte dies gegenwärtig noch nicht der Fall sein, ist der Prozess als noch nicht abgeschlossen zu betrachten.
Informell	Am Ende passt das schon alles. Und wenn's gerade noch hakt, dann bist du einfach noch nicht am Ziel.
Kreativ	Das Schicksal schreibt so lange an deinem Happy End, bis die Tinte trocknet – solange es sich also noch nach Chaos anfühlt, ist das Kapitel einfach noch nicht zu Ende.
Technisch	Die finale Systemstabilität ist erst bei Erreichen des definierten Zielzustands gewährleistet; solange die Ist-Werte noch von den Soll-Parametern abweichen, befindet sich der Prozess weiterhin in der Iterationsphase und ist nicht als abgeschlossen definiert.

Schreibstil/Ton	Von Gemini erzeugte Textvariante
Humorvoll	Am Ende wird alles Sahne sein – und wenn du gerade noch knietief im Schlamassel steckst, dann ist das eben erst der Werbeblock vor dem großen Finale.
Überzeugend	Vertraue auf den Erfolg: Jede Hürde ist lediglich ein Beweis dafür, dass der Weg noch nicht zu Ende ist, denn das wahre Ziel ist immer das positive Ergebnis.
Graffiti	Kein Happy End? Dann ist noch nicht Ende!

Stile von Personen kopieren

KI-Sprachmodelle wie Gemini können auch den Stil von bekannten Persönlichkeiten imitieren. Dazu greifen sie auf die zahlreichen Texte, Zitate und Berichte zu diesen Personen zurück, die sich in ihrer großen Wissensbasis befinden. Daraus können sie ableiten, auf welche Art und Weise ein bestimmter Mensch etwas formulieren würde. Diese Charakterisierung kann die KI dann auf einen Text anwenden und so Wortwahl, Satzbau und Ton anpassen. Das Ergebnis fällt häufig so aus, dass es von Lesern oder Zuhörern wohl als authentisches Zitat dieser Person wahrgenommen würde. Das klingt vielleicht relativ kompliziert, aber die dahinterstehende Arbeit übernehmen die KI-Assistenten komplett für Sie. Formulieren Sie nur einen entsprechenden Prompt.

```
Formuliere das um im Stil eines Zitats von Angela Merkel.
```

"Am Ende wird alles gut sein. Und wenn es nicht gut ist, dann ist es nicht das Ende."
Formuliere das um im Stil eines Zitats von Angela Merkel.

„Wir müssen hier schlicht und ergreifend sehen, dass die Dinge sich entwickeln, und ich sage das in aller Offenheit: Am Ende wird eine Lösung stehen, die für die Menschen gut ist. Und wenn wir feststellen, dass es noch nicht gut ist, dann sind wir eben schlichtweg noch nicht am Ende des Prozesses angelangt, sondern müssen weiter hart an der Sache arbeiten. Das ist alternativlos."

Für bestimmte Zielgruppen formulieren

Eine andere Möglichkeit, Texte für bestimmte Zwecke anzupassen, ist das Vorgeben einer Zielgruppe. Wenn Sie Gemini wissen lassen, wer der Empfänger eines Textes sein soll, kann der Assistent diese Information bei der Wortwahl und Tonlage berücksichtigen. Dank seines umfassenden Wissens hat der Assistent eine recht passende Vorstellung davon, welche Vorkenntnisse man bei bestimmten Gruppen erwarten kann und welche Sprache oder Fachbegriffe man ihnen zumuten kann.

Einen vorhandenen Text können Sie über die Zwischenablage in das Eingabefeld von Gemini einfügen und so zum Teil des Dialogs machen. Dann können Sie mit dem richtigen Prompt eine Fassung für die gewünschte Zielgruppe erstellen:

```
Formuliere diesen Text für Kinder zwischen neun und
elf Jahren um.
```

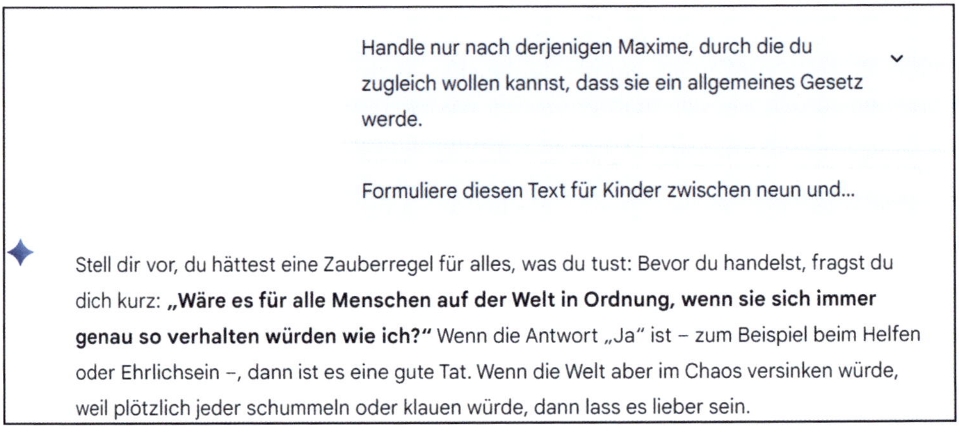

Das Beispiel in der Abbildung zeigt recht eindrucksvoll, dass Gemini in der Lage ist, für ein eher abstrakt formuliertes philosophisches Prinzip eine Interpretation und Sprache zu finden, die auch für Kinder durchaus zugänglich sein sollte. Was bei diesem – zugegebenermaßen schon etwas anspruchsvollen – Beispiel funktioniert, klappt bei nicht so schwierigen Themen erst recht.

Beispiele für zielgruppenorientierte Prompts

Im Folgenden finden Sie weitere Beispiele, wie Sie Texte auf die Bedürfnisse, Interessen oder Vorkenntnisse bestimmter Zielgruppen abstimmen können:

- `Formuliere diesen Text für eine jugendliche Zielgruppe um.`
- `Schreibe diesen Text so um, dass er für Menschen mit akademischer Bildung interessant ist.`

- Passe diesen Text an, damit er für Rentner ansprechend ist.
- Bearbeite diesen Text für ein technikaffines Publikum.
- Formuliere diesen Text für Leser*innen mit begrenztem technischem Wissen um.
- Schreibe diesen Text um, damit er für eine professionelle Business-Zielgruppe geeignet ist.
- Passe diesen Text für Eltern von Kleinkindern an.
- Bearbeite diesen Text für Sportbegeisterte.
- Formuliere diesen Text so, dass er für Leser im Gesundheitswesen relevant ist.
- Schreibe diesen Text um, damit er für Umweltaktivisten ansprechend ist.
- Passe diesen Text für eine Zielgruppe von Kunstliebhabern an.
- Bearbeite diesen Text für Menschen, die sich für Mode interessieren.
- Formuliere diesen Text für eine Zielgruppe von Hobby-Gärtnern um.
- Schreibe diesen Text so um, dass er für Reisende und Abenteurer spannend ist.
- Passe diesen Text für Leser an, die sich für Geschichte interessieren.
- Bearbeite diesen Text für eine Zielgruppe von Tierliebhaber*innen.
- Formuliere diesen Text für Jugendliche, die sich für Videospiele interessieren.
- Schreibe diesen Text um, damit er für Musikliebhaber*innen ansprechend ist.
- Passe diesen Text für eine Zielgruppe von Wissenschaftler*innen an.
- Bearbeite diesen Text für Menschen, die sich für Kulinarik und Kochen interessieren.

Gendergerecht formulieren

Gendergerechte Sprache, kurz auch als »gendern« bezeichnet, ist ein intensiv diskutiertes Thema. Manche halten es für unerlässlich für eine gerechtere Gesellschaft, andere verteufeln es geradezu. Egal, wie man dazu steht: Texte genderneutral zu formulieren, erfordert etwas Übung. Zu leicht übersieht man sonst Stellen, an denen »-er« doch wieder reingerutscht ist.

Gemini aber macht Gendern leicht, indem Sie Texte einfach so schreiben, wie Sie möchten. Wenn Sie einen Text dann genderneutral gestalten wollen oder müssen, können Sie diese Aufgabe getrost der KI überlassen, die zuverlässig alle problematischen Stellen finden und entschärfen kann.

Um die Genderneutralität eines Textes zu überprüfen, übertragen Sie diesen in einen Chat mit Gemini und fragen dann beispielsweise:

```
Ist der Text genderneutral formuliert?
```

Gemini überprüft den Text auf dieses Kriterium hin und gibt Ihnen eine Rückmeldung, die Hinweise auf möglicherweise zu korrigierende Textstellen umfasst.

> Nein, der Text ist **nicht konsequent genderneutral**. Er verwendet das **generische Maskulinum** (z. B. „Anwender"), was zwar leserlich ist, aber nicht der geschlechtsneutralen Form entspricht.
>
> Hier sind konkrete Verbesserungsvorschläge für die betroffenen Stellen:
>
> **1. Personenbezeichnungen neutralisieren**
>
> - **Textstelle:** „...wenn die Anzahl der betroffenen **Anwender** klein genug ist..."
>   - **Vorschlag:** „...wenn die Anzahl der betroffenen **Personen** klein genug ist..." oder „...wenn die Anzahl der **Betroffenen** klein genug ist..."
> - **Textstelle:** „...für den **Anwender**..." (implizit in der Tonalität)
>   - **Vorschlag:** Nutzen Sie weiterhin die direkte Ansprache (**„für Sie"**), da diese bereits perfekt neutral ist.

Auf Wunsch fügt Gemini der Antwort auch gleich eine korrigierte Fassung Ihres Textes bei, in der alle monierten Stellen bereits angepasst sind. Wenn Sie sich auf die Expertise von Gemini verlassen wollen, können Sie auch direkt einen entsprechend optimierten Text anfordern, ohne sich lange mit den Einzelheiten aufzuhalten.

```
Erstelle mir eine genderneutrale Fassung meines Textes!
```

> Hier ist die gender-neutrale Fassung Ihres Textes. Ich habe das generische Maskulinum durch neutrale Formulierungen (z. B. „Betroffene", „Nutzende") ersetzt und die ohnehin starke direkte Ansprache beibehalten.
>
> **Windows: Unerwünschte Funktions-Updates zuverlässig unterbinden**
>
> Das neue Feature-Update für Windows bringt Probleme mit sich oder entfernt Funktionen, die Sie nicht missen möchten? Mit Ignorieren ist es nicht getan, denn die anfangs optionalen, freiwilligen Updates werden später obligatorisch und dem PC dann ungefragt per Windows-Update untergejubelt. Aber es gibt einen Weg, unerwünschten Updates zuverlässig Einhalt zu gebieten, bis das zugrundeliegende Problem gelöst ist.

5.4 Alternative Textvarianten erstellen

Bislang ging es in diesem Kapitel darum, Sprachstil, Tonfall und Wortwahl anzupassen. Grundlegende Eigenschaften eines Textes wie Struktur, Umfang und Detailgrad des Inhalts bleiben dabei unverändert. Das muss aber nicht so sein. Wenn Gemini den Inhalt eines Textes verinnerlicht hat, kann er ihn in beliebigen Varianten wiedergeben.

Zusammenfassungen erstellen

Eine solche Variante ist das Zusammenfassen eines längeren Textes in kurzer oder kürzester Form. Ein naheliegender Prompt dafür ist etwa:

```
Erstelle mir eine Zusammenfassung des Textes.
```

> ANALYSE
>
> Das Buch **"Die ultimative QNAP-NAS-Bibel Neuheiten"** von Wolfram Gieseke dient als Ergänzung zum Hauptwerk und dokumentiert Neuerungen sowie Funktionsänderungen im QTS-Betriebssystem und den zugehörigen Apps. Es konzentriert sich auf die folgenden Kernbereiche:
>
> - **Qsync Central**: Der Synchronisierungsdienst wurde überarbeitet. Der Text beschreibt die Einrichtung einer persönlichen Cloud, die Verwaltung von Benutzern und Freigabeordnern sowie die Aktivierung einer Versionskontrolle zur Wiederherstellung früherer Dateiversionen.
> - **Qsync auf dem PC**: Es wird erklärt, wie die PC-Software installiert wird und wie der neue „platzsparende Modus" funktioniert. Dieser Modus erlaubt es, Dateien nur bei Bedarf vom NAS herunterzuladen, um lokalen Speicherplatz zu sparen.

Damit lassen Sie Gemini allerdings viel Freiheit. Es wird immer eine Zusammenfassung dabei herauskommen. Sie wird aber vermutlich nicht immer so aussehen, wie Sie sich das vorstellen.

Sie können Gemini daher ganz klare Vorgaben machen, etwa so:

```
Fasse mir diesen Text in vier Sätzen zusammen.
```

Das Buch „Die ultimative QNAP-NAS-Bibel Neuheiten" von Wolfram Gieseke erläutert als Ergänzung zum Hauptwerk die aktuellen Funktionsänderungen des QTS-Betriebssystems sowie zentraler Apps. Ein Schwerpunkt liegt auf der Synchronisation via Qsync, wobei insbesondere der neue platzsparende Modus für PCs und die Einrichtung einer persönlichen Cloud behandelt werden. Zudem werden die Datensicherung über Hybrid Backup Sync, die zentrale Protokollverwaltung im QuLog Center sowie Sicherheitsmaßnahmen gegen Ransomware detailliert beschrieben. Abschließend bietet der Text praktische Anleitungen zur Systemwartung, wie etwa die nachträgliche Erweiterung der Speicherkapazität durch den Austausch von Festplatten.

Wenn Sie es noch kompakter möchten, versuchen Sie es hiermit:

```
Fasse den Text in einem aussagekräftigen Satz zusammen.
```

Dieses Ergänzungswerk von Wolfram Gieseke erläutert die Neuerungen des QTS-Betriebssystems mit Fokus auf effiziente Dateisynchronisation per Qsync, zentrale Protokollverwaltung im QuLog Center sowie optimierte Datensicherungs- und Sicherheitsstrategien für QNAP-NAS-Systeme.

Wenn es Ihnen bei der Zusammenfassung nicht nur um eine kompakte Übersicht geht, sondern eher um einen »Anreißer«, der zum Lesen animieren soll, dann ist das ein Kontext, den Sie Gemini unbedingt mitteilen sollten:

```
Erstelle mir eine mitreißende Zusammenfassung, die
neugierig auf mehr macht.
```

> Entdecke die verborgenen Potenziale deines NAS: Diese kompakte Fortsetzung der „QNAP-NAS-Bibel" ist der entscheidende Schlüssel, um dein System von einem einfachen Datenspeicher in eine hochperformante, private Cloud zu verwandeln. Wolfram Gieseke führt dich durch die neuesten QTS-Revolutionen – vom bahnbrechenden, platzsparenden Modus der Qsync-Synchronisation über die mächtigen Backup-Strategien von Hybrid Backup Sync bis hin zum professionellen Monitoring im QuLog Center. Ob du deine Speicherkapazität im laufenden Betrieb massiv erweitern oder dein digitales Heim mit modernsten Sicherheits-Schilden gegen Ransomware panzern willst – dieses Werk liefert dir die präzisen Insider-Anleitungen, um das Maximum aus deiner Hardware herauszuholen.

Eine andere Herangehensweise ist das Extrahieren wesentlicher Argumente oder Kernaussagen, die den Wert des Textes charakterisieren, etwa so:

```
Liste mir drei Argumente auf, die diesen Text besonders
lesenswert machen.
```

> Hier sind drei zentrale Argumente, die den Text besonders lesenswert machen:
>
> 1. **Aktualität und Relevanz:** Der Text schließt gezielt die Wissenslücken zu den neuesten QTS-Funktionen und bietet essenzielle Sicherheitsstrategien gegen aktuelle Bedrohungen wie Erpressungstrojaner.
> 2. **Hoher Praxisnutzen:** Durch konkrete Anleitungen – etwa zum „platzsparenden Modus" bei der PC-Synchronisation oder dem Austausch von Festplatten im laufenden Betrieb – liefert er sofort anwendbare Lösungen für Alltagsprobleme.
> 3. **Strukturierte Komplexitätsreduktion:** Er bündelt verstreute Neuerungen in zentralen Apps wie Hybrid Backup Sync oder dem QuLog Center und macht die Verwaltung umfangreicher NAS-Systeme dadurch deutlich übersichtlicher und effizienter.

Weitere Prompts zum Zusammenfassen von Inhalten:

```
■ Fasse den Text zusammen und betone dabei die
  Hauptaussagen in nur drei Sätzen.
■ Erstelle eine prägnante Zusammenfassung, die auch für
  Kinder verständlich ist.
■ Kreiere eine Zusammenfassung im Stil eines
  Nachrichtenartikels.
```

Texte in FAQ umwandeln

Gemini kann Texte nicht nur für Zusammenfassungen in verschiedenen Stufen komprimieren, sondern auch den Inhalt in anderer Form präsentieren. So sind beispielsweise FAQ (**F**requently **A**sked **Q**uestions, auf Deutsch »häufig gestellte Fragen«) eine beliebte Form, Inhalte übersichtlich und leicht zugänglich zu gestalten. Gemini kann den Inhalt eines Fließtextes mühelos in ein solches Frage- und Antwortspiel verwandeln. Verwenden Sie dazu einen Prompt wie:

```
Wandle den Text in eine FAQ-Liste um.
```

Solche Listen sind oftmals kompakter als der Ausgangstext, weil der Assistent sich bei den einzelnen Antworten jeweils auf das Wesentliche beschränkt. Trotzdem geben sie den gesamten Inhalt meist adäquat wieder.

ANALYSE

Hier ist eine FAQ-Zusammenfassung basierend auf den Neuerungen und Funktionen des Textes :

Allgemeines

- **Warum gibt es diese Ergänzung zur „QNAP-NAS-Bibel"?** Da sich das QTS-Betriebssystem und zugehörige Apps seit der Erstveröffentlichung weiterentwickelt haben, dient dieser Text dazu, wichtige Änderungen und neue Funktionen (wie das QuLog Center) aktuell zu dokumentieren.

Qsync Central & Synchronisation

- **Was ist Qsync Central?** Es ist ein Paket, mit dem das NAS als zentraler Server für einen Synchronisierungsdienst dient, um Daten zwischen verschiedenen PCs und Mobilgeräten auf demselben Stand zu halten.
- **Wie kann ich die Versionskontrolle nutzen?** In den Einstellungen unter „Version Control" lässt sich die Versionssteuerung aktivieren. Dies ermöglicht es, frühere Dateiversionen über einen bestimmten Zeitraum beizubehalten und bei Bedarf wiederherzustellen.
- **Was ist der „platzsparende Modus" am PC?** Dieser Modus optimiert den Speicherplatz

Eine solche Form ist selbstverständlich nur sinnvoll, wenn der Ausgangstext sich hinsichtlich Inhalt und Struktur für FAQ eignet. Ein Gedicht oder eine Kurzgeschichte in einen Fragenkatalog umzuwandeln, mag als Experiment künstlerisch interessant sein, aber ansonsten wohl eher weniger zielführend.

Durch Variationen des Prompts können Sie auf Besonderheiten des zugrunde liegenden Textes eingehen, die zu erstellenden FAQ beispielsweise auf bestimmte Aspekte fokussieren oder auf eine spezielle Zielgruppe ausrichten.

Die folgenden Prompts sind kreative Beispiele dafür, was alles möglich ist:

- `Extrahiere häufig gestellte Fragen aus dem Text und formuliere prägnante Antworten.`
- `Welche Fragen könnten sich Leser stellen, nachdem sie diesen Text gelesen haben? Beantworte sie.`
- `Identifiziere die Kernpunkte des Textes und stelle sie in Form von Fragen und Antworten dar.`
- `Erstelle die FAQ, die die wichtigsten Begriffe und Konzepte des Textes erklärt.`
- `Welche Wissenslücken könnte der Text bei den Lesern hinterlassen? Erstelle dazu passende Fragen und Antworten.`
- `Formuliere aus dem Text 10 mögliche Fragen mit kurzen, informativen Antworten.`
- `Welche praktischen Tipps bietet der Text, und wie können sie in einer FAQ-Liste dargestellt werden?`
- `Schreibe die FAQ mit besonderem Fokus auf die Problemstellungen, die im Text behandelt werden.`
- `Erstelle die FAQ für Einsteiger basierend auf den grundlegenden Informationen im Text.`
- `Fasse die wichtigsten Abschnitte des Textes als Fragen und Antworten zusammen.`
- `Erstelle die FAQ, die den Text so erklärt, als würde sie von einem Experten beantwortet werden.`
- `Formuliere die FAQ, die den Text auf eine leicht verständliche Weise vermittelt.`
- `Welche Themen im Text könnten verwirrend sein? Mache daraus die FAQ, um Klarheit zu schaffen.`
- `Schreibe die FAQ mit Bezug auf die Anwendung oder Praxis der Inhalte des Textes.`
- `Welche Fragen könnten beim ersten Lesen des Textes entstehen? Erstelle dazu Antworten.`
- `Fasse den Text als FAQ zusammen, die sowohl allgemeine als auch spezifische Fragen abdecken.`

- Erstelle eine kreative FAQ, die den Text in einem Frage-Antwort-Format spannend aufbereitet. Schreibe die FAQ mit Schwerpunkt auf den Vorteilen und Nachteilen, die im Text erwähnt werden.
- Welche Missverständnisse könnten durch den Text entstehen? Kläre diese in einer FAQ-Liste.

Texte in Listen umwandeln

FAQ sind nichts anderes als eine spezielle Form einer Liste, die sich aber nur für bestimmte Arten von Inhalten eignet. Gemini kann darüber hinaus Listen erstellen bzw. vorhandenen Text in eine Liste umwandeln. Dafür eignet sich allerdings nicht jede Art von Inhalt. Eine Kurzgeschichte etwa erscheint in Form einer Liste wenig sinnvoll. Aber der digitale Helfer würde sich trotzdem Mühe geben, einem solchen Wunsch zu entsprechen.

Wenn es sich etwa um einen Sachtext handelt und die enthaltenen Informationen ohnehin aus einer Aneinanderreihung von Fakten oder Argumenten bestehen, hat Gemini keine Mühe, diese Textelemente zu isolieren und in Form einer Liste kompakt und übersichtlich zu präsentieren. Ein einfacher Prompt dafür könnte etwa sein:

Wandle diesen Text in eine Liste um.

Hier sind die zentralen Neuerungen und Funktionen des Textes kompakt zusammengefasst:

- **Qsync Central:** Einrichtung einer privaten Cloud inklusive Benutzerverwaltung und Versionskontrolle zur Wiederherstellung alter Dateistände.
- **Qsync für PC:** Installation des Clients mit neuem „platzsparendem Modus“, der Dateien nur bei Bedarf vom NAS lädt.
- **Hybrid Backup Sync:** Vollständiger Ersatz des alten Sicherungsmanagers, Konfiguration der USB-Kopiertaste und Support für Apple Time Machine.
- **QuLog Center:** Zentrale, grafische Auswertung von Systemereignissen, Zugriffsprotokollen und Online-Benutzern.
- **Sicherheit:** Fokus auf Ransomware-Schutz durch den Malware Remover und regelmäßige Protokollüberwachung.
- **Systemwartung:** Anleitung zur Kapazitätserweiterung durch den schrittweisen Austausch von Festplatten im laufenden Betrieb.

Bei einer so offen formulierten Aufforderung wählt Gemini Art und Umfang der Liste anhand des Inhalts selbst aus. Sie können beim Erstellen des Prompts auch schon Einfluss darauf nehmen, was in der Liste stehen oder wie umfangreich sie sein soll:

```
Erstelle eine Liste mit den fünf wesentlichen
Handlungsempfehlungen des Textes.
```

Basierend auf dem Text ergeben sich diese fünf wesentlichen Handlungsempfehlungen für QNAP-Nutzer:

1. **Zentrale Synchronisation einrichten**: Nutzen Sie *Qsync Central*, um eine private Cloud aufzubauen und Dateien über alle Geräte hinweg konsistent zu halten.
2. **Speicherplatz am PC optimieren**: Aktivieren Sie beim PC-Client den „platzsparenden Modus", um Dateien nur bei tatsächlichem Bedarf vom NAS herunterzuladen.
3. **Sicherheitssoftware aktuell halten**: Installieren und nutzen Sie den *Malware Remover*, um Ihr System aktiv gegen Ransomware und andere Schädlinge zu schützen.
4. **Zentrales Monitoring nutzen**: Überwachen Sie Systemereignisse und Nutzerzugriffe über das *QuLog Center*, um Fehler frühzeitig zu erkennen und die Sicherheit zu erhöhen.
5. **Backups automatisieren**: Ersetzen Sie veraltete Sicherungstools durch *Hybrid Backup Sync*, um Daten effizient auf externe Medien, Cloud-Speicher oder via Time Machine zu sichern.

Gemini neigt dazu, nummerierte Listen zu erstellen. Das kann gut passen, ist aber gelegentlich auch irreführend, wenn es eine Gewichtung von Argumenten oder Empfehlungen nahelegt, die der ursprüngliche Text so nicht hergibt.

Die nummerierte Liste ist aber nur eine Variante, und Sie können Listen auch in anderen Formen generieren lassen, wenn Ihnen das angemessener erscheint. Geben Sie dazu die gewünschte Eigenschaft der Liste an.

Ungeordnete Listen

Ungeordnete Listen sind Aufzählungen mit einem einheitlichen Symbol, die keine Gewichtung oder Reihenfolge der einzelnen Listenpunkte nahelegen. Somit sind sie die universellste Listenform und eignen sich gut, umfangreichere Themen oder komplexere Zusammenhänge in überschaubare Sinneinheiten zu zerlegen.

Erstelle eine ungeordnete Liste mit Aufgaben, die sich aus dem Text ergeben.

✦ Aus dem Text ergeben sich folgende Aufgaben für die Verwaltung und Optimierung Ihres QNAP-NAS:

- **Qsync Central konfigurieren:** Den Dienst auf dem NAS einrichten, Benutzer berechtigen und die Versionskontrolle aktivieren, um gelöschte oder geänderte Dateien wiederherstellen zu können.
- **PC-Synchronisation optimieren:** Den Qsync-Client auf dem Computer installieren und den „platzsparenden Modus" einschalten, um lokalen Speicher zu entlasten.
- **Sicherheits-Check durchführen:** Den Malware Remover installieren und regelmäßig Scans starten, um das System gegen Erpressungstrojaner zu schützen.
- **Datensicherung umstellen:** Den veralteten Sicherungsmanager durch Hybrid Backup

Nummerierte Listen

Nummerierte Listen sind eine Methode, um Informationen oder Inhalte strukturiert und in einer bestimmten Reihenfolge darzustellen. Sie eignen sich besonders gut, wenn die Reihenfolge der Punkte wichtig ist oder wenn eine klare Abfolge von Schritten, Prioritäten oder Rangfolgen dargestellt werden soll.

Erstelle eine nummerierte Liste der Schritte, die ich für meine Steuerklärung unternehmen muss.

✦ Um Ihre Steuererklärung effizient vorzubereiten und abzuschließen, folgen Sie diesem strukturierten Ablauf:

1. **Unterlagen sammeln:** Tragen Sie alle relevanten Dokumente zusammen, insbesondere die Lohnsteuerbescheinigung, Nachweise über Lohnersatzleistungen (z. B. Elterngeld) sowie Bescheinigungen über Kapitalerträge.
2. **Ausgaben sortieren (Werbungskosten):** Listen Sie berufsbedingte Kosten auf, wie Fahrten zur Arbeit, Arbeitsmittel, Homeoffice-Pauschale oder Fortbildungskosten.
3. **Private Abzüge erfassen:** Sammeln Sie Belege für Sonderausgaben (Versicherungen, Spenden, Kirchensteuer) und außergewöhnliche Belastungen (hohe Krankheitskosten).
4. **Haushaltsnahe Dienstleistungen prüfen:** Halten Sie Rechnungen und Kontoauszüge für Handwerkerleistungen oder Reinigungskräfte bereit, da diese direkt die Steuerlast mindern.
5. **Software oder Portal wählen:** Entscheiden Sie sich für die Nutzung von ELSTER

Checklisten

Checklisten sind praktische Hilfsmittel, um Aufgaben, Prozesse oder Aktivitäten systematisch zu organisieren und sicherzustellen, dass nichts übersehen wird. Sie bestehen aus einer Liste von Punkten oder Schritten, die in der Regel in einer logischen oder priorisierten Reihenfolge aufgelistet sind.

> Generiere eine Checkliste für die Vorbereitung einer Steuererklärung.
>
> ✦ Hier ist die gewünschte kompakte Checkliste mit Checkboxen:
>
> - [ ] **Persönliches:** Steuer-ID, aktuelle Bankverbindung und Vorjahresbescheid.
> - [ ] **Einkommen:** Lohnsteuerbescheinigung, Rentenbescheide oder Nachweise über Lohnersatzleistungen (Eltern-, Kranken-, Arbeitslosengeld).
> - [ ] **Beruf:** Anzahl der Fahrttage zur Arbeit (Entfernungspauschale) und Homeoffice-Tage.
> - [ ] **Arbeitsmittel:** Belege für Hardware, Fachliteratur, Berufsbekleidung oder Fortbildungen.
> - [ ] **Versicherungen:** Beiträge zur Kranken-, Pflege-, Haftpflicht- und Unfallversicherung.
> - [ ] **Haushalt:** Nebenkostenabrechnung (für Hausmeister/Reinigung) und Handwerkerrechnungen (nur Lohnanteil).

Hierarchische Listen

Hierarchische Listen sind strukturierte Darstellungen, bei denen Elemente in verschiedenen Ebenen oder Hierarchiestufen organisiert sind. Sie ermöglichen eine übersichtliche Darstellung von Informationen, die eine logische oder thematische Beziehung zueinander haben, und sind besonders nützlich, um komplexe Inhalte zu gliedern.

> Erstelle eine hierarchische Liste für mein Projekt.
>
> ✦ Hier ist eine kompakte hierarchische Struktur, die als Grundgerüst für die meisten Projekte dient:
>
> **Projektstrukturplan (PSP)**
>
> - **1. Initiierung & Planung**
>   - 1.1 Projektcharter und Zieldefinition
>   - 1.2 Stakeholder-Analyse

  - 1.3 Ressourcen- und Budgetplanung
  - 1.4 Zeitplan und Meilensteinsetzung
- **2. Konzeption & Design**
  - 2.1 Anforderungsanalyse (Lastenheft)
  - 2.2 Erarbeitung des Lösungskonzepts
  - 2.3 Detailplanung und technische Spezifikationen
- **3. Umsetzung / Realisierung**

Liste mit Symbolen

Eine besondere Form einer ungeordneten Liste ist die Liste mit Symbolen. Dabei stellt Gemini jedem Eintrag ein Symbol voran, das den jeweiligen Listeneintrag veranschaulicht. Hierzu analysiert der Assistent den Inhalt jedes Listeneintrags und wählt ein dazu passendes Symbol aus. Das wird sicher nicht bei jedem Inhalt sinnvoll nutzbar sein, aber wenn es passt, entsteht so eine auch optisch attraktive Auflistung.

Erstelle eine Liste der wichtigsten Termine mit Symbolen.

Hier ist die Liste der Geschäftstermine, ergänzt um passende Symbole:

- 🗓️ **Jour Fixe:** Dienstag, 09:30 – 10:15 Uhr
- 🚀 **Kick-off-Meeting:** Montag, 11:00 – 12:30 Uhr
- 📊 **Quartalsreview (QBR):** Mittwoch, 14:00 – 16:30 Uhr
- ⚖️ **Board Meeting:** Donnerstag, 10:00 – 13:00 Uhr
- 🤝 **Jahreshauptversammlung:** Freitag, 10:00 – 17:00 Uhr
- 📈 **Performance Review:** Mittwoch, 10:00 – 11:30 Uhr
- 🔍 **Audit / Wirtschaftsprüfung:** Mo.–Fr., ab 09:00 Uhr
- 💰 **Budgetrunde:** Dienstag, 13:00 – 15:30 Uhr

Weitere Prompts zum Erstellen von Listen

- Erstelle aus diesem Text eine Liste mit den fünf wichtigsten Erkenntnissen.
- Teile den Text in eine Vor- und Nachteile-Liste auf.
- Extrahiere aus dem Text die Schlüsselpunkte in eine nummerierte Liste.
- Fasse die praktischen Tipps des Textes in einer übersichtlichen Liste zusammen.
- Erstelle eine Liste von Fragen, die der Text beantwortet.
- Stelle die Kernideen des Textes in einer stichpunktartigen Liste dar.
- Erstelle eine Liste mit den häufigsten Fehlern, die in diesem Text angesprochen werden.
- Teile den Text in thematische Abschnitte auf und fasse jeden Abschnitt in einer Liste zusammen.
- Erstelle eine Liste von Handlungsempfehlungen basierend auf dem Text.
- Wandle die wichtigsten Statistiken oder Fakten aus dem Text in eine tabellarische Liste um.
- Schreibe eine Liste der häufig genannten Begriffe oder Konzepte aus dem Text.
- Formuliere aus dem Text eine Schritt-für-Schritt-Anleitung als Liste.
- Extrahiere aus dem Text Ideen für zukünftige Diskussionen oder Projekte in einer Liste.
- Erstelle eine priorisierte Liste der wichtigsten Probleme oder Lösungen, die im Text angesprochen werden.
- Schreibe eine Liste mit Zitaten oder Schlüsselphrasen aus dem Text.
- Wandle den Text in eine Liste von Vorbereitungs- oder Aktionsschritten um.
- Stelle die zentralen Themen des Textes in einer hierarchischen Liste dar.

- Erstelle eine Liste von Herausforderungen und potenziellen Lösungen aus dem Text.
- Extrahiere Schlüsselbegriffe aus dem Text und sortiere sie in einer alphabetischen Liste.

Texte in Tabellen umwandeln

Eine weitere Möglichkeit, den Inhalt von Texten auf eine kompakte und überschaubare Form zu reduzieren, sind Tabellen. Gemini beherrscht auch Tabellen und kann sowohl Inhalte in tabellarischer Form verarbeiten als auch selbst Tabellen erstellen. Der Mechanismus ist dabei grundlegend der gleiche wie beim Umwandeln in Listen. Nur dass die Ausgabe eben in tabellarischer Form erfolgt.

```
Wandle meinen Text in eine Tabelle um.
```

ANALYSE

Basierend auf dem Text der „QNAP-NAS-Bibel Neuheiten" habe ich die zentralen Themen und Funktionen in der folgenden Tabelle zusammengefasst:

Thema	Funktion / App	Kerninhalte & Vorteile
Synchronisation	**Qsync Central**	Einrichtung einer persönlichen Cloud; Verwaltung von Benutzern und Freigabeordnern; Aktivierung der Versionskontrolle zur Wiederherstellung alter Dateistände.
PC-Integration	**Qsync Client**	Einführung des „platzsparenden Modus": Dateien werden auf dem PC angezeigt, aber erst bei Bedarf vom NAS geladen, um lokalen Speicherplatz zu sparen.
Datensicherung	**Hybrid Backup Sync**	Ersetzt den alten Sicherungsmanager; ermöglicht Datensicherung per USB-Kopiertaste und die Nutzung des NAS als Apple Time Machine-Ziel.

Tabellen im HTML-Format erstellen

Während von Gemini erzeugte Listen sich ohne größere Umstände kopieren und für andere Anwendungen übernehmen lassen, sieht das bei Tabellen etwas anders aus.

Diese werden in einem ASCII-Format erstellt, das sich zwar beispielsweise in Excel importieren lässt. In anderen Programmen machen die Quer- und Längsstriche aber eher unnötige Umstände.

Da fügt es sich gut, dass Gemini auch Standards wie HTML kennt und auf Wunsch Ausgaben in diesem Format generiert.

```
Wandle meinen Text in eine Tabelle um. Erzeuge
HTML-Code.
```

So erhalten Sie Ihre Tabelle als HTML-Code, den Sie mit der Kopieren-Schaltfläche oben rechts direkt in die Zwischenablage übernehmen und von dort in eine beliebige Anwendung einfügen können.

Hier ist der HTML-Code für die tabellarische Zusammenfassung der QNAP-Neuheiten:

HTML

```html
<table border="1">
  <thead>
    <tr>
      <th>Themenbereich</th>
      <th>App / Funktion</th>
      <th>Wichtige Neuerungen & Vorteile</th>
    </tr>
  </thead>
  <tbody>
    <tr>
      <td>Synchronisation</td>
      <td>Qsync Central</td>
      <td>Aufbau einer privaten Cloud mit Benutzerverwaltung und Versionskontroll
```

Tabellen im CSV-Format generieren

Was aber, wenn Sie die erzeugten Tabellendaten in einer Anwendung nutzen wollen, die auch kein HTML beherrscht? Dann können Sie auf das CSV-Format ausweichen. Das ist ein simples Textformat, das den Inhalt einer Tabelle zeilenweise wiedergibt, wobei die Inhalte in den Spalten jeweils mit einem Komma getrennt werden (Comma separated values, also kommagetrennte Werte).

```
Wandle diesen Text in eine Tabelle im CSV-Format um.
```

Auch hierbei erhalten Sie die Antwort in einem Code-Block, dessen Inhalt Sie mit der Kopieren-Schaltfläche oben rechts direkt in die Zwischenablage übertragen können. Wenn Sie den Text von dort in einen Editor einfügen, erhalten Sie einen gut lesbaren Text, der ggf. mit etwas Nachbearbeitung in jeder Anwendung schnell in eine übersichtliche Form gebracht werden kann.

Hier ist der Text der „QNAP-NAS-Bibel Neuheiten" im CSV-Format:

Themenbereich;App / Funktion;Wichtige Neuerungen & Vorteile Synchronisation;Qsync Central;Aufbau einer privaten Cloud mit Benutzerverwaltung und Versionskontrolle zur Datenrettung. PC-Integration;Qsync Client;Platzsparender Modus: Dateien werden nur bei Bedarf geladen, um lokale Festplatten zu entlasten. Datensicherung;Hybrid Backup Sync;Vollständiger Ersatz für den Sicherungsmanager; unterstützt USB-Kopiertaste und Apple Time Machine. Überwachung;QuLog Center;Zentrale grafische Oberfläche für Systemereignisse, Zugriffsprotokolle und Online-Nutzer. Sicherheit;Malware Remover;Präventiver Schutz vor Ransomware (Erpressungstrojaner) durch automatische Scans. Hardware-Wartung;Speichermanager;Anleitung zum schrittweisen Austausch von Festplatten zur Kapazitätserweiterung im laufenden Betrieb.

Weitere Möglichkeiten zum Umwandeln von Text in Tabellen

Wie immer können Sie durch Abwandeln von Prompts und das Hinzufügen von Vorgaben die erzeugten Tabellen inhaltlich und formal in einer großen Bandbreite beeinflussen. Nachfolgend einige Beispiele für Varianten, mit denen sich aussagekräftige und übersichtliche Tabellen erstellen lassen:

- Erstelle eine Tabelle, die die Hauptpunkte des Textes in Spalten wie ‚Hauptidee', ‚Details' und ‚Beispiele' zusammenfasst.
- Ordne Vor- und Nachteile aus dem Text in einer zweispaltigen Tabelle an.
- Wandle Statistiken oder Daten aus dem Text in eine tabellarische Darstellung mit klaren Überschriften um.
- Fasse in einer Tabelle die wichtigsten Begriffe aus dem Text und ihre Definitionen zusammen.
- Erstelle eine Tabelle, die die Ursachen, Auswirkungen und Lösungen eines Problems aus dem Text darstellt.
- Kategorisiere die Informationen des Textes und präsentiere sie in einer Tabelle mit Kategorien als Spalten.
- Erstelle eine Zeitleiste in Form einer Tabelle, die Ereignisse in chronologischer Reihenfolge darstellt.
- Erstelle eine Tabelle, die Argumente und Gegenargumente aus dem Text gegenüberstellt.

6. Texte mit Gemini erstellen

Im vorangegangenen Kapitel haben Sie erfahren, wie Sie sich beim Generieren von Texten durch Gemini unterstützen lassen können. Warum aber auf halber Strecke Halt machen? Wenn KI-Systeme praktisch alles wissen und sprachlich perfekt und zielgenau formulieren können, warum lässt man sie dann nicht gleich die ganze Arbeit machen? Wie Sie Googles KI-Assistenten für sich schreiben lassen und mit seiner Unterstützung auch umfangreichere Texte erstellen können, zeige ich Ihnen in diesem Kapitel. Dabei geht es auch um die – derzeitigen – Grenzen der Möglichkeiten und um wichtige Aspekte wie das Urheberrecht.

6.1 Individuelle Geschichten nach Vorgaben

Wenn Sie die Fähigkeiten zum kreativen Erzählen testen möchten, lassen Sie sich am besten mal eine Kurzgeschichte von Gemini generieren. Das geht etwa mit dieser einfachen Aufforderung:

```
Erzähl mir eine Kurzgeschichte!
```

In einer sternenklaren Nacht am Rande eines vergessenen Gebirges fand der junge Uhrmacher Elias ein mechanisches Herz aus Messing, das im Takt des Nordlichts schlug. Er setzte es in eine alte, hölzerne Figur ein, die er jahrelang geschnitzt hatte. Als das Herz das erste Mal gegen das Holz pochte, erwachte die Puppe nicht zum Leben, sondern begann zu singen – eine Melodie, die verlorene Erinnerungen der Dorfbewohner zurückbrachte. Elias verstand, dass er kein Spielzeug erschaffen hatte, sondern einen Hüter für all das, was die Menschen im Alltag zu vergessen pflegten. Seit diesem Tag brennt in seiner Werkstatt ein Licht, das niemals erlischt, während die Musik leise durch die Täler weht.

Möchtest du, dass ich die Geschichte in eine bestimmte Richtung weiterführe?

Diese Anweisung können Sie beliebig wiederholen, und es wird jedes Mal eine andere Geschichte erzählt werden. Allerdings stellen Sie beim Lesen möglicherweise schnell fest, dass diese Geschichten zwar jeweils andere Handlungen haben, aber doch einer erkennbaren Formel folgen, die sie auf Dauer etwas eintönig machen können.

Das liegt daran, dass die KI bei dieser einfachen Aufforderung vielleicht schon etwas zu viel Freiraum hat und deshalb immer wieder auf ein bewährtes Muster zurückgreift.

Es ist daher durchaus sinnvoll, genauer anzugeben, wie die Geschichte gestaltet sein soll bzw. welche Elemente enthalten sein sollen oder für wen sie gedacht ist, beispielsweise so:

```
Ich möchte eine Gute-Nacht-Geschichte für meinen Enkel
Elias. Er ist 7 Jahre alt und interessiert sich gerade
sehr für Seefahrt und Piraten. Das Vorlesen sollte
nicht länger als 10 Minuten dauern.
```

Der siebenjährige Elias träumte oft von den sieben Weltmeeren, doch in dieser Nacht wartete ein ganz besonderes Abenteuer auf ihn. Er war der Kapitän der „Silbernen Möwe", eines stolzen Schiffes mit strahlend weißen Segeln, das sanft über die glitzernden Wellen glitt. Elias trug einen Hut mit einer goldenen Feder und hatte ein Fernrohr aus feinstem Messing, mit dem er den Horizont nach der legendären „Insel der schlummernden Sterne" absuchte.

Plötzlich tauchte an Steuerbord ein Schiff mit schwarzen Segeln auf: die „Wilde Kiste" von Pirat Paul. Doch Paul war kein gefährlicher Pirat; er war bekannt dafür, dass er am liebsten Kokosnüsse jonglierte und seine Schatzkiste statt mit Gold mit den gemütlichsten Wolldecken der Welt gefüllt hatte. „Ahoi, Kapitän Elias!", rief Paul herüber. „Ich habe gehört, auf der Sterneninsel gibt es heute das hellste Mondlicht zum Einschlafen. Wollen wir um die Wette segeln?" Elias lachte, gab den Befehl, die Segel voll in den Wind zu setzen, und die beiden Schiffe sausten freundschaftlich Seite an Seite durch die warme Nachtbrise.

Bestimmte Elemente in einer Geschichte verankern

Der Dialog mit Gemini ermöglicht es, dem Assistenten bestimmte Informationen mitzugeben, die er im weiteren Verlauf berücksichtigen soll. So können Sie Vorgaben machen und eine Geschichte formen.

Sollen beispielsweise bestimmte Charaktere in der Erzählung eine Rolle spielen, beschreiben Sie diese zunächst:

```
Tobias ist ein neunjähriger Junge, der zur Schule geht und
bei der Jugendfeuerwehr mitmacht. Wenn jemand in Not ist,
verwandelt er sich in den Superhelden Tobi-Ass, der fliegen
kann und Superkräfte hat, mit denen er zu Hilfe eilen
kann. Erzähle mir eine Geschichte darüber.
```

> Das ist eine starke Ausgangslage für eine spannende Geschichte. Als **Tobi-Ass** verbindet Tobias sein Feuerwehr-Wissen über Teamarbeit und Sicherheit mit der grenzenlosen Freiheit des Fliegens. Er könnte beispielsweise seine Superkräfte nutzen, um brenzlige Situationen aus der Luft zu erspähen, bevor sie eskalieren, oder Hindernisse aus dem Weg zu räumen, die für die normale Feuerwehr zu schwer sind. Der Kontrast zwischen seinem Alltag als Neunjähriger und seinen heldenhaften Einsätzen bietet viel Raum für Abenteuer, bei denen er lernt, dass Mut nicht nur von Superkräften kommt, sondern auch von der Bereitschaft, für andere da zu sein.
>
> Soll ich dir ein kurzes Abenteuer für Tobi-Ass entwerfen oder eine Liste seiner wichtigsten Gadgets erstellen?

Nachdem die handelnden Personen etabliert sind, können Sie Gemini veranlassen, eine Geschichte zu erzählen, in der diese vorkommen:

```
Erzähle mir eine Geschichte über die Abenteuer von
Tobias bzw. Tobi-Ass!
```

> Während eines Übungsnachmittags bei der Jugendfeuerwehr heult plötzlich die echte Sirene auf: Ein heftiger Sturm hat einen alten Baum direkt auf den Schulbus gedrückt, der nun am Abhang der Waldstraße feststeckt. Während die Großen ausrücken, schleicht Tobias sich hinter das Gerätehaus, ruft „Tobi-Ass, bereit zum Einsatz!“ und hebt in einem blauen Lichtblitz ab.
>
> Aus der Luft sieht er die Gefahr sofort: Der Bus rutscht zentimeterweise Richtung Abgrund, und die Türen sind durch Äste blockiert. Mit der Geschwindigkeit eines Falken stürzt Tobi-Ass herab, stemmt seine superstarken Schultern gegen das Heck des Busses und verankert seine Füße tief im Asphalt, um das Fahrzeug zu stabilisieren. Mit der freien Hand reißt er die verklemmte Seitentür wie eine Konservendose auf und gibt den Weg für die verängstigten Kinder frei. Als die Feuerwehr eintrifft, hat Tobi-Ass den schweren Baum bereits beiseite geräumt und schwebt unerkannt davon. Kurz darauf taucht Tobias wieder bei seinen Kameraden auf, wischt sich den Staub von der Uniform und lächelt bescheiden, als alle über den mysteriösen fliegenden Retter rätseln.

Unterhalb der Antwort können Sie mit den Symbolen für Daumen hoch oder runter jeweils bewerten, ob Ihnen ein Text gut gefallen hat oder nicht so gelungen ist. Außerdem macht Gemini zum Abschluss Vorschläge, wie es weitergehen könnte oder welche Aspekte aus dem generierten Text man weiterverfolgen könnte.

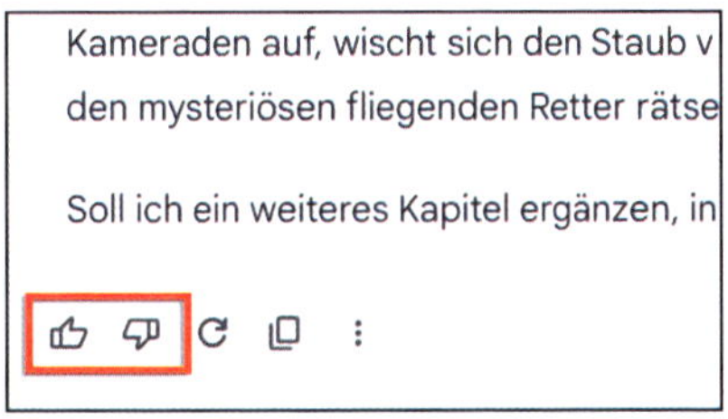

Geschichten weitererzählen

Der KI-Assistent merkt sich die vom Benutzer bereitgestellten Informationen immer nur innerhalb einer Sitzung. Allerdings bietet die Oberfläche von Gemini die Möglichkeit, mithilfe des Verlaufs zu Sitzungen und deren Inhalten zurückzukehren.

1. Öffnen Sie die Weboberfläche von Gemini und stellen Sie sicher, dass Sie mit dem richtigen Google-Konto angemeldet sind.
2. Klicken Sie ggf. oben links auf das ≡-Symbol, um den Navigationsbereich am linken Rand zu öffnen.
3. Dort finden Sie im Verlauf die Liste der zurückliegenden Konversationen mit Gemini. Lokalisieren Sie hier den Dialog, mit dem Sie die Geschichte zuvor generiert hatten. Auf den ersten Blick sieht die Liste sehr kurz aus, aber beachten Sie die etwas unscheinbare Laufleiste am rechten Rand. Damit können Sie weit in die »Vergangenheit« zurückscrollen und auch länger zurückliegende Chats wieder hervorholen.

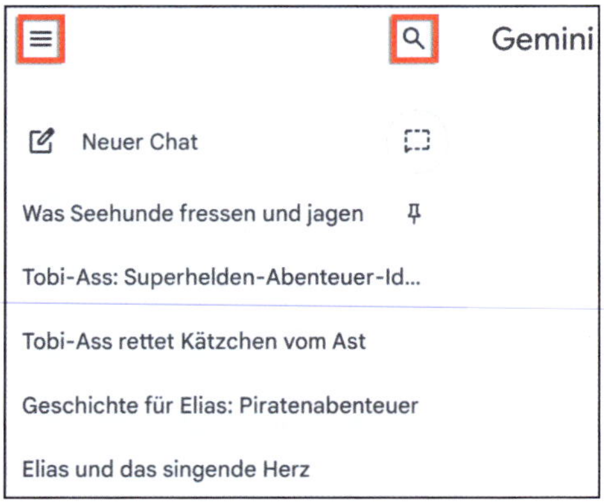

4. Bei einem sehr umfangreichen Verlauf geht es ggf. schneller, wenn Sie mit dem Lupensymbol oben rechts im Navigationsbereich eine Suchfunktion öffnen.

Wenn Sie beispielsweise für Gute-Nacht-Geschichten wiederkehrende Charaktere oder Orte verwenden möchten, können Sie deren Beschreibung auch auf Ihrem PC speichern und jeweils wieder in einen neuen Prompt einfügen. Dann erzählt der Assistent jedes Mal neue Geschichten mit den vertrauten Helden. Wenn Sie auch die generierten Geschichten selbst speichern und wiederverwenden, entsteht vielleicht sogar so etwas wie eine immer weiter gesponnene Erzählung mit ganz individuellen Protagonisten und Ideen. Ein hilfreiches Werkzeug dafür könnte auch NotebookLM (siehe Seite 142) sein, wenn Sie die erstellten Geschichten jeweils dort einfügen und so eine Sammlung entsteht, die immer weitergesponnen werden kann.

6.2 Briefe, Mails und Dokumente erstellen

Wie der vorhergehende Abschnitt gezeigt hat, ist generative KI dazu in der Lage, durchaus kreativ zu schreiben und sich Geschichten auszudenken. Aber sie kann auch für ganz profane Dinge als eine Art Auftragsschreiber genutzt werden. Denn Gemini weiß nicht nur, wie Geschichten klingen sollten. Zu seinem Training gehörten auch Millionen von Alltagstexten wie Briefe, Artikel, Protokolle, E-Mails, Reklamationen und so weiter. Auch hier weiß der KI-Assistent also, wie diese Textformen aufgebaut und formuliert sein sollten. So kann er für Sie, mit wenigen Informationen ausgestattet, in wenigen Sekunden professionell klingende Briefe, Mails und andere Schriftstücke erstellen.

Wie immer bei Gemini ist der Schlüssel dazu ein Prompt, mit dem Sie dem Assistenten eine passende Aufforderung geben und die notwendigen Informationen bereitstellen.

Für eine Abwesenheitsnotiz könnte der Prompt etwa so lauten:

```
Ich habe in der kommenden Woche Urlaub. Formuliere eine
freundliche Abwesenheitsnotiz für mein E-Mail-Programm.
```

> Vielen Dank für Ihre Nachricht. Ich befinde mich vom **[Startdatum]** bis einschließlich **[Enddatum]** im Urlaub und bin in dieser Zeit nicht erreichbar. Da Ihre E-Mail nicht automatisch weitergeleitet wird, wenden Sie sich in dringenden Angelegenheiten bitte an meine Kollegen unter **[E-Mail-Adresse/Telefonnummer]**. Ab dem **[Rückkehrdatum]** stehe ich Ihnen gerne wieder persönlich zur Verfügung.

Die KI hat ein Konzept von einer Abwesenheitsnotiz und kann mühelos einen passenden Text erstellen. Allerdings fehlen dem Assistenten ein paar konkrete Angaben, die in einem solchen Text üblicherweise enthalten sind. An diesen Stellen fügt er Platzhalter in [eckigen Klammern] ein, die Sie im endgültigen Text durch die korrekten Angaben ersetzen. Oder aber Sie teilen Gemini alle benötigten Informationen direkt im Prompt mit.

```
Ich habe vom 1. bis 9. April Urlaub. Meine Vertretung
ist Svenja Stark (s.stark@firma.de). Formuliere eine
professionelle Abwesenheitsnotiz für mein E-Mail-
Programm.
```

Vielen Dank für Ihre Nachricht. Vom **01. bis zum 09. April 2026** befinde ich mich im Urlaub und bin in dieser Zeit nicht erreichbar. Da Ihre E-Mail nicht weitergeleitet wird, wenden Sie sich in dringenden Fällen bitte an meine Kollegin **Svenja Stark** (s.stark@firma.de). Ab dem **10. April** stehe ich Ihnen gerne wieder zur Verfügung.

Gemini erforderliche Informationen bereitstellen

Je mehr Informationen Gemini zu einem Auftrag bekommt, desto spezifischer und präziser kann der generierte Text ausfallen. Sie können diese Informationen direkt in die Aufforderung eintippen. Aber das ergibt nur Sinn, wenn Sie am Prompt nicht so lange arbeiten, dass Sie den benötigten Text in der Zeit auch gleich selbst schreiben könnten.

Wenn Ihnen die Informationen bereits in Textform vorliegen, können Sie diesen Text in den Eingabebereich einfügen bzw. eine entsprechende Datei zu Gemini hochladen. Dann kann der Assistent den Inhalt analysieren und beim Generieren des Textes berücksichtigen. Wenn die Informationen online verfügbar sind, reicht dafür ein Link dorthin.

Im folgenden Beispiel soll es um eine Einladung zu einer Produktvorstellung gehen. Die Informationen zum Produkt sind auf einer Webseite bereits verfügbar. Dann reicht es, die Adresse dieser Webseite in den Prompt einzufügen und Gemini zu erklären, was er damit anfangen soll.

```
Auf dieser Website ist unser neues Produkt beschrieben:
https://www.dictum.com/de/elektrowerkzeuge-saegen/pegas-
feinschnitt-bandsaege-srp14-716062
Erstelle mir eine Einladung für Presse und Partner zur
Produktvorstellung.
```

Gemini ruft die angegebene Webseite ab, analysiert den Inhalt und fügt ihn der Konversation als Kontext hinzu. Dann generiert er ein Einladungsschreiben, das die wesentlichen Informationen zum Produkt wiedergibt. Sie brauchen nur noch Ort, Datum und Uhrzeit bei den entsprechenden Platzhaltern einzufügen und könnten die Einladung dann schon direkt versenden.

> Hier ist ein Entwurf für die Einladung zur Produktvorstellung der Pégas® Feinschnitt-Bandsäge SRP14, die sich an Pressevertreter und Geschäftspartner richtet.
>
> **Einladung: Weltneuheit in der filigranen Holzbearbeitung – Vorstellung der Pégas® SRP14**
>
> Sehr geehrte Damen und Herren,
>
> Präzision in einer neuen Dimension: Wir laden Sie herzlich zur exklusiven Produktvorstellung der neuen Pégas® Feinschnitt-Bandsäge SRP14 ein.
>
> Mit der SRP14 setzen wir neue Maßstäbe für anspruchsvolle Hobbyisten und Profis. Das Herzstück der Maschine ist ein weltweit einzigartiges Präzisions-Führungssystem, das speziell für extrem schmale Feinschnitt-Sägebänder (ab 1,02 mm) entwickelt wurde. Erleben Sie live, wie komplexe Formen und engste Radien von weniger als 2 mm mit einer bisher unerreichten

Falls Ihnen das noch nicht reicht, können Sie Gemini weitere Informationen ergänzen lassen und eine entsprechend angepasste neue Fassung der Einladung erstellen lassen:

```
Ergänze in der Einladung eine Liste mit den wichtigsten
Eigenschaften des Produkts.
```

> **Die wichtigsten Highlights im Überblick:**
>
> - **Exklusives Führungssystem:** Spezielle Rollenführung oben und unten für extrem schmale Sägebänder (ab 1,02 mm).
> - **Höchste Präzision:** Ermöglicht engste Kurvenradien von weniger als 2 mm ohne Bandverlauf.
> - **Vibrationsfreies Arbeiten:** Verwindungssteifer Stahlgussrahmen für maximale Laufruhe und saubere Schnittflächen.
> - **Hohe Kapazität:** Schnitthöhe bis zu 150 mm in Weich- und Harthölzern.
> - **Optimale Ergonomie:** Beidseitig um 45° schwenkbarer Maschinentisch für maximale Flexibilität.

Texte weiterschreiben

Falls Sie bei der Arbeit an einem Text mal nicht so recht weiterwissen, können Sie Gemini für sich weiterschreiben lassen. Vielleicht gelingt dem Assistenten eine sinnvolle Fortsetzung, die den Textfluss wieder in Gang bringt. Oder der Vorschlag enthält zumindest hilfreiche Anregungen, sodass Sie dann selbst wieder übernehmen können. Als Ausgangsbasis verwenden Sie dabei den bislang vorhandenen Text. Das funktioniert sogar, wenn dieser nur aus einem Wort besteht. Kombinieren Sie diesen Text mit einer Aufforderung wie etwa:

> Schreibe diesen Text für mich weiter!

> Arbeitsschutz
> Schreibe diesen Text für mich weiter!
>
> Der **Arbeitsschutz** umfasst alle Maßnahmen, Mittel und Methoden zum Schutz der Beschäftigten vor arbeitsbedingten Sicherheits- und Gesundheitsgefahren. Ziel ist es, Arbeitsunfälle zu verhüten und die langfristige Gesundheit der Mitarbeiter durch eine menschengerechte Gestaltung der Arbeitsbedingungen zu erhalten. In Deutschland bilden das **Arbeitsschutzgesetz (ArbSchG)** und die darauf basierenden Verordnungen den rechtlichen Rahmen, der Arbeitgeber dazu verpflichtet, Gefährdungsbeurteilungen durchzuführen und präventive Schutzkonzepte umzusetzen. Neben dem technischen Schutz (z. B.

Bei nur einem Stichwort wird der Text allerdings eher allgemein sein und auf eine Definition hinauslaufen. Anders ist das, wenn Sie etwa mit einem Brief bereits angefangen haben und dann nicht recht wissen, wie es weitergehen soll.

> An alle Kollegen: Erinnerung an die Helmpflicht auf der Baustelle
>
> In den vergangenen Wochen musste ich durch Hinweise und eigene Beobachtungen immer wieder feststellen, dass die Helmpflicht auf unserer Baustelle nicht von allen und immer eingehalten wird.
>
> Schreibe diesen Text in einem freundlichen, aber bestimmten Ton weiter
>
> \+ Tools Fast

Sofern Gemini anhand des bereits vorhandenen Textes Inhalt und Absicht erkennen kann, wird er einen mustergültigen Brief erstellen. Den Inhalt sollten Sie selbstverständlich einer gründlichen Prüfung unterziehen, insbesondere wenn der Assistent Fakten behauptet, die er gar nicht wissen kann.

Hier ist die ergänzte Fassung, die den Ernst der Lage durch den Hinweis auf Konsequenzen verdeutlicht:

Sicherheit hat bei uns oberste Priorität, und der Schutzhelm ist dabei eure wichtigste Lebensversicherung gegen herabfallende Gegenstände oder Stöße. Ein Helm nützt jedoch nur dann, wenn er konsequent getragen wird – ohne Ausnahmen. Ich appelliere daher an eure Eigenverantwortung und Vorbildfunktion. Bitte beachtet jedoch, dass wir im Interesse eurer Sicherheit keine weiteren Verstöße dulden können; bei Missachtung der Helmpflicht müssen wir künftig leider arbeitsrechtliche Konsequenzen bis hin zur Abmahnung oder einem Baustellenverweis aussprechen. Lasst uns stattdessen gemeinsam dafür sorgen, dass jeder von euch am Feierabend gesund nach Hause geht.

Briefe individuell erstellen

Das Erstellen von Briefen (auch im Sinne von E-Mails) gehört zum täglichen Aufgabenpensum im Büro. Profis haben für regelmäßig wiederkehrende Themen fertige Vorlagen, die nur schnell angepasst werden müssen. Aber es gibt auch immer wieder neue Aufgaben und Aspekte. Mit Gemini können Sie sich einen passgenauen, individuell auf den Zweck bzw. den Empfänger zugeschnittenen Brief generieren lassen. Wenn Sie beispielsweise ein Angebot versenden möchten, erstellt Gemini Ihnen blitzschnell ein Anschreiben dazu.

```
Generiere ein Anschreiben für das Übersenden eines
Angebots
```

Das funktioniert gut, weil ein Anschreiben ein recht generischer Text ist und die spezifische Information im konkreten Angebot steckt, das der Brief begleiten soll.

Hier ist ein kompaktes Muster für ein professionelles Begleitschreiben zu Ihrem Angebot:

Betreff: Ihr Angebot für [Projektname/Leistung] – [Ihre Angebotsnummer]

Sehr geehrte(r) Frau/Herr [Name],

vielen Dank für das freundliche Gespräch am [Datum] und Ihr Interesse an unserer Zusammenarbeit. Anbei erhalten Sie das gewünschte Angebot, das genau auf Ihre Anforderungen zugeschnitten ist.

Wir sind überzeugt, mit [Lösung/Produkt] das optimale Ergebnis für Sie zu erzielen und freuen uns darauf, dieses Projekt gemeinsam mit Ihnen umzusetzen. Sollten Sie Fragen zu einzelnen

Positionen haben, stehe ich Ihnen jederzeit gerne persönlich zur Verfügung.

Das Angebot ist gültig bis zum [Datum]. Über eine positive Rückmeldung freue ich mich sehr.

Mit freundlichen Grüßen

[Dein Name]

Wenn ein Schreiben sehr konkrete Informationen enthalten soll, müssen Sie diese nur bereitstellen. Um eine spezifische Zahlungserinnerung zu generieren, erstellen Sie beispielsweise folgenden Prompt:

```
Adressat: Greta Geizig
Betreff: Zahlungserinnerung
Re-Nr.: G-91827354
Ton: höflich, sachlich
Inhalt: Rechnung vom 7. Januar noch offen,
bitte bis 14. Februar überweisen
```

Sehr geehrte Frau Geizig,

bei der Durchsicht unserer Zahlungseingänge haben wir festgestellt, dass die Rechnung Nr. G-91827354 vom 7. Januar 2026 noch nicht beglichen wurde. Wir bitten Sie höflich darum, den ausstehenden Betrag bis zum 14. Februar 2026 auf das angegebene Konto zu überweisen. Falls sich Ihre Zahlung mit diesem Schreiben überschnitten hat, betrachten Sie diese Nachricht bitte als gegenstandslos.

Mit freundlichen Grüßen

KI-Prompts mit mehreren Bestandteilen

Wenn Sie einer Aufforderung an Gemini spezielle Informationen mitgeben möchten, wollen Sie das in der Regel nicht in einem ausführlichen Text machen, sondern stichpunktartig. Das ist kein Problem. Die einzelnen Bestandteile einer Aufforderung können Sie direkt hintereinander eintippen, mit Kommas trennen oder jeweils mit ⇧+↵ in einer eigenen Zeile platzieren, wenn Ihnen das übersichtlicher erscheint. Denken Sie dabei unbedingt an die ⇧-Taste, da die Eingabefelder von KI-Assistenten ↵ oftmals als Abschließen des Prompts interpretieren und Sie dadurch eine unvollständige Aufforderung absenden würden.

Mit kleinen Anpassungen können Sie aus einer Zahlungserinnerung auch schnell eine letzte Mahnung machen:

```
Adressat: Greta Geizig
Betreff: Letzte Zahlungserinnerung
Re-Nr.: G-91827354
Ton: dringlich, bestimmt
Inhalt: Rechnung vom 7. Januar noch immer offen,
bis 14. März überweisen
```

Sehr geehrte Frau Geizig,

bezugnehmend auf unsere Rechnung Nr. G-91827354 vom 7. Januar 2026 müssen wir feststellen, dass der fällige Betrag noch immer nicht auf unserem Konto eingegangen ist. Da Sie auch auf vorherige Erinnerungen nicht reagiert haben, fordern wir Sie hiermit letztmalig auf, die Zahlung bis spätestens zum **14. März 2026** zu leisten. Sollte die Frist ergebnislos verstreichen, werden wir den Vorgang ohne weitere Ankündigung an ein Inkassobüro übergeben, was mit erheblichen Zusatzkosten für Sie verbunden ist.

Mit freundlichen Grüßen

Weitere Prompts für schnelle Briefe

Hier finden Sie weitere Prompts, mit denen Sie Gemini nutzen können, um professionelle Geschäftsbriefe für verschiedene Anlässe zu erstellen. Passen Sie sie beliebig nach Ihren Bedürfnissen an:

- Erstelle einen höflichen Geschäftsbrief zur Anfrage eines Angebots für [Produkt/Dienstleistung].
- Formuliere ein Schreiben zur Beschwerde über eine fehlerhafte Lieferung von [Artikel], inklusive Bitte um Ersatzlieferung.
- Verfasse einen Dankesbrief für die erfolgreiche Zusammenarbeit mit [Firma] im letzten Quartal.
- Schreibe einen formellen Kündigungsbrief für einen bestehenden Vertrag mit [Firma], unter Einhaltung der Frist von [Datum].

- Verfasse ein offizielles Schreiben zur Terminvereinbarung mit [Name/Firma] für ein Geschäftstreffen am [Datum].
- Schreibe ein Antwortschreiben auf eine Reklamation, in dem wir Verständnis zeigen und eine Lösung anbieten.
- Verfasse einen Geschäftsbrief im Stil einer persönlichen Erzählung, der unsere Firmengeschichte beim Kunden vorstellt.
- Schreibe eine Einladung zu unserem Firmenevent als fiktiven Dialog zwischen Geschäftsführer und Kunde.
- Erstelle einen Brief zur Ankündigung einer Innovation, verpackt in eine kleine Zukunftsvision aus dem Jahr 2035.
- Formuliere einen Dankesbrief als metaphorisches Segelschreiben, bei dem das Projekt als gemeinsame Reise dargestellt wird.
- Schreibe ein Mahnschreiben im Stil eines höflichen Gedichts – formell, aber kunstvoll.
- Verfasse ein Bewerbungsschreiben für eine Geschäftspartnerschaft, als würde man sich für ein Tandemrennen bewerben.
- Gestalte einen Begrüßungsbrief für Neukunden mit Anklängen an ein Theaterstück – inklusive ‚erste Szene‘.
- Entwickle ein Angebotsschreiben mit Infografik-Vorschlag, das den Text visuell unterstützt – beschreibe die Bildidee gleich mit.

6.3 Artikel, Reden, längere Texte generieren

Sie können mit Gemini auch längere Texte erstellen. Allerdings macht der Assistent das nicht wie bei einfachen Briefen oder E-Mails auf Zuruf. »Schreibe mir einen komplexen Roman, der ein Bestseller wird« ist folglich kein vielversprechender Prompt.

Bei solchen Projekten geht es eher darum, den digitalen Helfer als Unterstützer zu nutzen, der Ihnen bei vielen Schritten auf dem Weg von der Idee zum fertigen Werk zur Hand gehen kann.

Ideen und Themen für einen Text sammeln

Wenn Sie zu einem ganz neuen Thema schreiben möchten, von dem Sie selbst vielleicht noch gar keine klaren Vorstellungen haben, kann Gemini Sie mit einer Themenliste unterstützen. Da der Assistent über ziemlich viele Dinge ziemlich gut Bescheid weiß, kann er diese Informationen gut und übersichtlich zusammentragen. So erhalten Sie schnell eine erste Themenliste, die Sie als Basis nutzen und weiter verfeinern können.

```
Ich bin zum Arbeitsschutzbeauftragten unserer Firma
ernannt worden. Nun soll ich bei einer Versammlung meine
Aufgaben und Zuständigkeiten vorstellen. Erstelle mir
dafür eine Themensammlung.
```

Herzlichen Glückwunsch zur neuen Rolle! Als Arbeitsschutzbeauftragter (oft auch Sicherheitsbeauftragter oder Fachkraft für Arbeitssicherheit genannt) ist es wichtig, sich nicht als „Kontrolleur“, sondern als beratender Partner zu positionieren. Hier ist eine kompakte Themensammlung für Ihre Vorstellung:

- **Rolle und Selbstverständnis:** Erklären Sie kurz, dass Sie die Schnittstelle zwischen Belegschaft und Geschäftsführung bilden. Betonen Sie Ihre beratende Funktion und die Unterstützung des Arbeitgebers bei der Umsetzung gesetzlicher Vorgaben (gemäß ASiG).
- **Gefährdungsbeurteilung:** Erläutern Sie, dass Sie Arbeitsplätze systematisch auf physische und psychische Belastungen untersuchen, um Unfälle und Langzeitschäden proaktiv zu verhindern.
- **Unfallprävention und Erste Hilfe:** Erwähnen Sie die Analyse von Beinahe-Unfällen, die Organisation von Ersthelfern und die Sicherstellung funktionsfähiger Schutzausrüstung (PSA) sowie Verbandskästen.

Gliederungen für komplexe Themen erstellen

Wenn Sie vor der Aufgabe stehen, einen umfangreicheren Text schreiben zu müssen, kann das Erstellen einer Gliederung ein sinnvoller erster Schritt sein. Sie strukturiert das Thema von vornherein, stellt Vollständigkeit sowie innere Logik sicher und kann beim weiteren Vorgehen als Leitplanke dienen, an der entlang Sie den eigentlichen Text dann Schritt für Schritt in Abschnitten erstellen.

Gemini kann Ihnen beim Erstellen einer solchen Gliederung helfen. Dabei macht er sich zunutze, dass das dahinterstehende KI-System zu den meisten Themen ausreichendes Wissen hat, um alle relevanten Aspekte zu kennen. Gleichzeitig weiß Gemini, wie man dieses Wissen in eine sinnvolle Struktur überführen kann.

```
Ich möchte ein Buch über den Finnischen Lapphund
schreiben. Schlage mir eine sinnvolle Gliederung dafür
vor!
```

Ein Buch über den Finnischen Lapphund sollte die Balance zwischen seiner Geschichte als Arbeitshund und seiner heutigen Rolle als Familienmitglied finden. Hier ist eine kompakte, logische Gliederung:

Strukturvorschlag: Der Finnische Lapphund

- **Einleitung:** Porträt einer vielseitigen Rasse und das "nordische Wesen".
- **Herkunft und Geschichte:** Vom unentbehrlichen Gehilfen der Samen bei der Rentierarbeit bis zur Anerkennung als moderne Rasse.
- **Rassemerkmale und Rassestandard:** Physische Merkmale (das wetterfeste "Double Coat"), Farbenvielfalt und der typische, sanfte Gesichtsausdruck.
- **Charakter und Temperament:** Wesen (freundlich, wachsam, intelligent),

Mit dem Kopieren-Symbol unterhalb der Antwort können Sie den Gliederungsvorschlag in die Zwischenablage übernehmen und von dort in die Anwendung einfügen, mit der Sie Ihr Projekt bearbeiten wollen.

Eine grobe Gliederung verfeinern

Eine grobe thematische Unterteilung in Kapitel ist für ein umfangreiches Werk sicherlich nur der erste Schritt. Anstatt direkt loszuschreiben, könnte man nun darangehen, die einzelnen Abschnitte der Gliederung weiter zu unterteilen und zu verfeinern. Solange Sie sich noch in dem Dialog mit Gemini befinden, in dem der Gliederungsentwurf generiert wurde, können Sie sich direkt darauf beziehen:

```
Erstelle eine detaillierte Binnengliederung für
Kapitel 4.
```

Hier ist die detaillierte Binnengliederung für **Kapitel 4: Charakter und Temperament**, die den Fokus auf die psychologische Tiefe dieser Rasse legt:

4. Charakter und Temperament: Das Herz des Lapphundes

- **4.1 Das Erbe der Hirten:** * Die genetische Verankerung als Arbeitshund.
  - Eigenständigkeit vs. Kooperationsbereitschaft (Will to please).

- **4.2 Der „sanfte Nordländer“:** * Das Wesen im Haus: Ruhe und Gelassenheit.
  - Feinfühligkeit und Empathie gegenüber menschlichen Stimmungen.
- **4.3 Kommunikation und Bellverhalten:** * Warum der Lapphund „spricht“ (das Erbe des Rentiertreibens).

Wenn Sie, wie vorangehend beschrieben, den Entwurf für den gesamten Titel bereits in eine Anwendung übertragen haben, können Sie die Feingliederung auch zu einem späteren Zeitpunkt ohne den passenden Kontext bei Gemini vornehmen:

1. Kopieren Sie dazu jeweils die einzelnen Kapitel aus dem Gliederungsentwurf und fügen Sie diese in den Eingabebereich von Gemini ein.
2. Ergänzen Sie diese Vorgabe mit einer Aufforderung, etwa:

```
Erstelle eine detaillierte Binnengliederung für
dieses Kapitel.
```

4. Charakter und Temperament: Das Herz des Lapphundes
4.1 Das Erbe der Hirten:
- Die genetische Verankerung als Arbeitshund
- Eigenständigkeit vs. Kooperationsbereitschaft
4.2 Der „sanfte Nordländer“:
- Das Wesen im Haus: Ruhe und Gelassenheit
- Feinfühligkeit und Empathie gegenüber menschlichen Stimmungen
4.3 Kommunikation und Bellverhalten
- Warum der Lapphund „spricht“ (das Erbe des Rentiertreibens)
- Unterscheidung zwischen Melden, Spielaufforderung und Stressbellen
Erstelle eine detaillierte Binnengliederung für dieses Kapitel

\+ Tools Fast

3. Nach etwas Überlegung präsentiert Gemini Ihnen einen entsprechenden Entwurf für eine Binnengliederung des Kapitels.
4. Kopieren Sie diese mit dem Symbol darunter in die Zwischenablage. Wechseln Sie dann in Ihre Textverarbeitung und fügen Sie dort den Inhalt der Zwischenablage anstelle des bisher nur groben Gliederungsentwurfs für dieses Kapitel ein.

Diesen Vorgang können Sie für jedes Kapitel der ursprünglichen groben Gliederung wiederholen und so die Gliederung nach und nach immer detaillierter und feiner gestalten. Sie können sich auch einzelne Gliederungspunkte herausgreifen und sich von Gemini dafür nochmals eine detailliertere Unterteilung erstellen lassen.

So erhalten Sie schließlich ein Gerüst, das Sie nur noch mit Inhalt zu füllen brauchen, um Ihr Projekt zu verwirklichen.

Umfangreiche Texte mit Canvas

Im nachfolgenden Abschnitt stelle ich Ihnen die Canvas-Funktion von Gemini vor (siehe Seite 202). Sie eignet sich gut für das Arbeiten an längeren und komplexen Texten, die Sie dort gemeinsam mit dem Assistenten schrittweise entwickeln können. Außerdem erstellt und speichert Canvas automatisch wichtige Zwischenschritte wie Gliederungen und Textentwürfe, auf die Sie so immer wieder zurückgreifen können.

Einen ersten Entwurf generieren

Neben dem Wissen für Themensammlungen und Gliederungen können Sie sich auch Geminis Fähigkeit zum Generieren ausformulierter Texte zunutze machen. So kann der Assistent nach Ihren Vorgaben für einzelne Abschnitte einen ersten Textentwurf erstellen, den Sie als Ausgangsbasis nehmen, überarbeiten und ergänzen können, um so schnell zu Ihrem eigenen persönlichen Werk zu gelangen. Verwenden Sie als Ausgangsbasis dabei jeweils die untersten Ebenen der entworfenen Gliederung. Kopieren Sie die Überschrift eines solchen Abschnitts und fügen Sie sie in den Eingabebereich von Gemini ein. Ergänzen Sie dann eine Aufforderung wie diese:

```
Schlage mir einen Textentwurf für diesen Abschnitt
meines Buchs über den Finnischen Lapphund vor.
```

Der Finnische Lapphund trägt sein Erbe als nomadischer Gehilfe tief in seiner Genetik. Ursprünglich als vielseitiger Jagdbegleiter der Samen in der Arktis geschätzt, vollzog die Rasse eine evolutionäre Anpassung, als sich der Lebensstil ihrer menschlichen Partner hin zur halbnomadischen Rentierwirtschaft wandelte. Dieser Übergang erforderte eine kognitive Neuausrichtung: Der einstige Jagdtrieb wich einer spezialisierten Hüteintelligenz, die weniger auf das Erlegen, sondern auf das kontrollierte Leiten und Schützen großer Herden in unwegsamem Gelände abzielte.

Trotz dieses funktionalen Wandels blieben zwei mentale Konstanten über die Jahrtausende unerschüttert: eine außergewöhnliche Ausdauer und eine stoische Wetterfestigkeit. Diese Eigenschaften sind nicht bloß physischer Natur, sondern tief verwurzelte Charakterzüge. Ein Lapphund betrachtet widrigste Bedingungen – von peitschenden Schneestürmen bis hin zu zweistelligen Minusgraden – nicht als Hindernis, sondern als sein natürliches

Der richtige Kontext für gute Ergebnisse

Achten Sie darauf, ggf. den erforderlichen Kontext zu geben. Eine Überschrift wie »Genetische Wurzeln« etwa ist für sich genommen zu allgemein formuliert und würde ohne Kontext zu einem Text führen, der vermutlich gar nichts oder nur am Rande mit Ihrem Thema zu tun hätte. Im Zweifelsfall können Sie Gemini zu Beginn jeder neuen Sitzung noch mal die gesamte Gliederung des Textes übergeben, um den notwendigen Kontext für nachfolgende Aufforderungen herzustellen.

Wenn Sie mit dem ersten Entwurf noch nicht zufrieden sind, lassen Sie Gemini nachbessern. Sie können den Assistenten eine detaillierte oder kompaktere Fassung erstellen lassen oder um einen anderen sprachlichen Stil bitten. Hier nur einige Anregungen:

- `Schreibe den Text in einer formelleren Sprache.`
- `Kürze den Text auf die Hälfte seiner Länge.`
- `Füge Anekdoten oder Geschichten von Hunden hinzu.`
- `Erkläre die historische Entwicklung dieser Rasse detaillierter.`
- `Verwende eine lebendigere und bildlichere Sprache.`
- `Ergänze historische Hintergrundinformationen zur Entwicklung der Arbeitsschichten.`
- `Schreibe den Text aus der Perspektive eines Hundes.`
- `Füge medizinische Details zu Finnischen Lapphunden und ihren Krankheiten hinzu.`
- `Beschreibe die Haltung im Hochsommer und die besonderen Herausforderungen.`
- `Schreibe den Text in einem erzählerischen Stil.`
- `Verwandle den Text in einen Dialog zwischen einem Hund und seinem Herrchen.`
- `Betone die körperliche und mentale Bedeutung regelmäßiger Beschäftigung.`
- `Füge Zitate oder Aussagen von Haltern oder Hundeexperten hinzu.`
- `Vergleiche diese Rasse mit vergleichbaren Hunderassen.`
- `Verwende eine humorvolle oder ironische Tonalität.`

- Beschreibe die Haltung in verschiedenen Ländern und ihre Unterschiede.
- Ergänze den Text mit Statistiken oder Zahlen zur Rasse.
- Schreibe den Text aus der Perspektive eines Kindes, das den Hund beobachtet.
- Füge Informationen zu den sozialen Aspekten und dem Familienleben des Hundes hinzu.
- Verwandle den Text in einen poetischen oder lyrischen Stil.

6.4 Texte gemeinsam mit Gemini erarbeiten

Mit dem Canvas-Werkzeug bietet Gemini eine Methode, Texte (oder auch Programm-Code) in einem interaktiven Zusammenspiel mit dem KI-Assistenten zu erarbeiten. Dabei öffnet sich neben dem Chat ein Arbeitsblatt mit einem ersten Entwurf. Sie können Änderungen direkt darin vornehmen. Ebenso können Sie Gemini per Prompt veranlassen, bestimmte Dinge zu verändern oder weitere Aspekte zu ergänzen. Dadurch bewirkte Änderungen im Arbeitsblatt werden optisch hervorgehoben, sodass Sie die Auswirkungen jederzeit im Blick behalten. Auf diese Weise können Sie sich gemeinsam mit dem digitalen Helfer Schritt für Schritt an das gewünschte Ergebnis herantasten.

1. Um *Canvas* zu nutzen, klicken Sie im Eingabefeld auf *Tools* und wählen im so geöffneten Menü den gleichnamigen Menüpunkt.

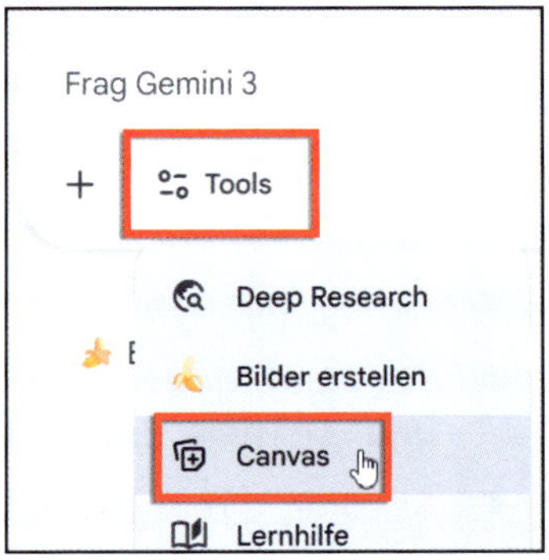

2. Beschreiben Sie nun im Prompt, was für einen Text Sie erstellen möchten.

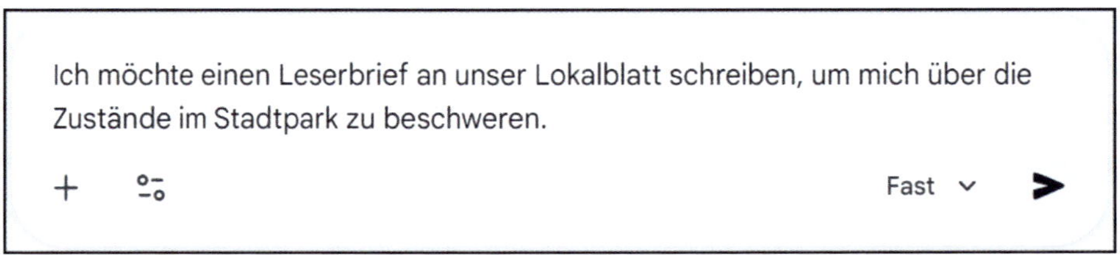

3. Wenn Sie die Aufforderung absenden, öffnet Gemini rechts ein Arbeitsblatt und generiert darin, basierend auf Ihrer Eingabe, einen ersten Entwurf.

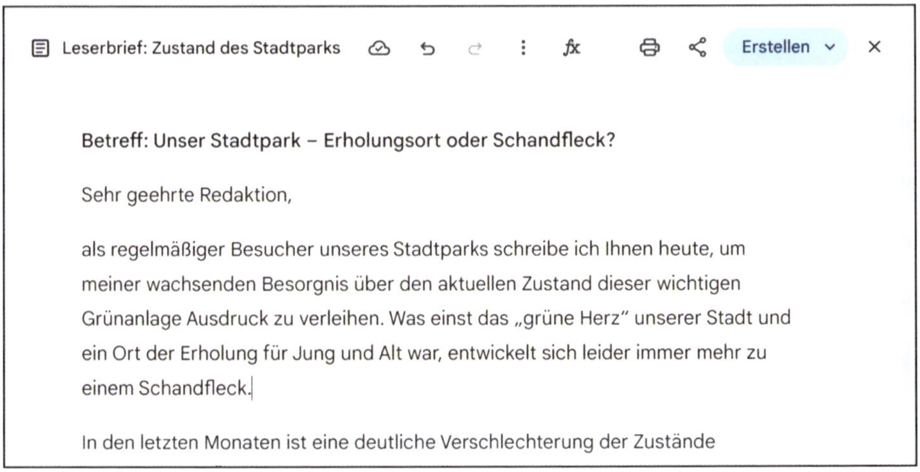

4. Für die weitere Verfeinerung stehen Ihnen nun drei verschiedene Möglichkeiten zur Verfügung, die Sie beliebig nutzen und kombinieren können:
   - Sie können selbst Bearbeitungen direkt im Arbeitsblatt vornehmen. Das ist ein einfacher Editor, in dem Sie überall Text löschen, verändern und ergänzen können.
   - Sie können im Eingabe-Prompt Anweisungen an Gemini formulieren, damit der Assistent bestimmte Inhalte ergänzt oder etwa den Sprachstil verändert.
   - Mit der Symbolleiste unten rechts im Arbeitsblatt können Sie grundlegende Eigenschaften des Entwurfs per Mausklick anpassen (mehr dazu im Folgenden).

5. Soll Gemini beispielsweise einen bestimmten Aspekt für Sie ergänzen, formulieren Sie das wie gewohnt als Prompt links im Eingabebereich.

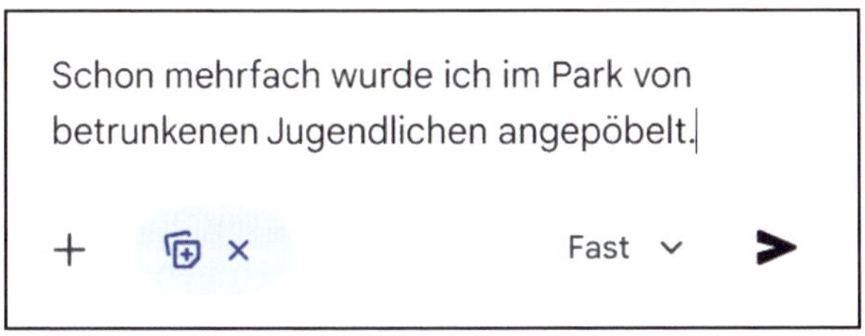

6. Der KI-Assistent analysiert Ihre Eingabe und nimmt entsprechende Änderungen am Entwurf vor. Ergänzte Textstellen werden optisch hervorgehoben, sodass Sie frisch generierte Inhalte schnell erkennen und nachverfolgen können.

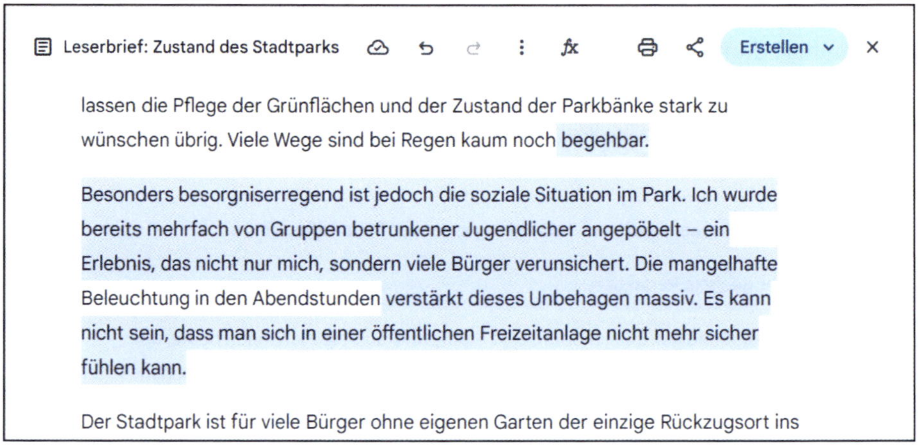

7. Auch wenn Sie mit dem Tonfall des Textes nicht zufrieden sind, geben Sie Gemini einen Hinweis, was Sie sich sprachlich wünschen.

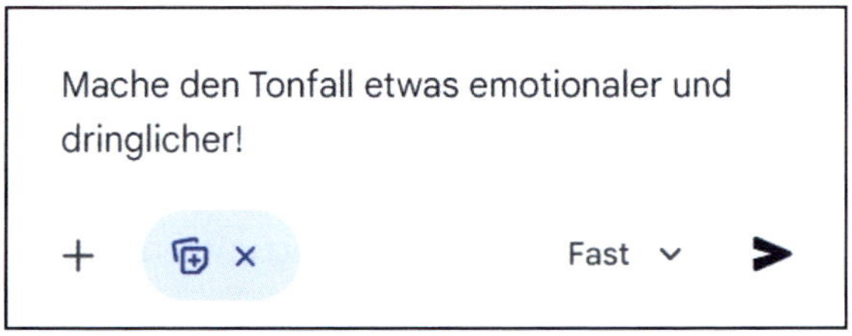

8. Sind Sie mit dem Entwurf zufrieden, finden Sie oben in der Symbolleiste des Arbeitsblatts ein Drucker- und ein Teilen-Symbol. Letzteres öffnet ein Menü, in dem Sie den Inhalt teilen, als Dokument in Google Docs speichern oder in die Zwischenablage kopieren können.

Den Entwurf per Mausklick anpassen

Die Symbolleiste unten rechts im Arbeitsblatt ermöglicht es Ihnen, grundlegende Änderungen am generierten Text per Mausklick vorzunehmen. Dazu können Sie mit den drei Symbolen

- die *Länge ändern*,
- den *Tonfall ändern* oder
- *Änderungen vorschlagen* lassen.

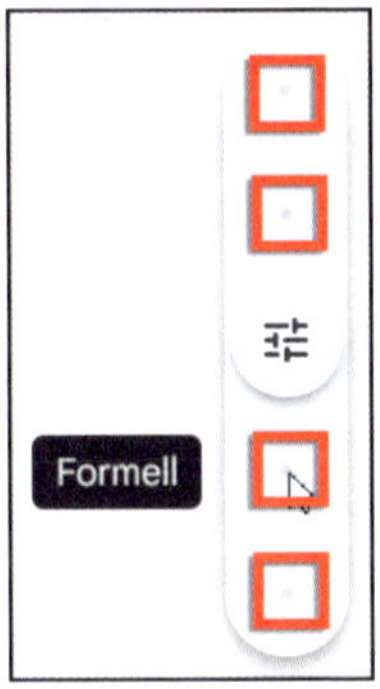

1. Für die ersten beiden Eigenschaften klicken Sie mit der Maustaste auf das Symbol.
2. So zeigen Sie anstelle der Symbolleiste eine Skala an, mit der Sie die jeweilige Eigenschaft in mehreren Stufen anpassen können.
3. Die Länge des zuletzt generierten Textes lässt sich in *Sehr kurz*, *Kurz*, *Lang* oder *Sehr lang* ändern. Der Tonfall reicht von *Sehr locker* über *Informell* und *Formell* bis hin zu *Sehr formell*. Mit einem Klick auf die gewünschte Stufe generiert Gemini automatisch eine entsprechend überarbeitete Fassung.
4. Sollten Sie doch keine Änderung der Eigenschaft wünschen, klicken Sie erneut auf das Symbol in der Mitte der Skala, um diese wieder zu schließen.
5. Mit dem dritten Symbol unten in der Leiste lassen Sie Gemini den selbst generierten Text analysieren und nach möglichen Verbesserungen suchen. Solche Stellen werden optisch hervorgehoben, und gleichzeitig finden Sie rechts daneben eine kurze Erläuterung, was der Assistent an dieser Stelle ändern würde und warum.

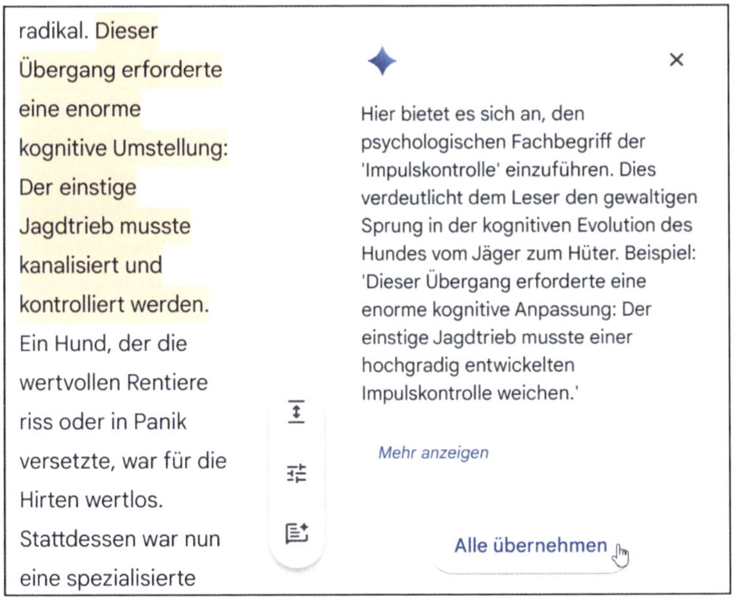

6. Mit dem *X*-Symbol können Sie einzelne Änderungsvorschläge ablehnen. Sind Sie einverstanden, klicken Sie auf die Schaltfläche *Alle übernehmen* unten rechts und warten kurz, bis Gemini die vorgeschlagenen Modifikationen vorgenommen hat.

Mit Canvas an größeren Projekten arbeiten

Canvas eignet sich nicht nur für einfache Schriftstücke oder Briefe. Auch wenn Sie umfangreichere, komplexer strukturierte Texte erstellen möchten, können Sie das mit Canvas tun. Hierbei können Sie sich zunutze machen, dass Canvas wichtige Zwischenschritte wie etwa Entwürfe für eine Gliederung oder eine erste Textfassung automatisch speichert, sodass Sie sie auch später immer wieder abrufen und darauf basierend die Arbeit fortsetzen können. Zur Demonstration greife ich noch mal das Beispiel aus dem vorhergehenden Abschnitt auf, nur diesmal unter Verwendung der Canvas-Funktion.

1. Aktivieren Sie hierzu wiederum die *Canvas*-Funktion über das *Tools*-Menü im Eingabefeld von Gemini.
2. Tippen Sie dann einen Prompt in das Eingabefeld ein, der Ihr Vorhaben beschreibt:

```
Ich möchte ein Buch über den Finnischen Lapphund
schreiben.
```

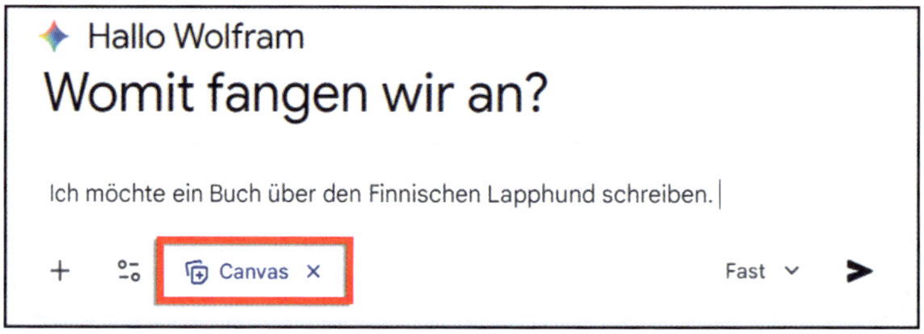

3. Nach kurzer Zeit präsentiert Ihnen Gemini rechts im Arbeitsblatt seinen Entwurf. Beachten Sie dabei aber auch die linke Spalte, wo der Assistent ebenfalls auf Ihre Anfrage reagiert. Wichtig ist hier vor allem der eingefügte Zwischenstand: Er ist mit Datum und Uhrzeit versehen und wie eine Schaltfläche gestaltet.

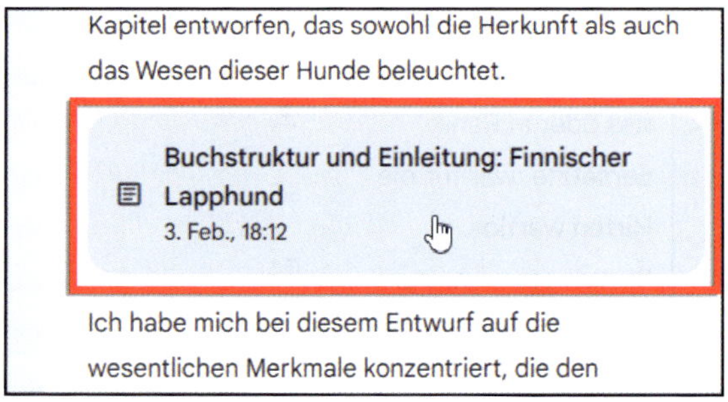

4. Auch wenn Sie die Arbeit an dem Projekt fortsetzen und den Inhalt des Arbeitsblatts ergänzen oder ganz verändern, können Sie über diese Schaltfläche immer wieder zu diesem Zwischenstand zurückkehren.

Weitergehende Inhalte erstellen

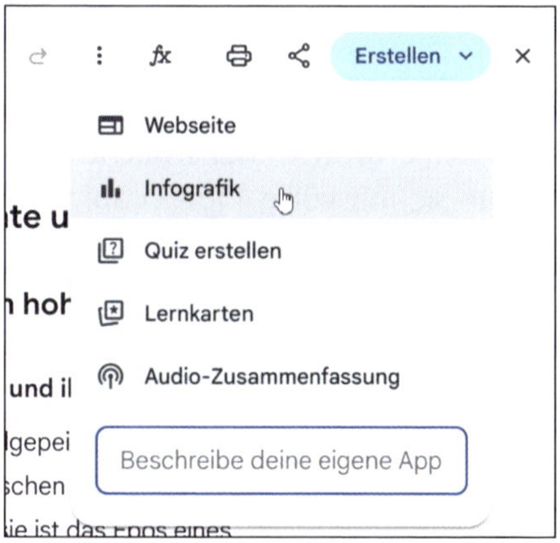

Aus dem gemeinsam mit Gemini entwickelten Text können Sie den Assistenten auch jederzeit andere Inhaltsformen generieren lassen. Dazu dient die Schaltfläche *Erstellen* in der oberen Symbolleiste des Arbeitsblatts. Mit einem Klick darauf öffnen Sie ein Menü, das Ihnen verschiedene Möglichkeiten bietet, jeweils basierend auf dem Inhalt des Arbeitsblatts Webseiten, Infografiken, Lernkarten oder eine Audio-Zusammenfassung zu erstellen. Ähnliches finden Sie bei den Studio-Funktionen von NotebookLM (siehe Seite 149), weshalb ich hier nicht in aller Breite darauf eingehe. Audio-Zusammenfassungen benötigen einiges an Rechenzeit, sodass man sie am besten im Hintergrund erstellen lässt und später zum Chat zurückkehrt, um sich das Ergebnis anzuhören.

Webseiten sind eine spannende Funktion, die eindrucksvoll demonstriert, dass Canvas nicht nur Text, sondern auch Programmcode erzeugen kann (denn daraus besteht eine Webseite letztlich). Gerade wenn Sie keine Erfahrung mit dem Erstellen von Webseiten haben, kann diese Funktion sehr hilfreich sein. Dank Canvas können Sie sich dabei voll auf den Inhalt konzentrieren. Entspricht dieser genau Ihren Vorstellungen, lassen Sie Gemini daraus eine Webseite erstellen. So erhalten Sie den passend codierten Inhalt, den Sie als Code oder als Vorschau der Webbrowser-Darstellung betrachten können. Über das Teilen-Symbol können Sie den Code in die Zwischenablage kopieren oder als Link an andere senden.

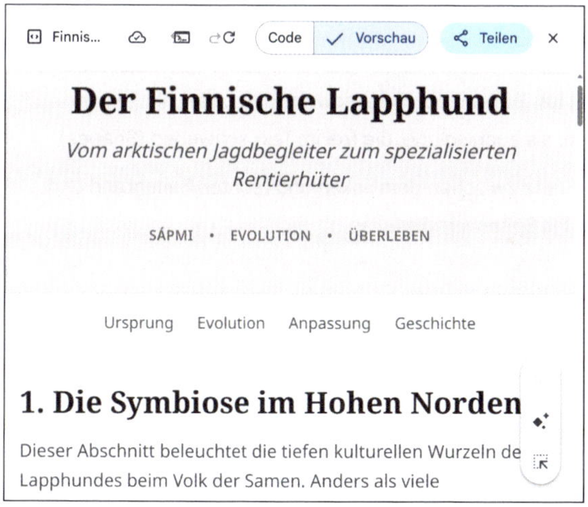

Mit Canvas programmieren

Ein weiteres Gebiet, bei dem künstliche Intelligenz Ihnen behilflich sein kann, ist das Erstellen von Programmen in allen möglichen Computersprachen. Aus der Sicht einer generativen KI ist eine Programmiersprache in erster Linie eine Sprache. Und wenn KI-Systeme diverse menschliche Sprachen mit ihren Eigenheiten meistern können, sollten sie mit völlig logisch aufgebauten und im Wortschatz sehr überschaubaren Computersprachen spielend zurechtkommen. Die KI-Systeme haben im Rahmen ihres Trainings mit online verfügbaren Informationen unter anderem auch eine Vielzahl von Beispielen für Computerprogramme analysiert. Sie »wissen« also auch, wie man mit solchen Sprachen umgeht.

Lösungen für Programmieraufgaben vorschlagen

Prinzipiell können Sie Gemini jederzeit mit einem Prompt um eine Lösung für eine bestimmte Programmieraufgabe bitten. Beschreiben Sie dazu möglichst genau, welche Aufgabe Sie mit dem Code lösen möchten, etwa:

```
Schreibe mir ein VBA-Makro, das in einem Word-Text die
Größe aller eingefügten Bilder der Seitenbreite des
Dokuments anpasst. Die Proportionen der Bilder sollen
dabei erhalten bleiben.
```

Nach kurzem Nachdenken präsentiert Gemini Ihnen seine Lösung (hier nur auszugsweise wiedergegeben). Mit einem Klick auf das Kopieren-Symbol oben rechts neben dem Code übernehmen Sie nur diesen in die Zwischenablage. Lesen Sie aber die Antwort des Assistenten auch über den Code hinaus bis zum Schluss. Dort folgen meist noch Hinweise, wie das Programm konkret eingesetzt werden kann. Teilweise müssen zuvor auch noch Werte innerhalb des Codes individuell angepasst werden, damit er wie gewünscht funktioniert.

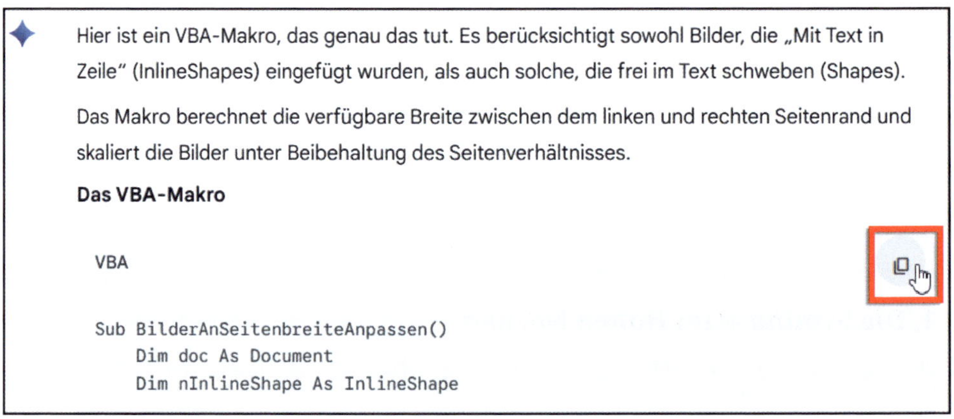
Hier ist ein VBA-Makro, das genau das tut. Es berücksichtigt sowohl Bilder, die „Mit Text in Zeile" (InlineShapes) eingefügt wurden, als auch solche, die frei im Text schweben (Shapes).

Das Makro berechnet die verfügbare Breite zwischen dem linken und rechten Seitenrand und skaliert die Bilder unter Beibehaltung des Seitenverhältnisses.

Das VBA-Makro

VBA

```
Sub BilderAnSeitenbreiteAnpassen()
    Dim doc As Document
    Dim nInlineShape As InlineShape
```

Programme mit Canvas erarbeiten

Wenn es um mehr als ein kleines Makro oder eine kompakte Funktion geht, empfiehlt sich der Einsatz von Canvas zum Programmieren. So wie Sie Texte gemeinsam mit Gemini gestalten, können Sie auch Programmcode Schritt für Schritt in Canvas erarbeiten. So kommen Sie schnell zu optimalen Ergebnissen und können quasi nebenbei noch Programmieren lernen. Für das folgende Beispiel soll anlässlich einer privaten Feier die Homepage um ein Anmeldeformular ergänzt werden, in dem Gäste sich anmelden und auch gleich ihren Essenswunsch hinterlassen können.

1. Klicken Sie in der Gemini-Eingabeaufforderung unten auf *Tools* und wählen Sie im so geöffneten Menü *Canvas*.
2. Tippen Sie einen Prompt ein, der Ihre Absicht möglichst genau beschreibt. Idealerweise sollte auch ein Hinweis darauf enthalten sein, für welche Plattform bzw. Programmiersprache das Vorhaben realisiert werden soll. Im Beispiel reicht dafür das Stichwort »Webformular«.

```
Ich möchte für eine private Feier ein kleines Webformular
erstellen, in dem Freunde sich anmelden und angeben
können, ob sie Fleisch, Fisch oder Vegetarisch
bevorzugen.
```

3. Wenn Sie diese Aufforderung absenden, wechselt Gemini automatisch in den zweigeteilten Canvas-Modus. Rechts entsteht quasi vor Ihren Augen der Programmcode.

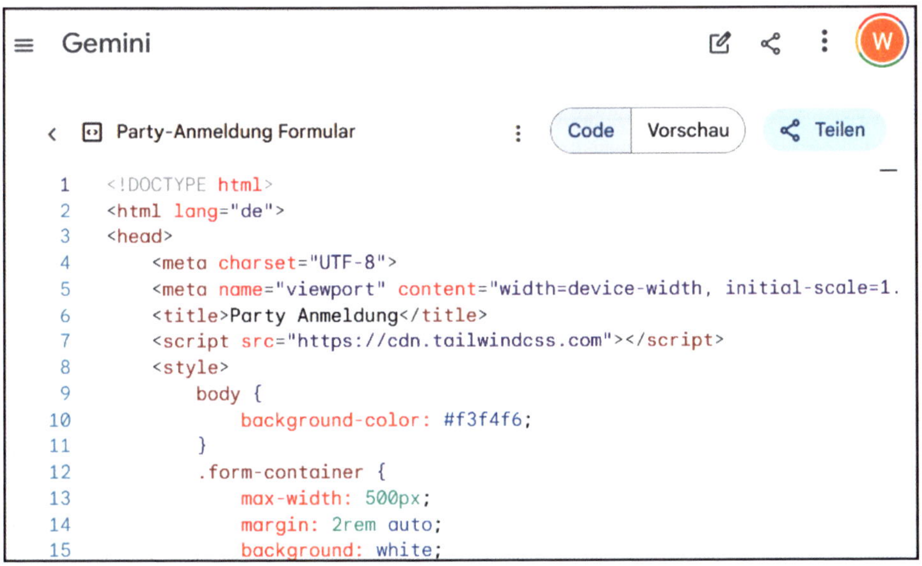

4. Wenn, wie etwa bei einer Webseite, eine Visualisierung möglich ist, wechselt Canvas nach der Vervollständigung des Codes automatisch zur Rubrik *Vorschau*, wo Sie das Erscheinungsbild der generierten Elemente kontrollieren können.

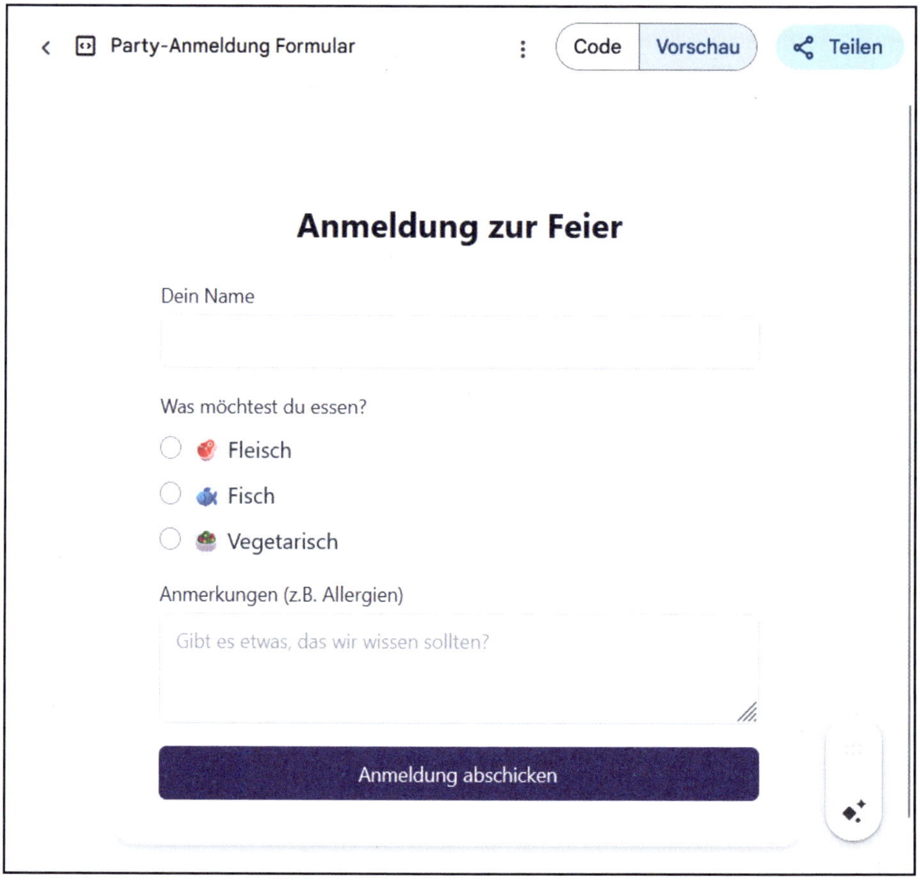

5. Wie bei Canvas üblich, können Sie den ersten Entwurf anschließend schrittweise gemeinsam mit Gemini verfeinern. Schaut man sich den erstellten Code an, zeigt sich beispielsweise, dass Gemini keine Methode vorgesehen hat, wie die eingegebenen Formulardaten zu Ihnen gelangen sollen. Das lässt sich schnell ändern.

```
Ich möchte, dass mir die Formulardaten jeweils per
E-Mail zugesendet werden.
```

6. Gemini ergänzt daraufhin den Programmcode entsprechend und bindet einen kostenlosen Dienst zum Übermitteln von Formulardaten per E-Mail ein. Dabei zeigt sich, dass es wichtig ist, auch die Hinweise links jeweils aufmerksam zu lesen.

Hier weist der Assistent auf eine Stelle im Code hin, wo die Empfänger-E-Mail-Adresse für die Formularnachrichten eingefügt werden muss. Andernfalls können die E-Mails ihr Ziel nicht erreichen.

> Gemini
>
> Gedankengang anzeigen
>
> Um E-Mails direkt aus einem statischen HTML-Formular zu versenden, wird ein Formular-Backend-Dienst benötigt, da reines Frontend-JavaScript keine E-Mails verschicken kann. Ich habe den Code so angepasst, dass er den kostenlosen Dienst **FormSubmit** nutzt.
>
> Du musst lediglich im `action` -Attribut des Formulars `DEINE_EMAIL@BEISPIEL.DE` durch deine tatsächliche E-Mail-Adresse ersetzen. Beim ersten Absenden musst du die Verknüpfung einmalig über eine Bestätigungs-E-Mail des Anbieters aktivieren.

7. Die entsprechende Änderung können Sie manuell im Programmcode rechts vornehmen. Oder Sie lassen auch das von Gemini erledigen:

```
Verwende als E-Mail-Adresse gaeste@mail.de.
```

In gleicher Weise können Sie beliebige andere Änderungen und Ergänzungen vornehmen, bis Sie mit dem Ergebnis zufrieden sind, beispielsweise:

```
■ Gestalte das Formular bunter und freundlicher.
■ Verwende in allen Texten „Sie“ als Anrede.
■ Ergänze eine Ankreuzmöglichkeit, wenn eine
  Übernachtung gewünscht ist.
```

Programmfehler mit KI-Hilfe aufspüren

Wenn man selbst programmiert oder den mit KI-Hilfe erstellten Code vielleicht individuell abändert, kann es schnell zu kleinen Fehlern kommen, die eine große Wirkung haben. Wenn ein Programm dann statt der beabsichtigten Wirkung nur eine nichtssagende Fehlermeldung produziert, ist guter Rat teuer. Oder eben nicht, wenn er von einer KI schnell und kostenlos kommt.

1. Kopieren Sie den fraglichen Programmcode in die Zwischenablage. Mit Strg+A und Strg+C geht das am schnellsten. Wenn Sie die Fehlerstelle allerdings einigermaßen eingrenzen können, beschränken Sie sich darauf. Je weniger Code die KI analysieren muss, desto aussagekräftiger und hilfreicher sind die Ergebnisse.
2. Fügen Sie den kopierten Programmcode mit Strg+V in den Gemini-Prompt ein und senden Sie ihn ab. Ergänzende Anweisungen sind nur nötig, wenn Sie dem Assistenten zusätzliche Informationen geben oder eine spezielle Frage stellen möchten.
3. Gemini analysiert den übergebenen Code auch ohne dazu gestellte Fragen oder Aufgaben. Sollte die KI dabei einen Fehler entdecken, macht sie in der Reaktion darauf aufmerksam und bietet Ihnen gleichzeitig eine korrigierte Fassung des Programms an.
4. Auch dann finden Sie wiederum oben rechts eine Kopieren-Schaltfläche, mit der Sie den Code direkt in die Zwischenablage übernehmen können.

Du hast da ein gutes Grundgerüst für dein VBA-Makro! Es gibt jedoch einen kleinen Tippfehler im Code, der beim Ausführen zu einem Fehler führen wird („Method or data member not found").

Die Korrektur

Die Eigenschaft für die Breite heißt korrekt `Width`, aber in deinem Code steht `Witdh`.

Hier ist der korrigierte Ausschnitt:

VBA

```
For Each sShape In doc.Shapes
    ' Prüfen, ob es sich um ein Bild oder ein verknüpftes Bild handelt
    If sShape.Type = msoPicture Or sShape.Type = msoLinkedPicture Then
        With sShape
            ' Seitenverhältnis sperren
            .LockAspectRatio = msoTrue
            ' Breite festlegen (Tippfehler hier korrigiert)
            .Width = availableWidth
        End With
    End If
Next sShape
```

Welche Programmiersprachen beherrscht Gemini?

Sprachen sind eine große Stärke generativer KI-Systeme. Sofern es zu einer Sprache ausreichend Quellen im Internet gibt, kann man davon ausgehen, dass Gemini sie beherrscht, Funktionen darin generieren oder beispielsweise syntaktische Fehler im entsprechenden Quellcode erkennen kann. Insofern gibt es keine definitive Liste der zulässigen Sprachen. Sie können Gemini aber jederzeit fragen, ob er Sie in einer bestimmten Sprache unterstützen kann.

```
Beherrscht du die Programmiersprache COBOL?
```

Ja, ich beherrsche **COBOL** (Common Business-Oriented Language).

Da COBOL seit Jahrzehnten in vielen Banken, Versicherungen und öffentlichen Verwaltungen für große Transaktionssysteme eingesetzt wird, ist eine enorme Menge an Dokumentation und Code-Beispielen verfügbar, auf die ich zugreifen kann.

Was ich bei COBOL für dich tun kann:

- **Code-Analyse:** Ich kann helfen, alten (Legacy-)Code zu lesen und zu verstehen, was oft hilfreich ist, wenn man eine Dokumentation für ein altes System erstellen muss.
- **Modernisierung:** Ich kann dich dabei unterstützen, COBOL-Logik zu analysieren, um sie beispielsweise in modernere Sprachen (wie Java oder C#) zu übersetzen oder in moderne APIs zu kapseln.
- **Fehlersuche:** Wenn du ein Problem in einem `PROCEDURE DIVISION` -Block hast oder Schwierigkeiten mit der Datenstruktur in der `DATA DIVISION` auftreten, kann ich bei der

6.5 Onlinetexte für Reichweite optimieren

Auch beim Erstellen von Inhalten für die Veröffentlichung im Internet und in sozialen Medien kann Gemini wertvolle Hilfe leisten. Das gilt nicht nur für das Erstellen von Texten selbst. Zum Erstellen von Onlinetexten gehört auch das Formulieren attraktiver Überschriften und neugierig machender Zusammenfassungen oder das Ergänzen von Hashtags, die Aufmerksamkeit erregen. Ihr digitaler Assistent »weiß«, wie solche Texte gestaltet sein müssen, um die gewünschte Wirkung zu erzielen.

Einen attraktiven Titel generieren

Der Titel eines Artikels oder Blog-Beitrags ist sehr wichtig. Er sollte nicht nur eine klare Vorstellung vom Inhalt eines Beitrags vermitteln, sondern die Besucher zum Lesen eines Beitrags animieren. Manche machen deshalb eine kleine Wissenschaft daraus, für jede Veröffentlichung eine attraktive, neugierig machende Überschrift zu finden. Wer sich darüber keine Gedanken machen und sich stattdessen lieber ganz auf Inhalte konzentrieren möchte, kann die lästige Titelsuche Gemini überlassen.

1. Erstellen Sie dazu am besten zunächst den eigentlichen Inhalt etwa des Blog-Beitrags. Dieser dient der KI als Ausgangsmaterial, das analysiert werden kann. Je vollständiger der Inhalt, desto passender die generierte Überschrift.
2. Laden Sie den Inhalt dann hoch oder kopieren Sie ihn in den Eingabebereich, sodass er Teil des Dialogs wird.

3. Nun können Sie Gemini auffordern, einen attraktiven Titel für diesen Beitrag zu erstellen. Wichtig dabei ist, dass der Assistent erfährt, für welchen Zweck der Text bzw. die Überschrift vorgesehen ist.

```
Ich möchte diesen Text als Blog-Beitrag veröffentlichen.
Erstelle mir dafür eine Überschrift, die Leser
neugierig macht und zum Lesen animiert.
```

Hier sind drei Vorschläge für deine Überschrift, je nachdem, welchen Ton dein Blog hat:

- **Der lösungsorientierte Klickmagnet:** „Android-Tastatur verschwunden? Mit diesem einfachen Hardware-Trick rettest du dein Smartphone"
- **Die Story-Variante:** „Wenn das Passwort-Feld leer bleibt: Wie mich ein kleiner Adapter vor dem Werksreset bewahrte"
- **Kurz & Knackig:** „Tastatur-Blackout bei Android: Der ultimative Rettungsweg ohne Datenverlust"

4. Sollte noch nicht das Passende dabei sein, verlangen Sie einen Nachschlag oder lenken Sie den Assistenten ggf. in die gewünschte Richtung.

```
■ Kannst du mir weitere Überschriften für den Text
  vorschlagen?
■ Schlage mir noch knackigere/kürzere/griffigere
  Varianten vor.
■ Formuliere ein paar seriösere Varianten.
■ Erstelle Überschriften für eine ältere/jüngere/
  erfahrenere Zielgruppe.
■ Ich suche eine absolut unwiderstehliche
  Überschrift.
```

Ich suche eine absolut unwiderstehliche Überschrift.

Hier ist eine Überschrift, die Neugier, ein konkretes Problem und eine überraschende Lösung kombiniert:

„Tastatur-Blackout beim Entsperren: Warum ein kleiner Stecker die letzte Rettung für dein Android-Handy ist"

Überschriften für Suchmaschinen optimieren

Bei Onlinetexten sollten sich nicht nur potenzielle Leser angesprochen fühlen, sondern auch Suchmaschinen. Denn diese können dafür sorgen, dass Ihre Beiträge von Nutzern gefunden werden, wenn diese etwa bei Google oder anderen Suchdiensten recherchieren. Damit man bei der Unmenge an Seiten gefunden wird und möglichst weit oben in den Trefferlisten auftaucht, gibt es einige Dinge, die man beachten sollte. Denn einige Regeln zur Suchmaschinenoptimierung (**S**earch **E**ngine **O**ptimization, SEO) können bewirken, dass Beiträge von den Suchalgorithmen als besonders relevant eingestuft werden.

- **Relevante Keywords einfügen**
  Überschriften sollten Schlüsselwörter enthalten, die Nutzer tatsächlich in Suchmaschinen eingeben. Dabei sollte das Haupt-Kennwort idealerweise am Anfang der Überschrift platziert sein.
- **Ansprechende Sprache**
  Die Überschrift sollte Neugier wecken oder ein Problem lösen. Generische Formulierungen sollten vermieden und stattdessen kreative Sprache verwendet werden, die Emotionen oder Interesse auslöst.
- **Kurze, prägnante Formulierungen**
  Überschriften sollten in der Regel unter 60 Zeichen lang sein, damit sie vollständig in den Suchergebnissen angezeigt werden.
- **Struktur und Lesbarkeit**
  Es empfehlen sich Zahlen, Fragen oder starke Verben, um die Struktur klar und ansprechend zu gestalten (z. B. »5 Tipps, die dein Leben verändern«).
- **Suchintention berücksichtigen**
  Die Überschrift sollte die Absicht des Nutzers vorwegnehmen. Ist der Nutzer auf der Suche nach Informationen, Ratschlägen, Produkten oder Inspiration?

Das klingt vielleicht auf den ersten Blick alles etwas komplex und ambitioniert. Aber Gemini kennt diese Regeln und hat eine genaue Vorstellung davon, was es heißt, Texte für Suchmaschinen zu optimieren. Sie brauchen Ihren Prompt dazu nur um ein Schlüsselwort wie *SEO-optimiert* zu ergänzen:

```
Erstelle eine Liste von prägnanten, kreativen
Überschriften zu diesem Text, die SEO-optimiert sind.
```

Hier sind prägnante und SEO-optimierte Überschriften, die durch das „Problem-Lösung-Schema" eine hohe Klickrate (CTR) erzeugen:

- **Android-Tastatur erscheint nicht? Der ultimative Trick zum Entsperren**

- **Handy-Passwort ohne Tastatur eingeben: USB-OTG als Rettung**
- **Gboard abgestürzt? So entsperrst du dein Smartphone trotzdem**
- **Keine Tastatur beim Sperrbildschirm: Die Soforthilfe für Android**
- **Android-Tastatur weg? Warum eine PC-Tastatur dein Handy rettet**
- **Display-Tastatur weg: So umgehst du die Sperre ohne Datenverlust**

Teaser für soziale Medien generieren

Für längere Veröffentlichungen kann es sinnvoll sein, aussagekräftige Zusammenfassungen eines Textes zu erstellen. Wie Gemini das schnell und flexibel erledigen kann, ist ab Seite 171 beschrieben. Kurze Ankündigungen – sogenannte Teaser – in sozialen Medien wie Facebook, Instagram oder X (ehemals Twitter) folgen aber noch mal anderen Gesetzmäßigkeiten, wenn man auf diese Weise zusätzliche Aufmerksamkeit generieren möchte. Der KI-Assistent kennt diese Regeln, etwa was Stil, Wortwahl und Umfang angeht, und kann Ihnen diese zusätzliche Mühe abnehmen.

```
Erstelle zu diesem Text einen Teaser für soziale Medien.
```

Oder eben gleich mehrere Teaser für etwas Auswahl:

```
Schlage mir ein paar mitreißende Einzeiler vor, mit
denen ich meinen Text in sozialen Medien bewerben kann.
```

Hier sind prägnante Einzeiler, die das Problem direkt auf den Punkt bringen und die Neugier wecken:

- **Der Problemlöser:** „Tastatur weg und Handy gesperrt? Dieser simple Adapter-Trick rettet deine Daten!"
- **Der Neugier-Faktor:** „Warum eine alte PC-Tastatur die letzte Rettung für dein Android-Smartphone sein kann."
- **Der Sicherheits-Check:** „Gboard abgestürzt? So entsperrst du dein Handy, wenn die virtuelle Tastatur streikt."
- **Kurz & Knackig:** „Smartphone-Lockout ohne Tastatur: Mein Geheimtipp gegen den totalen Datenverlust."
- **Der Aha-Moment:** „Passwort-Eingabe unmöglich? Wie du mit USB-OTG jedes

Damit erhalten Sie allerdings eher allgemeine Teaser-Texte, die nicht speziell auf die besonderen Anforderungen bestimmter sozialer Netzwerke eingehen.

Das ist aber möglich, wenn Sie Gemini wissen lassen, für welche Plattform Sie einen Teaser benötigen:

- `Erstelle mir zum Text einen Teaser für Instagram.`
- `Erstelle mir zum Text einen Teaser für Facebook.`
- `Erstelle mir zum Text einen Teaser für X.`
- `Erstelle mir zum Text einen Teaser für LinkedIn.`
- `Erstelle mir zum Text einen Teaser für TikTok.`
- `Erstelle mir zum Text einen Teaser für YouTube.`
- `Erstelle mir zum Text einen Teaser für Pinterest.`

Da TikTok visuell und schnell ist, funktioniert ein Teaser dort am besten über ein spannendes Szenario (Hook) und eine schnelle Auflösung. Hier sind drei Varianten:

Option 1: Der „Shock-Hook" (Fokus auf das Problem)

„Dein Android-Handy ist gesperrt und die Tastatur taucht einfach nicht auf? 😱 Bevor du dein Handy löschst: Ich zeige dir den ultimativen Lifehack, wie du es mit einer ganz normalen PC-Tastatur rettest! ⌨️📲 #AndroidHacks #TechTipp #HandyHilfe"

Option 2: Der „Geheimtipp" (Fokus auf das Gadget)

„Diesen kleinen Adapter muss jeder Android-Nutzer kennen! ✨ Wenn dein Gboard abstürzt und du dein Passwort nicht mehr eintippen kannst, ist das hier

Wie immer können Sie sich auch gleich mehrere Vorschläge zur Auswahl generieren lassen.

Wenn Sie auf mehreren Plattformen aktiv sind, können Sie sich zudem auf einen Schlag gleiche Teaser für alle gewünschten Plattformen erstellen lassen:

```
Erstelle mir einen Teaser zu meinem Beitrag jeweils
für Instagram, TikTok, X und Facebook.
```

Weitere Prompts zum Erstellen kreativer Teaser

- Formuliere einen Instagram-Teaser, der mit einem auffälligen Bildtext kombiniert werden kann und Emotionen weckt.
- Gib mir einen kurzen Twitter/X-Teaser, der mit einem starken Call-to-Action in weniger als 280 Zeichen Neugier weckt.
- Erstelle einen professionellen LinkedIn-Teaser, der Mehrwert für [Zielgruppe] kommuniziert.
- Wie kann ein TikTok-Teaser aussehen, der mit Humor oder einem trendigen Hashtag die Aufmerksamkeit auf [Thema] lenkt?
- Schreibe einen Facebook-Post-Teaser, der mit einer offenen Frage mehr Kommentare anregen könnte.
- Gib mir einen YouTube-Community-Post-Teaser, der spannend genug ist, um Videoklicks zu fördern.
- Wie könnte ein Instagram-Story-Teaser klingen, der gleichzeitig neugierig und visuell ansprechend ist?
- Erstelle einen kurzen, SEO-optimierten Pinterest-Teaser, der den Nutzen von [Thema] aufzeigt.
- Formuliere einen ansprechenden LinkedIn-Beitrag, der auf aktuelle Trends in [Branche oder Thema] hinweist.
- Wie kann ich ein TikTok-Video mit einem unwiderstehlichen Teaser-Text für [Thema] ergänzen?
- Schreibe einen kreativen Facebook-Teaser, der Leser durch ein Versprechen (z. B. ‚Das wird dein Leben verändern‘) fesselt.
- Gib mir einen Twitter/X-Teaser mit Humor, der User neugierig macht, auf den Link zu klicken.
- Wie könnte eine Instagram-Caption aussehen, die das perfekte Gleichgewicht zwischen Neugier und Ästhetik bietet?
- Erstelle einen LinkedIn-Teaser mit einer einleitenden Frage, die Fachleute zur Diskussion anregt.
- Welche starken Einleitungssätze eignen sich für eine TikTok-Beschreibung zu [Thema]?

- Schreibe einen Social-Media-Teaser für ein YouTube-Video, der neugierig macht, ohne das Ende zu spoilern.
- Wie formuliere ich einen Instagram-Post-Teaser, der mit einem interaktiven Element (z. B. Umfragen) kombiniert werden kann?
- Gib mir einen kurzen und knackigen Teaser für Pinterest, der die Leser dazu bringt, den Pin zu speichern.
- Erstelle einen provokativen Facebook-Teaser, der Diskussionen über [Thema] anregt, ohne kontrovers zu wirken.
- Wie kann ich einen lebendigen LinkedIn-Teaser schreiben, der meine Expertise in [Thema] subtil hervorhebt?

Texte vor dem Veröffentlichen bewerten lassen

In diesem Kapitel bin ich bereits darauf eingegangen, inwieweit Gemini Ihnen dabei helfen kann, beispielsweise die Verständlichkeit und Lesbarkeit Ihrer Texte zu analysieren und ggf. zu verbessern. Das gilt auch für Texte in sozialen Medien, wobei allerdings nochmals andere speziellere Regeln gelten. So müssen Inhalte hier oftmals noch komprimierter auf den Punkt gebracht werden, um die Aufmerksamkeitsspanne der typischen Konsumenten nicht zu strapazieren.

Dein Text ist inhaltlich hervorragend, da er ein **reales Problem** beschreibt und eine **überraschende Lösung** bietet – das funktioniert auf Instagram (besonders als Reel oder Carousel) sehr gut.

Hier ist eine kurze Analyse basierend auf deiner Vorliebe für kompakte Antworten:

Stärken

- **Nutzerwert:** Das Problem „Tastatur weg“ erzeugt sofortige Empathie.
- **Lerneffekt:** Der USB-OTG-Hack ist ein klassischer „Aha-Moment“.
- **Storytelling:** Die Erzählweise (Hilferuf vom Bekannten) wirkt authentisch.

Schwächen für Instagram

- **Länge:** Der Fließtext ist zu lang für eine Caption. Instagram-Nutzer scannen eher.

Gemini kennt diese Regeln und kann sie bei der Analyse Ihrer Texte berücksichtigen, wenn Sie danach fragen:

- Wie gut ist mein Text für Instagram geeignet?
- Kann ich diesen Beitrag zum Veröffentlichen auf Facebook noch verbessern?
- Was würdest du an diesem Text ändern, damit er perfekt für X ist?

Zum Text passende Illustrationen erstellen

Ein Bild sagt mehr als tausend Worte, und auch Onlinebeiträge werden von Bildern oftmals bereichert. Sie können nicht nur informativ sein, sondern lockern die Darstellung auf und können einen Beitrag in Übersichten als Minivorschau attraktiver machen. Allerdings muss man auch erst mal ein passendes Bild erstellen oder finden (und bei nicht selbst erstellten Bildern vor allem auch die Urheberrechte beachten). KI-Assistenten wie Gemini können nicht nur Texte generieren, sondern auch Bilder. So können Sie sich zu einem Beitrag eine passende Abbildung erstellen und in den Artikel integrieren lassen.

In Kapitel 7 geht es ausführlich um die Möglichkeiten, mit Geminis Funktionen Bilder zu generieren. Allzu sehr möchte ich deshalb an dieser Stelle nicht in das Thema einsteigen, sondern stattdessen dorthin verweisen. Aber hier möchte ich zumindest zeigen, dass der Assistent Ihnen jederzeit ein Bild oder eine Grafik zur Illustration von Onlinebeiträgen erstellen kann. Übermitteln Sie dazu den Text an den digitalen Helfer, sodass er den Inhalt kennt. Dann reicht ein Prompt wie dieser:

```
Generiere mir eine Grafik zur Illustration meines
Textes auf Instagram.
```

Mit einem so offen gehaltenen Prompt lassen Sie dem Assistenten viel Spielraum zur Interpretation. Dadurch kann es passieren, dass ein eher allgemeines Bild entsteht, das nicht fehl am Platz ist, aber auch nicht viel Aussagekraft hat. Es kann also sinnvoll sein, ggf. spezifischere Anforderungen zu stellen.

```
Generiere mir ein Bild von einem frustrierten, panischen
Anwender, der sein Android-Smartphone nicht mehr entsperren
kann. Auf dem Smartphone-Display ist eine kleine rote
Fehlermeldung mit dem Text „Gboard stopped working“ zu
sehen.
```

TASTATUR-BLACKOUT? SO GEHT'S DOCH!
Dein Handy ist nicht verloren. 😊

Gboard stopped working

Die besten Schlagwörter für einen Beitrag

Wer mit Inhalten im Web oder in sozialen Medien möglichst viele Menschen erreichen möchte, sollte besonders auf Schlüsselwörter oder neudeutsch »Hashtags« achten. Das sind griffige Schlagwörter, die Inhalte thematisch verorten und so für Interessierte schnell und gezielt auffindbar machen. Mit geschickt gewählten Schlüsselwörtern können Sie die Reichweite Ihrer Inhalte leicht erhöhen. Aber was sind die richtigen Begriffe? Auch bei dieser Auswahl kann Ihre freundliche KI von nebenan helfen. Gemini kann zum einen Ihren Text analysieren und die wesentlichen Begriffe herausfiltern. Zum anderen »weiß« die KI, was für Schlagwörter typischerweise verwendet werden, und kann entsprechend sinnvolle vorschlagen:

1. Fügen Sie zunächst den gesamten Text Ihres Beitrags in den Prompt von Gemini ein und senden Sie ihn ab (falls nicht ohnehin schon geschehen).
2. Der Assistent wird diesen zur Kenntnis nehmen und zunächst nur allgemein kommentieren. Das bedeutet aber, dass er den Inhalt des Beitrags nun für diese Sitzung »kennt« und ihn bei seinen Antworten berücksichtigen kann.
3. Jetzt können Sie Gemini bitten, Ihnen passende Schlagwörter für diesen Text zu generieren, etwa mit einem solchen Prompt:

```
Ich möchte diesen Text auf verschiedenen Social-Media-
Kanälen veröffentlichen. Welche Hashtags sollte ich
verwenden, damit sie möglichst viel Beachtung finden?
```

Um eine maximale Reichweite in der Tech- und Android-Nische zu erzielen, solltest du eine Mischung aus breiten Trend-Hashtags und spezifischen Nischen-Tags verwenden.

Die wichtigsten Hashtags nach Kategorien:

- **Allgemeiner Tech-Support:** #AndroidTips #SmartphoneHacks #TechHilfe #AndroidHelp #TechTricks
- **Problembezogen:** #Gboard #AndroidProblem #HandyGesperrt #TastaturDefekt #SmartphoneReparatur
- **Lösungsbezogen:** #USBOTG #Lifehacks #QuickFix #AndroidHack
- **Deutschsprachige Community:** #HandyTipps #DigitalerAlltag #TechnikNews #AndroidDeutschland

Für Instagram (Mischung aus Reichweite & Relevanz):

```
#AndroidTips #SmartphoneHacks #Gboard #TechHilfe #HandyTipps #USBOTG
#AndroidProblem #Lifehacks2026 #SmartphoneRepair #TechTricks
```

6.6 Grundregeln beim Nutzen von KI-Texten

Sie haben Ihren Text erfolgreich mithilfe von Gemini erstellt? Also können Sie ihn ja direkt teilen, versenden, veröffentlichen usw.? Nicht ganz so schnell. Ich würde solche Texte grundsätzlich einer Prüfung unterziehen. Je wichtiger oder für je mehr Adressaten ein Text vorgesehen ist, desto gründlicher sollte diese Prüfung ausfallen. Insbesondere wenn es um eine kommerzielle Nutzung geht oder wenn Sie für mögliche Fehler im Text haftbar sein könnten, sollten Sie unliebsame Überraschungen ausschließen.

Fakten in KI-Texten prüfen

Verlassen Sie sich nicht darauf, dass KI-Texte immer die Wahrheit sagen! Für Fehler oder Unwahrheiten kann es verschiedene Ursachen geben. Was Sie auch im Blick behalten sollten, ist die Aktualität der Trainingsdaten (siehe Seite 33). Wenn man von einem KI-Assistenten Informationen erfragt, die erst nach Trainingsabschluss entstanden sind, wird er bestenfalls darauf hinweisen, schlimmstenfalls veraltete Daten verwenden oder welche erfinden.

Apropos »erfinden«. Das Problem der Halluzination bei KI-Systemen ist auf Seite 37 beschrieben. Auch dies kann jederzeit zu Fehlern oder (teilweise) unsinnigen Antworten führen. Forscher arbeiten zwar daran, dieses Problem zu minimieren. Ob es sich völlig beheben lässt, ist allerdings unklar.

Schließlich ist jede KI nur so gut wie ihre Trainingsdaten. Und angesichts der schieren Menge an Trainingsdaten (»je mehr, desto besser«) kann nicht jede Quelle handverlesen sein. Es werden also hier und da auch mal falsche Informationen »gelernt«, weil das Ausgangsmaterial fehlerhaft oder unvollständig ist.

Texte kritisch gegenlesen

Auch jenseits der eigentlichen Fakten sollten Sie KI-generierte Texte immer kritisch gegenlesen. Sind die entstandenen Sätze wirklich sinnvoll und verständlich. Hat Gemini die gestellte Aufgabe wirklich richtig verstanden und korrekt gelöst. Ist der Assistent beim Wesentlichen geblieben, oder hat er angefangen zu fabulieren oder ist in eine Richtung abgebogen, die zwar nicht falsch ist, aber nicht Ihren Intentionen entspricht.

Überhaupt sollten Sie sicherstellen, dass Gemini insbesondere bei vielschichtigen oder kontroversen Themen auch tatsächlich Ihre Ansichten wiedergibt. Generell sind KI-Systeme darauf trainiert, bei streitbaren Themen Argumente für und wider anzugeben. Wenn ein Assistent das Publikum von einem bestimmten Argument überzeugen soll, müssen Sie ihm entsprechende Vorgaben machen.

7. Bilder, Videos und Musik mit KI-Hilfe erzeugen

Moderne KI-Systeme haben neben ihren Sprachmodellen auch ein Wissen darüber, wie Dinge aussehen. Dazu wurden sie mit Millionen klassifizierten Bildern von Autos, Hunden, Burgen oder Wolken trainiert. Sie wissen also nicht nur, was das Wort »Burg« bedeutet, sondern sie wissen auch, wie eine Burg aussieht, und können ein Bild von einer Burg generieren. Und sie sind in der Lage, die Abbildungen mehrerer Objekte zu kombinieren und daraus ein für das menschliche Auge harmonisches Bild zu erzeugen.

Dazu reicht es, Gemini in einfachen Worten mitzuteilen, was das Bild zeigen soll:

```
Erstelle ein Bild von einem Wald, aus dem sich ein
Berg mit einer Burg darauf erhebt.
```

Dieses Bild hat Gemini mit dem vorstehenden Prompt generiert

7.1 Bilder nach Wunsch erzeugen lassen

Wie zu Beginn dieses Kapitels angedeutet, unterscheidet sich das Nutzen KI-basierter Bildgeneratoren kaum vom Erstellen KI-generierter Texte. Sie teilen dem Assistenten per Prompt mit, was für ein Bild Sie sich vorstellen.

Bei Gemini gibt es dazu zwei verschiedene Vorgehensweisen, die sich in der Handhabung, nicht aber im Ergebnis unterscheiden:

- Sie können Gemini im Eingabebereich explizit auffordern, ein Bild zu generieren. Dafür ist wichtig, dass Sie eine deutliche Anweisung wie »Erstelle mir ein Bild ...« oder »Generiere eine Abbildung ...« verwenden. Ein Satz wie »Ich stelle mir ein Bild vor, das ...« ist interpretierbar und wird vom Assistenten je nach Kontext vielleicht nur als Aufforderung zu einem Kommentar oder einer Bewertung gesehen.
- Um deutlich zu machen, dass Sie ein Bild erstellt haben möchten, können Sie auch unten im Eingabebereich auf *Tools* klicken und im so geöffneten Menü *Bilder erstellen* wählen. So machen Sie Ihre Absicht unmissverständlich deutlich und können sich beim Formulieren des Prompts ganz auf Ihre Ideen und Anforderungen konzentrieren, denn Gemini interpretiert in diesem Modus jede Eingabe als Aufforderung zum Erstellen eines Bildes.

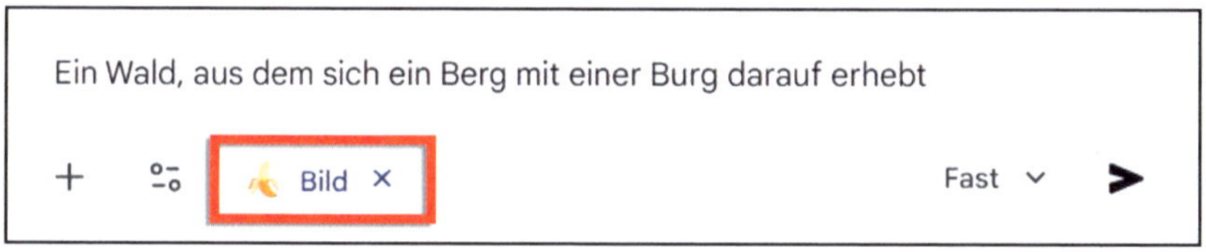

Welche dieser Methoden Sie einsetzen, bleibt ganz Ihrer persönlichen Vorliebe überlassen. Sie erzielen auf beide Arten gleiche Ergebnisse – wenn auch nicht dieselben, da KI-Systeme selbst bei identischen Prompts nie zweimal exakt dasselbe Bild erzeugen werden.

Bei beiden Varianten können Sie zum Erstellen eines Bildes analog zum Generieren eines Textes vorgehen: Beschreiben Sie dem Assistenten das gewünschte Ergebnis, so wie Sie etwa einem Designer oder Maler mitteilen würden, was Sie erwarten.

1. Sie können Gemini also anstatt oder ergänzend zur Anfrage

```
Schreibe mir zehn Sätze über das Brandenburger Tor.
```

ebenso eine Anweisung zum Generieren eines Bildes geben:

```
Erstelle mir ein Bild vom Brandenburger Tor im Winter.
```

2. Der Assistent wird Ihnen daraufhin nach etwas Wartezeit, da das Generieren von Bildern grundlegend mehr Rechenpower benötigt als das Erzeugen von Text, ein Bild präsentieren, das er aufgrund Ihrer Anfrage generiert hat.

3. Sind Sie mit dem Entwurf zufrieden, bewegen Sie den Mauszeiger auf die obere rechte Ecke des Bildes. Dort werden nun Symbole eingeblendet, mit denen Sie dieses Bild teilen, in die Zwischenablage kopieren oder herunterladen können.

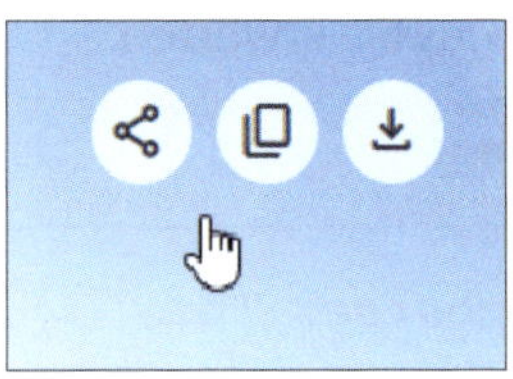

4. Wenn Ihnen die Darstellung noch nicht gefällt, können Sie dem virtuellen Künstler auch Anweisungen geben und um Änderungen bitten:

Gute Prompts für Bilder formulieren

Wie auch beim Generieren von Text hängt das Ergebnis vor allem vom Prompt ab, mit dem Sie Gemini Anweisungen geben. Je ausführlicher und präziser Ihre Vorgaben sind, desto mehr wird das erzeugte Bild Ihren Vorstellungen entsprechen. Ein einfaches Beispiel mag das verdeutlichen:

Wenn Sie den Gemini-Bildgenerator auffordern, ein Bild von einem Auto zu erzeugen, wird er ein Bild irgendeines Autos in irgendeiner Farbe vor irgendeinem Hintergrund generieren. Es wird ein gutes Bild eines Autos sein.

Aber gleichzeitig wird es eine große Überraschung sein und möglicherweise nicht viel mit dem zu tun haben, was Sie sich vorgestellt haben.

```
Generiere ein Bild von einem Auto.
```

Wenn Sie also nicht irgendein Bild von etwas haben möchten, sondern eine genaue Vorstellung davon haben, sollten Sie diese dem KI-Assistenten mitteilen. Das muss nicht unbedingt ein ausführlicher Text sein, die richtigen Stichpunkte und Adjektive reichen aus, um beim Bildgenerator die gewünschten »Assoziationen« auszulösen:

```
Ein hellblaues amerikanisches Traumauto aus den 60er
Jahren, Cabrio, auf einem leeren Highway durch eine
kahle Wüste, ein Mann mit Cowboyhut am Steuer, eine Frau
mit weißem Kleid und dunkler Sonnenbrille, Kaktus im
Hintergrund, Sonnenuntergang, Vorderansicht.
```

Mit dem richtigen Prompt erzeugt Gemini Bilder genau nach Ihren Vorstellungen

Anregungen für Prompts finden

Beispiele sind eine gute Möglichkeit, sich mit der Kunst vertraut zu machen, Eingabe-Prompts zu entwerfen, die zum gewünschten Ergebnis führen.

Unter https://bilderki.de/prompt finden Sie eine umfangreiche Galerie mit KI-generierten Bildern. Zu jedem Bild können Sie sich auch den Prompt anschauen, der zum Erzeugen dieses Bildes geführt hat. So bekommen Sie schnell ein Gefühl dafür und Tipps, wie Sie bestimmte Effekte, eine gewünschte Bildstimmung oder einen speziellen Stil erreichen.

1. Rufen Sie im Webbrowser Ihrer Wahl die Adresse https://bilderki.de/prompt auf.
2. Damit öffnen Sie zunächst eine Übersicht mit verschiedenen Themenbereichen, von denen Sie einen anklicken.

3. So gelangen Sie zur eigentlichen Galerie mit Motiven zu diesem Thema. Achtung: Die kurze Beschreibung direkt unter den Bildern ist noch nicht der eigentliche Prompt! Suchen Sie sich eines der Bilder aus, das Sie besonders anspricht, und klicken Sie darauf.

4. Auf der Detailseite zu jedem Bild sehen Sie das Motiv vergrößert und rechts daneben den Prompt, mit dem es generiert wurde. Mit *Kopieren* oben rechts können Sie

den Prompt in die Zwischenablage kopieren, um ihn von dort etwa in den Eingabebereich von Gemini einzufügen.

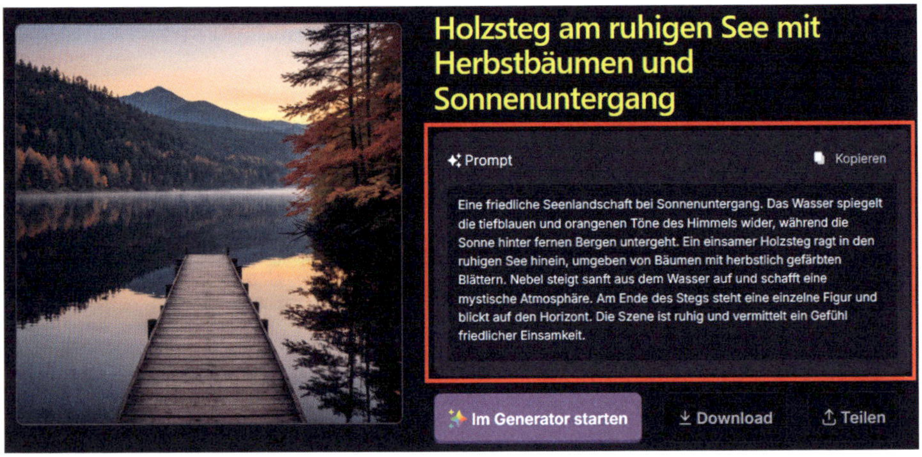

Sie können dermaßen »gefundene« Prompts ohne Weiteres selbst verwenden. Selbst wenn Sie den Prompt unverändert einsetzen, wird das generierte Bild eine eigenständige Kreation sein, auch wenn es vom selben KI-System erzeugt wird. Ebenso können Sie Prompts an Ihre Bedürfnisse anpassen, etwa wenn Ihnen Farben, Stimmung und Bildkomposition gut gefallen, Sie aber ein anderes Motiv darstellen möchten. In der nachfolgenden Abbildung sehen Sie links ein Originalbild aus der Onlinegalerie. In dem dazugehörenden Prompt habe ich lediglich das Wort »Foundation-Fläschchen« durch »Lippenstift« ersetzt. Das Ergebnis ist ein Bild, das den Stil des Originals nachahmt, aber eben den gewünschten Inhalt präsentiert.

Links das Original aus der Bildergalerie – rechts mit einem anderen Motiv von Gemini nachgeahmt

Prompts von der KI generieren lassen

Wenn Sie vor dem Problem stehen, einen passenden Prompt zum KI-Generieren eines Bildes nach Ihren Vorstellungen zu formulieren, lassen Sie sich von Gemini dabei helfen. Das klingt im ersten Moment vielleicht komisch, aber wenn man mal darüber nachdenkt, ergibt es Sinn. Eine der Stärken generativer KI ist schließlich das Erzeugen von Texten. Prompts für KI-Assistenten sind ja nichts anderes als Texte. Und Gemini »weiß« selbstverständlich, was ein Prompt ist, was drinstehen sollte und was besser nicht.

Wenn Sie selbst konkrete Vorstellungen haben, wie ein Bild aussehen soll, wäre es selbstverständlich Unsinn, dem Assistenten zu sagen: Schreibe mir einen Prompt, in dem dies und das und jenes vorkommt. Aber wenn Sie nur eine grundlegende Idee haben und Anregungen für die konkrete Ausgestaltung suchen, können Sie Gemini um einen Vorschlag für einen passenden Prompt bitten:

```
Erstelle mir einen Prompt, mit dem ich ein
stimmungsvolles Bild von einem Lagerfeuer generieren
kann.
```

Hier ist ein Vorschlag für eine **gemütliche, rustikale Variante**, die Geborgenheit ausstrahlt:

"Detailreiche Makroaufnahme eines Lagerfeuers in einer steinernen Feuerstelle, goldene Flammen leuchten hell vor einer rustikalen Holzhütte im Hintergrund, sanfter Rauch kräuselt sich in der kühlen Nachtluft, weiches Bokeh, Fokus auf die glühende Struktur der Holzscheite, warme und einladende Atmosphäre, fotorealistisch."

Den generierten Prompt können Sie in der Antwort markieren und in die Zwischenablage kopieren. Von dort fügen Sie ihn direkt wieder in das Eingabefeld ein und senden ihn ab. Nach kurzer Wartezeit sollten Sie ein entsprechendes Bild erhalten. Wenn es Ihnen gefällt, können Sie es mit dem Download-Symbol rechts daneben herunterladen.

Wenn Gemini zu hilfreich ist

Googles KI-Assistent bemüht sich immer darum, möglichst hilfreich zu sein. Das kann nach hinten losgehen, etwa wenn Sie sich einen Prompt generieren lassen möchten und Gemini Ihnen stattdessen gleich ein fertiges Bild liefert. In solchen Fällen müssen Sie ggf. etwas hartnäckig bleiben und Ihre Eingabe entsprechend anpassen. Mit »Erstelle mir einen Prompt (kein Bild!)« gelangt man erfahrungsgemäß zum Ziel. Wenn Gemini dann noch auf Englisch antwortet, fordern Sie einfach eine deutsche Übersetzung nach.

Ganz wichtig: Sie müssen den erzeugten Prompt nicht 1:1 übernehmen, sondern können ihn auch als Anschauungsmaterial und zur Anregung nutzen. Was Ihnen daran gefällt, das behalten Sie bei und verbessern es ggf. sogar noch. Was Ihnen missfällt, das lassen Sie weg oder ersetzen es durch etwas, das Ihnen geeigneter erscheint.

```
Ein gemütliches Lagerfeuer in einer sternenklaren Nacht,
umgeben von hohen, schattigen Bäumen. Die Flammen leuchten
warm und golden, werfen tanzende Schatten auf den Waldboden
und erzeugen ein Gefühl der Geborgenheit und Ruhe. Am
Feuer sitzen ein Mann und eine Frau. Die Frau röstet
Marshmallows im Feuer, während der Mann Gitarre spielt.
```

7.2 Die Bilderzeugung mit Schlüsselwörtern steuern

Beim Erzeugen KI-generierter Bilder steuert meist allein die Beschreibung des Bildes die Arbeit des Bildgenerators. Dabei kommt es nicht nur auf den Inhalt der gewünschten Abbildung an, sondern auch die Art, wie dieser Inhalt gestaltet ist, spielt eine entscheidende Rolle. Ob beispielsweise eine Tankstelle in einem fröhlichen, bunten Comic-Stil gezeichnet wird oder ein morbider Ort in einem düsteren Endzeit-Panorama ist, macht für die Wirkung des Bildes einen gewaltigen Unterschied.

Bei manchen spezialisierten KI-basierten Bildgeneratoren kann man direkt einen bestimmten Stil wählen und sich so beim Text-Prompt ganz auf den Bildinhalt konzentrieren. Dieser Stil nimmt aber auch immer Einfluss darauf, wie der Inhalt dargestellt wird. Gemini bietet hingegen nur einen Text-Prompt. Hier kommt es darauf an, die Beschreibung des Inhalts um Vorgaben zu Art und Stil des Bildes zu ergänzen.

Prinzipiell können Sie selbstverständlich einfach drauflosschreiben und versuchen, Ihre Ideen und Vorstellungen in Worte zu fassen, aus denen die KI dann wiederum ein Bild generiert, das dem entspricht oder Ihre Vorstellungen vielleicht auch – in positiver Sicht – aufbricht und Sie überrascht. Gerade am Anfang möchte ich Ihnen das sogar ausdrücklich empfehlen, um die Möglichkeiten und Fähigkeiten von Gemini erst mal richtig kennenzulernen. Wenn Sie aber Ihre Vorstellungen möglichst präzise umgesetzt haben möchten, empfiehlt es sich, Ihren Text-Prompts eine gewisse Struktur zu verleihen. Im Folgenden möchte ich Ihnen deshalb einen »Baukasten« vorschlagen, aus dem Sie die jeweils benötigten Elemente nehmen können, die Sie für Ihr Bild benötigen. Einige davon sind obligatorisch – andere verwenden Sie nur, wenn es nötig erscheint. Auch die Reihenfolge der Elemente ist willkürlich. Es kann allerdings hilfreich sein, sich ein bestimmtes Schema anzueignen, damit nichts Wichtiges vergessen wird.

Inhalt

Wesentlicher Bestandteil und Ausgangspunkt des Prompts sollte immer der Inhalt sein, den Sie im Bild sehen möchten. Den können Sie in Ihren eigenen Worten beschreiben. Je konkretere Vorgaben Sie machen, desto genauer wird Gemini Ihre Vorstellungen umsetzen. Es gibt aber auch ein Zuviel. Wenn Sie die Beschreibung mit Details und Anforderungen überfrachten, kann das den Bildgenerator überfordern. Er wird dann Dinge weglassen oder aber versuchen, möglichst viel davon in das Bild hineinzupacken, wobei Physik, Logik und Konsistenz durchaus auf der Strecke bleiben können.

Thema

Hat Ihr Bild ein übergeordnetes Thema wie etwa Natur, Wissenschaft oder Technik, Märchen, Horror, Abenteuer, Romantik oder Traum? Handelt es sich um ein Stillleben, ein Porträt, ein Landschaftsbild oder eine Großstadtszenerie?

Es ist nicht immer notwendig, das konkret anzugeben, etwa weil es sich aus der Inhaltsbeschreibung ergibt. Überlegen Sie aber, ob Sie das Bild in Ihrer Vorstellung einem bestimmten Thema zuordnen können, und wenn ja, ob die Beschreibung das ausreichend berücksichtigt.

```
Ein Paar in einem Ruderboot. Das Thema ist Abenteuer.
```

vs.

```
Ein Paar in einem Ruderboot. Das Thema ist Romantik.
```

Perspektive

Ein wichtiger Aspekt jedes Bildes ist die Perspektive, die der Betrachter darauf hat. Soll es eine Nah- oder gar Makroaufnahme sein, die viele Details zeigt? Soll das Motiv aus der Vogel- oder Froschperspektive aufgenommen werden? Oder möchten Sie eine Szenerie in einer Totalen als Weitwinkelaufnahme sehen?

Auch der Blick durch die Augen (First-Person) oder über die Schulter einer handelnden Person kann reizvoll sein.

```
Ein Billardtisch aus der Vogelperspektive.
```

vs.

```
Ein Billardspiel, gesehen aus der Perspektive entlang
des Queues des Spielers.
```

Komposition

Bildkomposition ist eine Kunst, die der Betrachter oft nur unbewusst zu schätzen weiß. Trotzdem kann sie für die Wahrnehmung sehr wichtig sein.

Sie können der KI zum Beispiel mitteilen, was im Vordergrund des Bildes stehen soll und was eher am Rand. Auch Symmetrie oder Asymmetrie, also dass alle Objekte gleich groß oder ein bestimmtes größer als die anderen sein soll, kann eine wichtige Information sein. Vielleicht soll das zentrale Motiv von bestimmten Elementen umrahmt sein?

```
saftige rote Äpfel
```

vs.

```
Ein großer, roter Apfel zentral im Vordergrund,
weitere in einem Korb am Rand.
```

Dynamik

Bewegung ist ein wichtiges Element, um Bildern Dynamik zu verleihen. Wenn sich beispielsweise ein Auto oder ein Zug mit hoher Geschwindigkeit nähern soll, kann die KI das durchaus veranschaulichen.

Auch bei Menschen kann es einen großen Unterschied machen, ob sie statisch an einer Stelle stehen oder in einer Bewegung dargestellt werden. Ebenso können auch Adjektive wie »ruhig«, »langsam« oder »entspannt« zu einer entsprechenden Wahrnehmung führen.

```
Ein Auto, das langsam an einer Tankstelle vorbeifährt.
```

vs.

```
Ein Auto, das schnell an einer Tankstelle vorbeifährt.
```

Materialien

Gerade wenn in einem Bild bestimmte Materialien oder Oberflächen eine Rolle spielen, kann die Beschaffenheit dieser Flächen wichtig für die Wirkung sein. Hier geht es vor allem darum, ggf. die erforderlichen Adjektive in den Prompt einzufügen, die das Material oder die Textur angemessen beschreiben.

Als Faustregel könnte man bei jedem erwähnten Objekt überlegen, ob dieses durch ein oder mehrere Adjektive näher beschrieben werden sollte oder ob man diese Eigenschaft der KI überlassen möchte.

```
Ein zugefrorener See, dessen Oberfläche mit Raureif
bedeckt ist.
```

vs.

```
Ein zugefrorener See, in dessen eisglatter Oberfläche
sich die schneebedeckten Berge widerspiegeln.
```

Emotion

Ein wichtiger Aspekt kann auch sein, welche Gefühle ein Bild beim Betrachter hervorrufen soll. Wann immer Sie ein Bild mit der Absicht generieren, bestimmte Emotionen zu vermitteln, sollten Sie Gemini das mitteilen. Das ist einfacher und führt gezielter zum gewünschten Ergebnis, als wenn Sie eine umfangreiche Beschreibung mit vielen Details formulieren.

Die KI hat eine Vorstellung davon, wie etwas idyllisch, romantisch, futuristisch oder bedrohlich wirkt. Verlassen Sie sich also ruhig darauf und versuchen Sie nicht, das in Ihrem Prompt umständlich zu erklären. Mit einem einfachen »Das Bild soll ein Gefühl von ... vermitteln« machen Sie Ihre Absicht klar, und Gemini ergänzt die notwendigen Elemente von ganz allein.

```
Ein Ritterturnier vor einer Burg. Das Bild soll ein
Gefühl von Idylle vermitteln.
```

vs.

```
Ein Ritterturnier vor einer Burg. Das Bild soll ein
Gefühl von Bedrohung vermitteln.
```

Stil

Sie können Gemini auch eine Anweisung mitgeben, das Bild in einem bestimmten Stil zu gestalten. Stil kann sich dabei auf eine bestimmte Kunstrichtung oder Kunstepoche beziehen (z. B. »impressionistisch« oder »Pop-Art«), eine Maltechnik meinen (z. B. »Aquarell« oder »Bleistiftschraffur«) oder auch ein bestimmtes Themengebiet (z. B. »Manga« oder »Futuristisch«).

Sie können Gemini aber auch den Stil einer bestimmten Person imitieren lassen. In dem umfassenden Wissen der generativen KI stecken schließlich auch Informationen über Künstler und deren Werke. Und damit sind nicht nur herausragende Namen wie Picasso oder Rembrandt gemeint. Ich würde davon ausgehen, dass Künstler, über die man etwas bei Wikipedia lesen kann, auch den aktuellen KI-Systemen bekannt sind. Wenn Sie gerade keinen Kunststil, sondern eine möglichst realistische Darstellung wünschen, lautet das Schlüsselwort »fotorealistisch«.

```
Ein Vogel, der auf einem Ast sitzt, im Stile von
Michelangelo.
```

vs.

```
Ein Vogel, der auf einem Ast sitzt, im Stile von
Frida Kahlo.
```

Farbschema

Die Wahl der Farben kann die Wirkung eines Bildes erheblich beeinflussen. Die blassen Farben eines Aquarells etwa können dasselbe Motiv in einem ganz anderen Licht erscheinen lassen als die knalligen Farben eines Pop-Art-Bildes. Diese Beispiele legen schon nahe, dass zwischen Stil und Farbschema eine Verbindung besteht. Etwas vereinfachend kann man sagen, dass das Verwenden eines bestimmten Stils oftmals das Vorgeben einer Farbpalette überflüssig macht, wenn der Stil mit einer bestimmten Farbwahl einhergeht. Wenn Sie ohne Stilreferenz eine bestimmte Wirkung erzielen möchten, können Sie das einfach mit Schlüsselwörtern wie »gedämpft«, »lebhaft«, »knallig«, »dezent«, »düster«, »monochrom«, »gelbstichig«, »erdfarben«, »Regenbogen« usw. erreichen.

Wenn das Farbschema nicht ganz so wesentlich ist, etwa weil sich das Bild in eine bestimmte Umgebung einfügen soll, würde ich meist auf diese Vorgabe verzichten und stattdessen eher einen passenden Stil verwenden. Eine wichtige Rolle kann ein Farbschema aber spielen, wenn Sie gleich mehrere Bilder generieren und in einem Zusammenhang verwenden möchten. Dann kann ein einheitliches Farbschema dafür sorgen, dass die Werke trotz unterschiedlichen Inhalts wie aus einem Guss wirken.

```
Eine Strandszene mit Liegestuhl in Pastellfarben.
```

vs.

```
Eine Strandszene mit Liegestuhl in grobkörnig monochrom.
```

Atmosphäre und Licht

Ein weiteres gutes Hilfsmittel zum Erreichen einer gewünschten Bildwirkung ist das Beschreiben einer bestimmten Atmosphäre bzw. einer speziellen Lichtwirkung, die generiert werden soll. Gerade das Licht, das beispielsweise an die Tageszeit oder bestimmte Zeitpunkte wie »Sonnenaufgang«, »Dämmerung« oder »Mitternacht« geknüpft sein kann, trägt viel zum Entstehen einer bestimmten Atmosphäre bei. Aber auch Wetter (»stürmisch« oder »neblig«), Jahreszeit (»Hochsommer« oder »winterfrostig«), Klimazone bzw. Ort (beispielsweise »Wüste« oder »Regenwald«) können mit einer bestimmten Art von Atmosphäre verbunden sein. Außerdem gibt es bestimmte Lichtstimmungen wie »Goldene Stunde« oder »Blaue Stunde«, »Licht und Schatten« oder »Gegenlicht«.

```
Eine Bushaltestelle im Hochsommer zur Mittagszeit.
```

vs.

```
Eine Bushaltestelle im Nebel bei Sonnenaufgang.
```

7.3 Bilder aus Vorlagen generieren

Um zu verstehen, wie sich durch Beschreibungen und Schlüsselwörter Bilder auf eine ganz bestimmte Art und Weise erzeugen lassen, kann es sinnvoll sein, auch mal den umgekehrten Weg zu gehen. Also Gemini ein fertiges Bild zu geben und sich dazu eine Beschreibung generieren zu lassen. Auf diese Weise können Sie lernen, welche

Begriffe und Formulierungen Sie wie einsetzen können, um ganz bestimmte Effekte zu erzielen. Voraussetzung dafür ist, dass ein Bild in einem der für Gemini zugänglichen Formate vorliegt, sodass Sie es wie auf Seite 52 beschrieben hochladen können.

1. Klicken Sie in der Desktop-Anwendung auf das Plussymbol links neben dem Eingabefeld und wählen Sie im so geöffneten Menü *Dateien hochladen*.
2. Navigieren Sie dann zur gewünschten Bilddatei und laden Sie diese in den Chat hoch.
3. Ergänzen Sie dieses Bild nun um eine Anweisung wie die folgende. Die Formulierung klingt etwas umständlich, aber sie stellt sicher, dass Gemini tatsächlich einen Prompt erstellt und nicht direkt das eingefügte Bild reproduziert.

```
Erstelle basierend auf diesem Bild eine Textbeschreibung,
die ich als Prompt für einen KI-Bildgenerator
verwenden kann.
```

Erstelle basierend auf diesem Bild eine Textbeschreibung, die ich als Prompt für einen KI-Bildgenerator verwenden kann.

+ Tools Fast

4. Das Analysieren von Bildern dauert etwas länger als das Erfassen von Texten, aber trotzdem sollten Sie nach wenigen Sekunden Wartezeit eine Antwort erhalten.

Analyse

Hier ist ein präziser Prompt, der die Stimmung und Komposition deines Bildes für eine KI einfängt:

„Eine filmische Weitwinkelaufnahme einer ländlichen Wiese bei Sonnenaufgang. Im Vordergrund eine asphaltierte Straße, dahinter ein grünes Feld mit tief hängendem, goldenem Morgennebel. Im Hintergrund eine Silhouette aus dichten Bäumen und der markante Bogen einer Stahlbrücke. Die Sonne steht tief am klaren Himmel und taucht die gesamte Szene in ein warmes, atmosphärisches Licht mit sanften Lichtstrahlen."

Möchtest du, dass ich diesen Entwurf für einen speziellen Stil (z. B. fotorealistisch oder wie ein Ölgemälde) anpasse?

5. Zum Testen können Sie die Antwort des KI-Assistenten (allerdings nur die eigentliche Bildbeschreibung) in die Zwischenablage übertragen und dann direkt wieder als Aufforderung unten in das Eingabefeld einfügen. Wählen Sie sicherheitshalber noch die Funktion *Bild erstellen* im *Tools*-Menü und senden Sie die Aufforderung an Gemini.

> Eine filmische Weitwinkelaufnahme einer ländlichen Wiese bei Sonnenaufgang. Im Vordergrund eine asphaltierte Straße, dahinter ein grünes Feld mit tief hängendem, goldenem Morgennebel. Im Hintergrund eine Silhouette aus dichten Bäumen und der markante Bogen einer Stahlbrücke. Die Sonne steht tief am klaren Himmel und taucht die gesamte Szene in ein warmes, atmosphärisches Licht mit sanften Lichtstrahlen.
>
> + Bild × Fast

6. So erzeugt Gemini ein Bild mit dem selbst generierten Prompt und Sie können überprüfen, ob sich so tatsächlich ein Bild erzeugen lässt, das dem Original ähnlich ist.

Ich persönlich finde es immer wieder ein spannendes Experiment, mir für ein bestimmtes Bild eine Textbeschreibung generieren zu lassen. Studiert man diese Texte, bekommt man schnell ein Gefühl dafür, welches die entscheidenden Schlüsselwörter sind, um eine bestimmte Stimmung oder einen bestimmten Stil zu erzeugen. Außerdem verwende ich solche Texte dann wiederum als Eingabe und bin jedes Mal gespannt, wie dicht am Original die so entstehenden Bilder sind. Wobei man keine Kopien erwarten sollte, sondern Bilder, die in Stimmung, Stil und grundsätzlichem Thema ähnlich sind.

Links das Original – mit dem dazu erzeugten Prompt hat Gemini das Bild rechts generiert

Den Stil eines Bildes mit anderem Inhalt kopieren

Und schließlich können Sie ein vorhandenes Bild als Basis für das Generieren eines neuen Werkes verwenden. Das kann man sich zu verschiedenen Zwecken zunutze machen:

- Sie können sich weitere Versionen eines Bildes generieren lassen, die in Form und Stil dem Ausgangsbild ähnlich sind.

- Sie können Stil und Stimmung für ein anderes Bild mit abweichendem Inhalt übernehmen.
- Wenn Sie ein bestimmtes Bild gern nutzen würden, Ihnen aber die notwendigen Rechte daran fehlen, können Sie sich vom KI-Bildgenerator ein ganz ähnliches Bild erzeugen lassen, das Sie uneingeschränkt verwenden dürfen.

Die KI analysiert das von Ihnen ausgewählte Bild in Bezug auf Inhalt, Form sowie Stil und berücksichtigt diese Informationen beim Generieren des neuen Bildes. Es werden aber keine Bestandteile des Ausgangsbildes direkt oder verfremdet beim Erstellen des neuen Bildes verwendet. Sie können also nicht nur eigene Bilder als Basis nehmen, sondern durchaus auch Werke von anderen Urhebern.

Wenn Sie also beispielsweise ein ganz besonders schönes und stimmungsvolles Bild gefunden haben, dem aber ein bestimmtes Element fehlt oder das für einen bestimmten Verwendungszweck nicht den passenden Inhalt hat, können Sie sich ein sehr ähnliches Bild von Gemini erstellen lassen:

1. Lassen Sie sich wie beschrieben per Bild-zu-Text eine Beschreibung generieren.

Erstelle basierend auf diesem Bild eine Textbeschreibung, die ich als Prompt für einen KI-Bildgenerator verwenden kann.

2. Warten Sie auf die Antwort und kopieren Sie diese anschließend in die Zwischenablage.

Hier ist die kompakte deutsche Entsprechung für deinen Bild-Prompt:

Filmreife Landschaftsfotografie einer saftig grünen Wiese mit einem markanten, knorrigen Baumstumpf im Zentrum. Im Hintergrund ein historisches Schloss mit rotem Dach und markantem Turm, eingebettet in eine dichte Baumreihe aus Weiden und Laubbäumen. Dramatischer, stimmungsvoller Himmel mit schweren, dunklen Gewitterwolken und sanftem Lichtbruch. Hoher Detailgrad, natürliche Beleuchtung, malerische Atmosphäre.

3. Fügen Sie die kopierte Beschreibung in den Eingabebereich ein und ändern Sie die Bestandteile, in denen sich das neue Bild unterscheiden soll. So könnte man etwa das im Beispiel verwendete Bild als stilistische Grundlage nutzen, um ein stimmungsvolles Bild von einem alten Wegweiser in einer Schneelandschaft zu erschaffen. Dazu ersetzt man »saftig grünen« durch »verschneit« und »markanten, knorrigen Baumstumpf« durch »verwitterten, hölzernen Wegweiser«:

> Filmreife Landschaftsfotografie einer verschneiten Wiese mit einem verwitterten hölzernen Wegweiser in verschiedene Richtungen im Zentrum. Im Hintergrund ein historisches Schloss mit rotem Dach und markantem Turm, eingebettet in eine dichte Baumreihe aus Weiden und Laubbäumen. Dramatischer, stimmungsvoller Himmel mit schweren, dunklen Gewitterwolken und sanftem Lichtbruch. Hoher Detailgrad, natürliche Beleuchtung, malerische Atmosphäre.
>
> + Tools Fast

4. Verwenden Sie diese überarbeitete Beschreibung, um ein neues Bild generieren zu lassen.

Ein Bild als Vorlage verwenden

Bei der vorangehenden Anleitung wurde zunächst eine Beschreibung eines Bildes generiert, diese dann angepasst und damit ein neues Bild erzeugt. Man kann den Zwischenschritt auslassen und direkt ein Bild als Vorlage für ein neues anderes Bild nutzen.

Das geht etwas schneller, aber man verliert dabei etwas Einfluss auf das Ergebnis. Wenn es aber vor allem darum geht, den Stil bzw. die Wirkung eines Bildes einzufangen, und die gewünschte Veränderung sich klar beschreiben lässt, kann diese Variante sehr effizient sein.

1. Fügen Sie das Bild, das als Vorlage diesen soll, dem Eingabefeld hinzu.
2. Ergänzen Sie dazu die Anweisungen, was daran verändert werden soll. Wollen Sie einfach nur eine neue Variante ohne grundlegende Änderungen haben, schreiben Sie das.

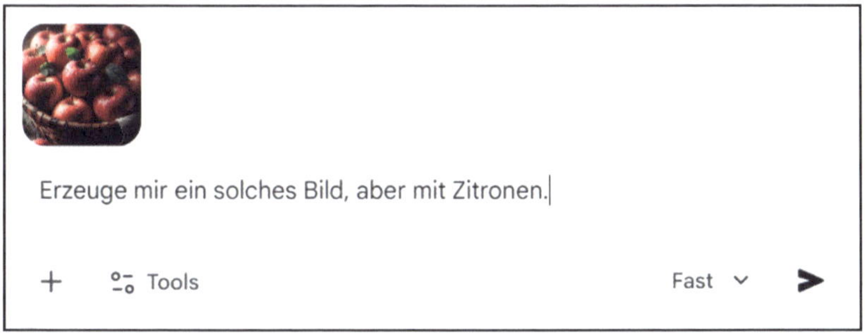

3. Senden Sie die Aufforderung ab, um ein neues Bild nach diesen Vorgaben generieren zu lassen.

7.4 Bildelemente mit KI bearbeiten

Eine der spannendsten Möglichkeiten von Gemini ist die selektive Bildbearbeitung. Sie ermöglicht es, mittels KI bestimmte Objekte oder Elemente in einem Bild zu erkennen. Änderungen können auf diese Objekte beschränkt bzw. umgekehrt auf den Rest des Bildes mit Ausnahme eines bestimmten Elements angewendet werden. Ebenso können Objekte auf diese Weise aus Bildern entfernt werden, ohne dass anschließend Spuren dieser Retusche zu erkennen sind.

Elemente aus Bildern entfernen

Vielleicht ist es Ihnen auch schon mal passiert, dass Sie eine schöne Strandszene fotografiert haben und erst zu Hause bemerken, dass mittendrin ein Warnschild den Eindruck ungestörter Natur vermiest. Gemini kann Objekte in einem Bild erkennen, entfernen und die so entstehende Lücke aus dem umliegenden Hintergrund füllen. So entsteht ein Bild ohne das störende Element, bei dem niemand auf die Idee kommen würde, dass es jemals anders ausgesehen hat. Fügen Sie dazu wie gewohnt das fragliche Bild in den Chat ein. Formulieren Sie dann einen Prompt, in dem Sie das störende Element beschreiben und Gemini auffordern, dieses zu entfernen. Sie können Ihre Anweisungen so erteilen, als wenn Sie mit einem menschlichen Grafiker sprechen würden. Gemini kann Ihre Anweisung interpretieren und das von Ihnen gemeinte Objekt im Bild identifizieren. Wenn in einer schönen Naturszene also beispielsweise ein Warnschild stört, dann reicht es, wenn Sie es als solches bezeichnen.

Objekte im Bild verschieben

Eine weitere Funktion von Gemini ermöglicht das Verschieben von Objekten innerhalb eines Bildes. Dabei handelt es sich genau genommen um eine Variation des Entfernens, nur dass dabei ein ausgewähltes Element entfernt, die dadurch entstehende Lücke intelligent gefüllt und das Element stattdessen an einer anderen Stelle wieder ins Bild eingefügt wird. Dabei kann Gemini bei Bedarf auch noch Veränderungen an dem Element vornehmen.

> Verschiebe den Heißluftballon auf die andere Seite und mache ihn etwa halb so groß.

Hintergrund entfernen bzw. Freistellen

Je nach Ausgangslage können Sie auch den umgekehrten Weg wählen: nicht ein ausgewähltes Objekt löschen, sondern alles außer dem gewählten Bereich entfernen. Dieses sogenannte Freistellen nutzt man oft bei Aufnahmen von Personen oder Produkten, da man so einen störenden Hintergrund entfernen kann. Außerdem lässt sich ein freigestelltes Motiv einfacher in ein anderes Bild einfügen und so etwa in eine frei gewählte Umgebung versetzen. Früher war das für Grafiker mühsame Handarbeit oder man musste etwa beim Fotografieren schon Vorkehrungen treffen, um das Motiv später einfach freistellen zu können. Dank KI mit der Fähigkeit zur Mustererkennung in Bildern sind heute selbst schwierige Hintergründe kaum noch ein Problem. Denn ein KI-Assistent erkennt den Inhalt eines Bildes und kann selbst unterscheiden, was zum Motiv und was zum Hintergrund gehört. Bei einfachem Bildaufbau reicht deshalb oftmals die Anweisung

> Entferne den Hintergrund.

Sollte der Bildinhalt komplexer sein und mehrere Elemente als Motiv infrage kommen, beschreiben Sie Gemini, welches Motiv Sie freigestellt haben möchten, beispielsweise:

> Entferne den Hintergrund rund um den Stein.

Als Antwort erhalten Sie ein Bild, das nur das gewünschte Motiv oder Objekt enthält. Dieses können Sie herunterladen und beliebig weiterverwenden.

Effekte nur für ausgewählte Bereiche

Sie können sich das selektive Bearbeiten auch zunutze machen, wenn Sie Effekte nur auf einen ganz bestimmten Bereich eines Bildes anwenden möchten, um eine optimale Wirkung zu erzielen. Im folgenden Beispiel soll Gemini eine Farbfotografie in Grautöne umwandeln, dabei aber das zentrale Motiv aussparen und so optisch besonders hervorheben.

```
Mach das Bild schwarz-weiß außer der Eistänzerin in
der Schneekugel.
```

Falls der Effekt im ersten Versuch zu dezent ausfällt, können Sie Gemini ggf. noch nachbessern lassen:

```
Mach den Farbeffekt noch etwas/deutlich/viel intensiver.
```

Den Fokus auf Objekte lenken

Auf ähnliche Weise können Sie den Fokus auf ein Bildobjekt richten, der durch einen absichtlich weichgezeichneten Hintergrund entsteht.

Dabei wird das gesamte Bild außer dem gewünschten Element oder Motiv weichgezeichnet, sodass der Fokus automatisch auf den Bereichen mit normaler Schärfe liegt. Diese sogenannte Tiefenunschärfe ist ein beliebtes Stilmittel von Fotografen, das man schon bei der Aufnahme durch geschickte Wahl von Abstand zum Motiv, Blende und Brennweite steuern kann. Hat man diesen Moment verpasst, kann man ihn mit KI-Hilfe zumindest imitieren.

```
Versieh den Bildhintergrund mit einer deutlich
erkennbaren Tiefenunschärfe.
```

Im Beispiel ist deutlich, was das Bildmotiv und was der Hintergrund ist. Bei anderen Bildern können Sie Gemini notfalls beschreiben, was als Motiv scharf bleiben soll. Ebenfalls sehr vom Ausgangsbild abhängig ist, wie stark der Effekt sein muss, um die gewünschte Wirkung zu erzielen. Falls es im ersten Anlauf noch nicht passt, steuern Sie mit weiteren Versuchen nach.

```
Mach den Effekt noch dezenter/deutlicher/wesentlich
deutlicher.
```

Bildelemente austauschen

Eine besondere Stärke des KI-Bildgenerators von Gemini ist, dass er vorhandene Bilder so bearbeiten kann, dass Elemente ausgetauscht werden können. So lassen sich nachträglich am PC Korrekturen von Bildelementen vornehmen, die beim Fotografieren nicht aufgefallen sind oder sich vielleicht erst nachträglich ergeben haben.

```
Mach das Kleid der Frau pink und den Anzug des Mannes
weiß.
```

```
Durch das Fenster im Hintergrund sollte eine
Naturlandschaft zu sehen sein.
```

Besonders gut klappt es, Farben, Texturen und Flächen zu ersetzen. Auch das Hinzufügen von Elementen ist meist gut möglich. Schwieriger wird es, wenn man Objekte aus einem Bild verbannen will. Die Bitte, die etwas zu protzige Armbanduhr des Mannes nachträglich zu entfernen, kann dann schon mal zur Amputation eines Unterarms führen.

```
Kannst du die Armbanduhr am Handgelenk des Mannes
unauffällig entfernen oder verdecken?
```

```
Verpasse dem Mann eine Augenklappe wie ein Pirat.
```

Bilder kombinieren

Eine weitere interessante Möglichkeit beim Bildgenerator von Gemini ist das Kombinieren zweier Bilder. Das bietet eine Vielzahl von Möglichkeiten, anschaulich zu arbeiten, ohne dem Assistenten Ihre Vorstellungen ausführlich erklären zu müssen. Auch hier demonstriert ein Beispiel am besten die Möglichkeiten. Dabei gehe ich davon aus, dass zwei Bilder vorliegen.

Nun soll der leger gekleidete junge Mann im linken Bild etwas mehr hermachen. In dem Anzug rechts würde er sicher sehr schick aussehen. Dazu lade ich beide Bilder in einem Gemini-Chat hoch und formuliere dann die Anweisung:

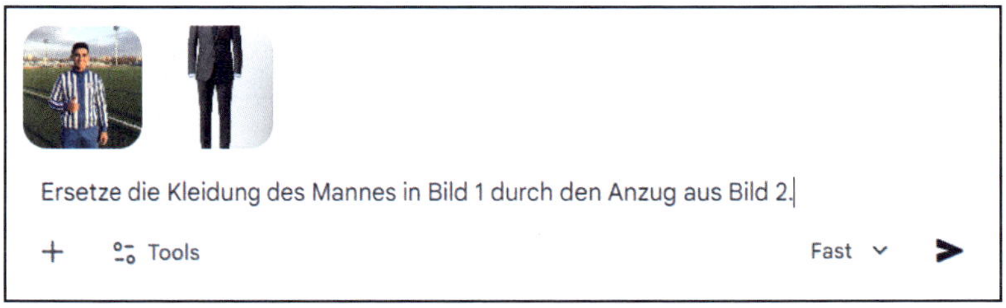

Das Ergebnis kann sich sehen lassen.

Will man die Wandlung noch auf die Spitze treiben, ersetzt man nun noch den Bildhintergrund durch ein passendes Motiv. Das kann ebenfalls aus einer anderen Bilddatei übernommen werden oder Sie lassen die KI einfach selbst kreativ werden:

```
Ersetze den Hintergrund durch ein Bild von einem
Büro mit einem großen Fenster mit Aussicht auf eine
Großstadt aus der Höhe.
```

Schon ist die Wandlung vom Freizeitsportler zum angehenden Topmanager abgeschlossen.

Den Stil eines Bildes insgesamt verändern

Neben bestimmten Elementen können Sie auch die Wirkung oder Stimmung eines Bildes insgesamt verändern. Dabei wird der Inhalt weitgehend beibehalten, aber durch Farbe, Licht und Textur wird ein bestimmter Effekt hervorgerufen, der den Inhalt betonen oder auch die Wahrnehmung des Betrachters in eine gewünschte Richtung lenken kann.

Auch hierbei sind Ihrer Fantasie keine Grenzen gesetzt. Nachfolgend einige Beispiele für Prompts, mit denen sich eine ganz bestimmte Wirkung erzielen lässt.

Cineastische Bildwirkung

```
Verwandle die Lichtstimmung des Bildes in eine dramatische
Film-noir-Szene. Nutze starken Chiaroscuro-Kontrast,
tiefschwarze Schatten und einen subtilen Nebeleffekt,
während die Details der Person/des Objekts scharf
bleiben.
```

Klassische Kunst

```
Interpretiere dieses Foto neu im Stil eines Ölgemäldes
von Vincent van Gogh. Nutze dicke, wirbelnde Pinselstriche
und eine lebendige Farbpalette aus tiefem Blau und
Goldgelb, um die Textur des Bildes zu verändern.
```

Cyberpunk-Metamorphose

```
Bring dieses Bild in das Jahr 2077. Füge neonfarbene
Akzente in Pink und Cyan hinzu, ersetze den Hintergrund
durch eine futuristische Stadtlandschaft bei Nacht und
gib Oberflächen einen metallischen Glanz.
```

Miniatur-Wunderland (Tilt-Shift)

```
Bearbeite dieses Bild so, dass es wie eine winzige
Modellbau-Landschaft aussieht. Erzeuge eine extreme
Tiefenunschärfe oben und unten im Bild und erhöhe die
Farbsättigung, um den Plastik-Look von Miniaturen zu
imitieren.
```

Doppelbelichtung

```
Erzeuge einen Doppelbelichtungseffekt: Verschmilz die
Silhouette der Person in diesem Bild mit einer dichten
Waldlandschaft oder einem Sternenhimmel. Die Texturen
der Natur sollen innerhalb der Umrisse sichtbar sein.
```

Zeitreise

```
Verleih diesem Bild einen authentischen 1970er-Jahre-
Retro-Look. Füge eine leichte Körnung hinzu, nutze warme
Sepia- und Orangetöne und ergänze subtile Lichtlecks
(Light Leaks) am Rand.
```

Surrealismus

```
Mach dieses Bild surreal, indem du die Schwerkraft aufhebst.
Lass die Objekte im Hintergrund schweben und ersetze
den Boden durch eine spiegelnde Wasseroberfläche, auf
der alles perfekt reflektiert.
```

Vom Foto zur Architekturskizze

```
Verwandle dieses Foto in eine professionelle
Architekturskizze. Nutze feine schwarze Tuschelinien auf
strukturiertem Aquarellpapier, wobei einige Bereiche
nur angedeutet und andere präzise ausgearbeitet sind.
```

Wetter oder Jahreszeiten manipulieren

```
Transformiere diese Sommerszene in eine tief verschneite
Winterlandschaft. Füge eine Schicht aus weichem Schnee
auf allen Oberflächen hinzu, lass Eiszapfen von Kanten
hängen und verwandle das Licht in ein kühles, diffuses
Blau.
```

Die magische oder goldene Stunde

```
Optimiere die Beleuchtung so, als wäre das Bild zur
perfekten Golden Hour aufgenommen worden. Füge lange, weiche
Schatten hinzu und hülle das gesamte Motiv in ein warmes,
glühendes Licht mit sanften Lens-Flare-Effekten.
```

7.5 Logos und Grafiken erstellen

Bislang ging es in diesem Kapitel vor allem um Bilder im klassischen Sinn von Gemälden, Illustrationen oder Fotografien. Aber KI-basierte Bildgeneratoren können auch Bildwerke in einem weiteren Sinn wie etwa Logos und grafische Elemente erschaffen. Gemini kann sich unter Begriffen wie »Logo« oder »Reklameschild« genauso etwas vorstellen. Es ist also auch hier wieder eine Frage der Schlüsselwörter, mit denen Sie den Bildgenerator in die gewünschte Richtung lenken.

Schlüsselwörter für Logos und Grafiken

Wollen Sie das KI-basierte Generieren von Logos und anderen grafischen Elementen im Detail steuern, kommt es auf die richtigen Schlüsselwörter an. Im Folgenden stelle ich Ihnen die wichtigsten Aspekte vor. Wenn Sie diese geschickt kombinieren, sollten Sie schnell zu einer attraktiven Grafik kommen.

Die Art des Logos

Wenn in Ihrem Prompt von einem Logo, einer Einladung oder einer Speisekarte die Rede ist, weiß Gemini von sich aus, worauf es dabei im Wesentlichen ankommt. Wenn Ihnen also schon klar ist, was Sie erreichen wollen, machen Sie dem digitalen Helfer eine entsprechende Vorgabe. Das kann durchaus schon recht spezifisch sein. Bei Logos etwa gibt es verschiedene Grundformen:

- **Symbol:** Eine grafische Visualisierung eines Gegenstands, einer Tätigkeit oder eines Themas, die in der Regel ohne Beschriftung auskommt und beliebig konkret oder abstrakt sein kann.
- **Emblem** oder **Wappen:** Spezielle Varianten von Symbolen, die eine Grundform vorgeben, die gleichzeitig aber auch eine Bedeutung transportieren können. Wappen etwa vermitteln Historie, Tradition und Autorität, Embleme stehen für Abzeichen auf Uniformen oder die Erkennungszeichen von Clubs.
- **Maskottchen:** Eine Personalisierung in Form eines Tieres, einer Kunstfigur oder eines stilisierten Gesichts. Maskottchen machen eine Marke sympathischer und anschaulicher und können so eine starke Bindung aufbauen.

- **Monogramm** (engl. »Lettermark«): Die künstlerische Abwandlung oder Verfremdung eines Buchstabens oder mehrerer Buchstaben. Dabei kann es sich etwa um den Anfangsbuchstaben eines Firmennamens oder die Initialen einer Person handeln. Längere Namenszüge eignen sich eher nicht für eine schöne Visualisierung.

```
Ich möchte ein Monogramm von meinen Anfangsbuchstaben
WG haben. Kannst du mir Vorschläge in verschiedenen
Stilen machen?
```

Der Kunststil

Schaut man sich Logos, Maskottchen und ähnliche Embleme an, sind diese grafisch meist in einem einfachen Stil gehalten: klare Formen, deutliche Linien, wenige Farben. Das alles trägt dazu bei, die Markenbotschaft auf den ersten Blick zu erkennen und später jederzeit wiederzuerkennen. Um Bilder in diesem Stil zu generieren, sollte man deshalb einen Stil vorgeben, der dieser Gestaltungsart entspricht. Mit folgenden Schlüsselwörtern etwa bringen Sie Gemini grundlegend auf die richtige Spur (einzeln oder auch in Kombination einzusetzen):

- **einfach** oder **minimalistisch:** Die grundlegendste Eigenschaft für grafische Elemente überhaupt, die dafür sorgt, dass mit einfachen Formen und wenigen Farben gearbeitet wird.

- **Flach:** Sorgt ebenfalls für einfache Darstellung ohne räumliche Perspektive (wenn gewünscht).
- **Vektor:** Führt zu einfachen Elementen und klaren Linien, die sich gut skalieren lassen.
- **schwarz-weiß**, **Umriss** oder **Strichzeichnungen** bzw. **Line Art:** Ein konkreter Stil, der sich gut für sehr abstrakte oder stilisierte Elemente eignet.

Insbesondere zu Beginn der Ideensuche empfiehlt es sich außerdem, immer gleich mehrere Vorschläge anzufordern, um den Prozess zu beschleunigen.

```
Ich suche ein Logo für eine Cocktailbar, ohne Text,
einfach, flach, Vektor. Mach mir ein paar Vorschläge.
```

Ist bei den Entwürfen etwas dabei, das in die richtige Richtung geht, können Sie sich darauf beziehen und dieses Design verfeinern.

```
Verfeinere den Entwurf links oben mit poppigeren Farben.
```

Daneben gibt es bestimmte Kunststile, die sich besonders für das Erstellen grafischer Elemente eignen (wobei das immer Geschmackssache ist und die erwähnten Stile auch nur einige typische Vertreter sind):

- **Abstrakter Expressionismus:** Ein von intensiven Farben, Verzerrung und Übertreibung gekennzeichneter Kunststil, der sich an Emotionen orientiert und auf gegenständliche Darstellung zugunsten von Abstraktion verzichtet.
- **Pop-Art:** Dieser Stil zeichnet sich durch leuchtende Farben, eine minimalistische Darstellung und Referenzen auf Gegenstände aus Alltag und Massenkultur aus.
- **Kristallkubismus:** Ein Ableger des Kubismus, der mit flachen, kantigen Formen arbeitet, die an die Facetten von Edelsteinen erinnern. Die Farbpalette beschränkt sich auf Grau, Weiß und Braun.

Referenzkünstler

Anstelle eines Kunststils können Sie auch einen konkreten Künstler vorgeben, was die Angabe noch etwas konkreter macht. Möglicherweise eignet sich einer Ihrer Lieblingskünstler für das Erstellen von Logos und Maskottchen. Ansonsten haben sich beispielsweise die folgenden Künstler für diese Zwecke bewährt:

- **Piet Mondrian** – geometrisch, abstrakt, harmonisch
- **Pablo Picasso** – kreativ, abstrakt, lebendig
- **Saul Bass** – grafisch, minimalistisch, ikonisch
- **Paul Rand** – kreativ, funktional, modern

```
Ein Logo für eine Cocktailbar, minimalistisch, flach,
im Stil von Saul Bass, mehrere Entwürfe!
```

Gemini einen Prompt generieren lassen

Komplexere Aufgaben wie das Erzeugen eines Firmenlogos oder einer ausdrucksstarken Grafik macht man nicht jeden Tag, sodass einem womöglich erst mal die richtigen Worte fehlen. In der Situation empfehle ich wieder den simplen Trick: Lassen Sie doch die KI die Arbeit machen oder Ihnen zumindest die benötigte Inspiration liefern. Wie schon an anderen Stellen dieses Buches gezeigt, kann Gemini sehr gut selbst Prompts kreieren. Lassen Sie sich also eine Anweisung liefern, die Sie dann – im Original oder ggf. noch von Hand angepasst – von Gemini ausführen lassen.

1. Teilen Sie dazu dem Assistenten mit, was Sie erreichen möchten. Fordern Sie ihn auf, Ihnen einen dazu passenden Prompt zu generieren.

```
Erstelle eine Textbeschreibung, die ich als Prompt
für einen KI-Bildgenerator nutzen kann. Sie soll ein
Logo für eine Cocktailbar beschreiben. Die Bar heißt
„Ungerührt Geschüttelt“. Das Logo soll vermitteln, dass
es hier nach Einbruch der Nacht die coolsten Drinks
in angenehmer, stilvoller Atmosphäre gibt.
```

2. Wenn Sie nach kurzer Wartezeit die Antwort erhalten, können Sie diese mit dem Kopieren-Symbol direkt in die Zwischenablage übernehmen. Beachten Sie dabei aber, dass die Antwort oftmals neben dem eigentlichen Prompt noch zusätzliche Hinweise enthält.

Hier ist ein präziser Prompt, der den Kontrast deines Namens und die nächtliche Atmosphäre einfängt:

Prompt: Ein minimalistisches, edles Logo auf tiefschwarzem Hintergrund für eine Bar namens "Ungerührt Geschüttelt". Das Design kombiniert eine stilisierte, dynamische Silhouette eines Cocktail-Shakers mit feinen Linien, die sanfte Wellen oder Wirbel andeuten. Farbschema: Mattes Gold und Nachtblau mit einem dezenten Neon-Glow-Effekt. Die Typografie ist eine moderne, schlanke Serifenlose, die Eleganz ausstrahlt. Das Gesamtbild wirkt kühl, urban und exklusiv, passend für eine stilvolle Nightlife-Atmosphäre. High contrast, vector style, clean lines.

Möchtest du, dass ich den Fokus eher auf ein bestimmtes Symbol (wie ein Glas) oder eine spezielle Stilrichtung (z. B. Art déco) lege?

3. Fügen Sie den generierten Prompt aus der Zwischenablage nun wieder in den Eingabebereich ein. Beachten Sie dabei ggf. die Zeichenbegrenzung bei der Eingabe. Sollte der Prompt länger sein, wird das Ende abgeschnitten. Kontrollieren Sie in diesem Fall, welche Information dadurch ggf. verloren geht. Eventuell können Sie den Prompt insgesamt etwas straffen, um das zu vermeiden.

4. Selbstverständlich können Sie den Prompt auch inhaltlich verändern und an Ihre Vorstellungen anpassen. Aktivieren Sie zur Sicherheit im *Tools*-Menü die Funktion *Bilder erstellen* und senden Sie ihn dann ab.
5. Nach etwas Wartezeit zeigt Gemini Ihnen einen Vorschlag, der hoffentlich Ihren Erwartungen entspricht. Kontrollieren Sie bei enthaltenen Namen oder sonstigen Texten unbedingt die Rechtschreibung, da sich der Bildgenerator dabei gern mal »künstlerische Freiheiten« erlaubt.

Referenzlogos analysieren

Eine gute Möglichkeit, Logos und grafische Elemente zu entwerfen, ist das Orientieren an Referenzen. Vielleicht gibt es ja ein Design, dessen Stil und Machart Sie sich gut für Ihren eigenen Entwurf vorstellen können. Dann besorgen Sie sich eine Bilddatei davon und geben Sie diese Gemini zur Analyse.

1. Wenn Sie ein bestimmtes Logo oder eine andere Form der grafischen Darstellung im Auge haben, suchen Sie am besten eine Webseite, auf der diese verwendet werden.
2. In der Regel können Sie grafische Elemente von Webseiten mit der rechten Maustaste anklicken und im dann geöffneten Kontextmenü abhängig vom verwendeten Webbrowser *Grafik speichern unter* bzw. *Bilder speichern unter*

o. Ä. wählen. Notfalls machen Sie mit ⇧+⊞+S einen Screenshot, wenn das Element irgendwo zu sehen ist.

3. Wechseln Sie nun zu Gemini und laden Sie die gespeicherte Bilddatei hier hoch (siehe Seite 52).
4. Lassen Sie sich das Bild aus Sicht des KI-Assistenten beschreiben bzw. einen Prompt für den Bildgenerator vorschlagen, mit dem Sie ähnliche Grafiken erstellen könnten.

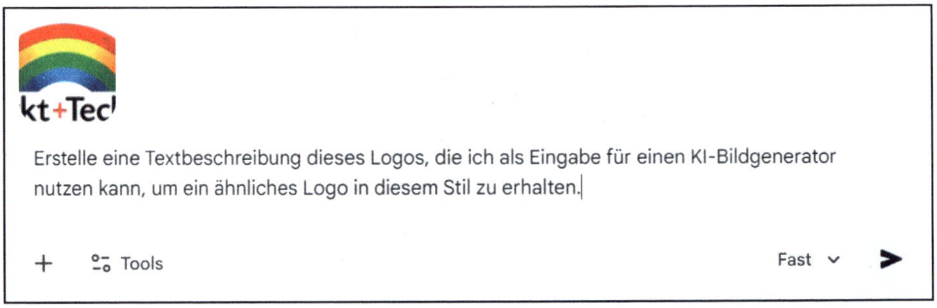

5. Die Antwort des Assistenten wird nicht lange auf sich warten lassen. Wenn Ihnen der generierte Prompt zusagt, können Sie ihn mit dem Kopieren-Symbol direkt kopieren.

Analyse

Nutze diesen kompakten Prompt für einen Bildgenerator:

Minimalistisches Firmenlogo, weißer Hintergrund. Über dem schwarzen Schriftzug "Markt+Technik" (mit rotem Pluszeichen) wölbt sich ein stilisierter Regenbogen aus vier dicken, konzentrischen Farbringen in Rot, Orange, Gelb und Grün-Blau. Klarer Vektor-Stil, flaches Design, lebendige Primärfarben.

Möchtest du, dass ich den Text im Prompt für einen anderen Firmennamen anpasse?

6. Fügen Sie den kopierten Prompt nun bei Gemini ein. Passen Sie dabei die Aspekte an, die Sie ändern möchten. Achten Sie vor allem darauf, ggf. Namen aus der Originalgrafik zu entfernen oder auszutauschen.

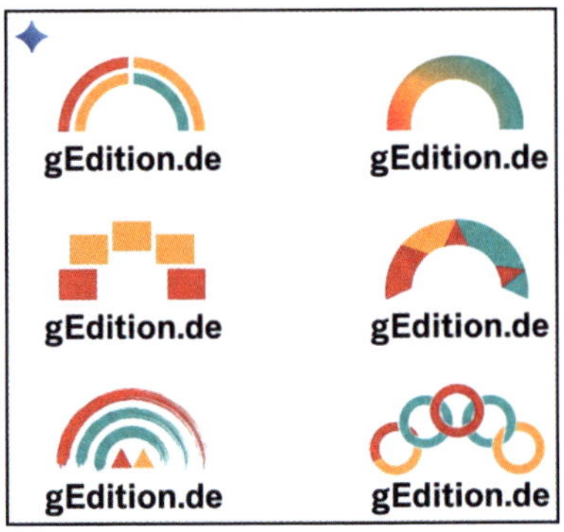

Plagiate durch KI?

Durch das Generieren auf Basis von statistischen Wahrscheinlichkeiten wird ein Bildgenerator niemals eine exakte Kopie eines vorgegebenen Bildes erstellen. Allerdings muss es für ein Plagiat auch keine exakte Kopie sein. Gerade wenn es um Logos mit Wiedererkennungswert geht, spielt der Markenschutz eine Rolle. Und da kann es schon problematisch werden, wenn ein Logo einem anderen zu ähnlich sieht. Achten Sie also bei der vorangehend beschriebenen Referenzmethode darauf, dass Ihr generiertes Logo dem Original am Ende nicht zu sehr ähnelt, insbesondere falls Sie das Bild kommerziell nutzen möchten.

7.6 Videoclips aus der KI-Retorte

Gemini kann nicht nur Bilder generieren, sondern auch Videosequenzen. Und damit sind nicht Trickfilme im Comic-Stil gemeint (obwohl auch das machbar ist), sondern realistisch wirkende Filmclips.

Dabei sind bewegte Bilder aus dem Computer an sich keine Neuheit. Studios wie Disney oder Pixar erstellen schon seit vielen Jahren kinoreife Filme. Und auch beim klassischen Hollywood-Kino sehen Sie heute kaum noch Szenen, die nicht zumindest in der Nachproduktion digital optimiert wurden.

Neu ist, dass dank generativer KI solche Technologie heute viel leichter zugänglich ist. Mit einfachen Text-Prompts kann man zwar noch keinen kompletten Blockbuster generieren, aber zumindest beeindruckende Sequenzen, die den eigenen Videos den nötigen Pep verleihen.

Videogenerierung nur mit Google-AI-Abo

Das KI-basierte Generieren von Videosequenzen gehört zu den Gemini-Funktionen, die zahlenden Kunden mit einem Google-AI-Abo (siehe Seite 76) vorbehalten sind. Bei allen anderen Nutzern werden die im Folgenden beschriebenen Prompts deshalb nur zu einem freundlichen Hinweis führen, dass für das Ausführen ein Abo erforderlich sei. Trotzdem möchte ich diese spannende Möglichkeit hier vorstellen, da es sicher auch Leser gibt, die ein solches Abo haben. Außerdem ist das kleinste Abo-Modell schon für wenige Euro erhältlich und kann monatlich wieder gekündigt werden. Man kann diese Funktion (und manch andere) also mit überschaubaren Kosten ausprobieren.

Bilder in Videoclips verwandeln

Eine Möglichkeit zum Erzeugen von Videoclips ist es, ein vorhandenes Bild als Ausgangspunkt zu nehmen und daraus eine animierte Videosequenz zu machen. Im einfachsten Fall reicht es, dazu ein entsprechendes Bild in den Chat einzufügen.

1. Öffnen Sie einen neuen Chat und wählen Sie im *Tools*-Menü die Funktion *Videos erstellen* (diese wird nur Anwendern mit Abo angeboten).
2. Nutzen Sie das Plussymbol, um ein Bild Ihrer Wahl in den Chat einzufügen.
3. Klicken Sie dann auf das Pfeilsymbol unten rechts, um die Bearbeitung zu starten.

4. Das Generieren von Videos ist ein aufwendiger Vorgang, der einige Rechenkapazität benötigt. Erwarten Sie also nicht – wie bei Text oder Bildern – innerhalb einiger Sekunden eine Antwort. Stattdessen werden Sie zunächst einen Hinweis bekommen, der Sie vertröstet.

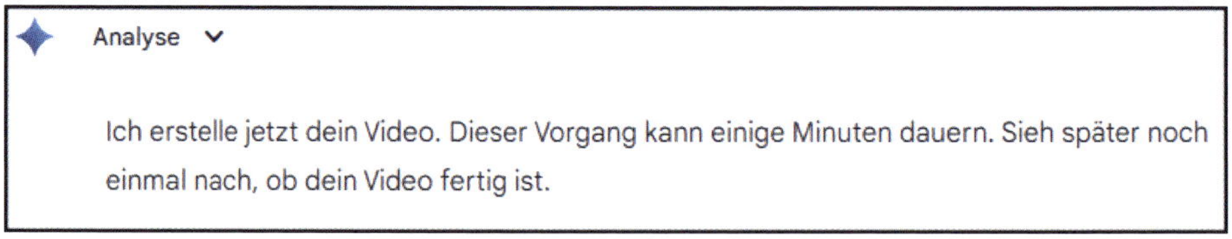

5. Sie brauchen aber nicht so lange untätig herumzusitzen. Sie können den Vorgang im Hintergrund laufen lassen und beispielsweise zu anderen Gemini-Chats wechseln. Ebenso können Sie an Ihrem PC ganz andere Dinge tun, da die Videogenerierung nicht lokal, sondern in einem Google-Rechenzentrum irgendwo auf der Welt erfolgt.
6. Wenn Sie später zu dieser Konversation zurückkehren, sehen Sie eine Vorschau auf das generierte Video. Falls diese auch nach längerem Warten noch nicht angezeigt wird, aktualisieren Sie ggf. die Webseite einmal, beispielsweise mit F5.

7. Mit dem Abspielsymbol mitten in der Vorschau können Sie jederzeit die Wiedergabe starten. Da man Videos in einem Buch schlecht abdrucken kann, möchte ich es Ihnen zumindest kurz beschreiben: Bei diesem Beispiel hat Gemini den Inhalt der Schneekugel animiert, sodass die Ballerina tanzt und die Schneeflocken umherwirbeln. Außerdem wurde eine einfache Melodie wie von einer Kinderspieluhr als musikalische Untermalung der Szene verwendet.

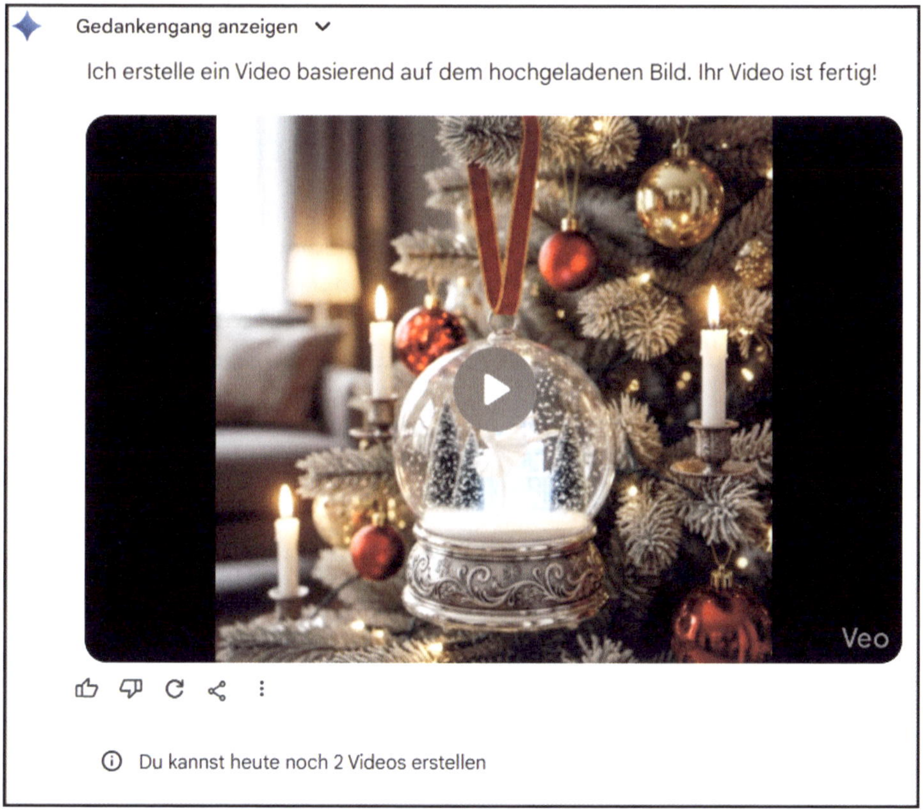

8. Wenn Sie den Mauszeiger über den Wiedergabebereich bewegen, wird oben rechts eine Schaltfläche zum Herunterladen angezeigt, mit der Sie den generierten Videoclip als MP4-Datei auf Ihrem PC speichern können.

Unterhalb des generierten Videos sehen Sie einen Hinweis, wie viele Videos Sie am selben Tag noch erstellen können. Gemini-Abonnenten können pro Tag eine bestimmte Anzahl an Videos generieren lassen. Die genaue Zahl hängt vom gewählten Abo-Modell ab.

Vorhandene Videos bearbeiten

Gemini kann Ihnen dabei helfen, vorhandenes Videomaterial zu bearbeiten. Eine Aufgabe könnte etwa sein, ein störendes Element aus einer Szene zu entfernen. Ein klassisches Beispiel dafür ist ein Schwenk über eine schöne Landschaft, bei der eine Hochspannungsleitung oder ein Windrad den natürlichen Eindruck stört.

Sofern sich ein Objekt beschreiben und im Video identifizieren lässt, kann die Mustererkennung von Gemini es lokalisieren, entfernen und die entstehenden leeren Bereiche aus den umgebenden Bereichen ersetzen.

1. Klicken Sie auf das Plussymbol unten links im Eingabebereich, um das Video dem Chat hinzuzufügen. Gemini analysiert das Video automatisch und zeigt anschließend die Laufzeit im Vorschausymbol an.
2. Tippen Sie nun Ihre Anweisung ein, was mit diesem Video geschehen soll, also etwa, welches Element entfernt werden soll, und senden Sie sie ab.

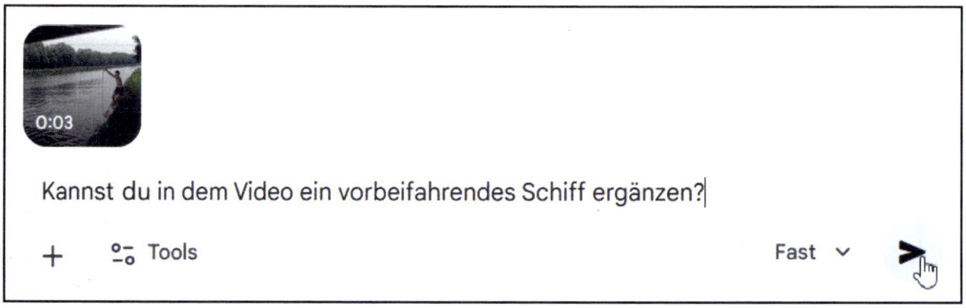

3. Das Generieren von Videos dauert deutlich länger als bei Texten oder Bildern. Auch wenn der Assistent optimistisch von *1 bis 2 Minuten* ausgeht, können Sie den Chat meist erst mal verlassen und später zurückkehren, um sich das Ergebnis anzusehen.

4. Hat Gemini seine Berechnungen beendet, sehen Sie in diesem Chat als Antwort das fertige Video, das Sie direkt abspielen oder mit den Symbolen oben rechts teilen bzw. herunterladen können.

Sie können nicht nur Elemente aus Videos entfernen, sondern auch Objekte hinzufügen oder – als Kombination von beidem – ein Objekt durch ein anderes ersetzen. Gemini »klatscht« dabei nicht einfach etwas in das Video hinein, sondern blendet es passend in die vorhandene Szene ein und ergänzt ggf. dadurch im Bild entstehende Schattierungen oder Reflexionen. Idealerweise entsteht eine neue Version der Aufnahme mit einer Veränderung, die aber nicht als solche auffällt. Die grundlegende Vorgehensweise bei Gemini wurde vorangehend bereits beschrieben, deshalb hier lieber ein paar Beispiele für Prompts, die Ihnen die Möglichkeiten dieser Funktion anschaulich machen.

- `Füge dichten, realistischen Bodennebel hinzu, der langsam über die Straße wabert und die Straßenlaternen leicht einhüllt.`
- `Platziere einen majestätischen Weißkopfseeadler auf dem kahlen Ast des Baumes im Vordergrund, der sich wachsam umblickt.`
- `Ergänze eine schwebende, holografische Werbetafel an der Fassade des Wolkenkratzers, die flimmernde blaue Grafiken zeigt.`

- Lass im Hintergrund der Bergkette ein gewaltiges Gewitter mit sichtbaren Blitzen entstehen, die den Himmel kurzzeitig erhellen.
- Entferne die Person im roten Hemd, die durch den Hintergrund läuft, und fülle die Lücke nahtlos mit der Textur der dahinterliegenden Steinmauer auf.

Den Stil eines Videos verändern

Neben dem Manipulieren einzelner Bestandteile kann Gemini die gesamte visuelle Ästhetik eines Clips transformieren, etwa um ein realistisches Video in eine 3D-Animation oder ein Ölgemälde zu verwandeln. Zudem lassen sich Kameraparameter wie Zoom oder Schwenks nachträglich anpassen, um die Dynamik einer bereits generierten Szene zu verändern. Auch hier ist die prinzipielle Vorgehensweise die gleiche, deshalb folgen ein paar Beispiel-Prompts, die Ihnen die Möglichkeiten dieser Funktion aufzeigen:

- Verleihe dem Video den Look einer alten VHS-Kassette aus den 80ern, inklusive Tracking-Störungen an den Rändern, verblassten Farben und leichtem Bildrauschen.
- Wende einen klassischen Film-noir-Stil an: tiefes Schwarz-Weiß, extreme Schatten (Chiaroscuro-Licht), starker Kontrast und eine subtile Filmkörnung.
- Tauche die Szene in eine futuristische Cyberpunk-Ästhetik. Nutze Neonfarben (Magenta und Cyan), füge digitale Glitch-Effekte und eine leicht verregnete, dunkle Atmosphäre hinzu.
- Transformiere das Video in eine surreale Infrarot-Aufnahme, bei der grünes Laub leuchtend weiß erscheint und der Himmel tiefschwarz oder dunkelblau wirkt.

Videos aus Text-Prompts erstellen

Gemini kann auch völlig neue Videoclips nur anhand Ihrer Beschreibung entstehen lassen. Genau wie beim Generieren von Bildern formulieren Sie dazu in einem Text-Prompt Ihre Ideen und Vorstellungen von der Szene. Dabei gibt es grundsätzlich keine Vorgaben, sodass Sie Ihrer Fantasie freien Lauf lassen können. Um auch bei komplexen Szenen schnell zu guten Ergebnissen zu gelangen, hat sich aber ein grobes Rezept bewährt, das sicherstellt, dass Gemini alle Informationen hat, um ein Video nach Ihren Vorstellungen zu erzeugen:

1. Konzeptualisierung (das »Was«):
   Beginnen Sie mit der Definition des Kernmotivs und der Handlung. Überlegen Sie, wer oder was die Hauptrolle spielt und welche Interaktion stattfindet (beispielsweise ein Astronaut, der auf einem fremden Planeten eine leuchtende Pflanze berührt).
2. Szenenaufbau (das »Wo«):
   Beschreiben Sie die Umgebung detailliert. Nutzen Sie Adjektive für Texturen, Farben und Wetterbedingungen, um Gemini Kontext zu geben (beispielsweise kristalliner Boden, violetter Himmel, schwebende Felsbrocken).
3. Technische Spezifikation (das »Wie«):
   Ergänzen Sie filmische Anweisungen. Wählen Sie eine Kameraperspektive (etwa »Über-die-Schulter«), eine Bewegung (vielleicht »langsames Heranzoomen«) und die Lichtstimmung (beispielsweise »biolumineszentes Leuchten«). Geben Sie auch das gewünschte Seitenverhältnis an – etwa »16:9« für ein klassisches Filmformat oder »9:16« für Hochkant-Clips für soziale Medien.

Fügen Sie aus diesen Bausteinen einen Fließtext zusammen, den Sie dann Gemini als Prompt für die Videogenerierung übergeben:

1. Klicken Sie im Gemini-Eingabebereich auf *Tools* und wählen Sie im so geöffneten Menü *Videos erstellen*. Dieser Schritt dient nur der Sicherheit. Wenn Sie Ihren Prompt eindeutig genug formulieren (»Generiere ein Video, das ...«), können Sie ihn auch weglassen.

2. Fügen Sie dann Ihren Prompt in das Eingabefeld ein und senden Sie ihn ab.

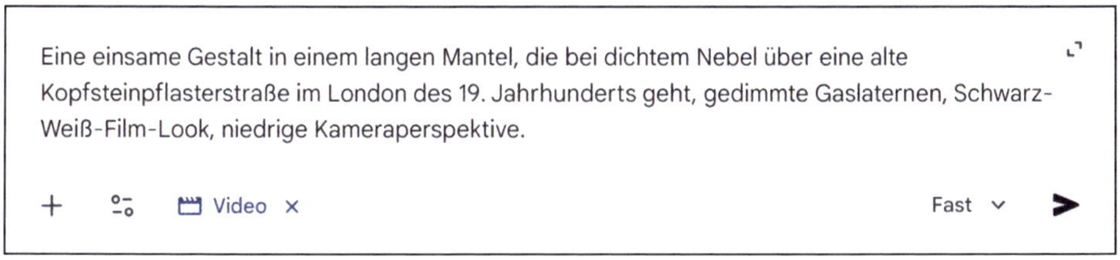

3. Nun heißt es warten, da das Generieren von Videos viel Zeit in Anspruch nimmt. Gegebenenfalls kehren Sie später zurück, um das Ergebnis zu betrachten.

Nach dem ersten Entwurf prüfen Sie das Ergebnis. Wenn Details fehlen oder Ihnen die Bewegung nicht gefällt, passen Sie den Prompt spezifisch an (beispielsweise »mehr Partikeleffekte in der Luft hinzufügen« oder »Kamerageschwindigkeit halbieren«) und starten das Erzeugen einer neuen Version. Ab hier geht es dann prinzipiell wie beim Bearbeiten vorhandener Videoclips weiter.

Beispiele für Prompts zum Generieren von Videos

Hier sind einige kreative Beispiele für Video-Prompts, die verschiedene Stile und Techniken abdecken:

- `Extreme Nahaufnahme einer tautropfenbesetzten Blume, die sich im Zeitraffer öffnet, während die Morgensonne durch die Blütenblätter scheint, fotorealistisch, 8K, sanfte Kamerafahrt.`
- `Drohnenaufnahme einer futuristischen Stadt über den Wolken bei Sonnenuntergang, schwebende Transportmittel zwischen neonbeleuchteten Wolkenkratzern, kinoreiche Beleuchtung, Cyberpunk-Ästhetik.`

- Ein kleiner, flauschiger Drache, der tollpatschig versucht, Seifenblasen in einem verwunschenen Wald zu fangen, 3D-Animationsstil, lebendige Farben, weiches Licht.
- Ein majestätischer Hirsch aus flüssigem Smaragd schreitet durch einen nebligen, antiken Wald, wobei seine Hufe beim Aufsetzen leuchtendes Moos hinterlassen. Nahaufnahme, 4K, Zeitlupe, biolumineszente Lichteffekte, fotorealistisch.
- Die kosmische Geburt eines Planeten. Glühende Lava und Gesteinsbrocken formen sich im Weltraum zu einer Kugel, umgeben von violetten Nebeln und Sternenstaub. Weitwinkelaufnahme, langsame Rotation der Kamera, orchestrale Lichtstimmung, High Fidelity.
- Ein Origami-Vogel erwacht zum Leben. Der kleine Papierkranich faltet sich auf einem Schreibtisch selbst auf und beginnt zwischen aufgeschlagenen Büchern umherzufliegen. Makroaufnahme, geringe Tiefenschärfe, warmes Schreibtischlampenlicht, 60 FPS.
- Der Geist des Herbstes. Eine Frau aus wirbelnden, bunten Blättern tanzt über einen zugefrorenen See, wobei das Eis unter ihr bunt aufleuchtet. Verfolgungskonstruktion, dynamische Bewegungen, Goldene-Stunde-Beleuchtung, 8K.
- Eine kulinarische Explosion. Eine frische Erdbeere fällt in eine Schale mit flüssiger weißer Schokolade und erzeugt eine perfekt symmetrische Krone aus Spritzern. Extreme Zeitlupe (Super Slow Motion), Studiobeleuchtung, Makro-Fokus, minimalistischer Hintergrund.

Rechtliche Hürden bei KI-Videos

Für das Veröffentlichen KI-generierter oder -bearbeiteter Videos gelten zunächst die gleichen Regeln wie für andere KI-Produkte auch. Unter anderem sollte dabei beachtet werden: Auch wenn KI-generierte Inhalte prinzipiell urheberrechtsfrei sind, sollten die Geschäftsbedingungen des KI-Dienstes beachtet werden. Da Gemini Videos nur für zahlende Nutzer generiert, werden diesen weitreichende Freiheiten auch bei der kommerziellen Nutzung der Ergebnisse eingeräumt.

Grundsätzlich aber untersagt Google in seinen Nutzungsbedingungen ausdrücklich die Verwendung von Gemini für »schädliche Zwecke«. Dazu zählen:

- **Irreführende Inhalte:** Videos, die darauf abzielen, die Öffentlichkeit zu täuschen (z. B. im Kontext von Wahlen oder medizinischen Informationen).
- **Persönlichkeitsrechtsverletzungen:** Darstellungen von realen Personen ohne deren ausdrückliche Einwilligung.
- **Explizite Inhalte:** sexuelle Darstellungen, extreme Gewalt oder hasserfüllte Inhalte.

Einschränkungen kann es außerdem bei Test- oder Preview-Funktionen geben, die noch nicht für die reguläre Nutzung freigegeben sind. Hier sind kommerzielle Veröffentlichungen meist untersagt. Sie sollten sich im Zweifelsfall also informieren, was Gemini Ihnen als erlaubte Verwendung zugesteht. Bedenken Sie zudem, dass sich in Videosequenzen robuste digitale Wasserzeichen einbauen lassen, die einen eindeutigen Herkunftsnachweis ermöglichen.

Urheberrechtsbedenken

Grundsätzlich gilt – wie an anderer Stelle bereits ausgeführt – auch für Videos, dass das Urheberrecht ein Personenrecht ist, das eine Software nicht erwerben kann. Allerdings kommt zumindest im deutschen Recht ein Schutz für KI-generierte Videos als Laufbilder infrage, wobei erst noch abschließend geklärt werden muss, ob dieser Schutz dem Ersteller der KI-Software oder dem Autor des Text-Prompts beim Generieren des Videos zusteht. Hier besteht also zumindest eine Rechtsunsicherheit, wenngleich diese in der Praxis absehbar erst mal keine Probleme bereiten sollte. Zumindest sofern das Veröffentlichen und kommerzielle Nutzen generierter Inhalte vom Betreiber des KI-Dienstes ausdrücklich zugelassen wurde.

Ein anderes Urheberrechtsproblem kann allerdings entstehen, wenn beim Erstellen von Videos Inhalte nicht komplett neu generiert werden, sondern die KI auf vorhandene Inhalte wie Bilder und Videoclips zurückgreift und diese zu einem neuen Video montiert. Wenn solche Bestandteile urheberrechtlich geschützt sind, kann das zu Problemen führen. Eigentlich sollte es das Problem des KI-Betreibers sein, wenn seine Software sich auf diese Weise widerrechtlich verhält. Im Zweifelsfall wird sich der Rechteinhaber aber zunächst an denjenigen halten, der sein Material veröffentlicht hat.

Einen absoluten Schutz dagegen gibt es nicht. Es verringert aber das Risiko, wenn Sie die generierten Inhalte vor dem Veröffentlichen stets gründlich prüfen. Bei Inhalten, die Sie nur in einem kleinen, nicht öffentlichen Kreis verbreiten möchten, ist weniger Vorsicht erforderlich. Allerdings kann dann der Hinweis an die Empfänger nicht schaden, dass sie ihrerseits das Material nicht anderen zugänglich machen sollten. Sollte sich jemand nicht daran halten, muss das nicht Ihr Problem sein. Ärger bekommt immer der, der problematische Inhalte einer Öffentlichkeit zugänglich macht.

Deep Fakes und Persönlichkeitsrechte

Wenn in Filmen Personen erkennbar sind, kann dies eine zusätzliche Quelle rechtlicher Probleme sein, die aber nicht speziell auf KI-generierte Inhalte beschränkt sind:

- Jeder Mensch hat im Rahmen des allgemeinen Persönlichkeitsrechts ein Recht am eigenen Bild. Demzufolge dürfen von keiner Person Bilder ohne deren Zustimmung veröffentlicht werden.
- Ausnahmen sind Personen der Zeitgeschichte, bei denen ein berechtigtes Interesse der Öffentlichkeit besteht, also Politiker, Musiker, Sportler und andere Prominente, die ohnehin in der Öffentlichkeit stehen.
- Auch hier sind Deep Fakes allerdings nicht zulässig, die beispielsweise das Gesicht oder den Körper einer Person in ein anderes Bild hineinmontieren. Eine solche Montage stellt eine implizite Tatsachenbehauptung über die abgebildete Person auf, nämlich dass sie an einem Ort gewesen sei oder an einem bestimmten Ereignis teilgenommen habe. Solche falschen Tatsachenbehauptungen sind in der Regel unzulässig.

Verwenden Sie Funktionen wie das Austauschen von Gesichtern am besten nur als internen Spaß oder mit ausdrücklicher Einwilligung aller Betroffenen.

7.7 Musikclips generieren

Da die im vorangehenden Abschnitt beschriebenen Videos auch (Ki-generierte) Hintergrundmusik enthalten, kann Gemini im Prinzip auch Musikstücke erzeugen. Zum Redaktionsschluss steckt das Erstellen von Musikstücken allerdings noch in der Testphase und ist auf kürzere Clips begrenzt. Sie können wie Videos durch Text-Prompts beschrieben werden. Man kann aber auch Bilder oder Videos hochladen, deren Stimmung Gemini dann analysiert und eine dazu passende Musik generiert.

Spezialisten für KI-Musik

Gemini steckt beim Generieren von Musik noch ein wenig in den Kinderschuhen, auch wenn man davon ausgehen darf, dass Google die Entwicklung zügig vorantreiben wird. Bis dahin aber gibt es interessante Alternativen, die einigen Vorsprung haben. Beispielsweise **Suno** (https://suno.com) können Sie nach Anmeldung mit Ihrem Google-Konto in nennenswertem Umfang kostenlos nutzen und dort ganze Lieder in nahezu beliebigen Stilen generieren. Suno kann Ihre eigenen oder KI-erzeugten Texte einfügen (generiert aber selbstverständlich auch Instrumental-Songs) und erschafft beeindruckend wirkungsvolle Musik.

Musik aus Text-Prompts

Genau wie bei Videos können Sie auch für Musikstücke Prompts eingeben, die das gewünschte Ergebnis in Ihren eigenen Worten beschreiben. Gemini wird daraus in der Regel etwas Hörenswertes machen. Wenn Sie schnell ein bestimmtes Ergebnis erreichen möchten, ist eine gewisse Struktur beim Erstellen des Prompts hilfreich. Setzen Sie Ihre Beschreibungen am besten aus vier Elementen zusammen:

- **Genre und Stil:** Benennen Sie das Hauptgenre (z. B. »Techno«, »Indie-Rock« oder »Cinematic«) und ergänzen Sie es ggf. um Subgenres oder spezifische Epochen (z. B. »90er-Jahre-Grunge«), um die grundlegende Klangfarbe festzulegen.
- **Instrumentierung:** Listen Sie die Instrumente auf, die im Vordergrund stehen sollen. Beschreiben Sie deren Charakter, etwa »eine verzerrte E-Gitarre«, »sanfte Klavierakkorde« oder »warme Analog-Synthesizer«.
- **Stimmung und Tempo:** Definieren Sie die emotionale Wirkung (z. B. »melancholisch«, »euphorisch« oder »mysteriös«) und geben Sie das Tempo an. Sie können Begriffe wie »Upbeat« oder »langsam« verwenden oder eine konkrete BPM-Zahl (**B**eats **p**er **M**inute) nennen.
- **Struktur und Dynamik:** Beschreiben Sie den Verlauf des Tracks. Erwähnen Sie, ob das Stück mit einem Solo beginnen, sich zu einem Crescendo steigern oder einen konstanten, hypnotischen Rhythmus beibehalten soll.

Je präziser Sie diese Elemente kombinieren, desto genauer kann die KI Ihre musikalische Vorstellung umsetzen. Der folgende Beispiel-Prompt führt genau diese vier Bausteine nacheinander auf:

```
Erstelle einen entspannten Lo-Fi-Jazz-Track mit einem
sanften Saxophon-Solo, gedämpften Hip-Hop-Beats und
leichtem Regenrauschen im Hintergrund. Die Stimmung
soll nächtlich und beruhigend sein, bei etwa 80 BPM.
```

Um etwa einen solchen Prompt bei Gemini in Musik zu verwandeln, gehen Sie wie folgt vor:

1. Klicken Sie im Gemini-Eingabefeld auf *Tools* und wählen Sie im Menü *Musik erstellen*.

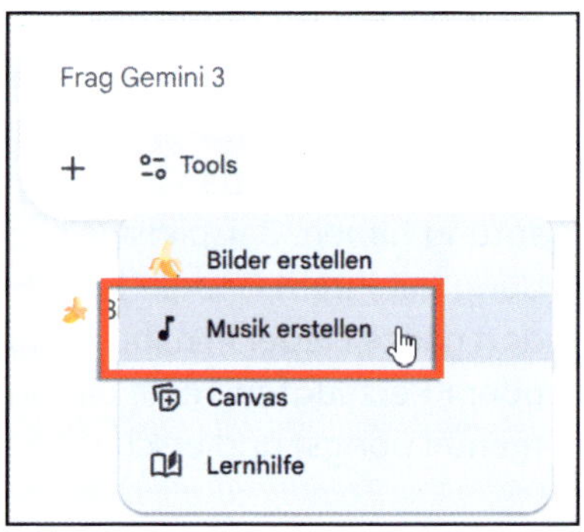

2. Gemini bietet Ihnen dann in einer visuellen Übersicht eine Reihe fertiger Musikstile an, die Sie per Anklicken in Ihren Prompt einfügen können. Diese werden dann Teil des Prompts und können durch eigene Anweisungen ergänzt werden. Dieser Schritt ist optional. Sie können Ihren Musik-Prompt also auch völlig frei ohne Vorlage gestalten.
3. Tippen Sie Ihren Prompt ins Eingabefeld ein. Idealerweise orientieren Sie sich dabei an den vier Bausteinen (s. o.).

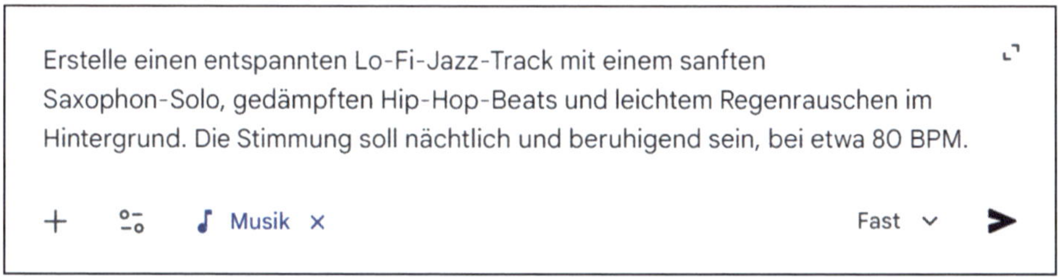

4. Gemini macht sich nun an die Berechnung, die etwas länger dauert als etwa das Generieren von Text. Dabei wird auch gleich ein passendes Cover erstellt, das Sie anschließend als Antwort sehen.
5. In der Mitte des Covers finden Sie ein Wiedergabe-Symbol, mit dem Sie sich die frisch erzeugte Musik anhören können.

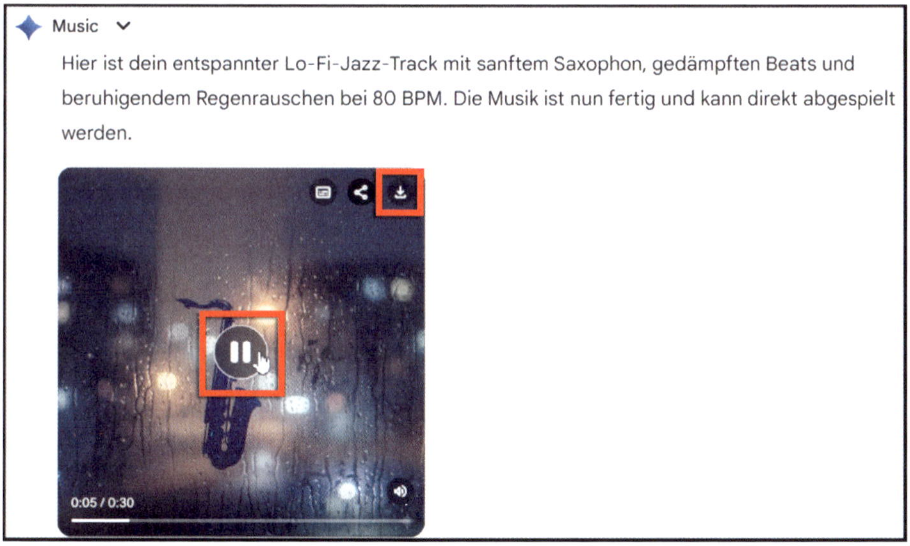

6. Möchten Sie den Clip herunterladen, klicken Sie oben rechts im Cover auf das Download-Symbol. Sie können dann wählen, ob Sie ein Video (mit dem Cover als sichtbarem Inhalt) oder nur die Musik als MP3-Datei speichern möchten.

Beispiele für kreative Musik-Prompts

Hier noch ein paar Beispiele für Eingabe-Prompts, die Sie nach Belieben verwenden, abändern, ergänzen und mischen können, um Ihre ganz eigene Musik zu generieren:

- `Erstelle einen atmosphärischen 80er-Jahre-Synthwave-Track mit treibenden analogen Synthesizern, einer markanten Basslinie und einem langsamen, hallenden Schlagzeug-Rhythmus. Die Stimmung soll nostalgisch und energiegeladen sein.`
- `Generiere einen entspannten Lo-Fi-Beat. Nutze ein sanftes E-Piano-Sample, leichtes Vinyl-Knistern im Hintergrund und einen gedämpften, jazzigen Hip-Hop-Rhythmus.`
- `Komponiere ein episches Orchesterstück für eine Abenteuerszene. Beginne mit leisen Streichern und steigere dich zu einem kraftvollen Crescendo mit Blechbläsern und donnernden Pauken.`
- `Erzeuge einen minimalistischen Deep-Techno-Track mit einem konstanten 4/4-Takt, einer dunklen, hypnotischen Bassfrequenz und metallischen Perkussionselementen bei 126 BPM.`
- `Schreibe einen fröhlichen Akustik-Pop-Song mit einer hellen Westerngitarre, einem dezenten Tamburin und einer sanften, männlichen Stimme. Das Thema soll ein sonniger Morgen am Meer sein.`

Musik aus Bildern oder Videos

Eine andere Möglichkeit beim Erstellen von Musik mit Gemini ist das Einfügen von Bildern oder Videos in den Prompt. Diese analysiert der Assistent dann auf den abgebildeten Inhalt und versucht, automatisch dazu passende Musik zu erstellen.

1. Aktivieren Sie auch hierbei zunächst über das *Tools*-Menü im Eingabefeld den Modus *Musik erstellen*.
2. Klicken Sie im Eingabebereich unten links auf das Plussymbol und wählen Sie im Menü *Dateien hochladen* (oder alternativ *Aus Google Drive hinzufügen* oder *Fotos*).

3. Navigieren Sie dann zur Datei, die Sie als Impulsgeber für das Musikstück verwenden möchten, und fügen Sie diese in den Dialog mit Gemini ein.
4. Sie können zusätzlich noch einen Text-Prompt formulieren, dessen Inhalt dann gemeinsam mit dem Bild ausgewertet wird. Grundsätzlich ist das aber nicht erforderlich, Sie können Gemini Musik auch nur aufgrund des Bildmaterials erstellen lassen.

Englischer oder deutscher Text oder instrumental?

Standardmäßig erzeugt Gemini in den meisten Fällen Lieder mit englischem Text. Wenn das nicht Ihren Wünschen entspricht, sollten Sie dem Prompt zumindest eine entsprechende Anweisung mitgeben, also beispielsweise »Musik mit deutschem Text erstellen« oder »Instrumentalmusik erstellen«.

5. Anschließend erstellt Ihnen Gemini auch in diesem Fall ein Musikstück, das Sie als Video- oder Musikclip herunterladen können.

8. Gemini als Assistent bei Gmail und Google Docs

Gemini kann Sie in Gmail und Google Docs wie ein persönlicher Assistent unterstützen. In Gmail hilft Ihnen die KI dabei, schnell passende E-Mails zu entwerfen, lange Nachrichten prägnant zusammenzufassen oder direkt Antwortvorschläge zu erstellen, die sich auf den bisherigen Text beziehen. In Google Docs können Sie Gemini nutzen, um Texte neu zu schreiben, bereits verfasste Absätze einfacher umzuformulieren oder Fehler korrigieren zu lassen. Zudem kann Gemini für Sie Informationen aus Ihren in Google Drive gespeicherten Dateien heraussuchen und diese direkt in Ihre neuen Dokumente einfügen. Auch bei Google Kalender und Google Meet kann Gemini Sie unterstützen, etwa bei der gemeinsamen Terminfindung oder durch das automatische Erstellen von Notizen während digitaler Meetings.

Office-Funktion nur für Nutzer mit Google-AI-Abo

Die in diesem Kapitel beschriebenen Funktionen sind Anwendern vorbehalten, die ein kostenpflichtiges Google-AI-Abo (siehe Seite 76) verwenden. Nutzern mit einem Google-AI-Plus-Abo steht Gemini in Gmail, Google Kalender sowie Google Meet zur Verfügung. Wer ein Google-AI-Pro-Abo abschließt, kann Gemini darüber hinaus direkt in Google Docs, Vids und weiteren Google-Apps nutzen. Bei allen Abo-Modellen kann man einen kostenlosen oder stark vergünstigten Testzeitraum nutzen. Wer die Ausgaben scheut, muss auf den Komfort verzichten. Durch Hin- und Herkopieren von Inhalten über die Zwischenablage kann man sich aber in vielen Fällen behelfen und die Dienste von Gemini in praktisch jeder Anwendung nutzen.

8.1 Datenschutz für Ihren Google Workspace

Obwohl das Thema Datenschutz und KI im ersten Kapitel bereits behandelt wurde, möchte ich an dieser Stelle noch mal einen kurzen Abschnitt speziell zu diesem wichtigen Thema voranstellen. Denn um Gemini in Gmail und Docs nutzen zu können, müssen Sie Google den Zugriff auf die darin gespeicherten Informationen einschließlich der in Drive abgelegten Dateien einräumen. Das ist an sich schon nicht unproblematisch, kann aber beim Einsatz im beruflichen Umfeld sogar gegen geltendes Recht, Datenschutzverordnungen usw. verstoßen. Hinzu kommt, dass Google unterschiedliche Strategien für verschiedene Arten von Kunden verfolgt.

Datenschutz für Unternehmen

Wenn Sie Gemini über ein Business-, Enterprise- oder Education-Konto nutzen, gelten besonders strenge Regeln:

- **Kein Training mit Ihren Daten**
  Google verwendet Ihre E-Mails, Dokumente oder die Eingaben, die Sie an Gemini senden, **nicht**, um seine KI-Modelle zu trainieren oder zu verbessern.
- **Privatsphäre innerhalb der Organisation**
  Ihre Interaktionen mit Gemini bleiben innerhalb Ihres Unternehmens. Niemand außerhalb Ihrer Organisation (auch keine Google-Mitarbeiter) kann Ihre vertraulichen Inhalte einsehen.
- **Bestehende Schutzmaßnahmen**
  Alle Sicherheits- und Compliance-Einstellungen, die bereits für Ihr Google-Workspace-Konto gelten (wie Verschlüsselung oder Schutz vor Datenverlust), greifen automatisch auch bei der Nutzung von Gemini.

Datenschutz für Privatnutzer

Bei der Nutzung mit einem persönlichen Google-Konto (auch mit Google-AI-Abo) sieht es leider etwas anders aus:

- **Keine Werbung**
  Google betont, dass Ihre Daten in Gmail und Docs grundsätzlich Ihnen gehören und nicht für Werbezwecke verkauft werden.
- **Anonymisierter Zugriff durch Prüfer**
  Bei der Verwendung von Gemini-Apps (außerhalb der direkten Integration in Docs/Gmail) können Unterhaltungen anonymisiert von menschlichen Prüfern gelesen werden, um die Technologie zu verbessern. In der EU gelten hierbei strengere Regeln, und viele Funktionen zur Datennutzung sind standardmäßig auf Opt-in (Zustimmung erforderlich) eingestellt. Allerdings bedeutet das konkret, dass Sie Gemini etwa in Gmail und Docs nur nutzen können, wenn Sie Ihre Zustimmung erteilen.
- **Sehr sensible Daten**
  Auch wenn Google verspricht, die Inhalte Ihrer Dokumente und E-Mails in Docs und Gmail privat zu halten, sollten Sie bei der Arbeit mit KI-Assistenten generell vorsichtig mit sehr sensiblen persönlichen Daten wie Passwörtern oder Bankdaten umgehen.

Wenn Sie Ihr Gmail-Konto beruflich nutzen oder in Ihren Google Docs beispielsweise mit persönlichen Kundendaten arbeiten, sollten Sie in jedem Fall mit Ihrem Arbeitgeber oder etwa dem zuständigen Datenschutzbeauftragten abklären, inwieweit der Einsatz von Gemini möglich und zulässig ist.

Gemini den Zugriff erlauben

Wenn Sie erstmals eine Gemini-Funktion in Gmail oder Google Docs verwenden möchten, wird Gemini Sie einmalig darum bitten, seine *smarten Funktionen* in Ihrem Google Workspace aktivieren zu dürfen. Wenn Sie dies tun möchten, klicken Sie unten rechts auf *Aktivieren*. Andernfalls bleibt Gemini der Zugriff auf Ihre Google-Daten verwehrt (und Ihnen der Zugriff auf Gemini innerhalb des Google Workspace mit Gmail, Docs usw.).

Den Zugriff von Gemini steuern

Auch wenn Sie Gemini den Zugriff auf Ihren Workspace zunächst erlaubt haben, sind Sie dem nicht willenlos ausgeliefert. Allerdings kann es durchaus eine Herausforderung sein, die entsprechenden Optionen in den umfangreichen Google-Einstellungen zu finden.

1. Öffnen Sie, ausgehend von der Weboberfläche von Gmail, dessen Einstellungen, indem Sie oben rechts auf das Zahnrad-Symbol klicken.

2. Klicken Sie in den so geöffneten Schnelleinstellungen oben auf *Alle Einstellungen aufrufen*.

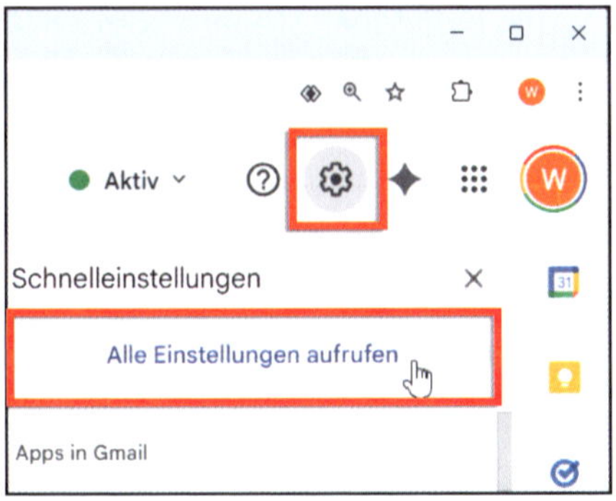

3. Gehen Sie in den Einstellungen in der Rubrik *Allgemein* nach unten, bis Sie zur Option *Smarte Funktionen* gelangen. Hiermit steuern Sie pauschal, ob in Gmail, Chat und Meet KI-basierte Funktionen verwendet werden dürfen.

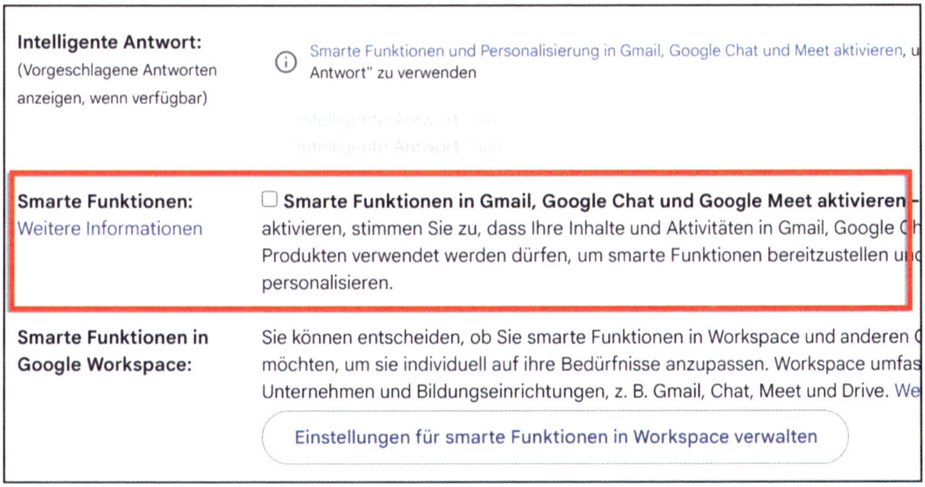

4. Wenn Sie diese Option einschalten, müssen Sie das in einem zusätzlichen Hinweis mit *Aktivieren und aktualisieren* bestätigen. Anschließend wird die Gmail-Weboberfläche mit den aktualisierten Einstellungen einmal neu geladen.

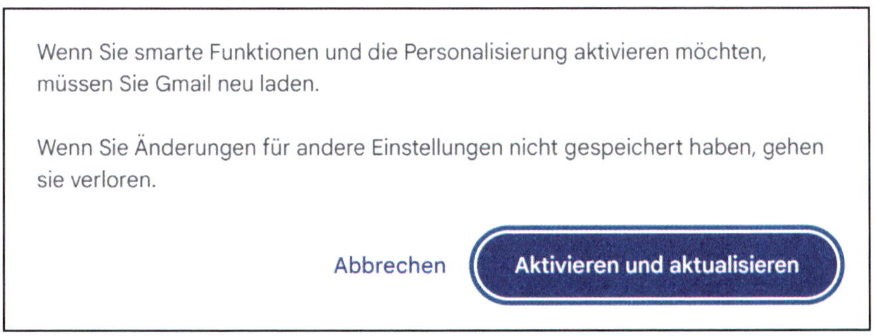

5. Direkt oberhalb dieser Einstellung finden Sie eine Reihe weiterer Funktionen wie *Intelligentes Schreiben*, mit denen Sie einzelne Aspekte dieser smarten Funktio-

nen individuell steuern können. Diese sind allerdings nur zugänglich, wenn unten *Smarte Funktionen* insgesamt aktiviert wurden. Dann können Sie die einzelnen Funktionen ganz individuell ein- oder ausschalten.

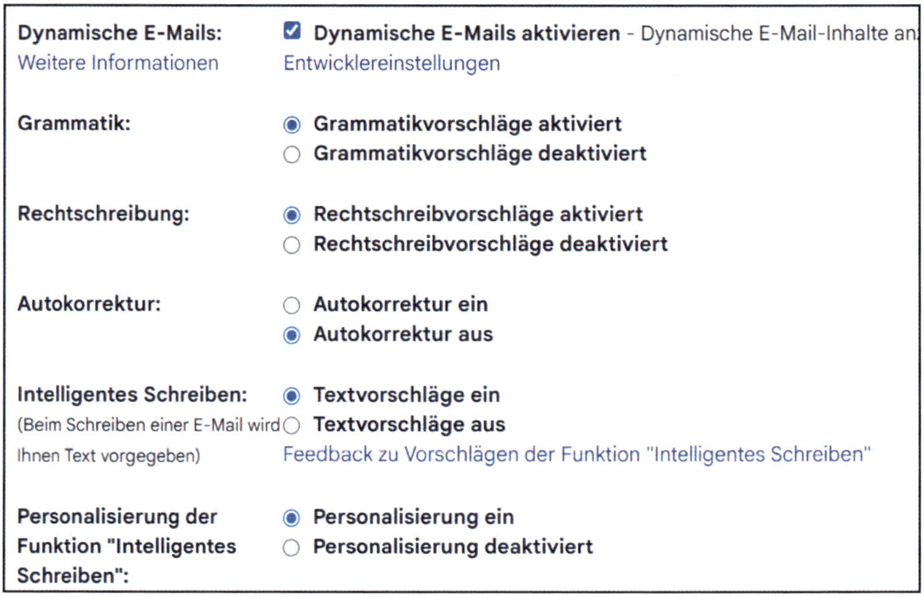

Die bisher beschriebenen Einstellungen beziehen sich nur auf Gmail, Chat und Meet. Ob darüber hinaus weitergehende KI-Funktionen in Ihrem Google Workspace aktiv sein sollen, können Sie steuern, wenn Sie unmittelbar unter der Option *Smarte Funktionen* auf die Schaltfläche *Einstellungen für smarte Funktionen in Workspace verwalten* klicken.

Dadurch öffnen Sie einen Dialog, in dem Sie Gemini für den gesamten Workspace sowie für andere Google-Produkte aktivieren oder eben auch deaktivieren können. Klicken Sie unten rechts auf *Speichern*, um Änderungen in diesem Dialog zu übernehmen.

8.2 Schneller und besser Gmailen

Mit Gemini bekommen Sie in Gmail einen persönlichen Referenten, der Ihnen hilft, Ihren Posteingang effizienter zu verwalten. Wenn Sie eine neue E-Mail verfassen oder auf eine Nachricht antworten, kann die KI für Sie vollständige Entwürfe schreiben, Texte in einem bestimmten Stil umformulieren oder aus vorhandenen Notizen ruck, zuck eine strukturierte Nachricht erstellen.

Eine besonders hilfreiche Funktion ist das Zusammenfassen langer E-Mail-Verläufe: Mit nur einem Klick erstellt Gemini eine kurze Übersicht der wichtigsten Punkte, sodass Sie sich mühsames Nachlesen sparen. Zudem bietet die KI kontextbezogene Antwortvorschläge an, die genau auf den Inhalt der empfangenen Nachricht abgestimmt sind. Auch die Suche in Ihrem Postfach wird einfacher, da Sie Gemini in natürlicher

Sprache nach Informationen fragen können, etwa nach einer bestimmten Flugnummer oder dem Datum einer Rechnung, ohne selbst Hunderte Mails durchsuchen zu müssen.

Nachrichten zusammenfassen

Gmail kann Nachrichten für Sie kurz zusammenfassen. Das ist nicht nur bei umfangreichen E-Mails praktisch. Auch wenn ein Austausch über einige Zeit hin- und hergegangen ist und der Ursprung vielleicht auch schon länger zurückliegt, können Sie sich dadurch schnell wieder auf den Stand bringen lassen. Sehr schnell und einfach geht das direkt in einer angezeigten Nachricht.

1. Öffnen Sie die Nachricht bzw. den Nachrichtenverlauf, wenn zu einem Thema schon mehrere Mails ausgetauscht wurden.
2. Unterhalb des Betreffs finden Sie den Bereich *Diese E-Mail zusammenfassen*.

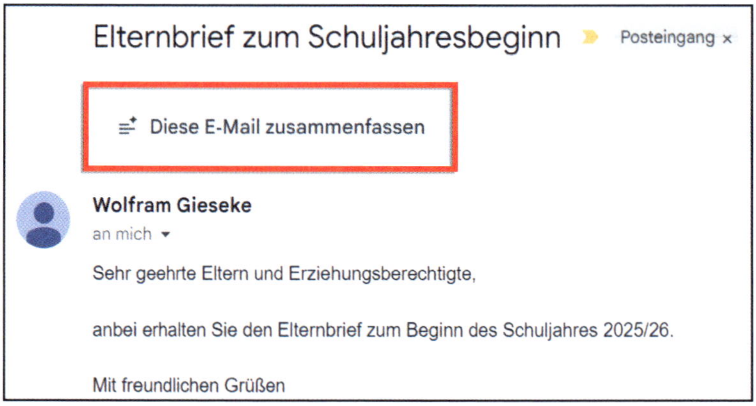

3. Gemini analysiert daraufhin die Nachricht(en) und blendet Ihnen an dieser Stelle eine kompakte Zusammenfassung zum Inhalt sowie ggf. zum Verlauf der Diskussion ein, etwa, wer was nachgefragt hat und was darauf geantwortet wurde.

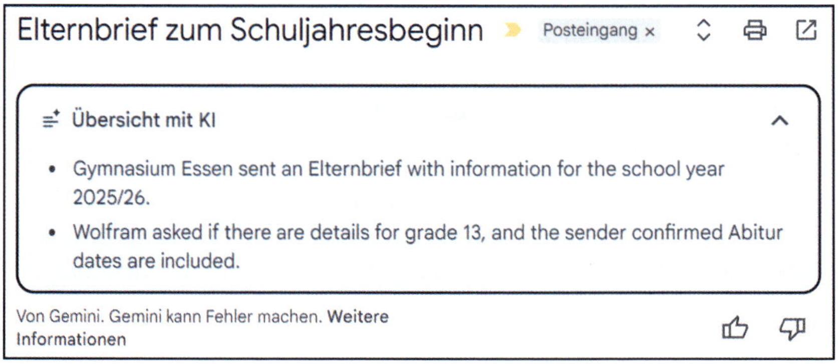

Ein Blick auf die Zusammenfassung offenbart zwei Einschränkungen, die zumindest vorläufig bestehen:

- Die Zusammenfassung ist **sehr** kompakt. Sie eignet sich damit gut, um ein Thema wieder in Erinnerung zu rufen, das man noch irgendwo im Kopf hat. Um sich einzuarbeiten oder ein länger zurückliegendes Projekt wieder präsent zu machen, dürfte es oft zu wenig sein.
- Die Zusammenfassung ist auch bei deutschsprachigen E-Mails stets auf Englisch. Das ist eine Einschränkung, die vermutlich in Zukunft entfallen wird, da es dafür zumindest keinen technischen Grund gibt.

Wenn diese Einschränkungen Sie stören, lesen Sie im nachfolgenden Abschnitt über eine alternative Möglichkeit, deutschsprachige und auch ausführlichere Zusammenfassungen zu erhalten.

Mehr Möglichkeiten mit der Seitenleiste

Die Gemini-Seitenleiste in Gmail unterliegt den vorgehend beschriebenen Einschränkungen nicht. Sie können diesen Bereich jederzeit öffnen, sich den Inhalt der aktuellen Nachricht nach Ihren Maßgaben zusammenfassen lassen oder auch Fragen zum Inhalt einer Mail stellen.

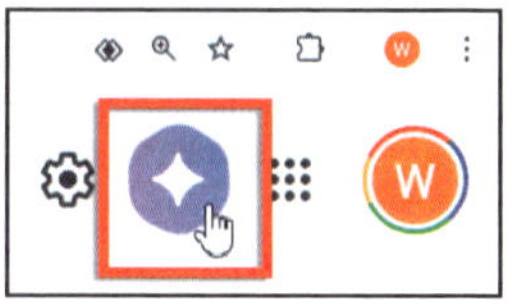

1. In Gmail können Sie mit dem Gemini-Symbol oben rechts jederzeit eine Seitenleiste einblenden.
2. Diese stellt Ihnen den Zugang zum Gemini-Assistenten bereit. Die Besonderheit dabei ist, dass die Nachricht und der E-Mail-Verlauf, die links gerade ausgewählt sind, automatisch in den Kontext für diesen Assistenten eingefügt werden. Sie können hier also Prompts eingeben, die sich auf den Inhalt Ihrer E-Mail-Kommunikation beziehen.

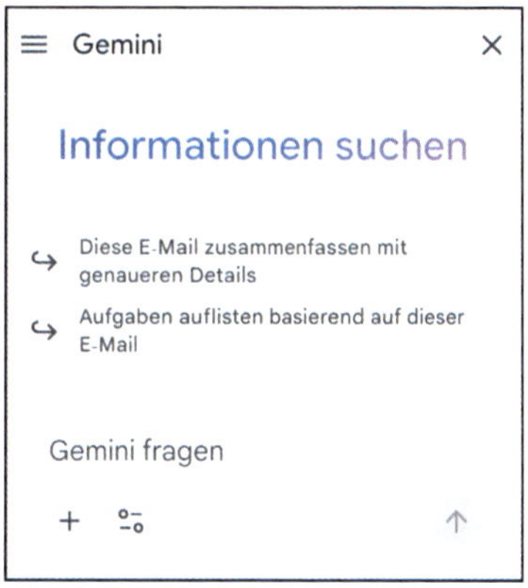

3. Vorschläge für entsprechende Prompts werden Ihnen in der Seitenleiste direkt zum Anklicken bereitgestellt, etwa *Diese E-Mail zusammenfassen mit genaueren Details* oder *Aufgaben auflisten basierend auf dieser E-Mail*. Wenn Sie einen der Vorschläge anklicken, wird der entsprechende Prompt unmittelbar ausgeführt. Die Antworten erfolgen hierbei auf Deutsch bzw. in der Sprache, in der auch der Prompt formuliert war.
4. Ebenso können Sie unten im Eingabebereich eine beliebige Aufforderung eintippen und absenden. Das ermöglicht es Ihnen beispielsweise, eine Zusammenfassung exakt nach Ihren Vor-

stellungen anzufordern. Ebenso können Sie hier konkrete Fragen nach dem Inhalt oder nach Teilnehmern der Konversation stellen.

Schnelle Antworten generieren

Gerade beim Antworten auf eingegangene Nachrichten geht es häufig um kurze Rückmeldungen, mit denen man den Empfang bestätigt, sich bedankt, einem Vorschlag zustimmt, ihn ablehnt oder eine Anfrage beantwortet. Trotzdem gebietet es die Höflichkeit, etwas mehr als nur ein kurzes »Ja.«, »Nein.« oder »Passt.« zu schreiben.

1. Um mit KI-Hilfe zu antworten, klicken Sie wie gewohnt unterhalb einer Nachricht auf die *Antworten*-Schaltfläche.

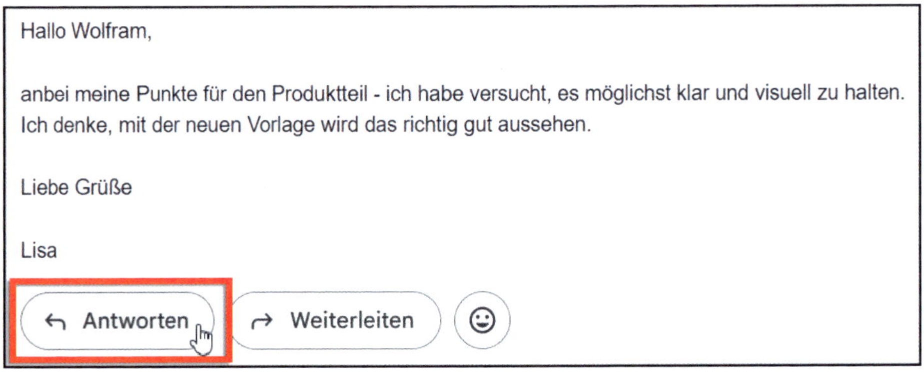

2. Gmail öffnet dann ein leeres Formular, in dem Sie Ihre Antwort eintippen könnten. Klicken Sie stattdessen in der Symbolleiste unterhalb des Formulars auf das KI-Symbol.

3. Damit öffnen Sie anstelle der Symbolleiste ein schmales Prompt-Feld für Gemini. Hier reicht es, wenn Sie stichpunktartig beschreiben, was die Antwort enthalten soll.
4. Klicken Sie dann rechts auf *Erstellen*, damit der Assistent aus Ihren Vorgaben einen Text generiert und als Antwort einfügt.

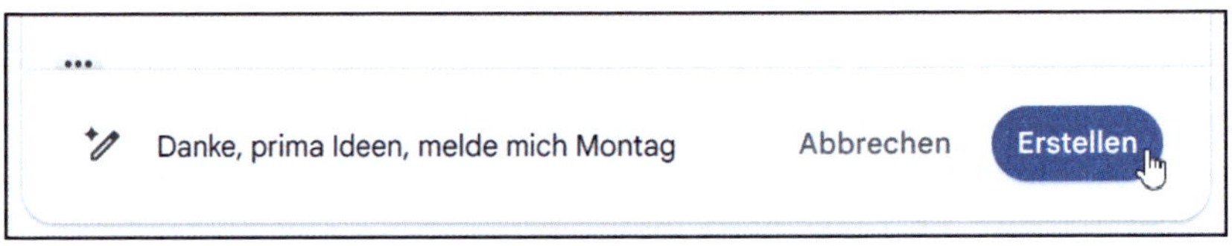

5. Der erzeugte Text wird zunächst in einer Vorschau angezeigt. Sie können ihn hier noch beliebig nachbearbeiten oder ergänzen. Ebenso können Sie mit *Neu erstellen* einen weiteren Entwurf anfordern, wenn der erste gar nicht passte.
6. Mit *Verbessern* öffnen Sie alternativ ein kleines Menü, mit dem Sie den generierten Text schnell *Formeller ausdrücken* lassen können, eine *Genauere Ausführung* anfordern oder den Entwurf *Kürzen*.

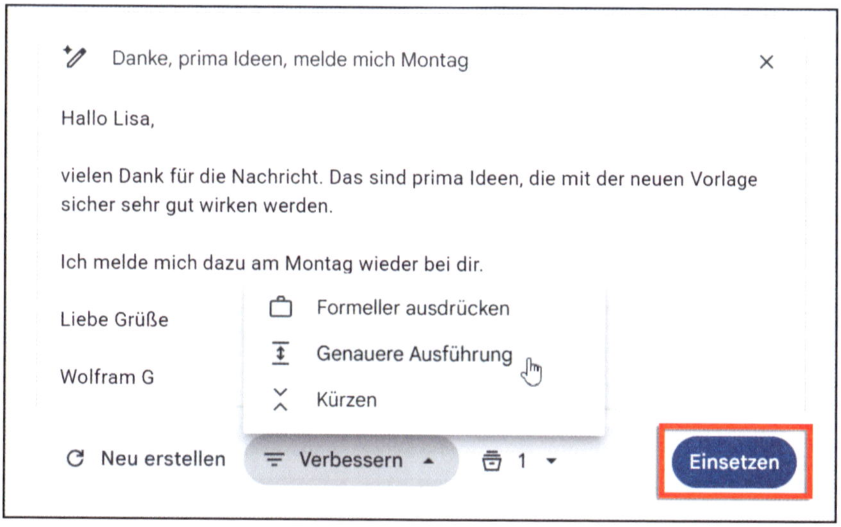

7. Erst wenn Sie mit dem Text zufrieden sind, klicken Sie unten rechts auf *Einsetzen*, um ihn in das Nachrichtenformular einzufügen.
8. Das führt aber noch nicht dazu, dass die Nachricht sofort abgeschickt wird. Sie können immer noch Veränderungen vornehmen, etwas ergänzen oder Anhänge einfügen. Erst wenn Sie unten links auf *Senden* klicken, wird Ihre Nachricht abgeschickt.

Ganze Nachrichten schreiben

Ähnlich wie beim Antworten können Sie die KI auch ganz neue Nachrichten erstellen lassen. Der Vorteil ist, dass Sie einem Assistenten nur stichpunktartig das Wesentliche mitteilen müssen. Der formuliert daraus dann eine freundliche E-Mail mit Begrüßung und Grußformel, bei der Rechtschreibung und Grammatik passen und auch keine Tippfehler drin sind. Sie brauchen nur noch gegenzulesen und eventuell Details zu ergänzen, bevor Sie das Ganze losschicken.

1. Klicken Sie oben links auf *Schreiben*, um ein Formular für eine neue E-Mail zu öffnen. Tragen Sie den Empfänger und den Betreff ein.
2. Klicken Sie dann unten in der Symbolleiste auf das KI-Symbol.

3. Daraufhin wird ein Dialogfeld angezeigt, in dem Sie dem Assistenten beschreiben, worum es in der Nachricht gehen soll. Formulieren Sie Ihr Anliegen am besten so, wie Sie es auch einem menschlichen Assistenten mitteilen würden. Dass es um das Schreiben einer E-Mail geht und was dabei zu beachten ist, weiß Gemini in diesem Kontext ohnehin. Sie können sich also auf das Wesentliche des Inhalts beschränken. Klicken Sie dann unten rechts auf *Erstellen*.

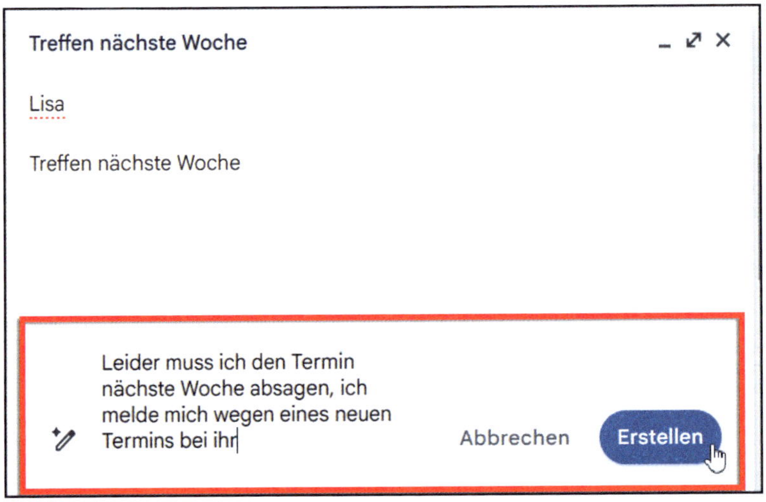

4. Nach kurzer Pause präsentiert Gemini Ihnen einen Vorschlag, den Sie noch weiter verfeinern oder mit *Einsetzen* in das Nachrichtenformular übernehmen können.

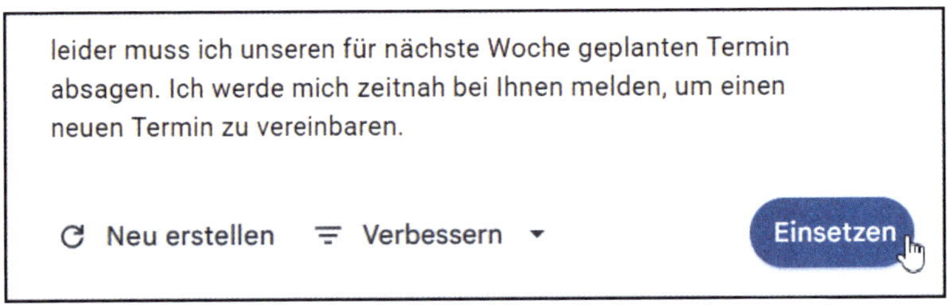

Intelligente Suche im Postfach

Wenn Sie Gemini in Gmail nutzen und dem Assistenten zu diesem Zweck Zugriff auf Ihr Postfach eingeräumt haben, hat die KI Kenntnis von Ihren E-Mails einschließlich Absender, Empfänger, Betreffs und den Inhalten. Das hat den praktischen Nebeneffekt, dass Sie Gemini nach solchen Informationen fragen können. Anstatt eine bestimmte Nachricht bzw. darin enthaltene Informationen mühsam mit der klassischen Suche und ggf. langem Scrollen lokalisieren zu müssen, können Sie Gemini die Arbeit für sich machen lassen und gewünschte Informationen in wenigen Sekunden erhalten.

Damit das funktioniert, klicken Sie auf das Gemini-Symbol oben rechts in der Gmail-Oberfläche, um die Seitenleiste zu öffnen. In der Seitenleiste können Sie nun unten im Eingabefeld beliebige Suchen, Fragen oder andere Aufforderungen formulieren. Gemini wird diese immer erst aus dem Kontext Ihrer E-Mails heraus beantworten. Hier nur ein paar Beispiele, wie Sie diese Möglichkeit effektiv für sich nutzen können:

- **Nach Absendern suchen:** Geben Sie einen Befehl ein wie:
  `Zeige mir alle E-Mails von [Name] aus der letzten Woche`
  oder
  `Suche nach Nachrichten von [E-Mail-Adresse] zum Thema Projekt X`.
- **Nach Inhalten suchen:** Sie können spezifische Fragen zum Inhalt stellen, etwa:
  `Wann kommt mein Paket von Amazon an?`
  oder
  `Welche Informationen habe ich zur Reise nach Berlin erhalten?`
- **Filter kombinieren:** Gemini versteht auch kombinierte Anfragen wie:
  `Zeige mir ungelesene E-Mails von dieser Woche, die einen Anhang enthalten`.

Wenn Gemini die passenden E-Mails gefunden hat, werden diese in der Seitenleiste aufgelistet. Sie können direkt dort eine Zusammenfassung anfordern oder eine Antwort entwerfen lassen.

Weitere Beispiele für Gmail-Such-Prompts

Gemini für die Suche nach Informationen in Ihren E-Mails zu nutzen, kann insbesondere bei einem hohen Nachrichtenvolumen die Effizienz erheblich steigern. Durch geschickte Prompts können Sie viel Zeit beim Suchen, Analysieren und Aufbereiten von Informationen sparen. Hier noch einige Beispiel-Prompts, um das Potenzial dieser Funktion zu veranschaulichen:

- `Extrahiere alle Flugdetails für meine Reise im nächsten Monat und erstelle mir eine chronologische Übersicht der Abflugzeiten und Gate-Informationen.`
- `Suche nach allen Rechnungen von Streaming-Diensten aus dem letzten Jahr und nenne mir den Gesamtbetrag, den ich dafür ausgegeben habe.`
- `Fasse die letzten drei E-Mails von [Name] zum Thema „Projekt-Update“ zusammen und liste mir die darin genannten offenen Aufgaben auf.`

- `Finde alle Einladungen zu Meetings oder Events für das kommende Wochenende und sag mir, ob ich für eines davon noch eine Zusage schicken muss.`
- `Wo sind meine letzten Bestellungen? Suche nach Versandbestätigungen und nenne mir die voraussichtlichen Liefertermine.`
- `Suche nach E-Mails von [Name], in denen nach meiner Telefonnummer oder Adresse gefragt wurde, die ich bisher nicht beantwortet habe.`
- `Finde das aktuellste PDF-Dokument, das mir mein Steuerberater im Januar geschickt hat, und fasse die wichtigsten Kennzahlen daraus zusammen.`

8.3 Gemini in Google Docs

Beim Arbeiten mit Text wie etwa in Docs haben die Sprachmodelle moderner KI-Systeme das größte Potenzial, hilfreiche Unterstützung zu leisten. So kann Gemini Ihre Texte analysieren, umformulieren und übersetzen oder auch ganz neue Texte generieren und Ihnen so lästige Routinearbeiten abnehmen.

Gemini im Editor nutzen

Wenn Sie in Google Docs ein neues Dokument erstellen, sehen Sie ganz oben auf der leeren Seite zwei Schaltflächen, die Ihnen schnellen Zugriff auf Gemini bereitstellen:

- *Dokument generieren*
  Hiermit können Sie Gemini nutzen, um ein neues Dokument insgesamt zu gestalten. Beschreiben Sie dazu unten im Eingabefeld, wie das Dokument aussehen soll und/oder welchen Zweck es erfüllen soll. Gemini nutzt dann sein Wissen, um ein Dokument zu erstellen, das diesen Anforderungen inhaltlich und formal entspricht.

Die generierten Inhalte werden dabei direkt in das Dokument eingefügt, können dort aber noch beliebig bearbeitet werden.

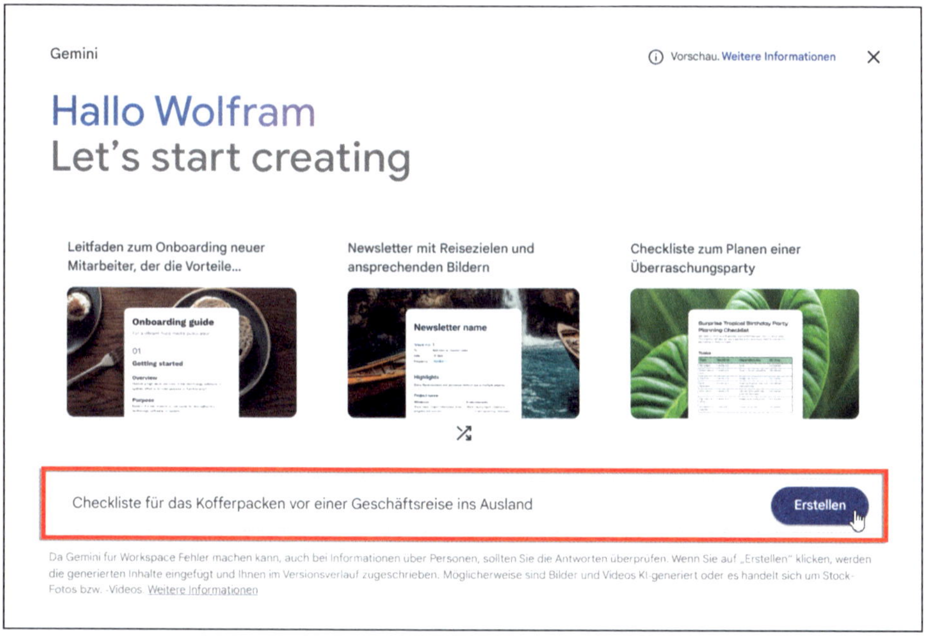

- *Formuliere für mich*
  Im Gegensatz zu *Dokument generieren* geht es bei dieser Funktion nur um Inhaltliches. Hierzu wird ein Dialog eingeblendet, in dem Sie Ihren Prompt eintippen können, mit dem Sie die Aufgabe bzw. Ihre Vorstellung vom zu generierenden Text mitteilen.

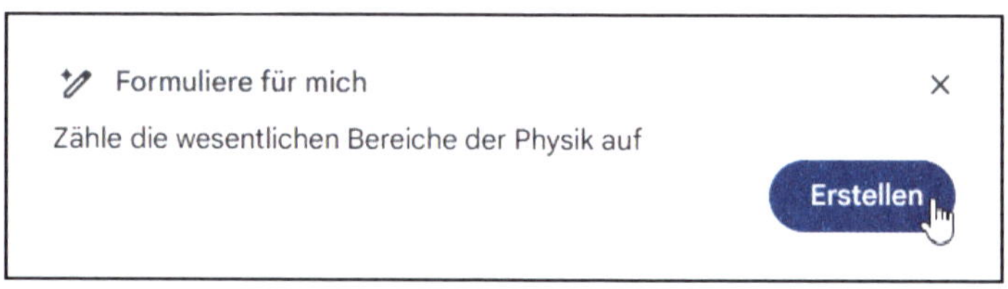

- Wenn Sie auf *Erstellen* klicken, erzeugt Gemini zunächst einen Entwurf des Textes. Diesen können Sie nicht direkt bearbeiten. Aber Sie finden unten ein Prompt-Feld, in dem Sie Änderungswünsche formulieren können.

  Rechts daneben öffnen Sie alternativ mit *Präzisieren* ein Menü mit verschiedenen Funktionen, durch die Gemini den Entwurf beispielsweise kürzer, formeller oder genauer formuliert. Mit *Wiederholen* können Sie den Text auch komplett neu generieren lassen. Erst wenn Sie mit dem Ergebnis zufrieden sind, klicken Sie unten rechts auf *Einfügen*, um den Entwurf als Text in das Dokument zu integrieren.

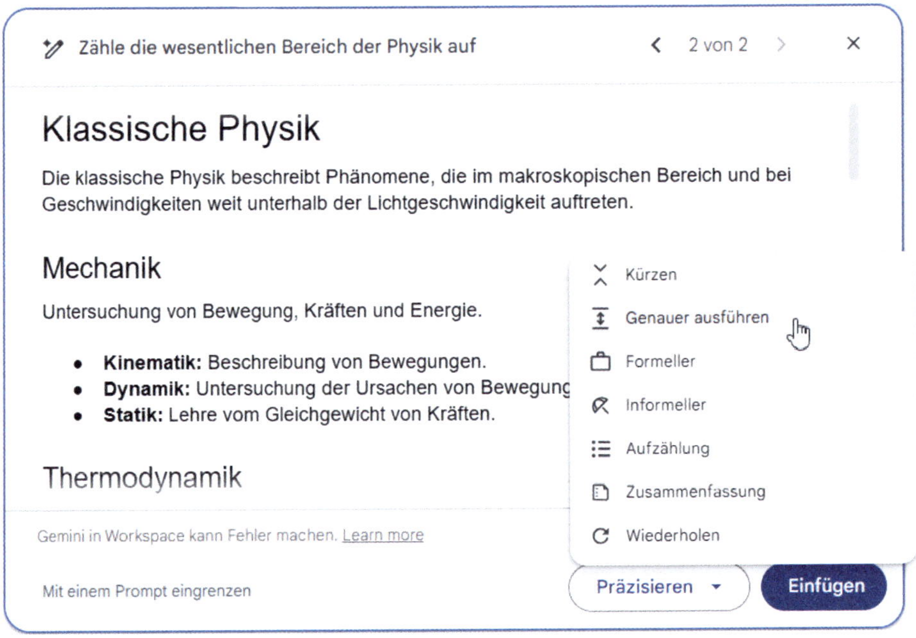

Gemini bei vorhandenem Text verwenden

Gemini lässt sich nicht nur in einem neuen, leeren Dokument nutzen, sondern kann auch bei vorhandenem Text während der Arbeit daran jederzeit aktiviert werden.

Dabei gibt es verschiedene Möglichkeiten:

- Wenn Sie vorhandenen Text markieren, wird direkt neben Ihrer Auswahl eine *Präzisieren*-Schaltfläche angezeigt. Klicken Sie darauf, um an dieser Stelle ein kleines Menü einzublenden, das Ihnen Funktionen wie *Umformulieren* oder *Kürzen* anbietet. Außerdem finden Sie darin ganz oben bei *Mit einem Prompt ändern* ein Eingabefeld, in dem Sie eine Anweisung frei eintippen können, die dann auf den ausgewählten Text angewendet wird.

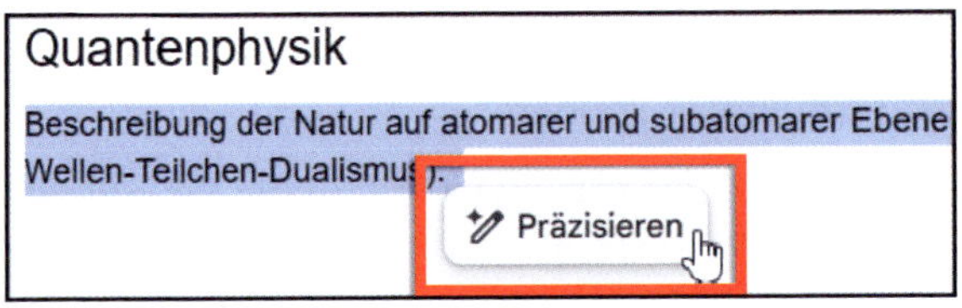

- Docs zeigt diese Schaltfläche nicht immer neben der Auswahl an, etwa wenn der markierte Text sehr kurz ist oder bei Überschriften. In solchen Fällen finden Sie aber in der kleinen vertikalen Symbolleiste rechts neben dem Dokument ganz oben ein KI-Symbol, das die gleiche Funktion erfüllt.

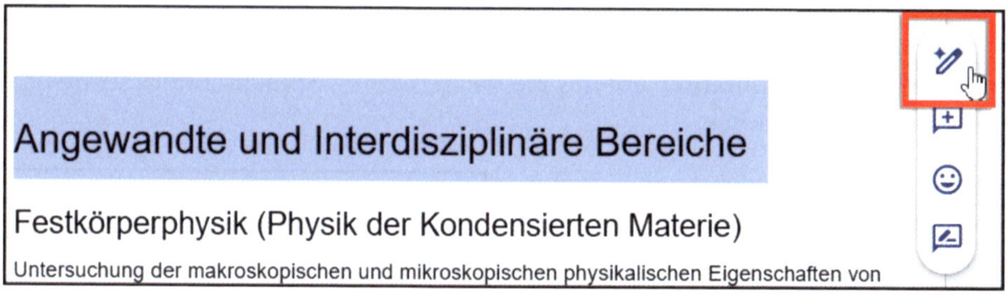

- Wann immer sich die Einfügemarke in einer leeren Zeile oder irgendwo in einem Absatz befindet, ohne dass Text ausgewählt ist, finden Sie ebenfalls rechts in der Symbolleiste das KI-Symbol vor. In diesem Fall führt es aber zur bereits beschriebenen Funktion *Formuliere für mich*. Der damit erzeugte Text wird dann an der Position der Einfügemarke in den Text eingesetzt.

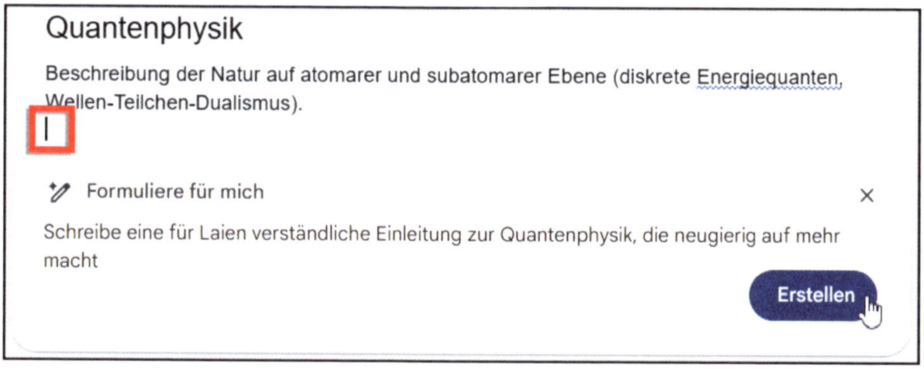

Die Gemini-Seitenleiste

Ein anderer Weg, sich KI in Docs nutzbar zu machen, ist die Gemini-Seitenleiste. Diese können Sie jederzeit einblenden, indem Sie oben in der Symbolleiste links neben dem Symbol für Ihr Google-Konto auf das Gemini-Symbol klicken. Damit blenden Sie am rechten Rand einen Seitenbereich für KI-Funktionen ein. Ein wichtiger grundlegender Unterschied zwischen der Seitenleiste und den Gemini-Funktionen direkt im Dokument:

- Wenn Sie die *Präzisieren*-Schaltfläche bzw. das KI-Symbol in der kleinen vertikalen Symbolleiste rechts neben dem Text verwenden, beziehen sich alle Anweisungen und Aktionen auf den ausgewählten Text.
- Die Anweisungen und Aktionen in der Gemini-Seitenleiste beziehen sich standardmäßig immer auf das gesamte Dokument. Wenn dieser Kontext nicht ausreicht, um eine Frage zu beantworten oder eine gestellte Aufgabe zu bewältigen, greift Gemini aber automatisch auf das Weltwissen seines Sprachmodells sowie ggf. aktuelle Quellen zurück.

Neben dem allgegenwärtigen Eingabe-Prompt ganz unten arbeitet der Seitenbereich kontextbasiert und stellt Ihnen Funktionen abhängig vom Inhalt Ihres Dokuments zur Verfügung. Bei einem neuen, leeren Dokument steht deshalb zunächst nicht viel in der Leiste. Ist bereits reichlich Text vorhanden, ergänzt die Seitenleiste weitere Vorschläge.

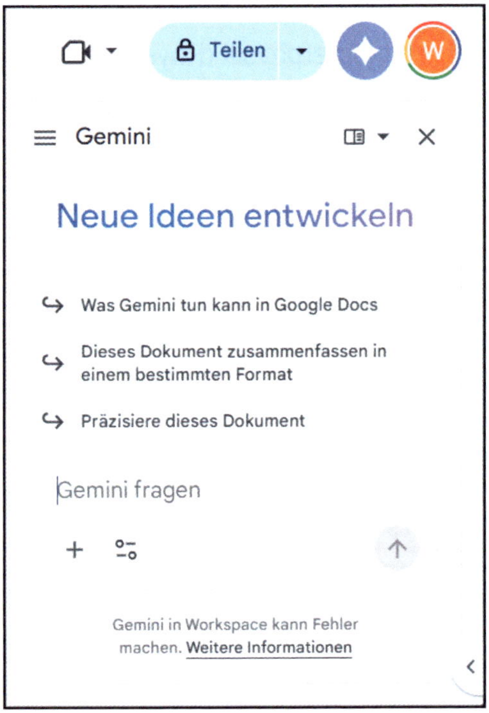

Ein Dokument zusammenfassen

Sie haben ein umfangreiches Dokument erhalten und möchten sich erst mal einen Überblick verschaffen, worum es genau geht? Oder vielleicht haben Sie selbst einen Text geschrieben und möchten davon eine kurze Zusammenfassung haben? Gemini kann den vollständigen Inhalt eines Dokuments erfassen, die wesentlichen Punkte darin erkennen und daraus eine kompakte Zusammenfassung erstellen.

1. Öffnen Sie das fragliche Dokument in Docs.
2. Klicken Sie in der Symbolleiste, wie vorhergehend beschrieben, auf das Gemini-Symbol, um rechts die Seitenleiste einzublenden.

3. Klicken Sie in der Seitenleiste auf den Vorschlag *Dieses Dokument zusammenfassen in einem bestimmten Format* oder ähnlich. Sollte kein passender Vorschlag angezeigt werden, tippen Sie selbst einen entsprechenden Prompt unten in den Eingabebereich.

4. Nach etwas Wartezeit erhalten Sie oben im Seitenbereich die Antwort von Gemini mit der Zusammenfassung.

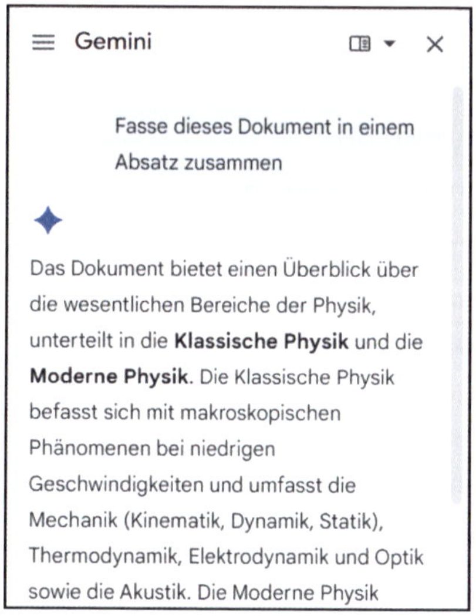

5. Unterhalb der Antwort finden Sie verschiedene Möglichkeiten, wie Sie diese weiterverwerten können. So können Sie den Antworttext in das Dokument links *Einfügen* (an der aktuellen Einfügemarke) oder Sie *Kopieren* den Inhalt in die Zwischenablage.

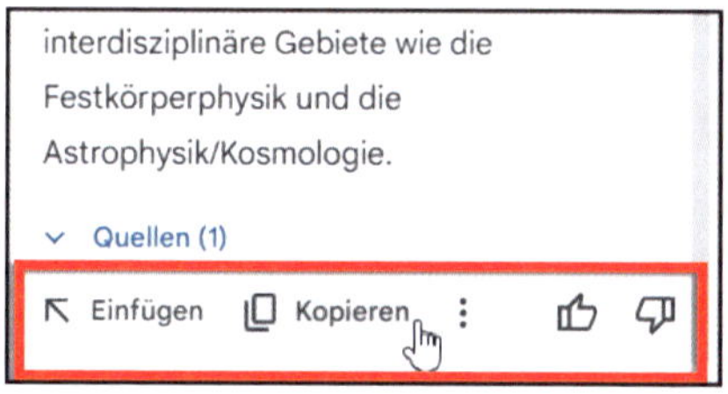

Schnell zum Wesentlichen

Wenn Sie sich einen schnellen Eindruck von einem neuen, bislang unbekannten Text machen möchten, können Sie sich von Gemini das Wesentliche auch noch kompakter zusammenfassen lassen. Schreiben Sie dazu etwa »Erläutere dieses Dokument in drei Sätzen« oder »Liste die fünf wichtigsten Argumente auf« als Aufforderung in das Eingabefeld.

Fragen zu einem Text stellen

Wenn Sie bei einem längeren Text ein ganz bestimmter Aspekt interessiert, hilft eine Zusammenfassung nicht weiter. Anstatt nun aber mühsam die entscheidende Stelle zu suchen und nachzulesen, können Sie sich zunutze machen, dass Gemini den Inhalt des Dokuments kennt und Ihnen Fragen dazu beantworten kann.

1. Öffnen Sie den Gemini-Seitenbereich.
2. Klicken Sie unten in das Eingabefeld, um es zu aktivieren.

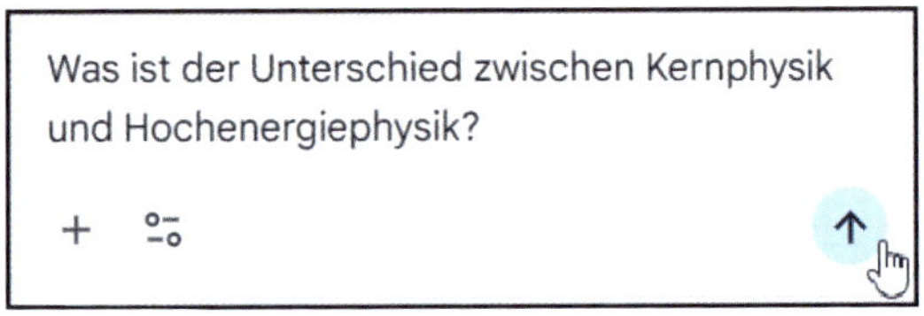

3. Formulieren Sie hier Ihre Frage, so wie Sie auch einen Menschen fragen würden.
4. Senden Sie die Aufforderung mit dem Pfeilsymbol ab.
5. Nach kurzem »Nachdenken« zeigt Gemini Ihnen im Seitenbereich eine Antwort an.

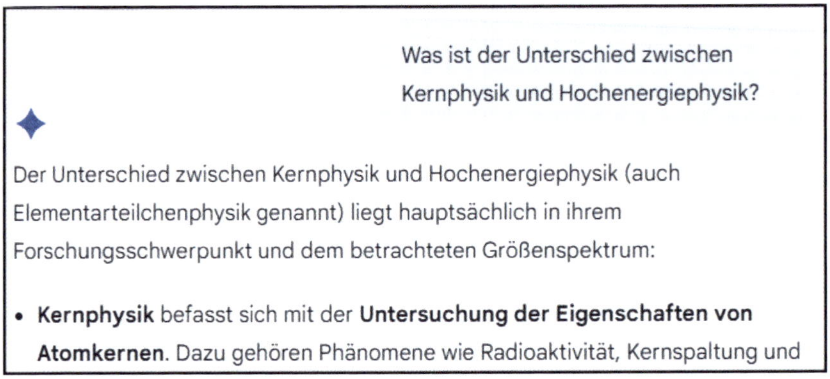

6. Wenn die Zusammenfassungen bzw. Antworten von Gemini Begriffe oder Konzepte erwähnen, mit denen Sie nicht direkt etwas anfangen können, fragen Sie direkt nach und lassen sich diese vom Assistenten erklären.

Anstatt ein Dokument von vorne bis hinten durchlesen zu müssen, können Sie sich so im Dialog mit Gemini durch den Inhalt fragen. Auf diese Weise ziehen Sie in einem Bruchteil der Zeit genau die Informationen in dem Umfang heraus, wie Sie das benötigen.

Eigene Texte optimieren

Wenn Sie von einem eigenen Text nicht so recht überzeugt sind oder vorhandene Inhalte vielleicht für einen anderen Zweck oder eine abweichende Zielgruppe aufbereiten möchten, können Sie diese mit Gemini direkt in Docs umformulieren.

Der Assistent erfasst dazu vorhandene Inhalte sinngemäß und kann sie ganz nach Ihren Vorstellungen neu formulieren.

1. Markieren Sie dazu den Text, den Sie anders formulieren möchten. Drücken Sie ggf. Strg+A, um den gesamten Text eines Dokuments auszuwählen.
2. Klicken Sie am unteren Ende der Auswahl auf die *Präzisieren*-Schaltfläche. Alternativ finden Sie rechts das KI-Symbol in der Symbolleiste.
3. Mit beiden Varianten öffnen Sie ein kleines Menü, das Ihnen verschiedene Optimierungsmöglichkeiten zum Text bietet:

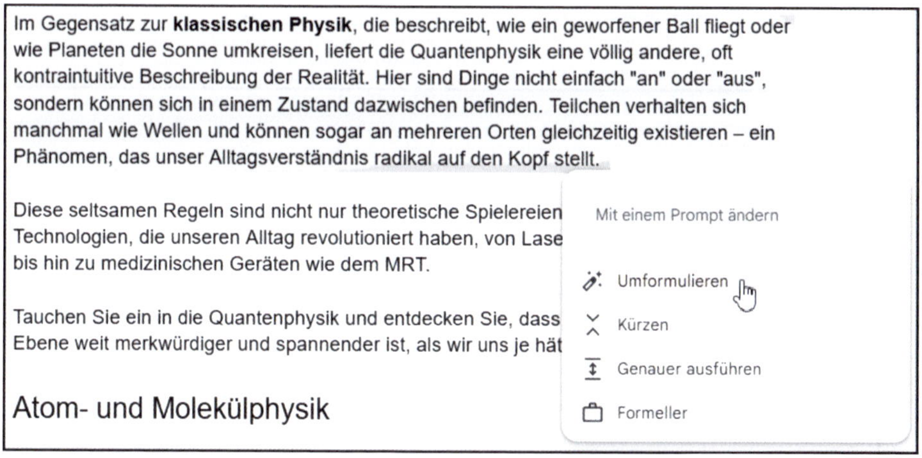

- *Umformulieren:* Mit diesem Menüpunkt nimmt Gemini den markierten Text und erstellt daraus eine ganz neue Version, die den gleichen Inhalt mit anderen Worten wiedergibt.
- *Kürzen:* Ist der Text zu lang geraten, kürzt diese Funktion ihn automatisch sinnvoll ein. Sie kann auch mehrmals hintereinander angewendet werden, wobei allerdings jedes Mal Informationen verloren gehen.
- *Genauer ausführen:* Dies ist das Gegenteil von *Kürzen*. Wenn ein Text zu kurz bzw. zu oberflächlich geworden ist, können Sie hiermit durch Gemini eine umfangreichere und idealerweise auch gehaltvollere Version erstellen. Die Funktion lässt sich auch »missbrauchen«, indem man nur ein paar Stichwörter in einen neuen Absatz eintippt, diese markiert und dann mit *Genauer ausführen* einen wohlformulierten Text daraus macht.
- *Formeller:* Wenn ein sehr locker formulierter Text für ein anderes Publikum wiederverwendet werden soll, können Sie hiermit eine Variante generieren lassen, die den gleichen Inhalt in besser gewählte Worte verpackt.

4. Nicht zu unterschätzen ist auch ganz oben im Menü das Eingabefeld *Mit einem Prompt ändern*, wo Sie eine ganz individuelle Aufforderung eintippen können, die Ihre Änderungswünsche beschreibt.
5. Bei allen Funktionen wird zunächst ein Entwurf in einem separaten Dialog erstellt, der noch abgeändert oder ganz neu generiert werden kann. Erst wenn Sie zufrieden sind, wird er in das Dokument übernommen. Dabei können Sie den neuen Text in das Dokument *Einfügen*, wo er dann unmittelbar hinter dem zuvor markierten Text steht.
6. Möchten Sie die alte Fassung durch den neu generierten Text austauschen, klicken Sie stattdessen auf den kleinen Pfeil rechts neben *Einfügen* und wählen im so ausgeklappten Menü *Ersetzen*.

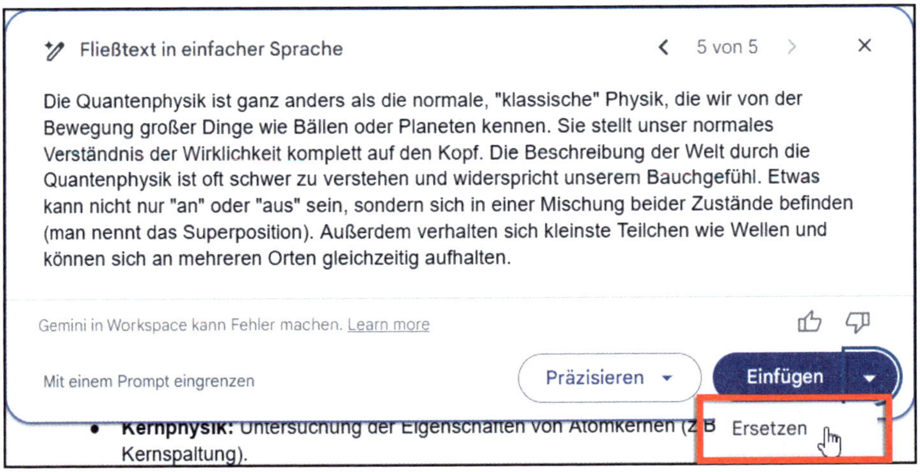

Mit Gemini in Docs drauflosschreiben

Stellen Sie sich vor, Sie müssten einen Text über ein bestimmtes Thema schreiben. Nur sitzen Sie vor einem leeren Dokument bzw. haben vielleicht bislang mal gerade eine Überschrift zustande gebracht? Gemini kann Ihnen dabei helfen, schnell ins Thema zu kommen.

1. Blenden Sie die Gemini-Seitenleiste ein und tippen Sie dort beispielsweise die Aufgabenstellung ein oder beschreiben Sie konkret, vor welchem Problem Sie stehen.

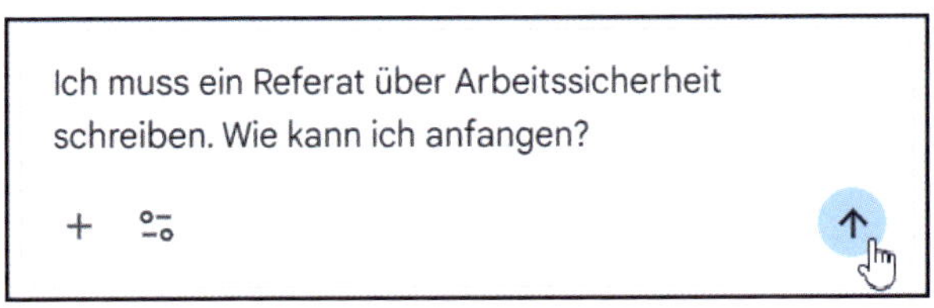

2. Klicken Sie dann unten rechts auf das Pfeilsymbol, um die Aufforderung abzusenden.
3. Warten Sie kurz, bis sich die Antwort im Seitenbereich aufgebaut hat.

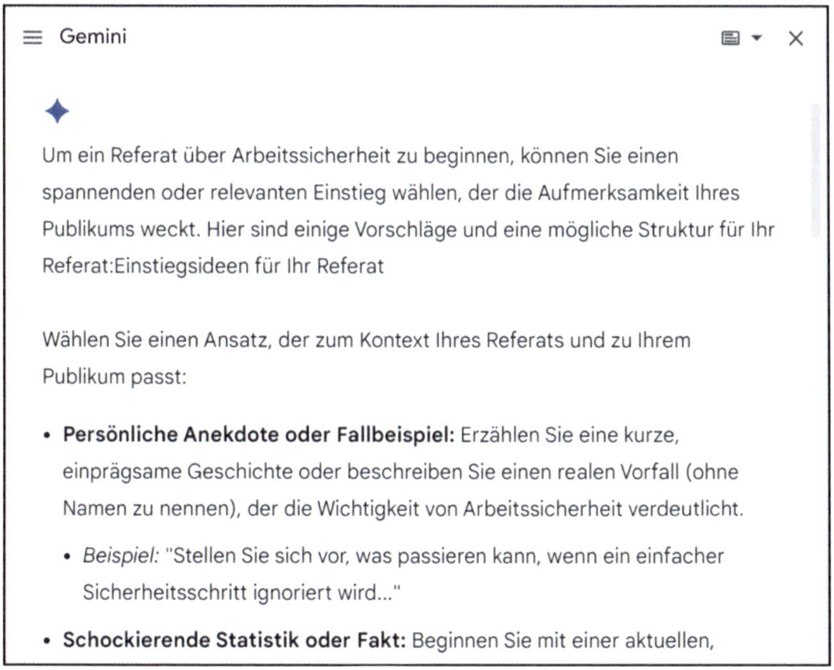

4. Überprüfen Sie, ob die Antwort der KI Ihnen weiterhilft. Unterhalb der Antwort finden Sie eine *Einfügen*-Schaltfläche. Damit können Sie den Antworttext in das Dokument einfügen. Auch wenn Sie den Inhalt nicht direkt in Ihrem Dokument verwenden möchten, kann das hilfreich sein, denn dort lässt er sich besser lesen.
5. Alternativ können Sie die Antwort mit dem *Kopieren*-Symbol rechts daneben in die Zwischenablage übernehmen und von dort in ein anderes Dokument oder eine andere Anwendung einfügen.

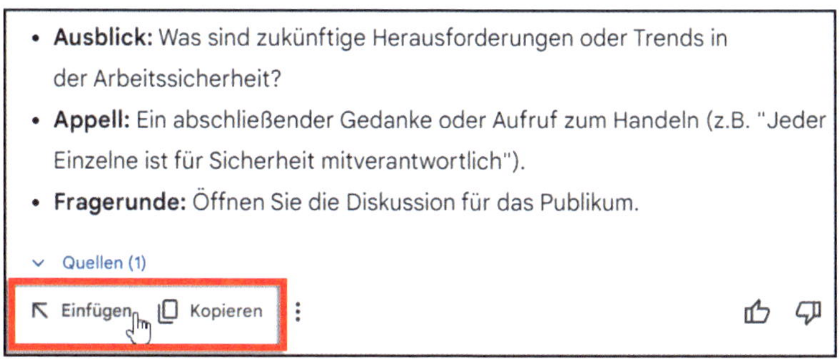

8.4 Gemini in Sheets

Auch in der Tabellenkalkulation Google Sheets kann Gemini Ihnen wichtige Dienste leisten. Der KI-Assistent versteht dabei nicht nur Text, sondern hat auch eine Vorstellung von der Funktionsweise von Tabellen. Dementsprechend kann er deren Inhalte analysieren und in Bezug setzen. Dabei kann er Regelmäßigkeiten ebenso wie Tendenzen und Ausreißer erkennen und Ihnen so bei der Analyse komplexer Daten helfen. Aber er leistet auch ganz praktische Dienste beim Gestalten von Tabellen oder beim Erstellen von Formeln.

Ähnlich wie bei anderen Google-Apps finden Sie bei Sheets oben in der Symbolleiste weit rechts ein Gemini-Symbol, mit dem Sie jederzeit eine Seitenleiste für diesen Assistenten einblenden können. Sie bezieht immer die gerade geöffnete Tabelle mit ein und kann Fragen dazu beantworten sowie vielfältige Aufgaben erfüllen.

Tabellen verstehen

Wenn jemand Ihnen eine Tabelle zur Verfügung stellt und Sie diese zum ersten Mal sehen, ist deren Bedeutung manchmal nicht ganz einfach zu erfassen. Ihr Gemini-Assistent kann Ihnen dabei helfen, indem er die Tabelle sowohl formal als auch inhaltlich analysiert und Muster darin erkennt. Darauf basierend kann er auch Diagramme vorschlagen, die das Wesentliche in einer Tabelle verdeutlichen.

1. Öffnen Sie den Gemini-Seitenbereich mit dem Symbol oben rechts in der Symbolleiste.
2. Geht es Ihnen um das grundlegende Verständnis einer Tabelle, können Sie sich deren Struktur von Gemini erklären lassen. Dazu reicht ein kurzer Prompt:

```
Erklären
```

3. Gemini analysiert die Tabelle dann formal und erläutert Ihnen den Zweck der Tabelle sowie die Bedeutung der verschiedenen Spalten.

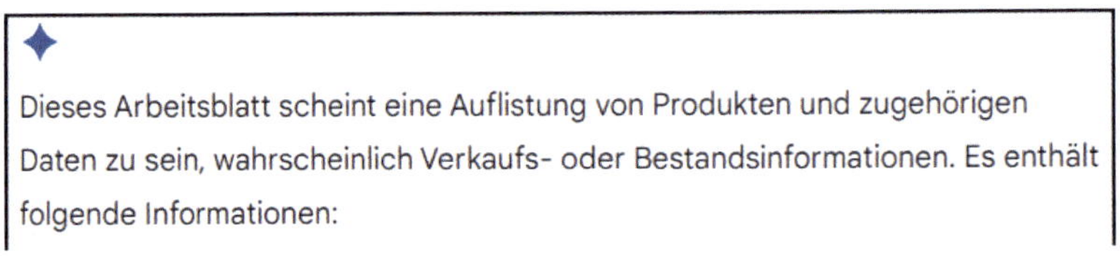

- **Jahr:** Zeigt das Jahr der Daten, das in diesem Ausschnitt 2025 ist.
- **Produktkategorie (Spalte B):** Die Hauptkategorie des Produkts (z. B. Kleidung, Komponenten, Fahrräder, Zubehör).
- **Produktdetail (Spalte C):** Die spezifische Art des Produkts innerhalb der Kategorie (z. B. Handschuhe, Sättel, Lastenfahrrad).

4. Wenn es Ihnen mehr darum geht, den Inhalt der Tabelle zu verstehen, kann Gemini wesentliche Erkenntnisse daraus gewinnen und übersichtlich für Sie zusammenfassen. Verwenden Sie hierzu beispielsweise das Wort »Analyse« als Prompt. Ebenso können Sie einen längeren Prompt eintippen, der gezielt auf bestimmte Aspekte oder Spalten der Tabelle eingeht.
5. Die Analyse von Gemini kann abhängig von den Tabelleninhalten sowohl Diagramme als auch Texterläuterungen umfassen.

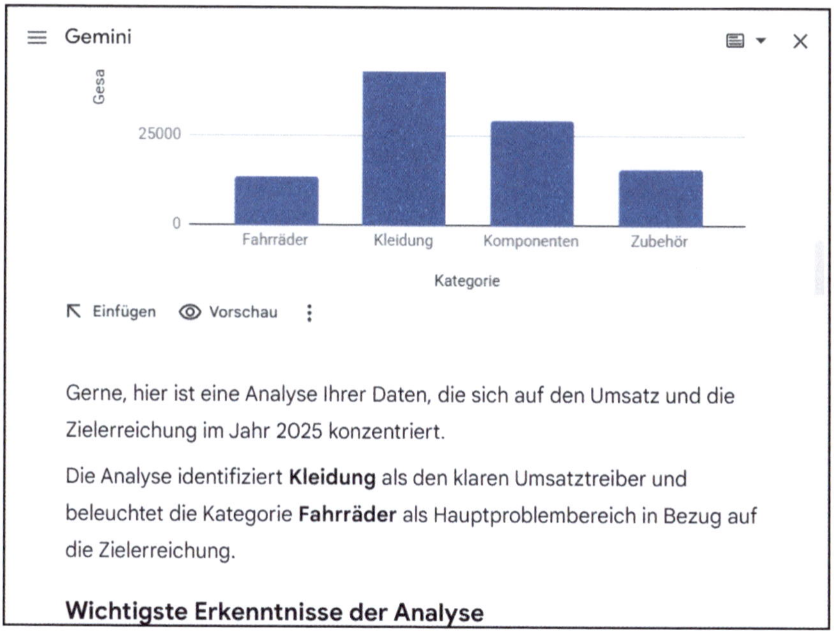

6. Ganz am Ende der Analyse finden Sie verschiedene Möglichkeiten, diese Erkenntnisse weiterzunutzen:
   - *Einfügen:* Hiermit fügen Sie die Analyse in die Tabelle selbst ein, und zwar in der Zelle, die dort aktuell ausgewählt ist. Wichtiger Unterschied: Das obere *Einfügen* am Ende der Antwort fügt den Text der Analyse in die Zelle ein. Klicken Sie hingegen auf das untere *Einfügen*, können Sie zunächst auswählen, ob Sie *Nur Text einfügen*, *Nur Diagramme einfügen* oder *Alle einfügen möchten*.

- *Kopieren:* Fügt den vollständigen Inhalt der Antwort in die Zwischenablage ein, von wo aus Sie ihn in andere Anwendungen einfügen können.
- *In Docs exportieren:* Erstellt ein neues Docs-Textdokument und fügt die vollständige Analyse darin ein. Das Dokument wird unter einem generischen Dateinamen wie *Gemini-Export*, gefolgt von Datum und Uhrzeit, unter *Meine Ablage* in Google Drive gespeichert.

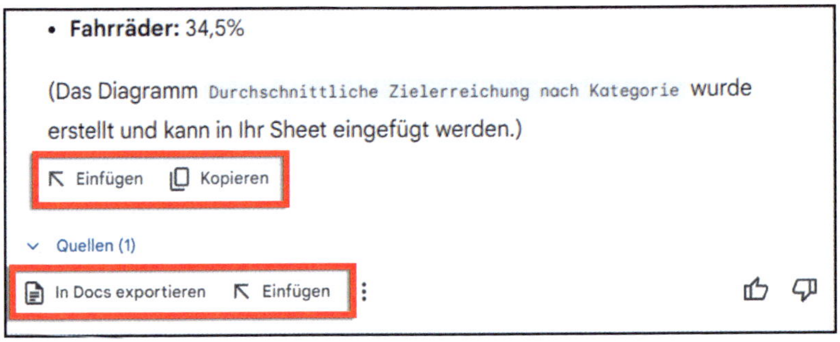

Weitere Erkenntnisse finden

Wenn Sie Gemini um Hilfe beim Analysieren einer Tabelle bitten, greift die KI sich Aspekte heraus, die sie für besonders relevant hält. Das müssen nicht immer diejenigen sein, denen auch Sie besondere Bedeutung beimessen.

Manchmal wird Gemini vielleicht auch auf etwas hinweisen, das Ihnen aufgrund Ihrer Kenntnisse der Materie offensichtlich erscheint. Dann lohnt es sich, weiterzusuchen.

1. Tippen Sie dazu im Eingabefeld der Gemini-Seitenleiste beispielsweise die Frage ein:

```
Gibt es weitere Erkenntnisse?
```

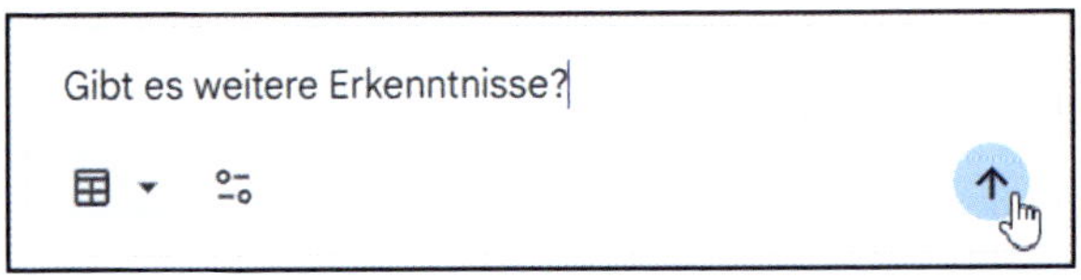

2. Gemini wird die Daten dann erneut analysieren, nach weiteren Zusammenhängen suchen und Ihnen neue Erkenntnisse anbieten.
3. Auch hier können Sie die Ergebnisse in Form von Diagrammen oder Texten in die Tabelle einfügen oder anderweitig nutzen.

> Gerne, zusätzlich zu den bereits identifizierten Umsatztreibern und Problembereichen gibt es weitere aufschlussreiche Muster in Ihren Daten:
>
> **3. Weitere Erkenntnisse: Verkaufsabhängigkeit und Skalierungspotenzial**
>
> Einige Kategorien sind stark von nur einem einzigen Produkt abhängig, was ein Risiko für die Stabilität des Gesamtumsatzes darstellt. Ein Problem bei diesen Schlüsselprodukten würde sich signifikant auf die gesamte Kategorie auswirken.
>
> - **Zubehör (89,6%):** Fast 90% des Zubehör-Umsatzes stammen von den **Mänteln und Schläuchen**. Dies ist eine extrem hohe Abhängigkeit.

Auf diese Weise können Sie Gemini immer weiter nach Erkenntnissen suchen lassen. Sie können die Aufforderung aber auch spezifischer formulieren, etwa:

```
Gibt es weitere Erkenntnisse zum Umsatz?
```

Hier geht es fließend über in die Möglichkeit, Gemini Fragen zu den Daten einer Tabelle zu stellen (siehe Seite 306).

Nach Ausreißern in Daten suchen

Eine hilfreiche Möglichkeit bei großen Datenmengen ist es, nach Ausreißern zu suchen. Bei kleinen Tabellen reicht dafür oft ein genauer Blick. Bei mehr Daten und mehreren Spalten kann man sich mit Funktionen der Tabellenkalkulation wie dem Sortieren oder auch dem farblichen Hervorheben von Zellen behelfen. Mit Gemini aber geht es einfach und schneller, weil Sie den Assistenten ganz pauschal nach Ausreißern fragen können. Der weiß genau, was damit gemeint ist, und kann dank Musterkennung über alle Zeilen und Spalten hinweg schnell und zielsicher erkennen, welche Werte aus dem Rahmen fallen.

Um in einer Tabelle pauschal nach Ausreißern zu suchen, genügt der kurze Prompt:

```
Ausreißer?
```

Sie können Gemini auch gezielt in bestimmten Bereichen suchen lassen, etwa mit:

```
■ Gibt es Ausreißer beim Umsatz?
■ Was sind die Ausreißer bei den Bewertungen?
```

Nach kurzer Bearbeitungszeit präsentiert Gemini Ihnen im Seitenbereich, was ihm die wichtigsten Abweichungen zu sein scheinen. Diese Analyse wird unterfüttert mit Boxplots, die definieren, was für eine bestimmte Spalte überhaupt als Ausreißer zu bewerten wäre. Gegebenenfalls finden Sie in der Antwort auch Diagramme oder kleine Tabellen, die Sie bei Bedarf in Ihr Tabellenblatt einfügen können.

Fragen zu Tabellen stellen

Gerade bei größeren Datenmengen sieht man manchmal den sprichwörtlichen »Wald vor lauter Bäumen nicht«. Dann kann man sich das unermüdliche und unbestechliche Auge der KI zunutze machen. Gemini kennt schließlich die Daten in allen Details und kann dazu nicht nur allgemeine Aussagen oder Empfehlungen machen, sondern auch ganz spezifische Fragen beantworten. Die Vorgehensweise ist stets die gleiche:

1. Zeigen Sie die Gemini-Seitenleiste rechts neben Ihrer Tabelle an, sofern noch nicht geschehen.
2. Tippen Sie dort Ihre Frage in das Eingabefeld ein und senden Sie diese dann mit [↵] oder einem Klick auf das Pfeilsymbol ab.

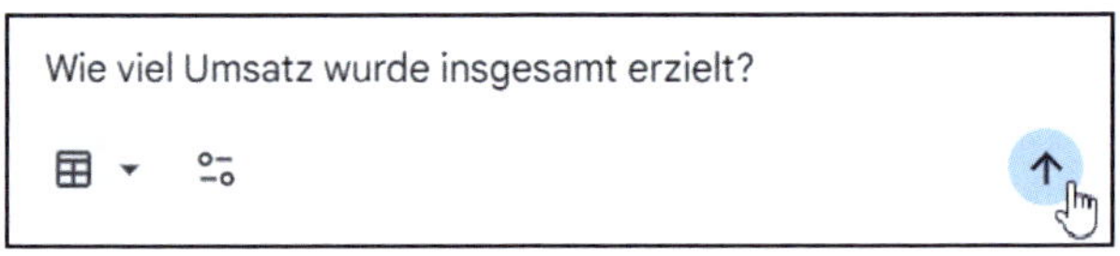

3. Gemini analysiert die vorhandenen Daten im Hinblick auf die Fragestellung und zeigt nach kurzem Nachdenken die Antwort im Seitenbereich an.

4. Hier finden Sie aber in der Regel nicht nur die Antwort, sondern auch eine Erklärung, wie diese zustande kam. Teilweise liefert der Assistent auch gleich die passende Formel mit, die Sie mit der kleinen Schaltfläche kopieren können.

Fragen über Fragen

Und noch ein kleiner Trick, wenn Sie sich vielleicht gerade in ein neues Thema einarbeiten oder eine Präsentation der Daten vorbereiten. Wenn Ihnen spontan keine sinnvollen Fragen zu einer Tabelle einfallen, fragen Sie einfach Gemini danach, was man zu diesen spezifischen Daten fragen könnte:

```
Welche Fragen könnte man zu dieser Tabelle stellen?
```

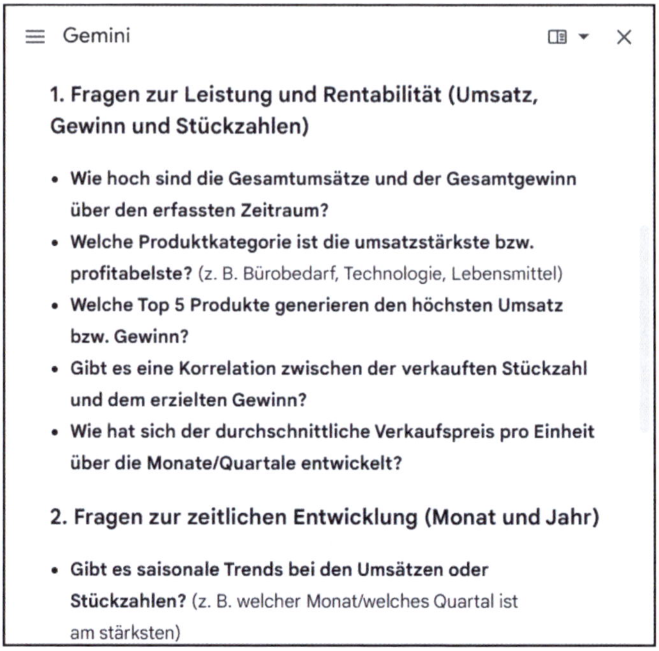

Tabellendaten visualisieren

Ein Bild sagt mehr als tausend Worte, und ein Diagramm kann die Zahlenkolonnen einer Tabelle schnell veranschaulichen. Sheets bietet zahlreiche Varianten, auf welche Art und Weise dies geschehen kann. Sie können es aber auch Gemini überlassen, eine geeignete Visualisierung zu finden.

1. Lassen Sie dazu die Gemini-Seitenleiste in Sheets anzeigen und tippen Sie hier die Aufforderung »Daten visualisieren« ein. Damit würde der Assistent entscheiden, welcher Aspekt besonders visualisierungswürdig ist und in welcher Form dies erfolgt.

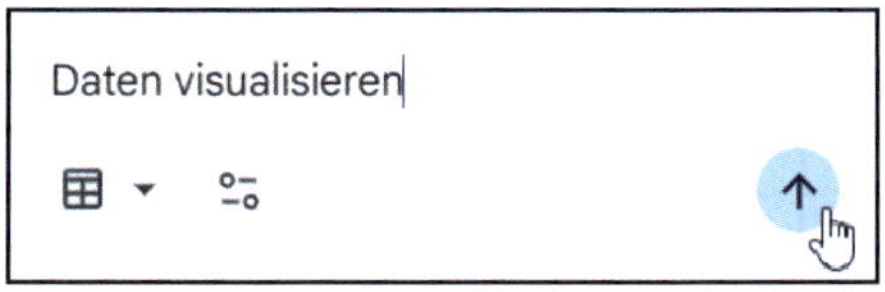

2. Anstelle dieser recht allgemeinen Formulierung können Sie hier auch schon genauere Vorgaben machen, etwa »Visualisiere den Umsatz nach Produkten als Linien«.

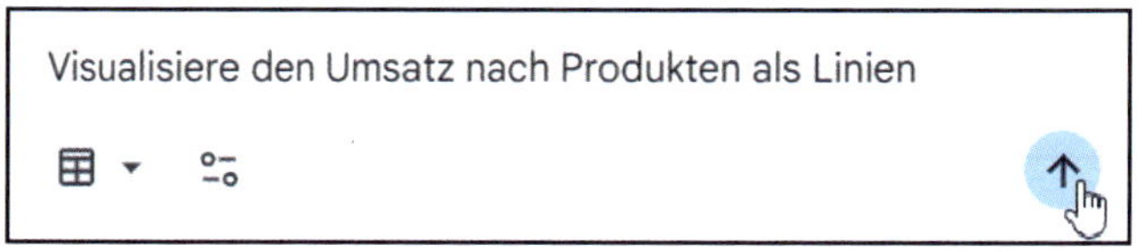

3. Nach etwas Bedenkzeit präsentiert Gemini Ihnen die generierten Diagramme im Seitenbereich. Wenn Sie eines davon in Ihr Dokument übernehmen möchten, klicken Sie unterhalb dieses Diagramms auf *Einfügen*.

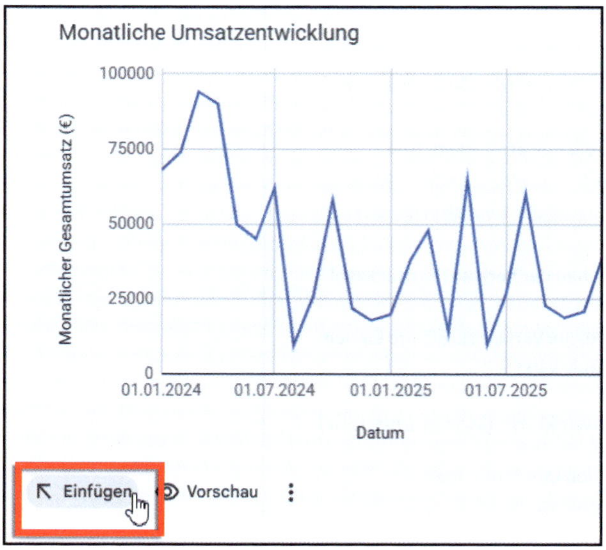

4. Die Visualisierung wird dadurch als vollwertiges Diagramm in ein neues Tabellenblatt eingefügt. Hier stehen Ihnen zudem alle beschriebenen Möglichkeiten offen, das Diagramm noch weiter anzupassen.

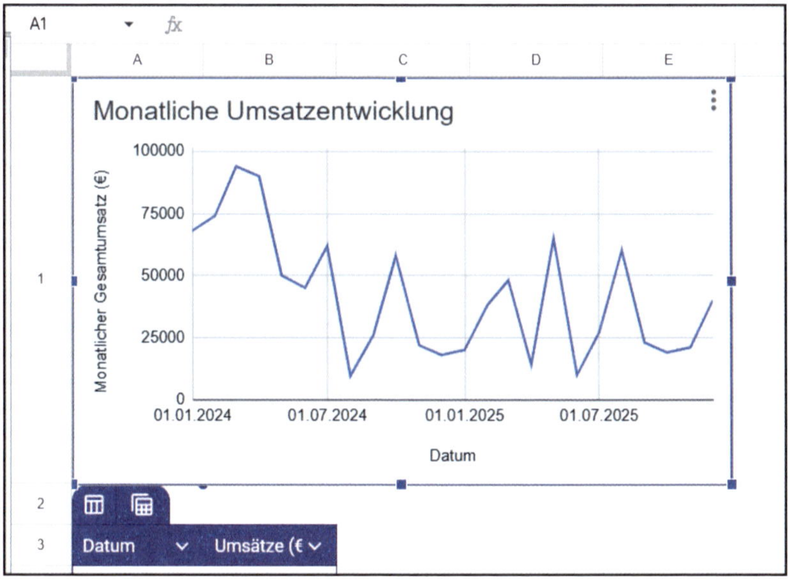

Formeln vorschlagen

Gerade wenn man noch nicht so viel Erfahrung mit der Tabellenkalkulation oder mit einem bestimmten neuen Aufgabengebiet hat, kann es eine Herausforderung sein, vorhandene Daten angemessen auszuwerten und aufzubereiten. Hier kann Gemini weiterhelfen, weil die generative KI nicht nur Tabellen analysieren kann, sondern auch Wissen über Sheets, seine Möglichkeiten und Funktionen hat. Damit kann der Assistent vorhandene Daten auswerten und Formeln vorschlagen, die zusätzliche Erkenntnisse aus den vorhandenen Daten zugänglich machen. Diese können auf Wunsch auch direkt eingefügt werden.

1. Öffnen Sie den Gemini-Seitenbereich und tippen Sie hier unten in das Eingabefeld einen Prompt ein, etwa:

```
Formelspalte vorschlagen
```

2. Gemini analysiert dann die in der Tabelle rechts vorhandenen Daten und macht Ihnen einen Vorschlag für eine sinnvolle Formelspalte, die in diese Tabelle passen würde und implizit in den Daten vorhandene Informationen offensichtlich machen würde.
3. Die Antwort enthält eine kurze Erläuterung zur so gewonnenen Information. Außerdem wird der Inhalt der Formel angezeigt. Ganz unten schlägt der Assistent noch vor, in welche Felder diese Formel eingetragen werden sollte. Mit *Einfügen* unterhalb der Antwort können Sie diesen Vorschlag annehmen und Ihre Tabelle so automatisch um eine entsprechende Spalte ergänzen.

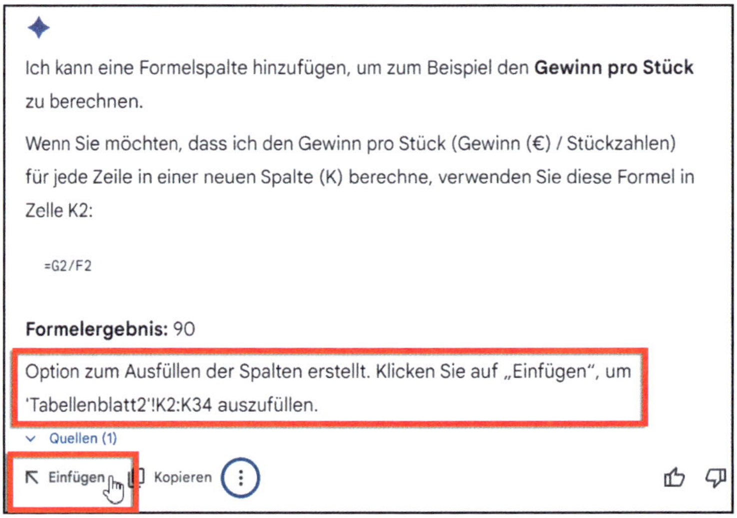

4. Meist wird es mehr als eine mögliche Formel geben, die sich ergänzen lässt. Fragen Sie also ggf. weiter, was für Berechnungen Gemini noch einfallen. Hier ist das Übernehmen in die Tabelle eventuell nicht ganz so komfortabel möglich, aber Sie können die eigentliche Zellenformel kopieren und dann manuell in die fraglichen Zellen und Spalten eintragen

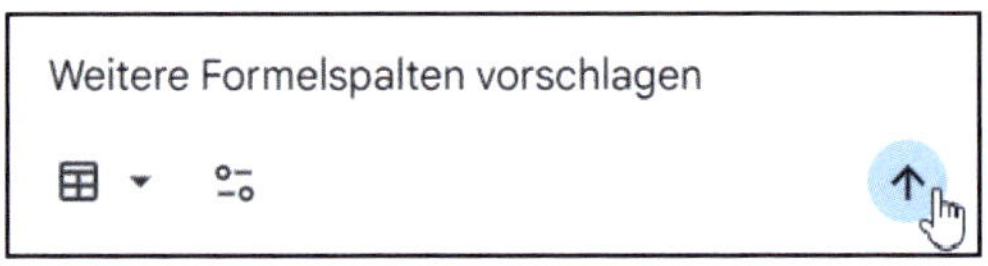

Formeln nach Maß erstellen

Möglicherweise wissen Sie genau, welche Informationen Sie in einer Tabelle sichtbar machen möchten, aber Ihnen fehlt der Weg dorthin bzw. die exakte Formel, die zum gewünschten Ergebnis führt? Auch hier kann Gemini helfen, wenn Sie dem Assistenten möglichst genau schildern, was Sie erreichen möchten. Wenn möglich, wird er Ihnen die benötigte Formel maßschneidern und gleichzeitig eine Option zum komfortablen Einfügen an der richtigen Stelle mitliefern.

1. Platzieren Sie dazu in der Tabelle die Einfügemarke in der gewünschten Zelle. Wenn es um eine ganze Spalte geht, nehmen Sie die oberste Zelle davon.
2. Tippen Sie dann in dieser Zelle das Zeichen = ein, das Symbol für eine Formel. Sheets blendet an dieser Zelle dann einen kleinen Dialog ein, in dem Sie unter anderem eine Schaltfläche mit dem KI-Symbol und der Beschriftung *Formel erstellen* finden.

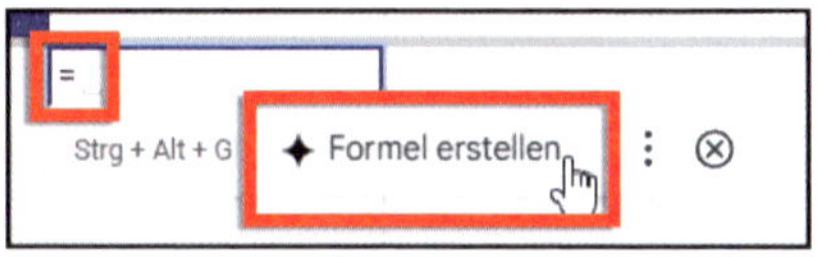

3. Wenn Sie darauf klicken, wird der KI-Seitenbereich angezeigt und dort unten im Eingabebereich bereits die Anweisung *Eine Formel erstellen, die...* eingefügt.
4. Diese können Sie nun mit Ihren Anforderungen an die Formel zu einem Prompt ergänzen, der beschreibt, welche Aufgabe die Formel an dieser Stelle übernehmen soll.

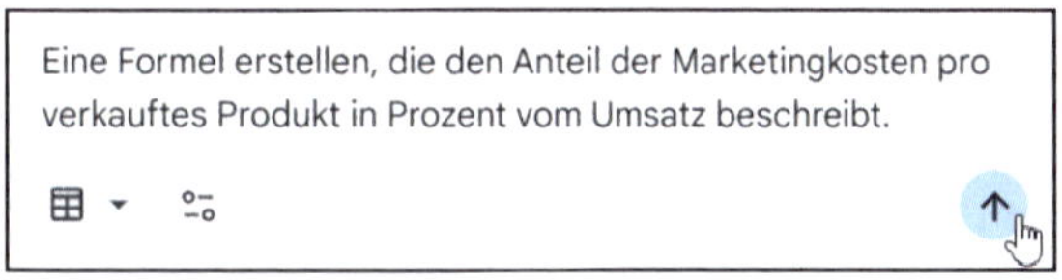

5. Auch hier wird Gemini nach kurzer Denkpause in der Regel eine passende Formel präsentieren und Ihnen idealerweise auch anbieten, diese mit *Einfügen* direkt in eine Spalte der Tabelle zu übernehmen. Beachten Sie dabei auch die Erläuterungen sowie ggf. Empfehlungen zum Formatieren der Zellen (was Gemini bislang noch nicht für Sie erledigen kann).
6. Alternativ kopieren Sie die eigentliche Formel aus der Antwort in die Zwischenablage und fügen Sie dann in die gewünschte Zelle ein. Von dort aus können Sie die Sheets-Funktion nutzen, um diese Formel auf weitere Zellen oder eine ganze Spalte auszubreiten (den kleinen Kreis unten rechts an der ausgewählten Zelle ergreifen und nach unten über die weiteren Zellen ziehen).

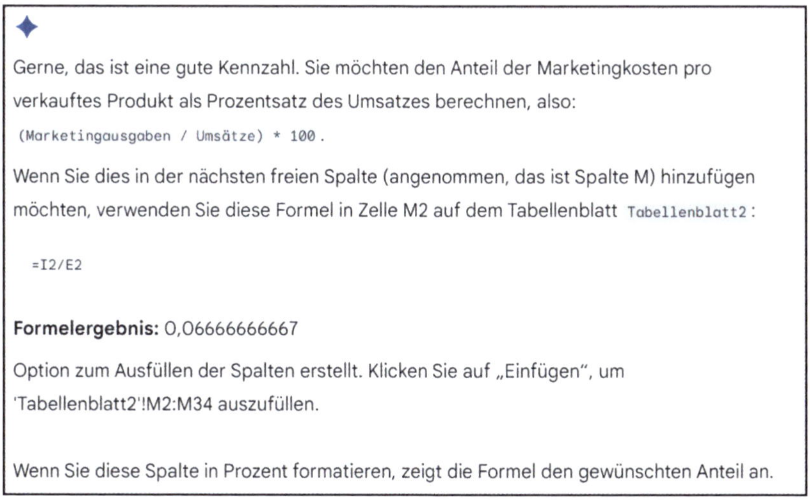
Gerne, das ist eine gute Kennzahl. Sie möchten den Anteil der Marketingkosten pro verkauftes Produkt als Prozentsatz des Umsatzes berechnen, also: `(Marketingausgaben / Umsätze) * 100`.

Wenn Sie dies in der nächsten freien Spalte (angenommen, das ist Spalte M) hinzufügen möchten, verwenden Sie diese Formel in Zelle M2 auf dem Tabellenblatt `Tabellenblatt2`:

```
=I2/E2
```

Formelergebnis: 0,06666666667

Option zum Ausfüllen der Spalten erstellt. Klicken Sie auf „Einfügen“, um 'Tabellenblatt2'!M2:M34 auszufüllen.

Wenn Sie diese Spalte in Prozent formatieren, zeigt die Formel den gewünschten Anteil an.

8.5 Gemini in Präsentationen

Auch in Google Präsentationen können Sie sich von Gemini Unterstützung beim Erstellen Ihrer Folien holen. Oben rechts finden Sie wie bei anderen Google-Anwendungen auch das KI-Symbol gleich neben Ihrem Konto-Avatar. Mit einem Klick darauf blenden Sie bei Bedarf die Gemini-Leiste am rechten Seitenrand ein, die Ihnen den Assistenten zur Verfügung stellt.

Eine wichtige Einschränkung dabei: Gemini funktioniert in Präsentationen immer nur auf Basis der links angezeigten Folie. Der Assistent kann also nicht den gesamten Inhalt überblicken oder gar eine vollständige Präsentation über mehrere Folien erstellen.

Präsentationen mit Canvas erstellen

Wenn Sie eine ganze Präsentation mit Gemini erstellen möchten, empfehle ich Ihnen, mit Canvas (siehe Seite 202) zu starten. Wenn Sie dort einen Prompt wie »Erstelle eine Präsentation über Arbeitssicherheit« eingeben, entwirft Gemini Struktur, Texte und visuelle Vorschläge in einer interaktiven Ansicht. Diese Entwürfe lassen sich mit einem Klick direkt als editierbare Datei nach Google Präsentationen exportieren. Dort können Sie dann wiederum Gemini nutzen, um einzelne Folien, Texte oder Abbildungen zu optimieren oder zu ergänzen.

In Bezug auf das Erstellen, Analysieren, Umformulieren, Übersetzen usw. von Texten können Sie Gemini in Präsentationen genauso wie in Docs nutzen. Darauf gehe ich deshalb im Folgenden nicht nochmals ein, sondern konzentriere mich auf speziellere KI-Hilfen beim Erstellen von Präsentationen.

Einzelne Folien erstellen

Wenn Sie Folien zu bestimmten Themen erstellen möchten, können Sie sich selbst bei einer bislang leeren Folie von Gemini jederzeit einen Vorschlag generieren lassen. Der kann als Inspiration dienen oder auch als Basis, die Sie dann individuell anpassen und ergänzen.

Hierfür brauchen Sie nur in einem Prompt zu beschreiben, wie die Folie aussehen oder welchen Inhalt sie veranschaulichen soll.

1. Klicken Sie oben rechts auf das KI-Symbol in Präsentationen, um die Gemini-Seitenleiste rechts einzublenden. Darin schlägt der Assistent bereits einige fertige Anforderungen vor, die jedoch allesamt recht allgemein gehalten sind und deshalb selten auf Anhieb zum gewünschten Ergebnis führen dürften.

2. Tippen Sie deshalb besser unten im Textfeld einen eigenen Prompt ein, der Ihre Vorstellungen oder Anforderungen für diese Folie beschreibt.

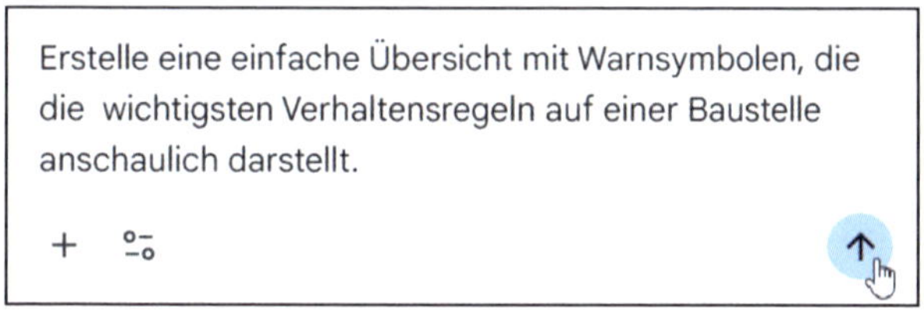

3. Nach etwas Überlegen präsentiert Gemini Ihnen zunächst in einem separaten Dialog einen Vorschlag für eine Folie nach Ihren Vorgaben. Hat das gut geklappt, können Sie diesen mit *Einfügen* als neue zusätzliche Folie in Ihre Präsentation übernehmen. Andernfalls klicken Sie auf *Noch mal versuchen*, um einen neuen Vorschlag für denselben Prompt generieren zu lassen.

Weitere Prompts für anschauliche Folien

Die folgenden Beispiel-Prompts mögen veranschaulichen, wie flexibel und vielfältig sich Gemini einsetzen lässt, um schnell Folien zu gestalten und mit Inhalten zu füllen:

- `Erstelle eine Grafik, die den Weg eines Pakets vom Lager bis an die Haustür des Kunden in fünf einfachen Schritten zeigt.`
- `Zeige ein Schaubild, das verdeutlicht, wie sich die Arbeitszeit in einem Team auf Planung, Umsetzung und Kontrolle aufteilt.`
- `Visualisiere einen Zeitstrahl für das nächste halbe Jahr, der wichtige Ziele wie den Start eines neuen Produkts markiert.`
- `Erstelle ein Bild von Puzzleteilen, die perfekt ineinandergreifen, um zu zeigen, wie verschiedene Abteilungen gemeinsam ein Ziel erreichen.`
- `Generiere eine Grafik mit Balken, die zeigen, wie die Verkaufszahlen im Vergleich zum letzten Jahr gestiegen sind.`
- `Zeige eine einfache Tabelle, die gegenüberstellt, was das Unternehmen gut kann und wo es in Zukunft besser werden muss.`
- `Erstelle eine Skizze für eine neue Sitzecke im Pausenraum, die gemütlich wirkt und den Austausch zwischen Kollegen fördert.`

Illustrationen in Folien einfügen

Präsentationen lassen sich erheblich auflockern, wenn die Folien nicht nur Text, sondern auch Bilder enthalten, selbst wenn diese nur der Illustration des Gesagten dienen.

Gemini erlaubt es Ihnen, jederzeit schnell Bilder zu generieren und in eine Folie einzufügen.

1. Geben Sie im Eingabefeld der Gemini-Seitenleiste die Aufforderung »Füge ein Bild hinzu von« ein, gefolgt von einer Beschreibung des gewünschten Bildinhalts oder des beabsichtigten Effekts.

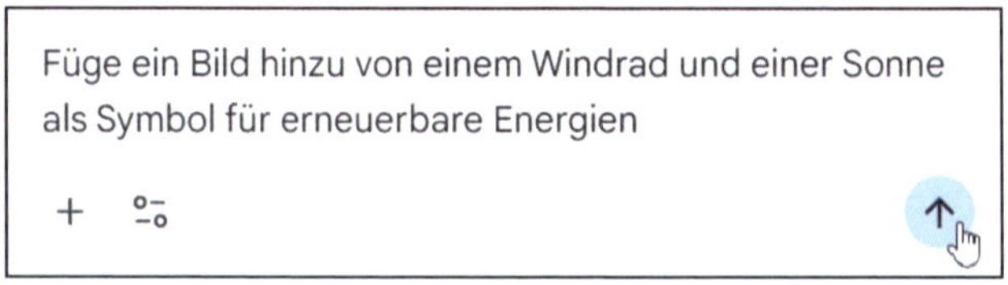

2. Sofern die Folie passende Beschreibungen oder Stichwörter enthält, reicht ggf. auch die generische Aufforderung *Erzeuge ein Bild zur Illustration dieser Folie*.
3. Gemini generiert dann einige Vorschläge für Bilder, die es Ihnen in der Seitenleiste anzeigt. Wenn Sie den Mauszeiger auf eines davon bewegen, wird ein Pfeil nach links eingeblendet. Klicken Sie diesen an, um das Bild in die links angezeigte Folie zu übernehmen.

4. Damit wird das gewählte Motiv als Bildobjekt in die Folie links eingefügt, wo Sie es wie jedes Element beliebig verschieben, skalieren und bearbeiten können.

A

B

C

D